U0896649

2019年卷

中国比较法学

比较法与新科技革命

THE CHINESE JOURNAL OF COMPARATIVE LAW

主　　编◎高鸿钧
执行主编◎王志华　于　明

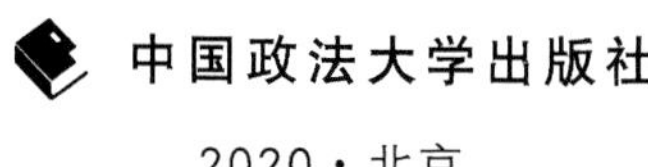

2020・北京

本书由中国法学会资助出版

卷首语

人类社会的发展离不开科技革命。世界历史表明，科技革命引发产业革命，进而对社会变革和文化创新产生积极影响，从而推动社会进步。“在现代社会，复杂性增长与社会加速是两个引人注目的时空现象，而这种现象部分由科技革命所引发，并进一步带来了法律变革。”〔1〕

进入21世纪以后，伴随一系列数据积累和技术突破、金融和国家资本的大规模支持，后工业时代人工智能、物联网、大数据、云计算、生命科技等新兴科学技术对人类社会生活的影响逐渐显现，正在改变着人类社会结构和人们的生活方式，不仅在伦理层面对人类社会构成挑战，而且还日益颠覆人类社会现有的组织、生产和生活形态，自然也影响到法律规则体系及其规范社会生活的功能，在可以预见的未来，人工智能和基因生物技术或将从根本上动摇近代以来由法律理性建构的社会关系。

在表面上，新兴科技让人们的日常生活变得极为便利，从历史角度观之，目前人类取得的成就，正是古人曾经的梦想和天堂；但在实质上，整个人类却将面临前所未有的危机。在《未来简史》的作者尤瓦尔·赫拉利看来，在过去的一个世纪里，人类已经克服了饥饿、疾病和战争；

〔1〕 鲁楠：《科技革命与法律演化的两个面相》，载《当代美国评论》2019年第1期，第66页。

在新的世纪里，人们将要努力并基本能够实现幸福、长生不死和成为神这三大目标。而如果赫氏所言非虚，我们这些法律人历经千百年来孜孜矻矻以求为我们这些智人设计的法律规则体系是否还能够适用于未来的新型人类？作为“最后智人”的我们又将如何应对未来的“人类转型”？以上种种并非危言耸听或杞人忧天，而是我们必需正视并亟待思考和解决的现实问题。

“未来已来”是当今最具时代感的口号，新时代的曙光已照亮这片人类栖居的过于喧嚣和动荡不安的土地。一般而言，立法只是规则的发现而较少创造，但法学理论却可以具有一定的前瞻性，在巨变正在发生或即将发生之际做出及时回应，甚至未雨绸缪，而这理应成为比较法学的时代使命。

这也就是我们将“比较法与新科技革命”作为本次年会主题的主要原因。

本次年会得以成功举办，端赖西南政法大学民商法学院前任院长赵万一教授、现任院长李雨峰教授和教务处处长张建文教授的大力支持以及民商法学院全体师生的辛苦付出，研究会的全体同仁对以上各位的支持和付出深表谢意。

今年年初，新冠疫情开始肆虐，许多工作被迫停止，或改为“线上”完成。但研究会论文集的编辑出版工作并没有受到实质影响，这里还要感谢中国政法大学出版社的责编冯琰女士，没有她热情周到和不厌其烦的细致工作，本论文集便不会如期出版面世。

疫情或病毒也是科技革命带来的副产品。这是因为，首先，经过半年多的时间，利用现有科技手段至今仍然没有查清病毒的真正来源。其次，全世界范围内的抗疫经验表明，病毒本身无法通过现有医学或科技手段予以认识并进行有效控制。另外，还因为这次疫情的严重程度超乎所有人的意料，其对人类社会未来的影响是巨大的，而究竟有多大，目前还无法给出答案，这对于中国比较法学和研究会来说，或许会成为下一届年会的研讨主题。

最后还要说明的是，此前论文集的卷首语会止于道谢，而本卷卷首语的结尾处，除了道谢之外，还要向各位道一声珍重：请各位积极努力，保重身体，因为正有许多新论题等待着我们在以后的年会上研讨。

王志华

2020年8月11日

目录

第三编　信息社会的法律发展

第一编　比较法与新科技革命

科技革命与法律演化的两个面相*

鲁　楠**

近年来，以互联网、人工智能和生物技术为代表的科技革命引起了法学界的关注，也激起了种种争论。除了诸多技术细节之外，科技革命与法律演化之间的关系正在成为争论焦点。究竟科技革命在何种意义上促成了法律变革？这种变革究竟属于量变还是质变？它将给作为现代社会主要治道的法治带来何种后果？这些问题都正在激活人们的想象。〔1〕

在笔者看来，科技与法律都属社会现象，我们理应将这两种现象之间变化的联系置入更广大的社会变迁图景之下进行观察。而在社会变迁中，有两个面相特别值得关注：一是社会复杂性的增长，二是作为衡量社会变迁尺度的时间加速。如果说，复杂性增长表征着社会关系的扩展和密度的增强，属于空间之维；那么社会加速则表征着社会互动的频率和更迭的速度，属于时间之维。正是这种时空关系为我们观察科技与法律的变化提供了参照点。

---

* 本文写作得益于与赵聚的讨论，特致谢忱。

** 鲁楠，清华大学法学院副教授。

〔1〕 早期的讨论参见［澳］G. 德 · Q. 沃克：《法治的危机——危险与机遇》，李小武、吴伟光译，载《清华法治论衡》2000 年第 00 期，第 456~513 页。

一、空间之维：复杂性增长

（一）社会复杂性与法律复杂性的同步增长

在现代大型社会治理中，法律处于显赫地位。这种显赫地位与传统社会的治道形成鲜明对比。一种不同于神治、德治与人治的法治模式，已经成为现代人的普遍共识。[2] 为什么会出现法治取代其他治道的现象？学者们有不同解答。有的学者认为，法治的出现与个人主义文化勃兴密切相关[3]；有的学者则主张，理性化与世俗化是促成法治发展的主要原因。[4] 也有的学者，如法国社会学家涂尔干认为社会分工模式的改变，是法治成为现代社会主要治道的根本原因。[5]

但有一种观点颇为独特，与德国社会学家卢曼相关。他认为，法治的兴起（或法律系统的分出）与社会复杂性增长有关。[6] 换言之，相对于其他几种治道，法治在解决复杂社会的诸多问题方面，具有某种优势。例如，神治与德治过分依赖人们之间的价值共识，但信仰和道德方面的分歧常常引发剧烈社会冲突，而法治则建立在价值多元的基础上，对差异和分歧有着较高的容忍度；人治在很大程度上依赖于人际关系的熟悉程度，无法摆脱人身依附，这导致调节社会生活的规则过于具体而特殊，较低抽象度导致较低包容度，因此很难为陌生人社会提供规则基础。法治恰恰由于摆脱人身依附关系的预设，以非人格化的安排适应了陌生人社会的种种需求，从而在与人治的竞争中脱颖而出。

如果说，在人类社会的治道更迭过程中，存在某种演化线索的话，那么社会关系的复杂性对法律所施加的影响极为重要。卢曼认为，从复杂性增长的角度来看，人类社会先后经历了分隔社会、分层社会和功能分化社

---

〔2〕 高鸿钧：《现代法治的困境及其出路》，载《法学研究》2003年第2期，第3~31页。

〔3〕［美］弗里德曼：《选择的共和国：法律、权威与文化》，高鸿钧等译，清华大学出版社2005年版，第8~10页。

〔4〕［德］韦伯：《法律社会学》，康乐、简惠美译，广西师范大学出版社2005年版，第26~29页。

〔5〕 朱晓喆：《分工、法律与社会理论——〈社会分工论〉的法律思想研究》，载高鸿钧、马剑银编：《社会理论之法：解读与评析》，清华大学出版社2006年版，第132~160页。

〔6〕［德］尼可拉斯·卢曼：《社会中的法》，李君韬译，台湾五南图书出版股份有限公司2009年版，第279页。

会三个阶段。[7] 其中分隔社会是指早期初民社会至古代国家诞生之前，人类社会分成彼此分隔的小型社会单元，而每个单元的基本结构大体相同，社会关系较为简单，法律与宗教、习俗混合在一起，在这一阶段神治比较突出；分层社会则是指古代国家诞生至现代社会之前，人类社会依照身份等级加以划分，形成金字塔式的层级结构，法律依照不同的身份等级设定义务，并对其行为加以规制，这时德治和人治的色彩比较浓重；功能分化社会则是指现代社会，社会依照功能导向，分成诸多彼此分化的功能子系统，法律是诸多子系统中的一个，发挥着稳定规范性期待的独特功能，这时法治才开始崭露头角。这三种类型的人类社会复杂性程度不同，处理复杂性的模式不同，法律的形态和机理也存在重大差异，但总体上讲，功能分化社会的复杂性远远高于分层社会与分隔社会。

但另一方面，法律并非像马克思所设想的那样，是社会演化的因变量。与此相反，梅因、伯尔曼和卢曼都不约而同地指出，在社会演化过程中，法律演化遵循着自身独特的法则，具有某种自主性。[8] 这意味着，我们一方面要观察社会复杂性增长对法律的影响，另一方面又要看到，法律为了控制社会复杂性增长带来的治理困境，必须发展化约复杂性的机制，使自身的信息处理能力得到提升。换言之，法律系统需要以提升内部复杂性的方式降低外部环境的复杂性。

（二）法律复杂性增长的表现及困境

自人类进入现代社会以来，我们能够观察到法律信息处理能力的极速增长，以及其内部结构和运作机制的诸多改变。这些改变包括，自 18 世纪以来，法律逐步摆脱宗教、道德，甚至政治等外部因素的影响，向自治和实证化的方向迈进；高度自主的法创制凌驾于法发现之上，发挥积极主导

---

〔7〕 陆宇峰：《卢曼的“自创生”系统论法学》，载高鸿钧、赵晓力主编：《新编西方法律思想史》（现代、当代部分），清华大学出版社 2015 年版，第 319、320 页。

〔8〕［英］梅因：《古代法》，沈景一译，商务印书馆 1959 年版，第 16～17 页，梅因主张：“世界有物质文明，但不是文明发展法律，而是法律限制着文明”；［美］哈罗德·J. 伯尔曼：《法律与革命——西方法律传统的形成》，贺卫方等译，中国大百科全书出版社 1993 年版，第 19 页，伯尔曼认为：“法律不仅必定是演进的，而且必须被视为是演进的”；［德］尼可拉斯·卢曼：《社会中的法》，李君韬译，台湾五南图书出版股份有限公司 2009 年版，第 304 页，卢曼谈道：“法律透过对日常生活进行规制性的介入，而为自己制造了一些能够成为冲突诱因的情境，它驱动着自己。”

作用，立法治理取代中世纪封建王国的司法治国，进而向行政规制的方向迈进；法教义学日趋复杂化，与法律实践形成循环关系，但同时试图增加法律对外部环境敏感性的政策分析方法获得一席之地；自20世纪60年代以来，司法能动主义乃至司法中心论开始涌现，法典化运动逐步走向式微，法律试图借此提高自身处理快速变动社会扑面而来的诸多问题，等等。及至今日，尽管仍然有为数众多的法学家试图按照韦伯在19世纪末的设想，将历次法律改革都设想为形式合理性与实质合理性之间的来回摆荡，或者按照20世纪哈贝马斯的理论，将其理解为民主法治国家的动态调节〔9〕，但这些设想都不足以帮助我们充分理解法律变革与社会演化之间的复杂关联。与此相反，复杂性增长这一视角使我们看到了更多不易觉察的演化趋势。

首先，诉讼爆炸和法律爆炸。在当今世界，几乎所有迈入现代社会的国家都不约而同地出现了诉讼爆炸与法律爆炸的现象。越来越多的案件涌入法院，而非通过其他争端解决机制来化解。这导致从美国到欧洲，从中国到印度，诸多国家的司法系统处于案件积压状态，越来越多的法院不堪重负。尽管不同国家设想了各种方法来缓解司法系统的压力、提高司法效能，包括发展调解、仲裁制度，设置简易程序，开发替代性的纠纷解决机制（ADR），或者将部分司法裁判职能转移到行政部门等，但这些方法都未能阻止诉讼爆炸的趋势。伴随着诉讼爆炸，法律材料的增长也极为引人注目，在世界范围内，法律机构都在开足马力生产法律文献，包括从属于各种效力等级的立法文件，围绕这些立法文件的解释性文件，司法系统适用法律所生产的判决、先例、司法解释等。不仅如此，在科研体系中，围绕法律现象的学术研究也生产了数量极为可观的研究文献，其生产速度堪与另外一个火热的研究部类——经济学相提并论。这种诉讼爆炸和法律爆炸的现象如此引人注目，以至于引发了种种分析甚至是批评。美国法学家劳伦斯·弗里德曼（Lawrence Friedman）认为，诉讼爆炸与法律爆炸与现代社会表现型个人主义文化的兴起有关，这种文化的核心内容在于“选择”，选

〔9〕高鸿钧：《法范式与合法性：商谈论视角的批判与重建》，载高鸿钧等：《商谈法哲学与民主法治国——〈在事实与规范之间〉阅读》，清华大学出版社2007年版，第285~331页。

择的多样性导致了诸多选择之间的协调压力增加[10]；而另有一批怀古的学者则主张，诉讼爆炸与法律爆炸恰恰是现代社会的一种误入歧途，恰如“昔秦法繁于秋荼，而网密于凝脂”[11]，他们憧憬一种依赖于人际信任和密切互动基础上的“无法社会”。表现型个人主义（expressive individualism）文化[12]的滋长，选择的增加，当然是诉讼爆炸与法律爆炸的一个原因，但它无法解释为什么那些并未明显表露出表现型个人主义文化的社会，如中国和印度，同样面临着诉讼爆炸和法律爆炸的压力。而拥有长久家族传统和联合家庭实践的中国和印度，为什么都没有重新采取记录在儒家经典和《摩奴法论》中的纠纷解决方式，而不约而同地走上法治之路，甘愿遭受诉讼爆炸与法律爆炸之苦？这显然不是“误入歧途”所能够解释的。在笔者看来，诉讼爆炸与法律爆炸的根本原因在于现代社会复杂性的增长，以及法律系统复杂性的增加。社会复杂性增长使每一个生活在这种社会中的人，都日益产生一种强烈需求，即面向越来越不确定的未来，获得一种对他人行动的期待，避免失望，从而合理地安排生活。这种强烈的需求迫使法律系统分化出来，发挥在全社会稳定期待的功能，而法律为了更好地发挥这种功能，必须自我创造出足够冗余的信息，使自身具有更灵活的变异空间。正是这一原因，诉讼爆炸与法律爆炸才成为不可避免的现象。法律恰似全社会的免疫系统[13]，它接触的案件越多，获得的信息越充分，它的功能越强大。然而，伴随着科技革命，特别是信息处理技术的突飞猛进，是否存在这样一种可能，将来出现一种威力强大的数据处理技术，使人类能够把握或者预估出全部复杂性，以至于不再需要社会自身演化出的化约复杂性机制呢？例如，一种受到强大技术加持的法院，像 AlphaGo Zero 能够通过深度学习，预估围棋所有可能的下法一样，能预估案件的所有可能性，以至

〔10〕［美］弗里德曼：《选择的共和国：法律、权威与文化》，高鸿钧等译，清华大学出版社 2005 年版，第 11 页、第 16 页。

〔11〕（汉）桓宽：《盐铁论·刑德》。

〔12〕表现型个人主义是指基于生活方式开放选择基础上的新型个人主义文化，它不同于 19 世纪的自利型个人主义，参见［美］弗里德曼：《选择的共和国：法律、权威与文化》，高鸿钧等译，清华大学出版社 2005 年版，第 50 页。

〔13〕［德］尼可拉斯·卢曼：《社会中的法》，李君韬译，台湾五南图书出版股份有限公司 2009 年版，第 182 页。

于法律论证、法律科学等都将变得毫无意义。若是如此，则韦伯所设想的“自动售货机”式的司法〔14〕完全可能升级成“人工智能”式的司法，进而解决诉讼爆炸和法律爆炸问题。如果存在这种可能性，无疑将给既有的法律理论和法律实践带来冲击，因为既有法律理论都建立在对复杂性加以化约的基础上，而非建立在全部承接复杂性的基础上。

其次，信息超载。在诉讼爆炸和法律爆炸现象背后，一个更具根本意义的现象是信息超载。所谓信息超载，是指一个系统所获得的信息超过它自身的处理能力。信息超载是自人类开始认识外部世界以来始终面临的重大问题。外部环境所蕴含的信息远远超乎想象，我们无力去应付这种巨量信息，以至于只能在认识能力范围内，将有限的信息加以组织，形成一幅具有内在逻辑联系的图景。随着人类认识能力的提高，我们能够处理的信息量越来越大，但信息超载的现象并未获得最终解决。这种现象恰似“道高一尺，魔高一丈”，信息超载的事实一再提醒我们人类认识是有限的。就法律而言，这种信息超载的现象同样存在。为了应对这种现象，法律发展出了一整套机制来对信息加以筛选和加工。简而言之，用卢曼的话来讲，便是“规范封闭，认知开放”，即坚持法律系统在信息筛选方面的自主性，另一方面让法律系统对外部环境保持敏感。〔15〕换言之，在规范上法律不学习，但在认知上法律又保持学习状态。这样，法律对信息的捕捉和加工取决于自身的独特视角，这种视角由合法/非法的二值代码所界定。具体到司法过程中，法官选取什么样的信息——包括与案件有关的“事实”，以及应予适用的法律，都由法律系统自身的运作过程所限定。但随着科技进步，出现了这样一种设想，即通过大数据、云计算乃至人工智能的辅助，可以帮助法官更迅速、便利地筛选信息，从而有效克服信息超载现象，即以深度学习来替代法律在规范上的深度不学习。基于这种设想，一些引人注目的规划，如“智慧法院”得到了来自政府和企业界的支持。但这里存在以下三个问题：其一，科技进步能否最终解决信息超载问题？笔者认为，这

---

〔14〕 鲁楠：《马克斯·韦伯的法社会学思想》，载高鸿钧、赵晓力主编：《新编西方法律思想史》（现代、当代部分），清华大学出版社2015年版，第59页。

〔15〕［德］尼可拉斯·卢曼：《社会中的法》，李君韬译，台湾五南图书出版股份有限公司2009年版，第95页。

在根本原理上是不可能的。因为信息无限复杂，人类必须承认这种复杂性具有绝对性，并在此基础上寻求更强大的信息处理能力。其二，科技进步带来的信息处理能力的提升，是否会有效降低信息处理者的负担？这要分两个方面来看：一方面，在既有信息处理范围内，科技进步能够有效降低信息处理的负担；但另一方面，信息处理能力的提升必然带来信息处理范围的扩大，这反而会导致信息处理负担的进一步增加。例如，假设法院获得科技进步成果的支持，能够有效处理现有规模的案件，导致法官任务减轻；但很快全社会将有更多案件涌入法院，要求得到处理，于是科技进步的成果淹没其中。其三，从具体实践角度来看，所谓“智慧法院”的那种大数据处理模式与法官在日常处理案件过程中的思维模式，哪种更加有效？“智慧法院”假定在司法过程中提供所有类似案件的信息，更能够帮助法官做出合理裁断，甚至在很大程度上促进“同案同判”；但实际上，或许从未有过一个法官在进行司法裁断时，阅览过所有与此相关案件。因为司法过程并非大数据带动小数据，而是小数据带动大数据。[16] 法官在进行司法裁断时，所参考的往往仅是一些典型案例，而这些案例的使用和参考的内容也变动不居。因此，在法律现实主义者看来，司法过程具有临时“决断”的特质。基于这三点理由，笔者认为，对现代法律而言，信息超载的现象始终存在，它并不会因为科技革命而有改变。而由此逆推，也大可以讨论，诉讼爆炸和法律爆炸所带来的重负，不会那么轻易地在科技革命的浪潮之下得以化解。

再次，功能分化。现代社会伴随着复杂性增长，正在出现引人注目的功能分化现象。从治理技术角度来讲，“分而治之”而非“合而治之”正在成为处理复杂性问题的不二选项。所谓“分而治之”有三重意味：第一重意味是指社会分工，即一项复杂任务通过分工的方式来加以分解，这导致专业主义的出现。与传统社会的分工模式不同，现代社会分工以职业分途为取向，而不同的职业向所有人开放。第二重意味是指政治分权，即作为

---

〔16〕 刘昕等：《平行数据：从大数据到数据智能》，载《模式识别与人工智能》2017 年第 8 期，第 673~681 页；王飞跃：《新 IT 与新轴心时代：未来的起源和目标》，载《探索与争鸣》2017 年第 10 期，第 23~27 页。

关乎众人之事的政治生活，以某种结构性或功能性分权的方式来运转，而每一个政治部门承担着某种独立的角色。第三重意味则是从整个社会的角度来界定，即社会分化成若干功能子系统，包括经济、政治、科学与法律等，每个功能界别都承担独特的功能，它们各自的功能发挥导致社会整合的实现。三重意味的分治，在法理论当中都有所体现。职业分途表现为法律职业理论，政治分权表现为宪法及其他领域的公法理论，而社会分化则隐含于公、私法所有的内容当中。从职业分途的角度来看，法律制度由法律专业人士所组成，由法律专业知识所主导，人的因素与知识的因素共同作用，限定了法律的边界。从第二重意味来讲，自19世纪以来形成的民主法治国造成了这样一种局面，即法律，特别是宪法赋予了政治生活以基本框架，为政治权力的获得和行使铺设了程序轨道。而分权内嵌于包括宪法在内的法律体系之中。按照西方自由主义的宪法思想，认为立法、行政与司法之间应实现分权制衡，而按照共和主义的宪法观，三种权力部门之间是职能分工，不存在结构性对抗。这种政治分权确保了大型政治共同体的治理难题得到解决，但从第三重视角来看，问题具有更深刻的内涵。在功能分化社会，职业分工及职业伦理仅仅是功能分化社会在中、微观层面的具体表现，而政治分权也仅仅能够解决权力领域的复杂性化约问题，它无法确保货币、真理和法律为语言的其他社会领域的复杂性问题得到处理，因此局限性很大。例如，卢曼认为，从法律系统角度来看，立法实际上处于政治系统与法律系统的结构耦合地带，行政则属于纯粹的政治系统，唯有司法处于法律系统的核心。这种认识一方面将政治与法律作为两个不同的功能子系统加以处理，一方面又重构了传统分权理论。〔17〕从这种视角看来，为了在现代大型复杂社会更好地发挥法律功能，促使司法保持封闭运转，独立地行使审判权，使之排除外部环境的干扰，是不可避免的选择，这种选择与政治权力并无直接关联，而与复杂性增长带来的治理困境有关。与此同时，法律并非对外部环境的变化“视而不见，听而不闻”，相反，借助与其他功能子系统的结构耦合，甚至可以使法律与它们之间保持共振。

---

〔17〕参见［德］尼可拉斯·卢曼：《社会中的法》，李君韬译，台湾五南图书出版股份有限公司2009年版，第469~471页。

例如，通过立法，可以确保法律与政治之间维持紧密联系，但又同时确保二者之间的自主性。在这种思路背后，透射着一种不同于传统社会治理的智慧，即往往是分而治之，而非合而治之，能够使全社会释放更大的活力，维持更高水平的和谐有序。在传统社会，不论是城邦还是帝国，都试图制造单一的政治决策中心，这一中心对社会生活的方方面面发挥指令。人口越多，领土越大，社会关系越复杂，决策中心的权力就越要收缩，甚至收敛于个体决策者身上。但现在社会的治理与此不同，政治权力的收缩和反分化必须要以牺牲社会分工和分化所带来的好处为代价。如果我们希望决策机制中心化，就意味着各个功能子系统都被政治考虑所扰动，造成功能紊乱，出现“外行领导内行”的现象〔18〕；不仅如此，这种功能紊乱还会破坏每个功能子系统的信息处理能力，阻碍它们的功能发挥，甚至造成内部腐化。以法律领域言之，如果不能允许司法过程通过法律专业来运转，就意味着诸多其他考量不断渗透进入司法决策，必然导致司法腐败滋生，人们对正义的期待也遭破坏。那么，随之而来的问题是，随着科技革命提供越来越有力的辅助决策手段，例如提供更丰富的信息和更有力的执行手段，分而治之的现代治理智慧是否将不再适用？这个问题就好像一个超级强大的中央处理器是否可以成功驾驭超乎想象的数据，以至于不必再考虑分布式计算的替代方案。这一疑问率先在经济领域出现。有人指出，在科技革命的加持下，计划经济可望取代市场经济，甚至发挥更大的优势。从复杂性角度来讲，过去市场经济之所以胜出，是因为它是去中心化、分布式的决策体系，而计划经济是中心式的决策体系，后者无力应付复杂的市场交易所制造出的巨量信息。假定现在科技革命的成果使我们有能力处理这种巨量交易信息，岂不是意味着计划经济更加可行？如果计划经济可以取代市场经济，则关于市场经济的全部法律领域，特别是民商法将遭废弃，至少是改写。但从目前的科技发展水平来看，似乎仍未出现相应的突破，来使我们看到经济模式改变的前景。我们仅仅观察到了更为显著的经济生活复杂性的增加，虚拟经济引人注目地将这种复杂性提升了若干个等级。或

〔18〕 当然，这个归纳并不准确，其实是政治的内行领导其他领域的内行。但从其他领域来讲，是外行领导内行。

许我们不能仅仅看到技术所提供的问题解决手段的高效，更要看到技术所制造的新问题的繁难。那么，是否计划经济在科技革命的支持下取代市场经济本身也是个伪命题？值得关注的是，类似疑问也正在蔓延至政治、法律领域，例如政治集权是否将取代政治分权，给国家发展和社会整合提供更大助力？这种观点正在伴随新威权主义的讨论而获得越来越多的潜在支持者。对此，我们无须回顾传统威权实践压制个体自由，窒息社会活力的教训，也不必陷入意识形态旷日持久的争论，而仅仅指出威权体制在适应社会复杂性增长方面的缺陷便足以说明问题。当然，这一讨论引出的更富挑战性的话题是民主法治国的安排本身是否会由于技术革命带来的复杂性增长而宣告破产？这个话题包括，代议民主制度在广土众民国家所形成的成熟的集体意志形成模式是否继续行之有效？以宪法为顶层设计的规则体系是否能够继续为社会互动提供指引？民主与法治之间的“同盟”关系是否能够继续保持？鉴于互联网与虚拟技术的快速发展，我们能够感受到人类社会在无限虚拟空间的迅速延伸，“广土众民”这种基于现实空间的描述已不足以涵盖虚拟空间的复杂性：它可以表现为浮动的边界，多层次的延展，多重角色的并存，多维时间的并置，以及现实空间与虚拟空间的相互涵涉。从复杂性化约的角度来思考，似乎这将导致一种在无限广袤虚拟空间中，人类社会关系的再部落化和游牧化，自愿共同体的法治模式而非中央化和层级化的法治模式似乎是更合适的选择[19]。当然，也会存在相反的可能性，即在虚拟空间通过广泛的技术监控形成前所未有的新型帝国。但笔者认为，似乎去中心化的治理图景比虚拟帝国更有利于人们走向进一步的自由和解放之路。

最后，风险剧增。现代社会同时是一个风险社会[20]，社会复杂性增加势必带来不确定性的增长，不确定性的增长又会作用于思想意识，使人们感到确定性丧失所带来的漂浮感和焦虑感。在这种情况下，诉诸古老的传统或者宗教信仰恐怕收效甚微。且不论人们在传统与信仰的选择和具体内容方面存在的尖锐分歧，只要指出古老传统和宗教经典之中缺乏对现代社

---

〔19〕 高鸿钧：《现代法治的困境及其出路》，载《法学研究》2003年第2期，第3~31页。

〔20〕 参见［德］乌尔里希·贝克：《风险社会》，何博闻译，译林出版社2004年版。

会层出不穷的新情况的明确指引，就足以说明问题。这导致了两个颇具吊诡色彩的后果：其一，人们越来越期待未来的风险在当下获得解决。在这里，我们首先要区分风险与危险，危险指在当下出现的问题，而风险则指向将来。危险具有现实性，而风险具有可能性。但随着人类信息掌握能力的提升，人们可能将越来越倾向于将风险当作危险来加以处理。例如，极端恶劣的天气所造成的损失，必须由未能事先预见的部门来负责，如此，科技对相关部门的支持倒反而会给它招来更沉重的责任；多种原因以偶然的方式所促成的结果，必须找到一个能够看见的主要原因，并且归责于它，但我们不知下一刻是否还会继续产生类似的结果，例如对网约车事故责任引发的集体恐慌，以及过度的归责便是其例。其中暗藏的吊诡在于，人们将具有可能性的风险转变为具有现实性的危险来加以处理。这导致了一种极为强烈的对未来进行全面控制的妄念。其二，人们越来越期待法律对风险加以规制，以捍卫他们对确定性的执着追求，但与此同时，这导致风险被引入了法律自身，使法律展现出越来越强的不确定性。〔21〕美国法学家德沃金曾经非常严肃地讨论司法判决如何获得唯一正解这一问题，他认为法律的建构性诠释过程指向于唯一的最佳解释。〔22〕但实际上，我们越来越观察到，司法判决的变异性远超想象，以至于法律现实主义者认为，这种变异性与法官的个性，与他们对社会总体态势的认知或偏见，甚至与他们的政治立场有关。但笔者认为，司法判决变异性的增加绝非仅仅是法官恣意的后果，更重要的影响来自社会复杂性的增加，以及对风险加以处理的压力。在具有高度不确定性的未来面前，法官只能就“当下的未来”作出决断，而不可能就他所无法预见的“未来的当下”作出评估。〔23〕这导致了风险被一再推后，转移给未来，造成了问题已经获得解决的假象。例如，关

---

〔21〕［德］尼可拉斯·卢曼：《社会中的法》，李君韬译，台湾五南图书出版股份有限公司2009年版，第618~619页。

〔22〕高鸿钧：《德沃金的政治哲学和法律理论》，载高鸿钧、赵晓力主编：《新编西方法律思想史》（现代、当代部分），清华大学出版社2015年版，第227~230页。

〔23〕关于“当下的未来”与“未来的当下”，语出自卢曼，参见［德］尼可拉斯·卢曼：《社会中的法》，李君韬译，台湾五南图书出版股份有限公司2009年版，第616页。卢曼认为，“现代社会的法律必须面对且接纳确定的未来并不存在的事实。”（原书第615页）因此“当下的未来”系法律系统所建构，而“未来的当下”具有不确定性。

于基因编辑所引发的集体恐慌，法律无法合理预见基因编辑技术在未来的后果，它所能做到的，仅仅是基于当下有限的信息作出决断，或者阻止、限制，或者推动相关技术的使用。但不论采取何种决断，其实都产生了进一步的风险：阻止或限制特定技术，是否将导致本国在相关领域处于落后地位，或者延后更大收益的取得？推动或支持相关技术的使用，是否会引发更高的道德风险，或者带来更多不可测的连锁反应？这只能推向不确定的将来。因此，在笔者看来，在很多涉及科学技术的领域，法律并非在解决问题，而是在转移问题。

二、时间之维：社会加速

（一）社会加速的表现与后果

从演化角度来看，社会变迁远非匀速运动。文化的产生使人类摆脱了过去的自然演化模式，这使社会变迁大大提速。而到了现代社会，在两次工业革命的影响下，科技正在成为崭新动力，使人类社会进入了时间加速的轨道。孔拉德（Peter Conrad）曾说："现代性所牵涉的，就是时间的加速"[24]，埃里克森（Thomas H. Erikson）也认为，"现代性就是速度"[25]。

德国社会学家哈特穆特·罗萨（Hartmut Rosa）对现代社会的时间加速现象及其后果曾有过系统论述。他认为，从经验上我们可以体验到三种加速范畴。第一种是科技加速，即"关于运输、传播沟通与生产的目标导向过程的有意的速度提升"[26]，这种速度提升造成了"用时间消灭空间"[27]的效果。第二种是社会变迁的加速，即"变迁的速率本身改变了，使得态度和价值，时尚和生活风格，社会关系与义务，团体、阶级、环境、社会语汇、实践与惯习的形式，都在以持续增加的速率发生改变"[28]，在这种

---

〔24〕 Peter Conrad, *Modern Times and Modern Places: How Life and Art were Transformed in a Century of Revolution, Innovation and Radical Change*, N. Y.: Alfred A. Knopf, 1999, p. 9.

〔25〕 T. H. Eriksen, *Tyranny and Moment: Fast and Slow Time in the Information Age*, London: Pluto Press, 2001, p. 159.

〔26〕［德］哈特穆特·罗萨:《新异化的诞生：社会加速批判理论大纲》，郑作彧译，上海人民出版社2018年版，第13页。

〔27〕［德］马克思:《1844年经济学哲学手稿》，中共中央马克思恩格斯列宁斯大林著作编译局编，人民出版社2000年版。

〔28〕［德］哈特穆特·罗萨:《新异化的诞生：社会加速批判理论大纲》，郑作彧译，上海人民出版社2018年版，第16页。

加速的社会变迁之中，当下越来越沦为过去与未来之间的观察盲点。第三种是生活步调的加速，即“一定时间单位当中行动事件量或体验事件量的增加”[29]，这导致人们生活的忙碌感急剧增加。在罗萨看来，这种社会时间的加速背后，有着某些动力机制。这些动力机制包括竞争、永恒的应许和社会功能分化造成的自我加速循环。[30] 尽管罗萨认为，科技是透过以上三种动力机制来发挥作用，但他丝毫没有轻视科技的影响，考虑到这种影响越来越显著，我们将其独立出来，作为市场、文化和社会三种因素之外的因素加以讨论，似也可以成立。换言之，是科技、市场、文化和社会四种因素的交互作用，促成了现代社会的时间加速。

社会加速所带来的后果是全方位的。它改变了人类社会的组织模式，使其与工商业主导的经济模式和现代官僚体制匹配起来；它改变了人类社会的价值观念，使效率跃升为即使并非首屈一指，也是极具分量的价值取向；它改变了个体生活的步调和节奏，促成了成功取向的生活态度；它加大了社会整合的难度，迫使人类社会发展出全新的社会整合技术。当然，时间加速所带来的后果并非完全正面，恰如罗萨所指出的，时间加速正在变成一种新型的社会控制手段，一种新样态的集权主义形式，一种新型的意识形态（“时间就是金钱，效率就是生命”），造成一种隐而不显但威力巨大的“异化”状态。[31] 在日新月异的技术革新之下，我们感到自己的能力大幅提升，同时遭遇的困境越来越多；在激烈的竞争之下，我们感到自己的竞争力越来越强，但遭受的压迫越来越重；在追求终极幸福的努力中，我们只争朝夕，追星赶月，却越来越感到整个社会向末日疾驰；在通往成功的道路上，我们越来越忙，但幸福感却越来越低。

（二）法律对时间的处理

毫无疑问，时间问题正在变成诸多学科所共同关注的焦点。从法学角

---

〔29〕［德］哈特穆特·罗萨：《新异化的诞生：社会加速批判理论大纲》，郑作彧译，上海人民出版社2018年版，第21页。

〔30〕［德］哈特穆特·罗萨：《新异化的诞生：社会加速批判理论大纲》，郑作彧译，上海人民出版社2018年版，第38页。

〔31〕［德］哈特穆特·罗萨：《新异化的诞生：社会加速批判理论大纲》，郑作彧译，上海人民出版社2018年版，第80、110、133页。

度来看，时间问题同样处于法学的核心，尽管这种核心问题在以高度技术化的方式被把握着。法律的功能直接与时间问题相关，这种相关性体现在以下四个方面。

第一，法律的功能在于对时间问题进行处理。卢曼认为，法律系统的功能是稳定规范性期待，而这种期待其实是对时间的一种约束，它使得法律对未来的指向得以稳定化。之所以法律必须发展出这种功能，“是因为人们在指向未来的情况中，鉴于那内涵于未来的不确定性，而想要获得某种稳定感”。〔32〕为了维持这种稳定感，法律必须通过行为的肯定与否定评价，使人们合理地预期特定模式的互动以便得到普遍的接纳。德国社会学家韦伯将法律的这种功能视为对行为期待的稳定。〔33〕当然，在卢曼看来，法律对行为期待的稳定是难以实现的，因为这种期待往往含有因期待失落而转而采取机会主义态度的可能性。法律所稳定的期待应当是规范性期待，即“作为一种反事实性的，被稳定下来的关于行为的期望”〔34〕，这种期待不会由于期待的失落而轻易采取机会主义态度。这样，法律便与人类心理系统的时间感受密切衔接在了一起。

第二，法律的运转形成自己的系统时间。在功能分化社会，不同的功能子系统都会形成各自的时间，而法律的时间取决于自身运转所形成的节奏。从微观层面来讲，法律时间由诸如法律生效、中止、诉讼时效等法律规范所设定；从宏观层面来讲，法律遵循着自身的演化规律，正是在这个意义上，它是一部“无止尽的历史”〔35〕，不轻易跟随社会变迁而发生改变。在这里，特别值得关注的是，法律的系统时间与其他领域时间形成差异。在日常生活中，我们常常能够感受到，不同社会领域的时间并不相同。例如，传媒领域的时间非常快，而宗教领域的时间较慢；技术领域的时间较

---

〔32〕［德］尼可拉斯·卢曼：《社会中的法》，李君韬译，台湾五南图书出版股份有限公司2009年版，第156页。

〔33〕［德］韦伯：《法律社会学》，康乐、简惠美译，广西师范大学出版社2005年版，第31页。

〔34〕［德］尼可拉斯·卢曼：《社会中的法》，李君韬译，台湾五南图书出版股份有限公司2009年版，第159页。

〔35〕［德］尼可拉斯·卢曼：《社会中的法》，李君韬译，台湾五南图书出版股份有限公司2009年版，第207页。

快，而科学系统的时间较慢。这种时间的差异性一方面赋予社会关系以灵活性，同时又会引发治理的难题。例如，传媒领域具有“眼球经济”的色彩，信息更迭速度极快，这导致它往往会成为触发法律变革的媒介，但这种媒介的缺陷在于，它可能导致迅速遗忘，无法施加持续稳定的压力，因此只要体制挺过最初的压力期，便可安然无恙。又比如，最近几年，人工智能领域的技术迭代加速，加之大众传媒的报道，会造成一种技术剧烈冲击社会生活的“假象”，这使人们产生强烈期待，要求迅速创制相关领域的法律制度，但法律的系统时间又不允许迅速做到这一点，这就会造成一段时间的紊乱。

第三，司法深受时间压力的影响。与科学研究不同，司法过程时时感受到时间的压力，功能决定了司法必须在受到约束的时间范围内作出裁断，如果过度拖延，将导致“迟到的正义非正义”的恶果。但另一方面，在涌入法院的案件中，并非每一个案件都可获得充分信息，时间压力导致法官几乎永远处在信息不足的状态，而且一旦虑及司法裁判指向未来，又进一步加大了不确定性给司法裁判造成的压力。因此，从根本上讲，司法是一种“对不可决断之事进行决断”的工作。司法的这种决断特质并不会由于所遇案件是疑难案件或简单案件而有所改变，但疑难案件——即那些缺乏明确法律规范或既有规范存在冲突的案件更能暴露司法的决断特质。在技术革命的影响下，我们常常能够发现新型疑难案件的涌现，即技术的快速变革造成大量过去未予预见，而且社会实践处于急速变动中的领域，在这种情况下，司法所感受到的时间压力会极为巨大，司法裁判所承受的风险剧增。

第四，立法旨在调解法律与其他功能子系统的时间不协调问题。[36] 由于法律系统形成了自己的系统时间，便容易导致法律与其他功能子系统的时间不协调现象产生。在传统社会，人们会借助宗教或自然来充当普遍的时间基准，这导致不同的传统形成了各自差异的时间观，但到了现代社会，一方面技术时间造就了全球的普遍时间基准，另一方面功能分化又将不同

〔36〕［德］尼可拉斯·卢曼：《社会中的法》，李君韬译，台湾五南图书出版股份有限公司2009年版，第471页。

社会领域的时间彼此分化开来。为了处理时间分化带来的不协调问题，法律发展出了立法机制，使规则的创制加速，从而适应快速社会变迁的需要。例如，随着人工智能技术的发展，通过习惯积累、判例演进的方式无法跟上对相关领域规制的要求，一个合适的办法显然是通过立法来创制规则，并且要求司法部门援引来解决纠纷。

（三）社会加速引发的法律困境

但是，当现代社会越来越呈现出时间加速的面貌时，法律对时间的处理在这四个方面都遇到不同程度的困境。

首先，从稳定规范性期待的角度来讲，现代社会的规范性期待越来越难以稳定。因为高速变动的社会生活，使各种互动模式迅速改变，这导致失落成为常态，而稳定反而变成不正常现象。例如，劳动法在对劳动关系的处理过程中，试图将这种劳动关系稳定化的努力常常遭遇批评，现代社会认为这与高速变动的经济生活不相适应。稳定的劳动关系不仅压缩了企业的选择权，而且增加用工成本，导致市场活力丧失。而另一方面，似乎越来越多的人也希望保持灵活开放的劳动关系，而非被单方面锁定。这种态势随着科技进步带来的产业升级，可能会越来越明显。随着互联网发展与人工智能大量进入工业领域，会造成劳动关系处于高度变动的状态，在这种情况下，法律应维持什么样的规范性期待，成为我们需要反思的问题。类似的问题早在19世纪末20世纪初围绕“最高工时”安排的争论中便已经出现，坚持主张合同自由原则，从而反对“最高工时”的法院遭到猛烈抨击[37]，人们认为过度形式化的法律推理阻碍了实质正义的实现。而到了21世纪，是否设定工时的法律制度会遭到戏剧性的逆转？人们是否将开始期待更具灵活性和差异性的工时安排？这种新的变化是否将重新定义人们所熟知的“工作权”这个概念，这值得我们进一步观察。

其次，法律之所以形成自己的时间节奏，与它对外部环境信息的过滤有关。它必须通过受到限制的信息筛选和衔接，形成独立的内部沟通。若非如此，法律势必陷入无限复杂的外部环境影响当中，结果走向崩溃。但随着时间加速，法律自身的节奏越来越感受到外部环境的压力，要求法律

[37] 最著名的是美国1905年的洛克纳案，参见Lochner v. New York, 198 U.S. 45 (1905).

加速的呼声越来越高。法律能否在确保自身独立运转的前提下，有效回应这种呼声，成为摆在整个法学界面前的难题。另外，历史沉淀下来的法律智慧结晶往往是法官可资调用的资源，但随着时间加速，我们越来越发现，这种历史沉淀物的价值越来越可疑，甚至面临着耗尽的危机。例如，我们能否利用传统契约理论处理区块链中的“智能合约”问题？毕竟传统契约理论建立在通过法律制裁使人们不敢违约的基础上，而智能合约却诉诸技术手段使缔约方不能违约。两种不同的信用机制导致传统契约理论难以充分解释崭新的技术实践。在隐私权领域，传统法律以确保个人免遭政府或企业窥探为目的，但它正在遭遇种种意想不到的新问题。个人在互联网上所留下的信息是否属于隐私权范畴？这种隐私权是要求虚拟个体所留下的信息被铭记，抑或被遗忘？是确保个体从互联网上接入，还是断开？私人领域与公共领域之间在虚拟世界划定的边界在哪里？遗留在互联网上的个人信息究竟是隐私权，抑或财产权，或者是一种被称为信息权的新型权利？这些问题很难在传统的法律宝库中找到可资参照的经验。更具冲击力的是，如今在虚拟空间正在形成全新的治理模式，即透过代码来进行治理〔38〕，这是否可能导致在网络空间治理模式的竞争中，法律退出历史舞台？〔39〕

再次，具体对司法而言，这种时间压力越来越明显。随着科技进步和社会复杂性的增加，越来越多的新型案件进入司法过程，法官处理这些案件信息不足的现象越来越普遍，以至于其“决断”的特质越来越显露，人们对司法专断和恣意的质疑随之高涨。在这种情况下，如何能够化解时间加速造成的司法裁判压力，成为一个迫切的问题。在笔者看来，这个迫切的问题绝非简单提升法官信息获取能力所能够解决，我们无法期待将法官打造成所有相关领域的专家，甚至组建如知识产权法院、互联网法院等专门法院的模式，恐怕也收效甚微。是否在越来越多的新兴科技领域，一种参与裁判制，即由自己行业领域中富有经验和掌握专业知识的同行来进行裁判更具合理性？这无疑将导致传统层级化的司法体制进一步解体。

---

〔38〕［美］劳伦斯·莱斯格：《代码 2.0：网络空间中的法律》，李旭、沈伟伟译，清华大学出版社 2009 年版，第 6 页。

〔39〕余成峰：《法律的“死亡”：人工智能时代的法律功能危机》，载《华东政法大学学报》2018 年第 2 期，第 5~20 页。

最后，立法能否像以往那样，承担起协调各功能子系统时间的“协调器”职能？卢曼认为，立法实际上是一种加速机器，它可以快速生产规则，从而回应其他功能子系统的要求。但同时我们看到，立法也要付出可观的时间成本。一部法律通过立法程序生效，短则数月，长则数年，中间还伴随着激烈的辩论、斗争和妥协；就算通过立法产生法律，这部法律也往往并非最佳，而是妥协的结果；在民主立法过程存在欠缺的体制下，立法还伴随着过度偏向于强势利益集团的风险；一旦某部立法文件通过生效，再次启动对它的修改将又是一场旷日持久的“斗争”。正是因为以上这些原因，才有越来越多的法学家对那种法典化的实践和立法中心主义的思想抱持怀疑态度，甚至越来越多的人对新兴科技领域的行业自治抱有期待。而这种怀疑态度又不幸与对民主制的怀疑相挂钩，人们怀疑民主决策的过度延宕，以及越来越表现出的民粹主义风险将给科技进步带来致命打击。人们越来越发现，对于特别是像科技革命所创造的新兴领域，判例的累积和特别法的颁布，更有利于动态调节社会关系，而不必背上大规模立法的重负。这很可能将导致现代法律制度重心和法律渊源体系的整体变革。在科技革命的影响下，法律是否会呈现出碎片化的趋势？一种主要并非扎根于立法的法律创制过程是否正在出现？这都是值得跟踪观察的现象。

当然，需要附带提及的是，社会加速给人们的生命状态带来的影响。法律毕竟服务于人的生存和幸福，而从生命状态角度来讲，这种不可缓解的加速给所有的人带来了巨大的焦虑感和不确定感。法律能否发展出某种“减速”，或者提升生命自适应能力的机制？或者这种要求本身便远远超出了法律的能力极限，而需要通过更进一步的技术革新来提供答案？这是笔者希望在将来引起关注和跨学科对话的课题。

三、尾论：迈向后人类的未来？

美国著名法学家伯尔曼曾有一句名言，“法律必须被信仰，否则它将形同虚设”。这句话表明，法律在现代社会不仅作用于人类行为的浅表层次，更深深扎根于人类的思想意识，并不断从思想意识的历史累积——文化传统当中获得活力。纵观人类历史，自公元前8世纪至公元2世纪的这一千年中，古希腊、以色列、伊朗、印度和中国几大区域，通过各种方式实现了文明的轴心突破，进入了人文主义时代。[40] 一直到今天，整个人类在思想意识上仍然享受着轴心突破所带来的人文主义思想财富，而法律是这笔巨大的精神财富的一部分。法律将自身置于神圣与凡俗之间——一方面它与所处社会的精神价值相接通，标识出美好社会的蓝图和完美人格的榜样，另一方面它又扎根于世俗生活，为人际互动提供切实的安排，正是在这个意义上，我们可以引用美国学者戴维斯的主张，认为法律近乎一种“日常生活的神学”[41]。自 18 世纪启蒙运动以来，科学技术的发展为人类带来诸多崭新的思想观念，使人们产生了这样一种“错觉”：似乎人们在告别第一次轴心突破，进入第二次轴心突破的阶段。[42] 但考虑到德国哲学家雅斯贝尔斯的主张，我们似乎有理由认为，如果科技进步与社会变迁并未在人类思想的深层造成根本性的改变，那么，我们不能将眼下所发生的变革称为新的轴心突破。问题的关键在于，它需要形成关于人对于自身和所处世界的崭新认识，造就关于超越性的崭新理念[43]，换言之，出现了关于存在的新理解。而正如雅斯贝尔斯所提醒我们的，技术本身具有“魔性”，“将通过技术自身克服技术的使命看作是整体上解决的方法，这是通往灾难的一条新路”[44]，解决问题和通往未来的关键还在于人本身。

在本文关于复杂性与社会加速两个面相的讨论中，笔者已经指出时空观的变化给法律理论和实践带来的诸方面的冲击和挑战，但笔者更为关心的问题是：时空观实际上是人类世界观的重要组成部分。按照“世界”一词的印度文化来源加以解释，“世”与“界”恰恰分别指的是时间与空间。世界观的改变势必引发人们对于生命存在问题的追问和反思，从而带来种种意想不到的巨大变革。在自然的宇宙当中，生命如同春华秋实，生生不

---

〔40〕［德］卡尔·雅斯贝尔斯：《论历史的起源与目标》，李雪涛译，华东师范大学出版社 2018 年版，第 8 页。

〔41〕D. R. Davis, Jr., *The Spirit of Hindu Law*, Cambridge University Press, 2010, p. 1.

〔42〕［美］艾森斯塔特：《迈向二十一世纪的轴心》，载《二十一世纪评论》2000 年第 2 期，第 4~18 页。

〔43〕Benjamin I. Schwartz, “The Age of Transcendence”, *Daedalus*, Vol. 104, No. 2, 1975, pp. 1–7.

〔44〕［德］卡尔·雅斯贝尔斯：《论历史的起源与目标》，李雪涛译，华东师范大学出版社 2018 年版，第 143 页。

息，自然法透过人的灵明为他们所参悟；在神话的宇宙当中，生命是神的作品，它存在缺陷，但在神的指引之下获得圆满，神法是人类在暗夜中的明灯；在机械的宇宙中，生命如同嵌入宇宙机器的零件，需要被制造、打磨和嵌入，这时人定法开始发挥威力，人们自信可以通过理性建构把握社会现实；而接下来的宇宙观将是什么，在这种宇宙观之下，又将诞生何种法观念和法制度？它是否将是一种信息的宇宙，而法律被设想为代码，法制度幻化成持续不断的编码与解码过程？那么，人又将是什么？

这些问题显然超出了所有法学理论的想象，因为目前所有的法学理论都是第一次轴心突破的成果。我们不妨用后人类境况，或后人文主义境况来表述我们目前所难以预见的未来前景。[45] 必须指出的是，后人类境况绝非意味着对既有人文主义思想遗产的否弃，更不是意味着要走向反人类的绝境，它所开启的是我们面向未来的想象能力和在高度不确定的未来中所必须具备的信心，因为希望原本就是在不确定性中方才产生的。

---

〔45〕 鲁楠:《科技革命、法哲学与后人类境况》，载《中国法律评论》2018年第2期，第96~107页。

科技革命与生态安全权的整体性保障*

杨盛达**

科技革命的日新月异和工业应用让人享受便利的同时，也带来了生态安全问题，这是本文要探究的主题。正如有学者指出的，人类以往利用军队解决安全问题的思路必须得到修改。[1] 在我看来，安全是各个方面的。科技革命也许带来了经济增长的某种保障，但同时也引发了生态安全问题。如何改善这种困局，这是本文的落脚点。

一、科技革命与生态安全权的紧张关系

不断高歌猛进的科技革命与人类的生态问题呈现某种因果关系。中国科学技术协会名誉主席韩启德最近提出："科技给社会带来巨大贡献的同时也让人类付出了巨大的代价，例如生态问题、伦理问题等，科学技术的进步与人类文明的发展具有复杂的促进与制衡关系。"[2] 科技革命引发工业革命，每次工业革命都是对生产力的极大解放，都是对自然资源消耗能力

---

* 本文系中国法学会部级法学课题"生态宪法的中国样本研究"［CLS（2018）D26］研究成果之一。

** 杨盛达，聊城大学法学院副教授，法学博士。主要研究法治理论、人的尊严保障和生态宪法。

〔1〕［英］萨拉·帕尔金：《环境安全》，载［英］帕翠夏·法拉主编：《变化中的世界》，黄秀铭等译，华夏出版社2011年版，第111页。

〔2〕 韩启德：《科技发展与人类文明》，载《科技导报》2020年第1期。

的飞跃性提高。从蒸汽机到电力到计算机，再到人工智能和基因技术，人类掌握了愈来愈强大的资源消耗能力。所以，人类社会的自然资源消耗速度越来越快。据报载，人类每年消耗的自然资源都超出自然界的负荷能力，2019年地球上的自然资源如水源、土壤和干净空气的配给额，提前于7月29日耗尽，透支情况每年越来越严重。世界自然资源耗尽日，也称地球超负荷日（Earth Overshoot Day），是环保专家计算出人类耗尽一年自然资源的日子。这一天之后，人类将进入“寅吃卯粮”的模式，自然界的再生能力已无法满足人类的需求。总部位于美国加利福尼亚州的环保组织“全球生态足迹网络”发布声明指出，与20年前相比，地球超负荷日已提早两个月到来，2019年是有史以来最早的一次，提前至7月29日。这意味着人类现在消耗自然资源的速度，比地球生态系统再生的速度快了1.75倍，相当于需要1.75个地球才能满足人类的消费需求。声明称：“全球生态系统超支情况愈来愈明显，这体现在森林被砍伐、土壤流失、物种减少及大气中二氧化碳积累。二氧化碳又导致气候变化以及极端气候现象更频密地出现。”“全球生态足迹网络”希望通过计算每一年世界自然资源耗尽日，告诫世人资源被过度消耗。自1986年开始计算以来，这个里程碑式的日子每年都提早到来。1993年的地球超负荷日落在10月21日，2003年是在9月22日，2017年提前至8月2日。“全球生态足迹网络”也发布每一个国家耗尽一年自然资源的日子。比如，2019年德国5月3日已经进入自然资源超支状态，全球范围内，四分之一国家和德国一样属于高消耗国家。如果全人类都像德国人那样消耗自然资源，就需要3个地球才能满足人类的需求。相比之下，全球资源消耗如果平均达到美国的水平，人类则需要多达5个地球；如果平均为中国的水平，则需要2.2个地球。[3]

能源消耗就意味着二氧化碳的排放。联合国气候变化框架公约第25次缔约方大会（COP25）2019年12月在西班牙马德里举行。作为大会主席的智利环境部长施密特表示，地球超负荷日不断提前的主要原因在于二氧化

〔3〕《比生态系统再生速度快1.75倍 人类今年首七个月耗尽地球一年自然资源》，载新加坡《联合早报》2019年7月30日。

碳排放量持续增加，她说："显然的，采取果断行动变得越来越重要。"[4]

在科技革命前，人类主要依靠农业、牧业、渔业、手工业、林业等获得生活资源，消耗自然资源的量级远远低于科技革命之后，烧煤、烧石灰、冶炼金属在那个时代是产生二氧化碳的主要人类活动，但是，由于人口少、规模有限，对自然生态的破坏有限，自然生态基本能够获得及时的修复。人类从生态系统中获得的基本服务自然有保障。工业革命至今，人类消耗自然资源的量级提升了百倍千倍万倍，自然资源的再生已入不敷出，排放的二氧化碳作为温室气体不断拉升地球的气温，海平面上升速度让许多全球沿海地区面临危境，沿海地区的生态系统受到严重破坏，这意味着，全球气温升高使地球生态系统受到损害。比如位于热带亚热带海陆交错带的红树林，由于海平面的上升，正遭受灭顶之灾，而红树林具有重要的生态功能。巴西沿海的红树林面积达 13 989 平方公里，是抵御气候变化的重要屏障。根据巴西生物学家 Renato de Almeida 的研究，一英亩（约 0.40 公顷）的红树林吸收的二氧化碳量和亚马逊雨林相同面积的吸收量一样多，甚至超过后者。根据今年的一份报告，气候变化和人类活动让 100 万种物种濒临灭绝。[5] 红树林的濒危，同时意味着依赖红树林生态系统的沿海居民面临严重的生态安全问题，这些居民从红树林获得诸多生态功能：消浪先锋、海岸卫士、生态繁殖和二氧化碳吸收等。

科技革命让人类与自然难以"和平共处"，人类工业生产带来了资源、环境、生态的根本困境：消耗快、难再生，污染广、根治艰，生态损、难修复。人类的生态安全问题反映了整个地球生态系统的困境。以人类自身的状况衡量，人类正在诉诸一种新型权利——生态安全权。

从权利的产生机制来看，权利产生于正当性享有与非限制性侵害之间的张力和常态化冲突。无论是自由权，还是平等权，都产生于公民的正当性的自由、平等诉求与国家权力的潜在侵害之间的常态化冲突。如果一个

---

〔4〕《比生态系统再生速度快 1.75 倍 人类今年首七个月耗尽地球一年自然资源》，载新加坡《联合早报》2019 年 7 月 30 日。

〔5〕《海平面上升 这里最先受影响》，载 https://news.ifeng.com/c/7oo5LIYwKBs#p=1，最后访问时间：2019 年 8 月 3 日。

国家的目标就是不择手段地提高国内生产总值，完全不顾及经济活动外部性——对环境和生态的破坏极可能很快危及人类生存所必需的生态系统基本服务，这样的国家就可能危及人民的生态安全权。现在谈这个问题，其背景就是人类生态环境的持续恶化。这种持续恶化是世界各国二氧化碳及其他温室气体排放共同造成的。

科技革命本身大大提高了人类对自然的利用与干预，但是人类被激发起来的致富与消费欲望已经无限放大了工业生产的规模。各国之间的竞争又促成了这种放大，并争相生产毁灭性的核弹头。这些核弹头一旦派上用场，人类生态环境和自然生态环境就会遭受毁灭性的破坏。

所谓生态安全权，是指人类在其国家及其具体生活地区获得生态系统基本服务的一种兼具集体人权与个体人权的混合性权利。这种权利的保障以保障环境要素、生态系统与生态系统基本服务不会遭受不可逆转的损害为目标。长期以来，这是一种背景性权利，无论是我国早期典籍，还是西土的《圣经》，抑或约翰·洛克的劳动创造财产学说，都肯定了人类对自然万物善加利用的权利。这种权利是一种自然权利。在人类大规模地改造自然影响生态前的时代，由于生态环境的资源再生能力足以弥补人类的消耗，人类所有的生产活动几乎都是一种循环经济活动，所以人类的生态安全权自然能够得到保障。尽管自然灾害不时肆虐，但是自然灾害并不影响人类家园的总体生态安全。

但是，随着科技革命的到来，工业革命大大提升了人类改变自然的能力与幅度。人类发明了蒸汽机，大大改变了交通运输、冶炼等行业；人类发现了电力，发明了电动机，改变了农业、工业生产能力；发现了核能，让人类获得了一种能够从整体上毁灭地球的能量。自然环境开始承担愈来愈多的人类工业生产的“三废”和人类消费后的“垃圾”，自然生态系统已不能消化这些多余物，从而引起生态系统和环境的退化，局部地区出现了生态危机，积渐所致，全球气候也出现了危及人类与生物生存的显明趋向。这时候，生态安全利益成为人们随时都可能因生态危机而丧失或受到损害的紧缺品，从而成为人们需要用法律来予以保障的基本权利。

从这个视角，可以看到生态安全权是科技革命积渐所致的“产物”，是人类滥用科学技术干预自然界的产物。

二、科技革命的经济功利性和政治功利性

生态安全权的提出与科技革命的高歌猛进密切相关。因为历来的科技革命都有一个核心特征——经济功利性。

经济功利主义意味着任何技术的发明推广都是以市场行为完成的。如果只是实验室里的科技成果，缺失产业化市场化前景与环节，最终就会泯灭于历史。

功利主义不是中国人的发明，两百多年前英国哲学家杰里米·边沁创造了功利主义，经过了经济学家约翰·密尔的推广就变成了整个经济学基本哲学基础。功利主义的基本特征就是用目标的正当性来证明手段的正当性。它评价任何事情的标准都是后果主义的，也就是说只要我的目标是对的，就可以不择手段。而功利主义也是拥护市场经济的，不过，只有当市场有利于效率，有利于所谓社会福利最大化的时候，它才拥护；如果一旦市场被认为不利于效率，想要垄断外部性和信息不对称，它就强调应该用政府干预的方式。功利主义对私有产权和自由的支持也是工具性的，我们做什么样的事情是正当，什么样的事情是不正当，仅仅靠功利主义判断可能不行，还有另外一种标准我们称之为权利主义的标准。权利主义是说作为一个人，我们有一些基本权利，这些基本权利，是不可以用任何理由加以剥夺的。权利主义对于市场的捍卫是基于人的道德权利、人的自由本性和尊严而不是效率，至少不仅仅是效率。权利主义也有很长的历史传统，从古希腊的自然理论发展而来，两百年前康德自由理论也是一种权利主义理论，近代罗尔斯的自由平等理论、诺齐克的自我所有权理论、Rotbard 的自然权利理论和哈耶克的自由演化主义，都可以归为权利主义的标准，尽管它们之间也有很大的分歧。〔6〕 科技革命的经济功利性决定了其与人类基本权利观念的不可通约。

所谓科技革命的经济功利性是指科技发明的根本属性是其经济价值。而经济价值是指通过科学技术的应用从生态环境要素获得的能量流与信息流。在本质上，我们可以这样看，科学技术加快了自然循环的能量转换和

〔6〕 张维迎：《改革，要从功利主义转向权利优先》，载《经济观察报》2014 年 7 月 14 日。

信息传输，获得了人类直接利用自然界的能量形态，人类从中获得更多的经济盈利机会。技术是以效果为评价标准的，这里的效果是其设计者要实现的直接目标。具体这种技术应用之后，它产生什么样的社会效应、环境影响的外部性，并不是设计者所关心的。人类发明了塑料制品以后，感受到各种便利，但是塑料制品废弃物正在改变海洋生态，被许多鱼类误食之后会造成死亡，或者鱼肉中塑料微粒超标，将这种塑料微粒带入食物链，也造成了对食物链的污染。塑料包装、餐具水杯在高温烤烫下也会释放出致癌的物质。

科技革命的经济功利性体现在诸多环节，在一国的科技政策、政府资助的项目、银行融资的领域、专利权授予、科研机构定位、科研奖励等方面都会有所体现，那种与经济增长沾边的项目、专利申请极为受宠，而那种理论性基础性的科研项目不受重视。政府、科研机构、高校偏重于实用型科学技术的发展，却对人文社会科学和传统文化不够重视。许多明智之士反思这一现象，如诺贝尔文学奖获得者莫言曾谈及，国家繁荣不能只看GDP多高还在于人民灵魂丰富。[7]

科技发展的政治功利性是其第二属性。现代科学技术的发展，一部分是政府驱动的结果。特别是军工技术、航天技术、通信技术和海洋技术。由于国家竞争和国内政治需求，各国在科技发展战略上优先发展国防科学技术，美国在这方面堪称代表。

政治功利性的体现：一是国家作为政治共同体对待科学技术的政治功利性；二是不同层级的政府对待科学技术的政治功利性；三是政治人物对待科学技术的政治功利性。

国家可以以各种借口实施一种科学技术的政治功利性策略。一个国家的主权政府基于阶段性的发展战略实行功利性的科学技术策略，忽视整体论的生态科学原理。或者出于一种集体的知识无知，或者出于一种对未来科技发展的盲目自信。政府要的是经济数字的增长和社会就业指数的提升，

---

〔7〕 林春茵：《莫言：一个国家是否富裕不能只看GDP有多高》，载中国社会科学网：http://www.cssn.cn/ts/ts_wxsh/201511/t20151110_2571547.shtml，最后访问时间：2020年5月13日。

而对各种工业生产与工程所带来的延后爆发的生态危机并不关注，这在各国都有教训，如埃及阿斯旺大坝带来的生态危机，苏联切尔诺贝利核电站的爆炸，日本福岛核电站的核泄漏。这里还涉及一种功利主义的科学发展策略，即注重实用科学技术的研发，忽视基础科学的投入，包括生态科学的投入。这种功利性的科研投入策略导致国家缺乏对科学整体论的把握，也会走向技术为本的误区。

不同层级的政府出于国内竞争的需要，也会采取政治功利性的政策。如近些年高污染产业从京津沪等地转移到经济相对落后的省区，一个省区内高污染的产业集群从经济繁荣的地市转移到经济落后增长乏力的地市。就我国的考核体制来看，目前经济指标在很多地区比环保指标更加重要，所以这种现象仍大量存在。层级低的政府政治功利性愈强，这是由其所掌握的资源相对狭小决定的，同时跟自治权缺乏、上级政府考核苛严、缺乏民主参与机制也有密切关系。

政治人物出于政绩的需要，对科学技术及相关产业政策采取功利性策略。美国总统特朗普决定美国退出巴黎协定就是显著例证。2017 年 6 月 1 日，特朗普宣布将终止执行《巴黎气候变化协定》的所有条款。他认为，巴黎协定是伤害美国的范本，它牺牲了美国的就业，美国财富被它“大规模地重新分配”。经济增长需要所有形式的美国能源，美国退出对巴黎协定本身影响不会太大。他说：“协定并没有消灭煤矿业的工作岗位，只是将它们转移到了美国以外地区，输送给外国。这个协定与其说是和气候有关，不如说是让他国获得优于美国的财力优势。”实际上，特朗普总统执政的目标是让美国经济年均增长 3%及以上，退出这一协议，就是为其实现这一目标以进一步谋求连任服务的政治策略选择。

其实，无论经济功利性还是政治功利性都是一个动态的概念。经济功利性是可以通过循环经济、清洁能源、绿色消费以及生产者责任延伸制度等减缓的。问题是无论中国还是全球经济发展的不平衡加剧了对经济功利性的依赖。相对来说，经济功利性取决于政治功利性，在许多国家和地区，强权和垄断利益集团决定选择，这是令人忧虑的。个体公民从生活质量出发考虑问题，与政治人物、经济人物从利益最大化的竞争需要考虑问题，往往形成一种对冲的力量，这就需要通过一种民主机制或者市场机制来控制这些政治人物和经济人物，让他们明白违背选民或者消费者的意愿最终会导致他们政治前程与经济计量的受挫，顺应选民或者消费者的意愿和生存利益，选民和消费者才真正支持他们。当一国的政治功利性与经济功利性重合的时候，其科学技术，从重大的化石能源开采技术到普通的养殖技术，就可能以人类的经济获益为标准，不顾及自然生态的保育与人类生态环境的持续恶化等问题，由此带来的污染、生态退化、生物物种灭绝、动物来源的病毒疫情都可能给人类带来全球性的灾难。让人感到恐惧的是，这样的国家并不在少数。

三、生态安全权的发展趋势与整体性保障

生态安全的状况随着人类科技发展围绕经济增长而逐渐恶化。但是，这并不一定意味着人类将走投无路。这种出路不是寻求移居其他星球，而只能在于人类共同努力去实现一种亚生态安全。

总体上讲，此前的科技革命目标是拓宽加深人类汲取自然资源的能力范围与幅度，实践证明这必然损害人类自身的生态安全。从 20 世纪 60 年代，人类就已经意识到了这一问题的严重性。可是，经历了半个多世纪，人类的经济增长型发展模式仍然占据主导地位。我认为生态安全状况的恶化体现于三个方面：

第一方面，人类的便利愿望和奢侈型消费欲望有增无减。这是一个消费时代，“互联网+”拉动了更加宽泛的消费浪潮。各国科技发展方向就是更加智能化、大众化、消费化。美国公布了一份长达 35 页的《2016—2045 年新兴科技趋势报告》，该报告是在美国过去 5 年内由政府机构、咨询机构、智囊团、科研机构等发表的 32 份科技趋势相关研究调查报告的基础上提炼形成的。它对近 700 项科技趋势进行综合比对分析，最终明确了 20 项最值得关注的科技发展趋势。包括物联网、机器人与自动化系统、智能手机与云端计算、智能城市、量子计算、混合现实、数据分析、人类增强、网络安全、社交网络、先进数码设备、先进材料、太空科技、合成生物科技、增材制造、医学、能源、新型武器、食物与淡水科技、对抗全球气候变化。我们看一下其中能源与最后两项的预测：①关于能源。在未来的 30

年里，全球能源需求预计会增长35%，我们正在面临着一场能源革命。新的采油技术，比如水力压裂以及定向钻为人类添加了大量可开发的油田和气田。而这直接颠覆了世界石油市场，使美国从世界上最大的石油进口国变成了最大的石油生产国。与此同时，可再生能源，比如太阳能和风能的价格也开始接近石油。就拿太阳能来说，在过去的10年里，太阳能发电的价格从每瓦8美元降低至这个数字的十分之一。在此之外，还有核能这个饱受争议但从未停止开发的能源。新一代的核反应堆设计宣称远比之前的更安全，也会产生更少的核废料。不过，虽然使用清洁能源可以帮助我们减缓全球气候变化，但是围绕用于生产电池、光伏以及其他元件的稀有资源的新的纠纷与摩擦也会出现。石油经济的消退也会在中东和北非引起经济和社会的严重不稳，进一步加深当地的武装冲突。②关于食物与淡水科技。在未来的30年里，淡水和食物的缺乏将会在世界上制造更多的冲突。全球大约25%的农地已经由于过度耕作、干旱、污染等原因造成了严重退化。在未来的几十年里，最乐观的预测也指出主食谷物的价格将会提高30%。但那是最乐观的情况。如果全球气候变化、需求以及资源管理的失败按照目前的趋势继续下去，价格提高100%也是有可能的。在2045年，全球超过40%的人口将会面临缺乏水源的问题。这一切问题的解决方式只有科技。海水淡化、微型灌溉、污水回收、雨水收集等科技将会减缓人类对淡水水源的需求。基因改造农作物以及自动化将会允许农民使用更少的土地来出产更多的食物。食物和淡水将会成为新的科技热点，也会成为新的冲突爆发点。③关于对抗全球气候变化。根据目前的数据，在2050年，地球表面的温度将增加1.4~3摄氏度。就算我们采取了一些极端方式来减少温室气体的排放，气候的惯性也会引起温度的提高。而地表温度的提高则会带来一系列的恶果，比如海平面的提高给海岸城市所带来的危险，农作物产量的下降所引发的饥荒，干旱导致数百万人缺乏饮用水，以及洪水所造成的数十亿损失。在未来的30年里，这些危机将会引导各方投资去研究可以减缓气候变化所带来的影响的科技。在近期，这些科技将包括在地图上标出有洪水危险的系统，以及可以抵抗干旱的基因改造农作物。在更长远的时间里，也许会出现野心更大的科技，比如可以从大气中提取二氧化碳和甲烷等温室气体，再把它们安全地储存在地下的科技。但是，如果气候变化的趋势是增加3摄氏度这种最坏的情况，它给地球气候所造成的巨大影响将难以减缓。在这种情况下，极端的地理工程手段很有可能是避免极度恶劣气候的唯一方式。科学家们就曾提出在大气层中散布硫或氧化铝来减少抵达地球表面的阳光。不过，这些手段还处于理论阶段，风险非常大。[8]从这些趋势上看，其一，人类在开发科技方面的潜力，以及满足主观的便利和创新的愿望。其二，这里面可以体现清楚与紧迫的生态风险。其三，人类在应对发展与生态之间紧张关系的问题上，依赖于科技的创新。这是一个各国竞争的格局，尽管从全局上明显呈现悖反局面，但是科技上的竞争需求主导了人类发展。生态上的风险本来就是由科技革命引起，现在又仰仗进一步科技革命的突破。其源头还是人类自身的发展模式和竞争主导了地球生态系统。

第二方面，生态系统遭到的破坏深度和量级在不断翻番。上文引用的资料中已有预测，能源、食物、淡水、农业用地、全球气候变化形势都在恶化。联合国秘书长安东尼奥·古特雷斯近日指出，气候变迁导致超强飓风和风暴发生的强度和频率更高，若不尽速采取行动，状况会变得更糟。他说，气候变迁会在三方面造成不公平的伤害，其一，一些温室气体排放量较低的国家受到极端气候冲击反而更严重，比如巴哈马；其二，一些最贫穷、应对能力最弱的国家受害最深，巴哈马也是其中之一；其三，许多国家持续受到风暴侵袭，陷入灾难和债务的循环。事实上，由联合国前秘书长潘基文、微软创办人比尔·盖茨等人组成的“全球调适委员会”（GCA）日前发表报告指出，气候危机已无可避免，但全球的因应准备严重不足，将导致贫穷、水资源缺乏和大量移民，对人类生活的影响难以估计。报告提到，气候危机的严重影响已无可避免，除非采取预防措施，否则到2030年将有一亿多人陷入贫穷；每年缺水人数将增加14~50亿，引发前所未有的水资源争夺战，助长冲突和移民；在沿海地区，海平面上升和风暴

〔8〕 Jennie：《未来30年的科技发展趋势（上）》，载 http：//www.iyiou.com/p/57971.html，最后访问时间：2019年10月20日。

将使数亿人逃离家园，2050 年每年消耗社会成本将达一兆美元。[9]

第三方面，经济、政治、社会发展的不平衡持续困扰全球社会。生态灾难与生态风险的大规模肆虐，是由全球气候变化引起的。而全球气候变化由全球温室气体的排放引起。温室气体是由各国争相发展工业、大量消耗化石能源等引起的。发展中国家要赶上发达国家的经济发展水平与生活水平，最不发达国家在努力改变自己的恶劣处境，解决整体贫穷的问题。而发达国家也在努力维护自己的优越地位，维持自己人均自然资源消耗远高于其他国家的生活模式。这样下来，自然推高了全球能源消耗及温室气体的排放。这种无序竞争的格局导致了生态风险不断升高。随着经济社会的快速发展，为了满足人类生活不断增长的需求，在未来数十年间，传统化石燃料的需求还将持续增长，特别是在新兴工业化国家。据国际能源机构（IEA）估计，2007 年到 2030 年间，中国和印度的燃煤发电将有可能分别增长 2.5 倍和 3.5 倍。同样据国际能源机构（IEA）估计，作为中国的煤电厂排放的二氧化碳占了全世界煤电厂排放量的 38%，而且这个数字还在不断增加。这使得煤炭成为最脏的化石燃料。总体上 70% 的碳排放都是化石燃料产生的。所以，逐渐放弃化石燃料的依赖是根本。从能源转型所需要的清洁能源上看，有各种备选，如氢能、太阳能等，但是全球能源转型的成本高昂，尤其对于最不发达国家和发展中国家，技术资本与经济资本都很欠缺。

针对这种形势，各国政府如何保障人民的生态安全权，人类又如何共同努力来保障全球的生态安全权？并不是一件容易的事情。

对各国政府而言，第一方面通过生态宪法的制度建构，积极长远持续地治理环境，修复生态。第二方面对科技成果、生产工艺实行分级准入制度，将其分为绿色科技、灰色科技和黑色科技。第三方面要改变以技术为本的生产力发展思路，树立以人为本、生态优先的发展理念。第四方面是改变国内外经济、政治、社会发展的不平衡局面，保障弱势地区人们的生存尊严和生态安全。下面依次阐述。

---

[9] 《极端气候变全球危机 联合国喊话拼减碳》，载联合早报网：http://www.zaobao.com/wencui/social/story20190915-989232，最后访问时间：2019 年 10 月 20 日。

第一方面，通过生态宪法的制度建构，积极长远持续地治理环境，恢复生态。全球生态风险与局部生态危机已经进入大爆发阶段。消极地防治污染已经不复衍用。1971 年，瑞士率先在其宪法中规定环境保护的内容，此后各国竞相追随。据统计，到 2012 年，联合国 193 个会员中已有 149 个在宪法中明确规定了环境保护的权利或义务。44 个未在宪法中规定环境保护的，有 23 个是小岛国，27 个是实行不成文宪法的前英殖民地。〔10〕将环境保护纳入宪法，提升环境保护的法律保障层次，代表了国家价值观的发展，同时要课以国家环境保护的义务。1978 年，我国宪法就已经在总纲中纳入了“国家保护环境和自然资源，防治污染和其他公害”。这款规定立足于防治污染和其他公害，稍显不足。不过也是当时社会经济发展水平的真实反映。我国 1982 年《宪法》进一步完善环境保护方面的规范，形成了总纲中四个条文的规范体系。第 9 条规定国家保障自然资源的合理利用；第 10 条规定一切使用土地的组织和个人必须合理利用土地；第 22 条规定国家保护名胜古迹；第 26 条规定国家保护和改善生活环境和生态环境，防治污染和其他公害。国家组织和鼓励植树造林，保护林木。从自然资源到名胜古迹，从生活环境到生态环境，从防治污染到组织鼓励植树造林。应该说，国家的消极防治义务已经远远不够，所以我国开始增加了积极治理义务，这无疑是环境危机与生态危机愈加紧迫的制度对应。随着我国经济 40 年的高速增长，环境污染、生态破坏呈现相当严重的趋势，所以在 2018 年初，我国宪法修改加入了生态文明价值观和行政治理权的配置，即在序言关键段落中增加了新发展理念、生态文明与其他四种文明协调发展、和谐美丽的社会主义现代化强国目标等，特别是明确了这些新价值观的指导思想即科学发展观、习近平新时代中国特色社会主义思想。在国家机构部分，将领导与管理生态文明建设列入国务院职权范围。这一次修改是从宪法价值观上和国家机构职权配置上确立了积极治理环境的基本国策，追求环境的经济属性之外的生态属性，建立生态文明型社会，让世世代代的人们生活在生态安全有保障的可持续发展社会。

第二方面，对科技成果或生产工艺实行分级准入制度。将其分为绿色

〔10〕 吕忠梅:《环境权入宪的理路与设想》，载《法学杂志》2018 年第 1 期，第 32 页。

科技、灰色科技和黑色科技。这一方面完全是理论上的。人类近代以来的加速度发展，完全依靠自己擅于创新的大脑。现代工具——科学技术是人类超越前人的利器。可是，由于科学技术在改变物质形态、创造便利设备、消耗自然资源过程中必然排放有害废弃物，带来自然资源和生态环境的极大消耗，就像蕾切尔·卡逊在肯尼迪总统的科学咨询委员会作证时更为明确地指出，公民免受毒物侵害的权利应成为一项基本人权〔11〕。而这些毒物都是工业制品。我国在追赶西方国家实现经济繁荣的过程中，赋予了科学技术第一生产力的重要地位，导致生产力追求成为科学技术、先进工艺的衡量标准。而相对忽视了科学技术尽管只是一种工具，但是这种工具的使用本身会消耗大量自然资源、排放温室气体和其他危害生态的废弃物，另外科学技术也可以被用来追求使用者的一己利润、被用来“作恶”。人类掌握了日新月异的科技，对自然界原生态的影响越来越大，致使自然界的原生态逐渐远离人类生存，对环境要素、生态系统和生态系统基本服务的影响力度越来越大，对自然资源的消耗、对小到一种生物的生存环境大到全球的气温气候产生巨大的影响。所以，由科学家构成的评审委员会对所有申请投入应用的科技成果或工业发明进行分级，不会影响生态环境的绿色科技获得许可，对生态环境有一定影响的灰色科技必须排放达标才能获得许可，而对生态环境产生不可挽回影响的黑色科技被禁止进入生产应用。这样才能有效规制进而形成发展与生态安全之间应有的健康关系。

第三方面，要改变以技术为本的生产力发展思路，树立以人为本生态优先的发展理念。这是观念的变革。科学技术是生产力发展的重要因素。但是，生产力的发展要以人为本，坚持生态优先。这里，我们并不提倡生态中心主义，反而认为可以通过人类享有的生态系统基本服务来反映良好的自然生态与人类生态状况。自然生态就是非以人为主体的生态系统，大到地球生物圈，小到村边小池塘。人类生态系统就是以人为主体的生态系统，如城市生态系统。较有代表性的是生态城。生态城简称 ECO，是 Ecopolis 的缩写，是俄罗斯生态学家 O. Yanitsky 于 1987 年提出的一种理想城模

---

〔11〕 Carson is quoted in J. Cronin and R. F. Kennedy, Jr., *The Riverkeepers: Two Activists Fight to Reclaim Our Environment as a Basic Human Right*, New York: Scribner, 1997, p. 235.

式。生态城是一个经济发达、社会繁荣、生态保护三者保持高度和谐，技术与自然达到充分融合，城乡环境清洁、优美、舒适，从而能最大限度地发挥人的创造力与生产力，并有利于提高城市文明程度的稳定、协调、有利于持续发展的人工复合系统。生态城是人类发展到一定阶段的产物，是现代文明与人类理性及道德在发达城市中的体现。有专家指出，生态城建设有两种思路：技术为本、逆城市化是不可持续的“低碳陷阱”；“以人为本”是低碳生态城的灵魂，其建设应保障成本适当、自身可持续、模式可复制、减碳可计算、具有内生自我改进升级能力。[12]以实现技术产出潜能为中心的GDP最大化是技术为本的传统思路；以技术与自然充分融合、以持续地减碳为目标是以人为本的新发展理念。抛弃前者、厉行后者是各国明智的共同抉择。

第四方面，改变国内外经济、政治、社会发展的不平衡局面，保障弱势地区人们的生存尊严和生态安全。地区发展不平衡是GDP最大化模式流行的背景原因之一。这里所说的GDP最大化模式指的是以经济增长为目标、牺牲生态保护的发展模式，也包括那些为了经济增长不愿减排温室气体的发展模式。无论国内还是国际社会都存在大量这样的灰色发展模式。一个基本原因就是许多国家、国内许多地区相对那些经济发达国家和地区经济落后。如何改变这一窘境？我认为在一国范围内，可以适当实行适度的财政均衡，像联邦德国那样。而在体制不允许的国家，也可以让经济弱势地区从自身实际出发，走绿色环保、生态优先的可持续发展道路，国家应该实行政策倾斜，将其化为“生态保育特区”。如我国的西藏、青海、新疆、宁夏、甘肃、内蒙古、海南等。由于这些省区地理位置特殊，生态区位优越，人口密度低[13]，生态保育好了，反哺全国生态保育，成为全国其他近13亿人口的后花园，并通过发展文化旅游事业，形成一种良性循环。国际性的发展不平衡主要是由各国政治发展不平衡造成的，那些极为贫穷的国家基本都是政治体制僵化或者政局长期不稳定的国家，所以这些国家的当

---

〔12〕《天津论坛（2019）聚焦科技赋能城市与区域发展创新》，载 http：//news. nankai. edu. cn/ywsd/system/2019/10/21/030035899. shtml，最后访问时间：2019年10月23日。

〔13〕 7个省区人口相加，按2018年的数字，是10 227万，而同期我国总人口139 538万，占7. 3%。而辖区占532万平方公里领土，占国家总面积的55. 4%。

务之急是改善政治体制与治理，这就需要其自身与国际组织的协同努力。有了稳定并且灵活自由的政治体制，建立广泛的国际协作关系，走生态优先可持续发展道路，才是明智的选择。“在21世纪的今天，发展和现代化的可持续性已经变得越来越重要。发展本身从来都不仅仅是单纯的经济增长。”[14] 政治发展、社会自由的发展往往是不发达国家人民最欠缺的，正如阿马蒂亚·森指出的，真正的发展应该以人为中心，其目的是扩充人们的基本自由；否则，发展作为最有价值的人类过程所蕴含的道德价值便不复存在。[15]

四、结语

老子说：“为无为，则无不治。”庄子说：“无为也，则用天下而有余；有为也，则为天下用而不足。”无为就是不违反自然的行为和活动。人类只有顺应自然，与自然适应、协作，则自然资源供人类使用绰绰有余，否则就将破坏人与自然的平衡关系。[16]

也许为时未晚，如果人类学会控制自己的物质攫取，各国政府控制自己对科学技术研发使用的功利主义，将科学技术研发应用按照对自然生态与人类生态的整体影响分类分级规制，开发符合环境标准和生态标准的科学技术。放弃一律以经济增长率来衡量国家发展的僵化尺度，对欠发达地区实行生态保育战略，协助保障欠发达地区人们的生存尊严，保障所有地区人们的生态安全权，地球也许会是人类与其他生物共存的永久乐园。

---

〔14〕 阎小骏：《当代政治学十讲》，中国社会科学出版社2016年版，第69页。

〔15〕 阎小骏：《当代政治学十讲》，中国社会科学出版社2016年版，第69页。

〔16〕 吴国盛：《科学的历程》，湖南科学技术出版社2018年版，第694页。

卢曼司法中心主义系统论在科技革命时代的启示

敏振海*

一、卢曼系统论法学：司法中心主义

卢曼批判地继承了帕森斯的结构——功能主义理论，借鉴吸收了智利生物学家、神经生理学家马图拉纳、瓦拉那的研究成果，将生命科学、信息论、控制论等前沿科技纳入法学研究当中，开创并发展了功能——结构主义的社会系统理论。

（一）卢曼的社会系统理论

卢曼的社会系统理论基于他的系统理论。与传统的系统理论不同，卢曼的系统理论取代传统的整体/部分模式，以系统/环境图式展开其系统论。

1. 系统/环境图式

卢曼的系统论主张从系统/环境图式观察社会。卢曼指出，系统乃组织化的复杂性，它透过选择一个秩序来进行运作。系统进行组织、选择、运作——这些是它所有的活动[1]。诸系统在运作中生产出一个系统与环境的差异。它们生产出一个具有两面的形式，亦即，一个内部面——这就是系

---

* 敏振海，清华大学法学院博士生，西北民族大学法学院讲师。

〔1〕［德］玛格特·博格豪斯：《鲁曼一点通：系统理论导引》，张锦惠译，台湾暖暖书屋2016年版，第51页。

统，以及一个外部面——也就是环境。[2] 卢曼的系统论呈现的是系统/环境图式，其具有以下区分：首先，环境是由系统予以定义的。环境是由系统透过自己的运作所产生出来的，亦即它是由系统本身所规定的。其次，系统不同于环境。环境并没有固定的大小范围，但是环境往往大于系统，从每一个系统的角度来看，它的环境始终是十分混乱且复杂的。最后，系统与环境之间的关系，正如一个硬币，它们构成一体两面，唯有透过系统，才会有环境的存在。

2. 社会系统及其特征

卢曼的系统论将宇宙万物分为无机系统、有机系统、心理系统和社会系统。在此基础上又将社会系统分为政治系统、经济系统、法律系统等。其中社会系统具有以下特征：

第一，社会系统处于运作中。不同于传统社会学将系统视为一个封闭的系统，卢曼的系统论指出，社会系统是封闭性运作，认知性开放。运作是所有系统的特征，系统并不是由事物，反而是由运作构成的。运作乃是系统最重要的属性，每个系统都有自己的运作方式，生物系统的运作方式为活着；心理系统以感知与思考的方式进行运作，而社会系统的运作模式则是沟通。社会系统的沟通是系统的沟通，人并非沟通的主体。

第二，社会系统具有自创生功能。自创生原指生物系统的自我复制和自我繁衍，卢曼将这一生物系统的概念运用到社会系统，社会系统通过沟通之衔接具备了自创生的演化功能。

第三，社会系统通过功能分化催生出诸多社会子系统。社会系统的分出主要有三个阶段：一是分割社会，主要指部落社会体现为片段化的关系，片段化的方式只能满足简单的社会模式；二是分层社会，体现为层级式的关系，历史上传统社会主要表现为层级式的社会模式；三是分化社会，主要指现代社会分化为诸多功能子系统，现代社会按照功能——结构主义分化为诸多功能子系统，如政治系统、经济系统、法律系统等。

---

〔2〕［德］玛格特·博格豪斯：《鲁曼一点通：系统理论导引》，张锦惠译，台湾暖暖书屋2016年版，第56页。

（二）立法中心主义传统之批判

一般而言，法律之划分有诸多形式。如将法律划分为公法与私法、行政法与宪法、物权法与债法等的区别，或者按照法律素材的原则性划分，例如采用罗马法上的人法/物法/诉讼这种图式。〔3〕卢曼均反对以上划分，他借助亚里士多德以来关于立法与司法的划分传统来构建法律系统之划分。自亚里士多德以来，立法和司法的分化成为一种共识，亚氏认为立法和司法的分离旨在实现法律之正义。〔4〕立法由于具有一般性，因此立法者很难考量到立法对亲友、敌人产生的后续效应，从而保证了立法者公正立法，而法官要受立法之约束进行裁判，从而防止法官不公正的裁判。

1. 立法中心主义之历史考察

自亚里士多德以来的传统采取立法中心主义的模式。考察法律的发展史，在古希腊时期人们就认为立法和司法是一种阶层式的关系〔5〕，阶层式的关系意味着立法优位于司法，司法依照立法进行裁判。在罗马时期，民众立法和裁判官司法也进行分化，但是裁判权由政治权力统辖，这也意味着，司法权受制于政治权，这一阶段法律系统仍然尚未独立分出。17世纪思想家洛克将国家权力划分为立法权、执行权和对外权，其中立法权是最高权力〔6〕，他将立法和政治主权联系到一起，从而使得“立法权能获得了更高的地位”〔7〕。18世纪在民族国家之影响下，形成国家至上的阶层式社会结构。在这种阶层性世界架构图像中，“法院被理解为立法的执行机关，法学方法则被理解为演绎”，〔8〕即从大前提（法律规范）到小前提（法律事实）推导出结论，立法中心主义占据了主导地位。19世纪欧洲进入法典

---

〔3〕［德］尼可拉斯·卢曼：《社会中的法》，李君韬译，台湾五南图书出版股份有限公司2009年版，第339页。

〔4〕［德］尼可拉斯·卢曼：《社会中的法》，李君韬译，台湾五南图书出版股份有限公司2009年版，第340页。

〔5〕［德］尼可拉斯·卢曼：《社会中的法》，李君韬译，台湾五南图书出版股份有限公司2009年版，第340页。

〔6〕［英］洛克：《政府论》（下篇），叶启芳、瞿菊农译，商务印书馆1996年版，第92页。

〔7〕［德］尼可拉斯·卢曼：《社会中的法》，李君韬译，台湾五南图书出版股份有限公司2009年版，第341页。

〔8〕［德］尼可拉斯·卢曼：《社会中的法》，李君韬译，台湾五南图书出版股份有限公司2009年版，第342页。

化时代，《法国民法典》和《德国民法典》的颁布更加增强了立法中心主义者的信心。因此，自古希腊、古罗马时期一直到近代民族国家形成时期，立法高于司法或者立法中心主义为这一时期法律的主要特征。

2. 卢曼对立法中心主义之批判

卢曼对立法中心主义进行批判。一是立法和司法之间并非阶层式的关系。他认为，在立法和司法区分之下，二者并不是一种阶层式的关系，而是一种“模控学循环”。〔9〕对于法官而言，他在适用法律时探索立法者的意图，即立法者是如何观察世界的，于是法官发展出了对立法者意志的解释——法律解释的一种方法。同时立法者也会预想到，案件以什么样的方式或者形式到达法官那里，并被法官审理。概言之，法官依照立法进行裁判，而立法者应使新的立法嵌合于由法院的诸多裁判前提所构成的整体而努力。立法和司法进行互相关照，从而形成一种两者地位平等的循环模式，这其实打破了立法至上的神话。

二是司法并非始终严格依法裁判。由于立法具有抽象性，现实中法官裁判具体案件时需要对立法进行解释，法官对制定法进行解释所带来的恣意本身无法避免。这也意味着制定法本身无法约束法官或防止法官裁判案件时的恣意或任性。卢曼指出，“即便是受制定法约束这项命题，本身也是司法解释的对象。”〔10〕法官甚至在制定法和实际生活存在冲突的情形或者制定法无法满足人们之需求的情形下，可以要求立法者修改或者废弃法律。这说明司法裁判某种程度上不受立法之限制。

三是法律解释多元化对立法中心主义的影响。在立法至上模式下，法官对法典演绎逻辑式的解释成为唯一正当的法律解释方法。随着社会的发展，以及法典的老化，促使法官解释法典的权力扩张。法官发展出多种解释法典的方法，因此也证实了演绎逻辑——立法中心主义下唯一的法律解释方法遭到瓦解，进而从根基上撼动了立法至上的地位。

---

〔9〕［德］尼可拉斯·卢曼：《社会中的法》，李君韬译，台湾五南图书出版股份有限公司2009年版，第342页。

〔10〕［德］尼可拉斯·卢曼：《社会中的法》，李君韬译，台湾五南图书出版股份有限公司2009年版，第343页。

（三）司法作为法律系统的中心

卢曼的法律系统借助自亚里士多德以来的传统，以立法和司法之分化为其主要特征。[11] 他认为立法和司法并非一直是一种阶层关系，那么立法和司法二者究竟是何种关系？

1. 司法处于法律系统中心地位

在卢曼的法律系统中，司法处于法律系统的中心，立法则处于法律系统的边缘。[12] 之所以如此，是因为司法承担着特殊的任务：一是对提交的案件必须进行裁判。对于立法而言，立法者可以搁置立法提案，或者通过无限期辩论架空立法提案所针对的议题，但是法院面对信息不充实、条件不确定之情形下必须要做出裁判[13]。二是在法无明文规定的情形下法官实施了某种造法活动，亦即司法在运作过程中创制和发展出法律规则，就此而言，司法处于法律系统的中心。

司法处于法律系统之中心意味着司法中心主义，司法中心主义强调司法承担着法律应对复杂社会的重任以及化约复杂社会之可能性和高效性，社会中出现的新型案件和疑难案件，首先进入司法领域，最终在司法领域予以消解。考察法律史，可以发现普通法法官裁判案件时一方面通过遵循先例的原则将当下纠纷予以解决，另一方面通过确立裁判规则为下一个类似案件做指引，实施法官的造法功能，显然，普通法传统最符合卢曼提出的司法处于法律系统的中心这个特征。大陆法系法官通过对疑难案件之解释也实现了和普通法法官同样的造法功能。

2. 立法中心主义：司法中心主义的悖论转移

既然司法作为法律系统的中心，那么为何人们对此不予承认？卢曼指出，司法作为法律系统的中心就意味着法官造法，如果人们承认，法院所适用的法律就是他自己创设的，这就陷入了法院既是立法者又是裁判者的

---

〔11〕［德］尼可拉斯·卢曼：《社会中的法》，李君韬译，台湾五南图书出版股份有限公司2009年版，第340页。

〔12〕［德］尼可拉斯·卢曼：《社会中的法》，李君韬译，台湾五南图书出版股份有限公司2009年版，第357页。

〔13〕［德］尼可拉斯·卢曼：《社会中的法》，李君韬译，台湾五南图书出版股份有限公司2009年版，第3章。

吊诡，这种吊诡产生以下危险后果——法官造法违背了现代民主国家的分权理念。卢曼指出为了掩饰这种吊诡，人们将立法和司法之间的关系予以非对称化。因此在实践中，普通法通过法源理论将法官法确立为一种法律渊源，法源理论将法源视为认知的源泉，而法官裁判是对法律的认定，即“只有那些被法院认定为法律的事物，才终究是法律”〔14〕。法源理论暗含着法官裁判案件时所必须遵循的规则，在这个意义上，“立法者就阶层地位而言较法官更具优越性的想法，仍然保持了主导地位。”〔15〕卢曼指出立法中心主义是一种掩饰司法中心主义的吊诡，为了解决悖论，人们将立法和司法阶层化，突出立法中心主义。

二、司法裁判的本质：对不可决定之事的决定

对于司法裁判，尤其是涉及疑难案件的司法裁判传统理论有两种解释：一是普通法之解释。普通法法官在遵循先例的前提下，通过类比、区分技术、归纳以及最后的演绎等方法解决疑难案件。二是大陆法系之解释。大陆法系法官主要通过法官适用目的性限缩、目的性扩张、法律类推等方法进行制定法漏洞之补充,〔16〕以解决疑难案件。

对此卢曼给出了新的解释。司法作为法律系统之中心，需要对案件做出决定，换言之，在社会和当事人之压力的要求下司法必须做出决定。在法律制度层面体现为禁止拒绝裁判之要求。

（一）司法必须做决定：禁止拒绝裁判之要求

从历史上考察，在法无明文规定之条件下，法官可以拒绝裁判，如罗马和中世纪时代，有诉权才能进行诉讼，换言之，没有诉权，法官可以拒绝裁判。但是到了近代，禁止拒绝裁判作为一项普遍原则被确立。

1. 禁止拒绝裁判的历史考察

禁止拒绝裁判最早可以追溯至罗马法，罗马法规定，凡债权人自动夺

---

〔14〕［德］尼可拉斯·卢曼：《社会中的法》，李君韬译，台湾五南图书出版股份有限公司2009年版，第344页。

〔15〕［德］尼可拉斯·卢曼：《社会中的法》，李君韬译，台湾五南图书出版股份有限公司2009年版，第344页。

〔16〕参见杨仁寿：《法学方法论》（第2版），中国政法大学出版社2013年版。

取债权的，纵然未使用暴力胁迫方法，也要受到惩罚[17]。这也就意味着，权利如受到损害，非依法向国家权力机关申诉不受保护或救济。于是，公力救济取代私力救济成为罗马时期的重要诉讼原则。公力救济作为纠纷解决的基本原则，意味着国家有责任以“公力”为诉争当事人提供裁判纠纷服务，国家有义务为实施公力救济提供充分的法律保障，不得借口某种理由而拒绝运用“公力救济”，如借口没有法律规定而拒绝裁判。其后，1804年的《法国民法典》也确认了禁止拒绝裁判的原则，《法国民法典》第4条规定：“法官借口没有法律或法律不明确不完备而拒绝裁判时，得以拒绝裁判罪而追诉之。”该条以刑事犯罪的立法威慑强有力地贯彻了禁止拒绝裁判的诉讼纠纷处理原则。禁止拒绝裁判原则自《法国民法典》确立以来，立即成为世界各国民法典的一般性规则，例如，《瑞士民法典》第1条就开宗明义地规定：法官裁判案件，如果有法律规定，应当根据法律规定；没有法律规定时，如有习惯规则，应当依据习惯规则；如果既没有法律规定，也没有习惯规则，这种情形，法官应当把自己当作立法者，创设一个法律规则裁判案件。[18]

2. 系统论视阈下的禁止拒绝裁判

卢曼考察了禁止拒绝裁判的诸多理由：一是康德实践哲学的影响，强调实践优于理论，即在法无明文规定的情况下，最差的实践也可能优于最好的理论。二是法律实证主义的影响，法律实证主义也暗含着实证法能完全实现对社会的调控，因此要求法官禁止拒绝裁判，法官不能以法律没有相关规定为由对抗实证法之要求。

卢曼认为，以上诸种说法均不构成禁止拒绝裁判的理由。他从系统论法学给出解释：

其一，禁止拒绝裁判为法律系统提供预防性措施。法律系统预设法律是全能的，同时就意味着法律无漏洞，这种对法律普遍性全能的预设，同时必须提供一项预防性措施：禁止拒绝裁判，否则拒绝裁判意味着法律系统并非全能，法律系统存有漏洞。

---

〔17〕 周枏：《罗马法原论》，商务印书馆1994年版，第691页。

〔18〕 梁慧星：《裁判的方法》，法律出版社2003年版，第179页。

其二，禁止拒绝裁判契合于法律系统之运作。法律系统在认知上具有开放性，运作上具有封闭性，亦即，法律系统运作时“脱离任何对于环境的直接参与”〔19〕。因此，法律系统在运作时，“系统自己就会将自己置放在做成决定之强制状态中”〔20〕。法律系统运作时法律规范必须要面对事实不断地展开自身，从环境中寻找法律事实。只有这样，法律才能和生活事实对应和同化，并最终得出判决结论。然而，当作为事实的预期结构还不足以成为一项实证的法律、不足以支撑这个运作过程继续进行时，法院就必须要促使这个运作过程持续进行。禁止拒绝裁判恰恰是法律系统不停运作在法律制度层面的要求。

其三，禁止拒绝裁判下法官造法。禁止拒绝裁判原则允许特定时空背景下的司法造法，由于对具体的案件事实缺乏适当的法律规定，因此法官根本无法通过三段论逻辑的方式从既定的法律规范中推导出个案裁判的具体结果。在禁止拒绝裁判的要求下，法官显然不得不创造或者假设可以适用于该具体个案事实的法律规范，以做出裁决。这就是禁止拒绝裁判原则在司法裁判中的悖论，即认可法官的司法造法功能，同时拒绝承认法官在规范上的造法主体地位。法院之所以能够无条件地进行裁判，是因为禁止它拒绝裁判；而正因为它不允许拒绝裁判，所以它在任何情况下都能顺利进行裁判。这样一个套套逻辑恰好是司法造法这一悖论得以可能的关键。更进一步说，法律系统正是通过不断允许法律方法掩盖这一悖论来实现自我指涉，进而使法律系统“去悖论”〔21〕。

（二）司法裁判的本质：对不可决定之事的决定

卢曼认为法官裁判的实质在于，他在禁止拒绝裁判的要求下，在法无明文规定的情形下以及在时间和当事人的压力下对不可决定之事的决定。

---

〔19〕［德］尼可拉斯·卢曼：《社会中的法》，李君韬译，台湾五南图书出版股份有限公司2009年版，第345页。

〔20〕［德］尼可拉斯·卢曼：《社会中的法》，李君韬译，台湾五南图书出版股份有限公司2009年版，第345页。

〔21〕［德］尼可拉斯·卢曼：《法院在法律系统中的地位》，陆宇峰、高鸿均译，载《清华法治论衡》2009年第2期。

1. 决定的意涵

那么什么是决定呢？卢曼在他的《社会诸系统》中给出定义：如果就行动的意义倾向而言，是对该行动的期望的反应。事实上，一项行动总是以期望为导向，这不会产生决定的压力。只有在行动被预期，预期被转向到行动或其遗漏时，才会出现作出决定的情况。因而期望产生了一致性的替代方案或偏差，然后必须决定。〔22〕 由上可知，首先，决定是一个替代性的选择方案。选择是在两种或以上的可能性之间进行，但是作为选择者不知道选择哪一个方案，因为后果是未知的，如果选择者知道选择所带来的后果，那就不是选择。其次，在诸多选择中，必须要做出决定，因此，决定可以弥合选择前后差异。换言之，决定在做出决定之前和之后都是不同的。在做出决定之前，期望形成的替代方案是开放的。尚未确定将选择哪个，每个选项也可以是其他选项。“人们可以寻求一种或另一种选择的理由，或者在某些情况下可以推迟决定。”〔23〕 因此在决定之前，选择之间存在差异。此外，在决定之后还存在与这种关系的关系，即所选择的替代与可能选择之间的差异的关系。卢曼指出：决定可能包含进一步的状态和事件，但也可能包含决定所能做出的进一步决定，这就是，没有决定就无法实现，但只能在有限程度上可预见的，并且如就进一步的决定而言，原则上是不可预见的。然而，决定本身并不是给定备选方案的一个组成部分。〔24〕

2. 司法裁判是对不可决定之事的决定

由此，决定是对不可决定之事的决定。事实上，系统在这一点上成了自己的谜团。〔25〕 这一点显然是一个盲点。因此，对不可决定之事的决定是一种决断，决断意味着必须当机立断，正如卢曼所言，“对于世界或文本所

〔22〕 Luhmann, Niklas, *Social Systems*, trans. J. Bednarz, Jr. with D. Baecker, Stanford: Stanford University Press, 1995, p. 294.

〔23〕 Luhmann, Niklas, *Social Systems*, trans. J. Bednarz, Jr. with D. Baecker, Stanford: Stanford University Press, 1995, p. 296.

〔24〕 Luhmann, Niklas, *Law as a Social System*, trans. Klaus A. Ziegert, Oxford: Oxford University Press, 2004, p. 282.

〔25〕 Luhmann, Niklas, *Social Systems*, trans. J. Bednarz, Jr. with D. Baecker, Stanford: Stanford University Press, 1995, p. 282.

进行的诠释，虽然本质上是无止境的，但仍然必须被截断。"[26] 决断性即到此而终，不允许无休止地追根溯源。"一旦人们让法院面临了做成决定的强制，那么他们就不能同时让法院论证逻辑面临无限追索或者逻辑上的循环。"[27] 因此，在禁止拒绝裁判的要求下，法院必须就当前的案件作出裁判。法院的司法判决也必须要在诸多替代可能性选项中做出抉择。无论案情有多复杂，法官最后都必须在合法/非法的二值之间进行选择。即便过去的信息不充分，未来也充满不确定性，法院仍然必须做出裁判，法院不得以事实不清或法律不足为由拒绝裁断案件。

我们可以归纳卢曼关于司法决定的观点：第一，决定是一种吊诡。"唯有当存在着某种原则上无可决定的事物时（不只是未被决定的事物），才可能出现决定。"[28] 这也意味着，对于可决定之事，无需决定，只需去认识。当法官无法做出决定时，就必须做出决定，当法律规则无法寻找之时，它就必须被创制。因此，对不可决定之事的决定本身是一个吊诡。

第二，决定是当下做出。决定并非根据过去而做出，决定是在当下做出，即决定是在当下所建构并运作，但是决断会对未来造成影响。决定预设了过去不可变更，未来可变更，它指涉的是未来，而不是过去。决定的预设翻转了做成决定的关系。这也说明了法官为什么会关心裁判所带来的后果，正因为如此，法官才将后果作为判决正当性的重要因素加以考虑。法官做出决定时必须要考虑案件的未来，也即未来是在当下的决定之中设计出来的，依此法院会在未来的同类案件中遵循这些规则，将当下建构为"一个未来当下的过去"。[29] 但是在严格意义上而言，法官无法预知裁判所带来的后果。因此，会给人们形成一种假象，即法官是根据过去而裁判，这其实是法官为了规避其裁判结果不确定性所带来的风险。

---

〔26〕［德］尼可拉斯·卢曼：《社会中的法》，李君韬译，台湾五南图书出版股份有限公司2009年版，第349页。

〔27〕［德］尼可拉斯·卢曼：《社会中的法》，李君韬译，台湾五南图书出版股份有限公司2009年版，第351页。

〔28〕［德］尼可拉斯·卢曼：《社会中的法》，李君韬译，台湾五南图书出版股份有限公司2009年版，第346页。

〔29〕［德］尼可拉斯·卢曼：《社会中的法》，李君韬译，台湾五南图书出版股份有限公司2009年版，第353页。

第三，决定实现了以下功能：一方面为纠纷提供解决方案，面对的是当事人和过去，另一方面充实法律规则，面对的是整个社会和未来。从系统理论的角度来看，裁判作为区分过去与未来的形式，不断自我衔接的能力就失去了。因为过去并不自动转换成未来，中间必须要经过当下的一个决定，而决定则总是意味着导向另外一种可能的可能性。普通法的发展体现出这一特征：一方面，普通法通过法官裁判解决纠纷，面向的是过去已经发生的现实；另一方面，通过判决所提出的有拘束力的判决理由，它又创造了未来可资适用的规则，对未来的判决进行约束。

概言之，决定对法律系统而言具有重要意义：一是决定作为禁止拒绝裁判下的必然结果，契合了禁止拒绝裁判的要求；二是决定保证了法律系统的持续运作，避免法律系统的崩溃；三是决定维护了司法作为法律系统的中心地位，只有司法才能对不可决定之事进行决定，进而承担纠纷解决和法律发展的重任。

（三）司法决定悖论之转移

司法裁判作为对不可决定之事的决定，形成了一种吊诡或悖论，悖论无法消除，只能通过某种方式转移。卢曼指出，人们通过以下方式实现了对司法决定悖论之转移：

1. 时间化机制

为了转移决定的悖论，人们在系统当中建构当下的时间。人们将当下的时间作为区分过去和未来的一个界定，当下成为时间的一个盲点。人们只能利用当下，而将不可变更之事作为过去，可变更之事凝结成未来。如此一来，当下就变成了一个区分点。这也意味着，当下可以斩断过去和未来之间的关联。“过去并非可以自动地延伸至未来。”〔30〕由于过去和未来是非现实性的，因此人们可以采取选择性的态度来建构一套替代选项。否则，按照卢曼的说法，“人们就会以世界每个当下呈现出来的样子，漫无拘束地体验世界。”〔31〕将这个区分和决定的问题联系起来，我们可以将那些不可

〔30〕［德］尼可拉斯·卢曼：《社会中的法》，李君韬译，台湾五南图书出版股份有限公司2009年版，第347页。

〔31〕［德］尼可拉斯·卢曼：《社会中的法》，李君韬译，台湾五南图书出版股份有限公司2009年版，第347页。

能通过决定发生改变的东西看作是过去，而将那些通过决定可以加以改变的东西看作是未来。通过建构当下的时间，给人们一种假象：法官是按照过去的法律进行裁判，而且裁判的结果对未来产生影响，从而让这种决定具有正当性基础。

2. 程序化机制

法院在程序开启时，人们已经接受决定结果的不明确性，人们通过角色分配、费用、争点都能获得具体确定，“乃至于最后能直接从程序进行的结果，逻辑地得出决定”〔32〕。程序能够拖延时间，使法律系统不必立即暴露决断色彩。在疑难案件中，由于任何判决结果都难以获得法律共同体的支持，以时间换空间的策略尤其重要。法律系统设置程序，“以便利用系统内部制造的‘反身性’，将恣意的司法判决正当化”〔33〕。因此，在程序化机制下，人们参与诉讼程序，法官按照法律规定的程序审理案件、做出裁判，实现个案正义。按照卢曼的观点，这一切都是为了转移司法决定之悖论。

3. 法律论证机制

一般而言，法官对于裁判案件务必提供判决理由，这给人的印象是先有法官的判决理由，然后才有法官做出的判决。卢曼指出这不过是法官为了转移司法决定悖论的一种方式。真相是，法官对不可决定之事做出决定，事后通过法律论证提供判决理由，从而使判决具有了正当性基础。卢曼批判了以下观点：法官为裁判案件必须对其相关事物进行考量，根据需求寻找相关的制定法依据，提出论证理由，这些理由被视为是在判决之前提出的。根据这种观点，法官的裁判依据论证理由的基础做出，将未来视为这种逻辑演绎的必然性。卢曼认为，这种方式下，人们完全可以计算出未来，即对案件结果可以进行计算，无须对不可决定之事做出决定。

（四）司法决定风险之转移

司法决定所带来的风险如何承担？卢曼指出，为确保法院的独立性并禁止法官拒绝裁判，必须要提供社会性的设置或者措施。第一，这种措施

---

〔32〕［德］尼可拉斯·卢曼：《社会中的法》，李君韬译，台湾五南图书出版股份有限公司2009年版，第366页。

〔33〕［德］尼可拉斯·卢曼：《社会中的法》，李君韬译，台湾五南图书出版股份有限公司2009年版，第230~234页。

首先是组织。法官必须做出裁判，意味着裁判结果具有风险性，通过将这种风险转移给组织，因而法官裁判活动所形成之负担就被减轻了，故法院组织以及相关的审判委员会的设置，在某种程度上将法官裁判的风险进行吸收。

第二，专业对裁判风险转移的意义。专业作为社会生活的规制形式，对于裁判的风险转移具有重要意义。专业使得法官考量与案件有高度契合性的事物，拒绝考量此范围外的当事人或争讼当事人的愿望。在制度性或专业性的保护下，法官才能够将自己的决断表述为对现行法律的解释和适用。通过专业化的设置，日常冲突被化约为易于处理的法律冲突，由于律师的介入，纠纷在诉诸法院之前已经得到法律的过滤；法律顾问对契约进行合规审查，设计避免诉讼的法律手段，以其预防性实践缓解了裁判压力。

通过组织、专业等措施将案件决断的风险化解，人们只能接受这种方式下的司法决定。正如卢曼所言："人们可以让测试气球往上高飞，但是当气球破掉的时候，也必须接受现实。"〔34〕即使当事人对裁判结果不服，就只能对决定本身进行抗议，以此将抗议方式转移，除此之外，人们只能尝试通过政治途径，要求对现行法律进行修改变更。

三、卢曼司法中心主义与哈贝马斯商谈司法之比较

为了更好地理解卢曼的司法中心主义思想，我们可以将其与哈贝马斯的商谈司法进行比较，并指出卢曼的理论更接近晚近科技革命时代。

（一）哈贝马斯商谈司法理论

哈贝马斯在《在事实与规范之间：关于法律和民主法治国的商谈理论》也讨论了司法问题，其主要关注的是司法的合理性以及可接受性。

1. 对三个著名方案的批判

哈贝马斯首先对司法裁判中较为流行的三个理论进行梳理和批判。第一，法律诠释学。法律诠释学对通常的司法三段论进行修正，其认为司法裁判不仅仅是法官将案件事实（小前提）适用于法律规范（大前提）从而得出结论的过程，而且需要法官在裁判的过程中对案件事实和法律规范进

---

〔34〕［德］尼可拉斯·卢曼：《社会中的法》，李君韬译，台湾五南图书出版股份有限公司2009年版，第364页。

行诠释。但是法律诠释学自身却陷入了诠释学循环的困境。哈贝马斯指出，法律诠释学因加达默尔提出的前见化解了诠释学循环的困境，但是诠释学视野下法官裁判案件依据的是传统，因而诠释过程的不确定性由于法官的前见被降低。

第二，法律实在论（法律现实主义）。法律实在论从一定程度上接受了法律诠释学的观点，但是又走向另一极端，法律实在论指出法官裁判案件受到各种因素的影响，政治、经济、文化以及法官的秉性都会影响案件的裁判结果。哈贝马斯指出，法律实在论的观点，意味着法官判决“被同化为赤裸裸的权力过程”[35]，从观察者的角度出发将裁判置于冷静的批判之下。因此法律实在论视野下的司法裁判因不具有确定性，无法实现社会的规范性期待。

第三，法律实证主义。法律实证主义认为法律就是由一套法律规则构成的封闭系统，判决的合法性和自洽性来自于法律体系的封闭性和自主性。哈贝马斯批判法律实证主义有两个问题：一是将法律规则的合法性问题转到法律规则的起源问题上，即“把法律的有效性同它的起源绑在一起，合理性问题就只能做一种不对称的解决”[36]；二是对于疑难案件，法律规则没有规定，法官只能借助于法律规则之外的因素进行判决，这也对法律实证主义所谓的法律是一个自成一体的规则的封闭体系进行了有力回击。

2. 对德沃金理论的借鉴

在介绍批判三种理论后，哈贝马斯引入了德沃金的方案。比起前三种理论，德沃金的理论具有其优势。

首先，德沃金对法律实证主义的批判。德沃金对法律实证主义提出以下两点批判：

一是德沃金反对法律实证主义将法律和道德相分离。德沃金分析了美国法中的一些案例，他考察到，面对复杂的疑难案件，法官在某种程度上运用道德政策等原则进行裁判，“德沃金的权利理论依赖于这样一个前提：

---

〔35〕［德］哈贝马斯：《在事实与规范之间：关于法律和民主法治国的商谈理论》（第2版），童世骏译，生活·读书·新知三联书店2011年，第248页。

〔36〕［德］哈贝马斯：《在事实与规范之间：关于法律和民主法治国的商谈理论》（第2版），童世骏译，生活·读书·新知三联书店2011年，第250页。

道德视角在司法中是起作用的，因为实证法不可避免地吸纳了道德的内容。”[37] 因此，现行法律并非具有中立性，法律本身暗含着道德、政策等要素，当法院进行原则性裁判时，这些理由重新被提起。哈贝马斯认可德沃金的观点，法律商谈独立于道德和政治，并不是政治和道德对法律没有什么影响，道德和政策必须被转化为法律规则，被转变后的法律规则，已经暗含着道德和政策的意蕴。

二是反对实证主义认为法律是自主封闭的体系。哈特认为，规则是一种非常明确的法律规范，法律规则具有明确的逻辑结构，一般由假定（条件）、行为模式（可为、应为和勿为模式）和法律后果构成，也就是我们所说的若则结构，依据规则可以直接进行对案件的裁判。实证主义者坚持法律是由规则构成的封闭体系，但问题是，如果出现疑难案件，现有的规则无法解决，又该如何应对？哈特认为要将法律规则分为中心地带和阴影地带，中心地带进行逻辑演绎，阴影地带法官自由裁量，就可以解决疑难案件。德沃金将法律分为原则和规则，“来说明哈特作为其自主性命题之基础的那种法律观的缺陷”[38]。法律规则和法律原则之间最重要的差异是，冲突解决的方式不一样，两个规则冲突，必须择其一，全有或全无的方式，原则之间发生冲突，一般采用占据优势地位的原则，并不导致另一条退居其次的原则失效。从德沃金的视角来看，法律实证主义没有将原则考虑进去，因此规则之间发生冲突导致法官做出抉择或决断，如此的结果是导致法律具有不确定性。

其次，批判改造法律诠释学。德沃金在批判诠释学的过程中改造了诠释学，提出了建构性的诠释学，这是方法上努力。建构性诠释，就是法官对作为整体的法律进行理论重构，从而在每个案例中都能得出一个最佳结论，获得唯一正确的判决。建构性诠释不同于以往的法律诠释学之处在于它确立了一个规范参照点，即每个公民都应该得到平等的关怀和尊重，从

---

〔37〕［德］哈贝马斯：《在事实与规范之间：关于法律和民主法治国的商谈理论》（第2版），童世骏译，生活·读书·新知三联书店2011年，第252页。

〔38〕［德］哈贝马斯：《在事实与规范之间：关于法律和民主法治国的商谈理论》（第2版），童世骏译，生活·读书·新知三联书店2011年，第256页。

而保证了法律的整体性和确定性。

最后，建构法律融贯性理论。在批判和改造以上几种理论后，德沃金提出了法律的融贯性理论，融贯性理论的意义在于，通过法律原则和政策可以对法律进行重构，从而使得法律具有正当性。通过法律原则和政策，“可以从本质要素方面对一个具体的法律秩序进行辩护，从而使其他的全部个案判决都作为一个融贯整体的组成部分而契入其中。”〔39〕每一个个案判决在整个法律秩序中具有融贯性，形成整体性，以及法律得到确定性。因而，融贯性理论要求一位赫拉克勒斯法官，即赫拉克勒斯一方面要掌握案件论证需要的原则和政策，另一方面将现行法律分散要素整合成整体，使其具有整体性。因此他把合理重构的过去的判决和当前合理可接受性主张协调起来。

3. 哈贝马斯的商谈式司法

哈贝马斯同意德沃金对前三种方案的修正，以及德沃金提出的法律融贯性理论。但是哈贝马斯指出，德沃金的赫拉克勒斯法官是一个独白者，哈贝马斯指出恰好是德沃金的融贯性理论必须使赫拉克勒斯法官从单数走向复数。因此在对德沃金融贯性理论的借鉴与批判的基础上，哈贝马斯提出商谈司法理论。商谈司法理论指诉讼双方当事人以及各方对案件进行认真、真诚地沟通和协商，进而对案件达成共识的司法模式。哈贝马斯的司法商谈具有以下特征：

第一，商谈式司法立基于交往行动理论。哈贝马斯的商谈司法建立在他的交往行动理论之上，交往行动理论以语用学为主要学理资源，重视“营造理想话语情境”，以商谈的方式重构了传统的司法模式。由于“交往行动的主体意愿使他们的行动计划建立在一种共识的基础之上，而这种共识又建立在对有效性主张的相互表态和主体间承认的基础之上；因此，作数的仅仅是那些有可能被参与各方所共同解释的理由”〔40〕。交往行动理论视域中的商谈式司法将法律适用看作各主体之间的沟通与合作，而不是以

〔39〕［德］哈贝马斯：《在事实与规范之间：关于法律和民主法治国的商谈理论》（第 2 版），童世骏译，生活·读书·新知三联书店 2011 年，第 256 页。

〔40〕［德］哈贝马斯：《在事实与规范之间：关于法律和民主法治国的商谈理论》（第 2 版），童世骏译，生活·读书·新知三联书店 2011 年，第 146 页。

往那种压制与对抗，民众对司法的接受建立在主体间相互承认的基础之上。

第二，商谈式司法的对话性。哈贝马斯的交往行动理论将对话作为主体间交往的主要方式，在司法过程中，只有诉讼双方及利益相关方对案件进行协商、对话，进而排除压制性和强制性的诉讼模式，才能使得司法裁判从法官独白走向各方对话的理想模式。哈贝马斯指出，“没有人能有希望从自身出发找到实践真理，而只能在论证过程的交锋中，迫使每个人设身处地考虑到所有其他人的观点，进而能够产生出一种让绝对命令真正有效的实施。”〔41〕

第三，商谈式司法的程序性。哈贝马斯在批判了形式主义法范式和实质主义法范式后，提出程序主义法范式。程序主义法范式主要指法律的合法性来源于商谈程序，强调通过对话商谈之程序赋予法律合法性，而这种程序比一般的司法程序范围更广。

因此，哈贝马斯认为，应当通过扎根于司法共同体间的沟通理性，建构一个开放社会，而不能将所有指望凝视于德行和专业都出众的超级法官身上。只有通过沟通理性，才能调和判决的自洽性和合理的可接受性这两个方面，使之在司法过程中达成妥协。

（二）卢曼司法中心主义思想与哈贝马斯商谈司法理论之比较

通过以上对哈贝马斯商谈司法理论的简要概述，现试对卢曼和哈贝马斯的司法理论进行比较。

1. 卢曼将司法作为法律系统的中心，哈贝马斯偏重于立法中心主义

卢曼强调司法在法律系统中的中心地位，而立法以及合同等属于法律系统的边陲。因此，法律系统的运作是司法在做出决定，进行沟通。换言之，司法具有重要地位，司法在某种程度上已经具有造法的功能，只不过司法造法的悖论被人们通过各种机制予以转移。哈贝马斯指出司法并不天然具有优于立法的地位，他还是承认传统的司法裁判理论，即司法是法官在制定法前提下的法律适用过程，在民主法治国中立法亦具有重要价值和地位。

〔41〕［德］尤尔根·哈贝马斯：《对话伦理学与真理的问题》，沈清楷译，中国人民大学出版社2005年版，第2页。

2. 卢曼将司法裁判视为法官的决断，哈贝马斯提出商谈论司法理论

如上所述，卢曼认为司法决定是对不可决定之事的决定，否则根本不需要做出决定，因此法官在禁止拒绝裁判的要求下必须做出决定，这种决定实质上更接近于决断。哈贝马斯在批判德沃金的赫拉克勒斯法官的独白基础上提出了商谈式司法，指出法官裁判的过程中需要将各方纳入，在理想言谈情景中通过相关方进行辩论和商议，最终的裁判结果为相关方所接受。换言之，不同于卢曼的司法决定论，哈贝马斯指出司法裁判的过程是一个辩论商谈沟通的过程，而非法官独自做出决断的过程。他的商谈式司法促成司法过程由对抗性转变为对话性，由主体性向互为主体性转变，由司法独断向司法商谈转变，司法裁判的承受者转换为司法参与者，最终的裁判结果必然能得到诉讼双方发自内心的认同和主动的履行。

3. 卢曼认为法律系统运作封闭、认知开放，哈贝马斯指出法律系统具有开放性

卢曼的系统论指出法律系统认知上开放，运作上封闭。任何来自系统外部环境的事物无法对系统的运作造成影响，因而，法官做出裁判的过程中，法外因素诸如政治、经济、文化以及伦理、道德等因素已经被排除在法官的考量范围之外，法官此时只须做出法与不法的二值判断。哈贝马斯认为法律系统开放，法官的裁判不仅仅受到法律之本身的影响，而且对于法外之因素诸如伦理、道德都要纳入法官考量的范围，“法律商谈不能在一个现行规范的密封领域中自足地进行，而必须始终有可能吸纳来自其他来源的论据，尤其是在立法过程中所使用的、在法律规范之合法主张中捆绑在一起的那些实用的、伦理的和道德的理由。”〔42〕只不过伦理、道德等因素也被法律所吸纳，如哈贝马斯所言，“法律商谈过程中的道德论辩往往也形成一种建制化的程序，它拥有自身独特的逻辑，为法律提供一种论证框架，也提供一种论证机制。”〔43〕在哈贝马斯这里，法官裁判并非如卢曼指出的处于封闭状态，而是处于开放状态，随时准备纳入各种有利于法官裁

〔42〕［德］哈贝马斯：《在事实与规范之间：关于法律和民主法治国的商谈理论》（第2版），童世骏译，生活·读书·新知三联书店2011年，第256页。

〔43〕［德］哈贝马斯：《在事实与规范之间：关于法律和民主法治国的商谈理论》（第2版），童世骏译，生活·读书·新知三联书店2011年，第584~585页。

判的因素，确保法官的裁判具有合理性以及可接受性。

4. 二者对于司法程序、组织等设置有不同认识

卢曼指出法官的裁判是对不可决定之事的决定，因决定所带来的风险，通过法院、组织以及程序予以吸收，即将不可决定之决定的悖论通过相关组织和程序转移。在卢曼看来，法官的裁判无法做到让当事人都能满意，对这种结果当事人只能接受或者对裁判进行抗议，诸如提起上诉等程序来满足其要求，或者提出对制定法进行修改的建议。哈贝马斯的商谈论司法模式意味着法官的司法裁判建立在商谈式的沟通基础上，从而能实现人们对裁判结果的合理预期。司法裁判具有可接受性，不存在卢曼所谓的不可决定之决定带来的悖论，法院、程序等并非是为了转移悖论而设立的机制，而是为了能促使诉讼相关方的辩论、商谈、沟通等而设置，其目的是实现司法裁判的可接受性结果。

（三）比较的意义：卢曼的理论更契合晚近科技革命时代

通过对卢曼和哈贝马斯关于司法裁判理论之比较，可以看出二者存在较大差异，笔者以为，二者之所以持有不同的司法裁判观点，主要基于他们对社会理解之差异。

首先，二者对社会沟通具有不同的理解。卢曼的沟通具有特定的意涵。在卢曼那里，沟通包括告知、信息和理解。其主要有以下特征：一是沟通是社会系统得以进行自创生的重要条件。二是沟通也是一种自创生，换言之，沟通是一种不断产生沟通的过程。三是沟通是信息、告知和理解三者的统一，只有理解之后才意味着完成一个完整的沟通。四是沟通不是人在沟通，而是沟通和沟通在沟通。因此，卢曼指出，在大型复杂的陌生人社会中，人们很难沟通和达成共识。卢曼的社会系统中不存在人这个主体，因此，人和人是无法沟通的，只有社会中诸系统在沟通。如果能达成沟通，那也是偶联的结果。哈贝马斯认为，社会中人和人之间是可以沟通的，他认为只要激活人们的交往理性，通过以理解为旨向的人际沟通就能够达成共识。在科技革命时代，社会呈现出更加复杂化的趋势，社会沟通的成本增加，社会价值多元，通过沟通达成共识的难度越来越大，卢曼的理论较为符合这一特征。

其次，更为重要的是，二者对于主体认识不同。在古典时代，马克思、韦伯或涂尔干等都很重视自古希腊以来占统治地位的主体中心主义逻辑，强调人作为世界和社会的主体，人是世界和自然的中心。哈贝马斯是在继承传统西方理性主义原则时，从社会规范性协调制度的立法出发，把作为观察者的理论家自己，放置在社会系统自我分化的功能机制之外，他是以一种新的理性主义，也就是所谓的沟通性，取代旧的理性主义。哈贝马斯从现象学和语言哲学的研究成果中获取启示，从而提出了以“生活世界”基本结构为模式的“主体间性”，作为其方法论的“典范转换”的根据。哈贝马斯倡导主体间性，换言之，他并没有将主体完全打掉。但是卢曼批判传统的形而上学主体论，他的法律系统中不存在人这个主体，人只是作为环境的一部分而存在。换言之，他以更激进的方式将主体彻底打掉。在卢曼与哈贝马斯对社会存在根本分歧的情形下，必然导致他们对于司法裁判的态度迥然相异。晚近科技革命的发展呈现出去中心化、多中心化，甚至去主体化的倾向，其更符合卢曼的系统理论之模式。

实际上，哈贝马斯倾向于人文主义世界观，对于主体之间的交往、沟通具有乐观主义精神，而卢曼的系统论中没有人，其将作为主体的人消解。从晚近科技的发展趋势来看，越来越多的现象和卢曼的理论不谋而合，因此，卢曼的理论在未来科技革命时代更具有解释力。我们可以说，卢曼致力于对当今社会现实进行深刻的剖析，而哈贝马斯则更热衷于为现实社会问题找到理想化的解决方案。

四、卢曼司法中心主义思想在科技革命时代的启示

以上简要论述了卢曼司法中心主义系统论思想，并在与哈贝马斯商谈论司法比较的基础上指出卢曼的理论更契合科技革命时代。现试总结卢曼司法中心主义系统论思想的得与失，并探讨其对科技革命时代的诸多启示。

（一）卢曼司法中心主义思想评价

1. 卢曼司法中心主义系统论之洞见

其一，他提出司法是法律系统的中心，打破了以往的那种层级式的立法至上，司法遵从立法进行裁判的认识。更为重要的是，卢曼指出立法至上的模式是对司法中心吊诡的掩饰。其二，对于禁止法官拒绝裁判的规定，

卢曼从系统论法学给出了新解，他认为禁止拒绝裁判是法律系统运作的必然结果，是法律系统运作在制度层面的体现。其三，对法律与时间的关系、司法程序、法律论证等从系统论角度给出解释，卢曼指出这其实是为了转移司法决定之悖论。其四，卢曼指出法官的裁判其实是对不可决定之事的决定，这个观点颠覆了大众对司法裁判的既有认知，卢曼认为决断性思维始终是法官裁判案件时的思维，只不过人们将法官裁判的决断性掩饰起来，被卢曼揭示出来而已。

2. 卢曼司法中心主义系统论思想的不足

卢曼司法中心主义思想也并非完美无瑕，卢曼的系统论法学融合了控制论、信息论、现代科技、生命科学等理论，其论述极为庞杂晦涩，其观点对于法学家而言“恐怕是无法接受的”[44]，更遑论普通读者。除此之外，笔者主要从以下两个方面指出卢曼司法中心主义的缺陷：

第一，司法中心主义的观点无法完全涵盖大陆法系国家的法律实践。卢曼的司法中心主义思想非常契合于普通法系法律的现状。相比之下，在大陆法系传统中，大部分法律领域都是制定法，法官对制定法的解释权，远没有普通法法官那样大。“在欧陆，由于严格的分权理论，司法从来没有成为法律领域的中心，尽管法院的地位在当代德国等欧陆国家有所提高。”[45] 在大陆法系国家，法官的职责是对现行制定法进行适用和解释，其并非立法者。因此，司法中心主义在大陆法系国家还未形成。

第二，禁止拒绝裁判的原则在司法实践中还没有完全实现。以我国为例，我国司法实践中经常出现含有“不予审理”“不予处理”内容的裁判文书，表述的是法官对当事人的主张拒绝裁判。有学者通过中国法院裁判文书库查询，2000—2013 年，含有不予审理与不予处理内容的裁判文书共 15 476 份，且数量呈增长趋势，拒绝裁判已经成为各级法院普遍适用的常

〔44〕［德］尼可拉斯·卢曼：《社会中的法》，李君韬译，台湾五南图书出版股份有限公司 2009 年版，第 347 页。

〔45〕高鸿钧：《英国法的主要特征（下）——与大陆法相比较》，载《比较法研究》2012 年第 5 期。

态。〔46〕鉴于实践中法院拒绝裁判的情况，有学者建议我国民法典总则编应当规定："对于民事案件，人民法院不得以法律没有明文规定为由，拒绝受理或者裁判。"〔47〕分析以上原因，在立法中心主义国家，政治权力和立法并非完全分离，即法律系统并未成为一个独立的功能子系统。禁止拒绝裁判以法律系统独立分出为前提。

（二）卢曼司法中心主义思想在科技革命时代的启示

卢曼司法中心主义思想对我们理解现代以及未来科技革命时代的法律发展有以下几点启发：

1. 摒弃立法中心主义之思想

立法中心主义的思维强调充分利用人类的理性，建构完美无缺、流传百世的严密法典，从而指导人们的行为以应对瞬息万变的社会。立法中心主义思维一定程度上受到"国家主义"的理念逻辑之影响，指出通过立法实现国家、社会整合之功能。科技革命时代立法中心主义将面临颠覆性的挑战：

第一，立法中心主义之固有缺陷。梅因考察了罗马法的发展，指出罗马法经历了习惯法、成文法、法律拟制、衡平到法典的阶段。按照梅因的观点，法典化阶段已经是人类法律完善的理性类型。欧陆国家遵循罗马法传统普遍制定民法典整合社会，但是民法典作为立法的最高阶段，也并非万能，随着时间的变迁需要频繁修改。如《法国民法典》自颁布以来历经100多次修改。〔48〕可见，立法中心主义的缺陷也显而易见：首先，立法中心主义过分强调立法者的理性，但是立法者不可能成为完美的理性主义者，立法者在立法时很难兼顾所有情况，即立法无法涵括所有的社会规则，此为立法空白。其次，立法者无法预见立法后社会将要发生的各种变化，立法完成的那一瞬间就已经落后于社会现实，即立法具有滞后性。再次，立法具有一般性和抽象性，而社会生活中的案件是具体的，因此将抽象的规

〔46〕吴良志：《法官为什么说"不"：拒绝裁判权的失范与规范——对一万五千份"不予审理""不予处理"裁判文书的分析》，载《全国法院第二十六届学术讨论会论文集：司法体制改革与民商事法律适用问题研究》。

〔47〕杨立新：《我国民法典总则编应当规定法例规则》，载《求是学刊》2015年第4期。

〔48〕耿林：《论法国民法典的演变与发展》，载《比较法研究》2016年第4期。

范适用在具体个案过程中，难免会出现违背立法原意的结果。最后，频繁立法、修法将损害法律的稳定性特质，从而违反人们对法律的社会预期。

第二，立法中心主义难以应对复杂社会大量新型案件及信息超载。现代及未来科技革命时代社会复杂性增加，在法律领域的一个表现是，案件增多，诉讼爆炸、信息超载。社会出现大量新型案件，诸如对人工智能的法律规制、新型科技对人类的影响等，冗余的信息已经使得立法承受不能承受之重。认识到这一点，我们就能理解为什么有人反对法典化以及频繁立法来解决不断出现的新型案件，科技革命时代社会复杂性增加、社会匀速加剧需要我们从立法中心主义向司法中心主义实现范式转换。

第三，立法中心主义无法整合功能分化的社会。立法中心主义所透视的是中央集权下的单一治理模式，其所遵循的是，社会愈加复杂，信息处理愈加集中。但是在现代及未来的科技革命时代，由于人工智能的发展和应用，传统的中心模式将被打破，去中心化、多中心化的社会使得中央集权下的单一治理模式无以应对。“越来越多的社会不是诉诸中央集权化的信息处理机制，而是采取分布式的信息处理机制，以化约社会复杂性。”〔49〕因此，强调通过立法来整合社会将面临巨大挑战，我们必须摒弃立法中心主义的思维。

2. 既有的法律概念需要重构

在卢曼的司法中心主义系统论中，司法作为法律系统之中心，对案件做出法与不法的二值判断。〔50〕换言之，法律系统中司法决定的基准在法与不法二值之间，而不会涉及第三值。因此，在这个意义上，法律就是由法与不法的二值代码构建出来的。在法律系统中，法律就是代码，法律已经和道德等价值无涉。法与不法的二值代码让人联想到计算机中的0/1代码。而在网络空间领域，莱斯格教授提出代码就是法律的命题，这和卢曼的法律就是代码有异曲同工之妙。由此，司法中心主义系统论揭示出法律的概

〔49〕 鲁楠：《科技革命、法哲学与后人类境况》，载《中国法律评论》2018年第2期。

〔50〕 对于卢曼的法律系统中司法在法与不法二值之间做出判断，很多人存有疑问。比如有人以合同法为例，指出合同有有效、无效、效力待定，以及可撤销、可变更等判断类型，法与不法二值难以概括合同法的效力。其实卢曼系统论的法与不法作为代码是判断事物之基准，所谓的合同的各种效力则是对代码的展开而已。

念：法律就是法律，而非自然法所认为的法律是人的理性、正义，也非实证主义认为的法律是主权者的命令。法律就是法律，这个命题因具有同义反复或套套逻辑产生悖论，因此悖论的转移需要代码纲要化、条件化或程式化，以法律条文和文本的形式表现出来。

卢曼司法中心主义系统论对传统法律概念的重构具有颠覆性，但是联想到网络空间中的代码即法律的广泛适用，以及未来人工智能时代法律范式所需面临的调整，也就不足为奇了。科技革命时代除了人类中心主义所导控的空间外，可能还会存在多维法律运用的空间。因此，在未来人工智能时代，传统法律的概念需要重构。与之伴随的是，既有的法律范式也可能面临转变。如传统民法强调对财产的占有、使用、收益和处分，未来共享经济时代，“使用开始重于占有，共享和责任的概念可能取代权利与义务范式”〔51〕。随着智能合约的出现，传统民法典所体现的契约自由的基本理念也将受到挑战。当有机物和无机物之间的界限被打破、实现人机互动之时，私法中以人为本的理念将发生革命性的转变。

3. 法律系统实现自创生发展

卢曼的司法中心主义系统论指出，传统社会是层级式的社会，不同层级社会地位不一样。而到了现代社会，全社会实现了功能分化，形成不同的社会功能子系统，如政治系统、经济系统、法律系统等，法律系统成为全社会的一个功能子系统。“晚近科学技术的发展和社会的网络化，加剧了这种分化趋势。”〔52〕在社会功能不断演化之下，社会各个系统分化过程极度复杂化，系统的复杂化，一方面使各个系统渐行渐远，相互脱离关系，成为系统和环境的关系，另一方面每个系统又演变成新的功能分化点，导致社会系统越来越分化、去中心化和多中心化。晚近区块链技术的发展呈现为无中心化、匿名化、分布式记账等特点就说明了这一点。

如此一来，社会的发展越来越接近卢曼的系统论模式。这和传统的社会不同，传统社会是单一的政治中心，其治理逻辑是政治系统导控社会，而现代社会功能分化下形成分布式的决策体系。因此在功能分化的社会，

〔51〕 高鸿钧：《改革开放与中国比较法学的成长》，载《法学》2018 年第 8 期。

〔52〕 高鸿钧：《改革开放与中国比较法学的成长》，载《法学》2018 年第 8 期。

全社会形成去中心化、多中心化的功能系统，其中法律系统作为全社会的一个功能子系统，在这个系统中法官享有独立的审判权，免受法律之外事务的干扰是现代及未来社会的一个重要面向，在法律系统分化的前提下，法律系统通过司法裁判实现自创生发展，这也意味着法律系统中的司法裁判不过分依赖其他诸如政治系统、道德系统，从而自主做出决定、裁判案件，实现稳定全社会的规范性期待功能。

4. 重新反思人工智能立法规制

当前人工智能技术迅速发展，在改变人类生活方式的同时也可能对人类命运产生深远的影响。人们为人工智能时代的到来欢呼之时也隐隐感到忧虑，担心某一天人工智能取代人的地位，进而支配人类。因此，人们讨论如何规制人工智能，以保护人的利益。最早给机器人进行法律规制的是美国科学家和科幻作家艾萨克·阿西莫夫提出的机器人三定律。[53] 法学界从法律对人工智能规制的视角，讨论诸如人工智能侵权、无人驾驶、人工智能著作权以及能否赋予人工智能法律主体地位等问题，其中吴汉东教授指出人工智能对法律的挑战涉及以下方面：①机器人法律资格的民事主体问题；②人工智能生成作品的著作权问题；③智能系统致人损害的侵权法问题；④人类隐私保护的人格权问题；⑤智能驾驶系统的交通法问题；⑥机器“工人群体”的劳动法问题。[54] 针对以上述为主的问题，法学界撰写了巨量的核心期刊论文来讨论。

笔者认为，由于人工智能分为弱人工智能和强人工智能两个阶段，因此上述问题在两个阶段所遇到的问题各不相同。因此，笔者从弱人工智能和强人工智能时代分别讨论。

（1）弱人工智能时代的法律困境可以通过现有制度解决。在弱人工智能时代，人工智能还是具有工具的属性，其并不具有主体地位。因此诸如机器杀人、无人驾驶、智能作品的著作权以及智能驾驶系统交通问题等都

---

〔53〕 其一，机器人不得伤害人类，也不能因为不作为而允许人类被伤害；其二，机器人必须遵守人类施加给它的规则，除非这些规则与第一条律法相冲突；其三，机器人必须保护自己的生存，只要这种自我保护不与第一或第二条律法相冲突。Asimov, I., *Runaround. I, Robot*, New York: Bantam Dell, 1950.

〔54〕 吴汉东：《人工智能时代的制度安排与法律规制》，载《法律科学》2017年第5期。

可以通过现行法律制度加以解决。换言之，弱人工智能时代还是以人类为中心，因此以人类为中心的立法完全能解决此类问题。但是正如卢曼的司法中心主义系统论指出的，立法处于法律系统的边缘，因此，立法对于社会上出现的新型案件并不敏感，其并不对案件作出决定。新型案件首先进入司法系统，司法最先接触这些疑难案件或者法无明文规定之案件，在时间、社会等压力下司法必须要作出决断。因此，弱人工智能还不能对现有法律产生颠覆性冲击，如果现行法律并未对其加以规定，通过司法裁判完全能化解此种困境。

（2）通过事前立法并不能有效规制强人工智能。强人工智能时代，智能机器人已经具有了类似人的思维方式，可以自我决定自我行动，以人类为中心的社会将被肢解，很多科幻小说和电影就展现了强人工智能时代的图景。虽然强人工智能时代还未到来，但是学界已经讨论如何规制强人工智能以保护人的主体地位，在这方面有很多文章讨论应通过立法赋予强人工智能法律主体地位，或者赋予其有限主体法律地位，或者将其作为电子人等，也有人否认强人工智能的法律主体地位。无论这些论者的立场如何，他们具有共同的范式：通过立法来规制人工智能，即遵循以立法中心主义为模式的思维导向。

按照卢曼的司法中心主义的观点，立法具有保守性和滞后性，通过立法来规制强人工智能并不可行。

首先，讨论强人工智能时代的法律规制为时尚早。我们对科技革命时代的事物通过立法来加以规制并不可行，因为立法始终处于滞后地位，并无法预测未来科技革命时代将要出现的新生事物。就此而言，通过事前立法来规制未知世界的领域只是法学家的一种想象。强人工智能阶段还未出现，关键性的技术还未突破，无机物和有机物之间还未沟通。此时讨论强人工智能阶段的法律规制为时尚早。

其次，人类为强人工智能立法或法律规制不可行。目前强人工智能还未出现，很多人讨论的是类似于科幻电影中的场景。假如有一天人工智能时代到来，假如真的有完全自主的智能机器人出现，他们具有和人一样的思维甚至能超越人类，那时候他们还需要人类为他们制定的法律吗？他们还会遵守人类为他们制定的法律吗？因此，通过立法来规制强人工智能模式不可能也不可行。

因此，当前的论者对于强人工智能时代之法律规制的方案，出现了两个方法论上的缺陷：其一，立法中心主义思维下对强人工智能的法律规制。如前所述，立法中心主义之诸多缺陷使它无法应对未来复杂的科技革命社会。其二，以人类为中心的思维规制非人类中心的社会。现有的以人类为中心的立法并无法调整未来非人类中心的社会。

（3）司法中心主义系统论视阈下的强人工智能时代。假如真的有一天强人工智能时代到来，那时，以人类为中心的格局将被打破，社会从人类中心主义向非人类中心主义转向。一个不同于人类中心的虚拟世界崛起，自生地开辟出了一个人类凭借自己的心智尚未触及的全新领域，并且生成了自己的游戏与运行规则。在这个世界中，法律将呈现出什么样的场景？

卢曼的司法中心主义系统论为我们提供了未来世界的图景：

第一，强人工智能的出现增加系统复杂性。随着强人工智能的出现，全社会分化为比现代社会更复杂、更分化的系统。这也意味着，即使智能机器人的出现，也不会颠覆卢曼构建的系统论，反而增强系统之复杂性以化约复杂世界。

第二，强人工智能作为环境的一部分而存在。全社会系统中并没有人这个主体，人只是作为环境的一部分而存在。换言之，在社会系统中任何类似人、超越人的智能机器人都是作为环境的一部分而存在，因为并没有一个以人类为中心的系统，也没有一个以强人工智能为中心的系统，社会呈现出去中心化、多中心化的发展特征。

第三，强人工智能以自己的代码自治。每个系统内部有自己的二值代码作为基准。比如法律系统中实现法与不法的二值代码运作。强人工智能涉及法律的问题，也进入到法律系统，只不过此时法律系统因强人工智能之出现也呈现出变化，换言之，强人工智能系统和人类共享一个法律系统，但是其中法与不法之二值代码因强人工智能之出现而有所差异。因此，我们可以想象法与不法二值代码之纲要化或许与人类现行法有差异，在法律系统内以不同于人类之法的代码自治，在其中，司法作为法律系统的中心，实现其法律系统之自创生运作。

我们可以看出卢曼系统论是反人本主义的，同时显示出其技术主义特征。他的系统论法学远离传统社会学中的人本中心主义之原则，也因此我们看到，和哈贝马斯相比，卢曼的后现代反人本主义系统论是冰冷的、冷静的，对于未来科技革命时代的法律场景而言，卢曼的理论充满着冷静而深刻的分析，而并非一定要提出一个解决方案。正如哈贝马斯对卢曼批评道：卢曼理论观念的失败之处在于只提供任何事物一个保守主义的标签。[55]换言之，哈贝马斯为未来提供一个解决方案，而卢曼为未来世界提供一个足够深刻的分析！

五、结语

卢曼司法中心主义系统论思想在科技革命时代具有诸多启示，和哈贝马斯的立法中心主义思想比较，前者更能解释并化解科技革命时代的诸多法律困境。但是卢曼的司法中心主义系统论最大的不足在于其反人本主义特质，这种反人本主义并非人类所要追求的理想。但无论如何，其作为应对科技革命时代法律困境的一种理论，本身还需要完善。正如卢曼是对帕森斯的理论进行改造从而得以建立他的系统论，我们期待有人能完善甚至重构卢曼的司法中心主义系统理论，从而更好地解释科技革命时代的社会，应对科技革命时代之法律困境。

---

〔55〕 黄钲堤：《哈伯马斯-鲁曼-争论之初探》，载《社会研究学报》第2卷第2期。

作为人类与机器人关系立法者的阿西莫夫

——对《机器人学法则》与《人学法则》的解读*

张建文**

正如有评论指出："阿西莫夫著名的机器人学法则产生的影响远远超出了其最初的领域，不仅影响了我们的时代，也影响了未来。"[1] 阿西莫夫在七十多年前提出的机器人学法则[2]，即使在 AI 技术正处于发展的"第三次黄金时期"，成为"新一轮科技革命和产业变革的重要驱动力量"[3]

---

* 本文为作者主持的西南政法大学人工智能法律研究教师研究创新项目"人工智能机器人的法律调整：阿西莫夫法则的贡献与局限"（项目编号：2018-RGZN-JS-ZD-10）和重庆市教育科学"十三五"规划 2019 年度重点课题"人工智能时代新型法律人才培养模式研究"（项目编号：2019-GX-017）的阶段性成果。

** 张建文（1977—），男，河南邓州人，西南政法大学教授，博士生导师，法学博士。研究方向：人格权法、信息法学、人权法学。

〔1〕 Isaac Asimov, *Robot Visions*, Roc, 1991, p. 1.

〔2〕 由于在我国对机器人学三法则的翻译存在不准确的地方，笔者根据该三法则的英文文本和俄文文本的对比，提出自己的译本。第一法则："机器人不得伤害人类个体，也不得以其不作为致使人类个体受到伤害"；第二法则："机器人应当服从人类个体给予的所有命令，除非该命令违反第一法则"；第三法则："机器人应当在不违背第一法则或第二法则的范围内关注自己的安全"（参见张建文：《阿西莫夫的教诲：机器人学三法则的贡献与局限——以阿西莫夫短篇小说〈汝竟顾念他〉为基础》，载《人工智能法学研究》2018 年第 1 期）。

〔3〕 尹丽波主编：《人工智能发展报告》（2018—2019），社会科学文献出版社 2019 年版，第 1 页。

的今天，仍然受到了国内科技界和学术界的广泛关注。2019 年 3 月，杨延超在其新著《机器人法：构建人类未来新秩序》中，讨论了阿西莫夫机器人定律问题，提出要在法律上确立并赋予机器人“不受伤害的权利”〔4〕。2019 年 9 月 2 日，宣称秉持“Make AI Everywhere”愿景的腾讯 AI Lab，与 *Nature Research* 在深圳联合举办了世界首届“Nature Conference-AI 与机器人大会”，发布了《AI 与机器人的 42 个大问题》报告，阿西莫夫机器人定律问题——“需要创造现代版本的阿西莫夫机器人定律吗?”——位列第 36 个大问题〔5〕，并提出“我们很可能需要开发一种可以实现的现代版本的阿西莫夫机器人定律”。

但是，阿西莫夫在机器人学定律的解读上给他的读者们造成了不少的困扰，有人已经指出：“即使在阿西莫夫自己写的科幻故事里，机器人在解读这些定律上也出现了一些逻辑困难。”〔6〕对于笔者而言，令我感兴趣的是，能否遵循阿西莫夫对自己的机器人学法则的理解和表述，去探究阿西莫夫机器人学法则的来龙去脉，以类似哲学上著名的“门卫三连问”的方式，去追问机器人学法则从哪里来，要做什么，要到哪里去的问题。

一、作者与文本：阿西莫夫法则

国内有关阿西莫夫机器人学法则的研究，忽视了阿西莫夫在自己的论文集中有两篇直接关涉机器人学法则的论文（essay），那就是《机器人学法则》（“The Laws of Robotics”）和《人学法则》（“The Laws of Humanics”），这两篇论文在国内没有被翻译，且极少被人提及。

笔者在写作之前的相关文章时曾经留意到这两篇论文，尤其是在互联网上找到了它的俄文版，但是由于没有看到经过出版社编辑排版的正式文本，我还不敢轻易去使用，一直到 2019 年 8 月底获得 1991 年 3 月 Roc 出版社出版的 *Isaac Asimov* ：*Robot Visions* 英文版〔7〕，我才把注意力集中到这两

〔4〕 杨延超：《机器人法：构建人类未来新秩序》，法律出版社 2019 年版，第 21 页。

〔5〕 腾讯 AI Lab：《AI 与机器人的 42 个大问题：思考人、AI 与机器人的长远未来》，2019 年 9 月 2 日，第 86 页。

〔6〕 腾讯 AI Lab：《AI 与机器人的 42 个大问题：思考人、AI 与机器人的长远未来》，2019 年 9 月 2 日，第 87 页。

〔7〕 在此，向我的研究生杨翱宇和潘林青表示感谢，是他们利用在美国宾夕法尼亚大学访学的时机，查找到并从英国购买了 *Robot Visions* 一书，辗转带回国内，交在我手。

篇文章上。根据该书版权页提供的信息，可以知道，《机器人学法则》的版权在 1979 年为 American Airlines 所拥有，而《人学法则》的版权在 1987 年为 Nightfall 所拥有，由此可以推出这两篇文章的完成时间应该不早于这个时间。

这两篇文章在类型上不属于小说（story），也不属于学究式的研究论文，而是属于类似于散文体〔8〕的文章（essay）。笔者大胆猜测，阿西莫夫在自己的论文中是否会比在小说中更加坦诚或者直白地讲述自己的意图，而不是像在小说中那样通过故事和情节的设计来展示对机器人学法则的解读？假如阿西莫夫作为一个有心的作者，他可能不会喜欢粗心的读者，或者说他更倾向于向细心的读者启迪他所发现的智慧，囿于小说的结构和形式的限定，他可能无法把某些东西传递给读者。

借助于对阿西莫夫这两篇论文的解读，我们尝试像阿西莫夫理解自己那样准确理解阿西莫夫〔9〕，去探究阿西莫夫眼中的机器人学法则，弄清楚阿西莫夫在自己小说中解读机器人学法则时所出现的（也很难说不是故意出现的）逻辑困难，越是某些明显让人困惑的特征，诸如“晦涩的构思、矛盾、笔名、对过去陈处的不精确的复述、怪异的表达式”〔10〕等，越发值得注意，兴许潜藏着隐微教诲呢。

二、机器人学法则：人类眼中的理想机器人

在《机器人学法则》一文中，阿西莫夫自述了其提出机器人学法则的由来，以及从人类状况而言机器人学法则的限度，换句话说，那就是机器人学法则对当下的人类来说何以必要，而对未来的人类而言也何以可能不必要。

---

〔8〕 正如研究者指出：“论文成为种思想载体——而不是诗歌、戏剧或者对话——既是一个古代现象，也是一个现代现象。论述文体，或者散文体在古希腊是一个后起的文学现象，早期哲人（帕默尼德、克塞诺芬尼）都使用诗歌，而到了柏拉图和亚里士多德的时代，散文成为哲学的常见载体”［参见［美］施特劳斯讲疏：《古典政治哲学引论：亚里士多德〈政治学〉讲疏（1965年）》，扎科特整理，娄林译，华东师范大学出版社 2018 年版，中译本说明第 3 页］，而以逻辑形式作为表达的基本要求，论文作为唯一的哲学表达形式则是非常晚近的事情。

〔9〕 正如施特劳斯提出：“即便我们真的能比古典作家理解自己更好地理解古典作家，也只有先像古典作家理解自己那样准确地理解古典作家，我们才能确定自己的优越性”（参见［美］施特劳斯：《什么是政治哲学》，李世祥等译，华夏出版社 2014 年版，第 89 页）。

〔10〕［美］列奥·施特劳斯：《迫害与写作艺术》，刘锋译，华夏出版社 2012 年版，第 30 页。

首先有必要说明的是，国内不少译者或者研究者将阿西莫夫的法则译为“机器人三法则”“机器人三定律”，这是不确切的，因为机器人（robot）和机器人学（robotics）是不同的，机器人学是“研究机器人的学问”[11]，机器人学法则不仅仅是提供给机器人要求其遵循的行为要求，而且也是所有的机器人基础研究、技术研发、研发资助、产品制造、商业化应用等都必须遵循的行为规范。因此，在本文中一律译为“机器人学法则”。这种译法的另一个原因是，完整的阿西莫夫机器人学法则不是三条，而是四条，也就是增加了第零号法则，机器人不得伤害人类或以自己的不作为使人类受到伤害[12]，所以用“机器人学三法则”的表述不能完整表达阿西莫夫的机器人学法则理念。但是，在有明确且具体的指明为“机器人学三法则”的场合，会根据作者的明确用语翻译为“机器人学三法则”。

阿西莫夫自述其在年轻时，非常厌倦在类似作品中的刺耳警告[13]，在他看来，“机器人就是一台机器，而人们经常建造机器”，“考虑到所有的机器无论如何对我们而言都是一种危险，所以我们专门在机器中设置了各种保护装置（самые разнообразные защитные устройства）”[14]。在1941年，阿西莫夫最终提出了作为这种保护装置的机器人学三法则（Три закона роботехники），尤其是令阿西莫夫自豪不已的就是“我发明了‘机器人学’（роботехника，robotics）术语，这个术语在此之前的任何时候和任何地方都没有被使用过”[15]。

阿西莫夫也清醒地意味到并保持着自己对科幻与现实的区分，他自己也提出了“如今真正在计算机和人工智能上做的工作是如何呢？当机器被制造出来，并开始拥有自己的智能时，类似于机器人学三法则这样的东西

---

〔11〕［美］艾萨克·阿西莫夫：《阿西莫夫：机器人短篇全集》，叶李华译，江苏文艺出版社2014年版，第2页。

〔12〕Азимов，Айзек. Роботы и Империя. -Москва : Эксмо，2006. 5-699-17608-Х.

〔13〕尽管我们被告知“不必过分忧虑，但需未雨绸缪”，这种警告在今天仍然被提起，如“人类会不会被机器人统治”“人工智能的崛起将会对人类造成严重威胁”，由自然人、机器人和单体细胞的克隆人“混杂在一起构成未来的人类社会”等（参见高鸿钧、申卫星主编：《信息社会法治读本》，清华大学出版社2019年版，第4页）。

〔14〕Isaac Asimov, *Robot Visions*, Roc, 1991, p. 425.

〔15〕［美］艾萨克·阿西莫夫：《阿西莫夫：机器人短篇全集》，叶李华译，江苏文艺出版社2014年版，第2页。

会被植入其中吗?"[16]这个问题，阿西莫夫意识到了机器人学三法则的价值，说道："只要计算机的制造者们拥有高度发达的智能，他们当然会的。更重要的是，保护将不仅仅是与三法则有某种关系，而是依靠三法则进行保护。"[17] "依靠"意味着机器人学三法则将构成具有智能的机器的安全保障，必须以其为基础且必须全部实现该法则。

作者回忆说，"当我想到三法则的时候，我还没有明白，原来人类从很早很早就在使用它们了。""工具三法则（Три закона инструментов，The Three Laws of Tools）"可以表述为："①使用工具必须安全；②工具必须履行其功能，其前提是工具对任何人没有危险；③工具在使用过程中必须保持完整和安全，除非为了安全考虑或者构成其功能而有必要销毁"[18]。

阿西莫夫指出，之所以"从来没有人引用这三条工具法则，是因为其被所有人视为理所当然。引用的每一条法则，肯定会受到'嗯，当然'的反响"[19]，在比较了机器人学三法则与工具三法则后，作者认为它们是完全一致的。

尽管作者在提出机器人学三法则之后，意识到了在人类社会中普遍存在并运行的工具三法则，但是作者更清晰地意识到了其所提出的机器人学三法则就是以工具三法则为原型而且是工具三法则的机器人学版，作者明确指出："如果你愿意的话，为什么机器人或者计算机不也是人类的工具?"[20]

对于机器人学法则所能够提供的保障的程度，作者暗示并不乐观，这可能就是人类社会面临的平衡技术发展与风险控制的难题："我们能否说，我们在足够的程度上被保护免受任何麻烦呢?想想为保证汽车安全所做的努力——然而每年仍有5万美国人因车祸而亡。想想为确保银行安全所做的

---

〔16〕 Isaac Asimov, *Robot Visions*, Roc, 1991, p. 424.

〔17〕 在对这两篇论文的翻译问题上，笔者借鉴了我的硕士研究生胡苗苗翻译的文本，但同时我根据该英文论文的俄文译本，进行些许调整和更具细节性的处理，以求充分展示作者的意图。在此向胡苗苗同学致谢。

〔18〕 Isaac Asimov, *Robot Visions*, Roc, 1991, p. 424.

〔19〕 Isaac Asimov, *Robot Visions*, Roc, 1991, p. 425.

〔20〕 Isaac Asimov, *Robot Visions*, Roc, 1991, p. 425.

努力——然而银行抢劫案件仍然不断发生。想想为使计算机程序安全所做的努力——然而计算机欺诈的数量仍在增加。"〔21〕

但是，对阿西莫夫来说，他绝对不是一个单纯的悲观的人或者单纯的乐观的人，他极富智慧地看待人类社会，一方面，他乐观于技术的发展，希望技术的发展造福人类社会，同时也指出了机器人学法则的限度，也就是说，"如果计算机变得足够理性，能够'抓住主动'，它们就已经不需要三法则所规定的限制了。而在那个时候，出于好心，它们将会决定照管我们，保护我们免受麻烦和问题的困扰"，这意味着机器人学法则的必要性的丧失。另一方面，他也认真地审视了人类的局限，不无惋惜但却充满希望地从人性的角度对人类对我们提出了自己的要求，要求人类走出孩子状态，走向成年，"你们中的一些人可能会争辩说，我们不是孩子，如果被保护起来，就会破坏我们人性的本质"，"真的吗？看看今天的世界和过去的世界，问问你自己，我们是不是孩子——在这一点上，我们是不是破坏性的孩子——为了我们自己的利益，我们是否不需要被保护"，"如果我们要求被视为成年人，难道我们不应该表现得像成年人吗？我们打算什么时候开始呢？"〔22〕对近现代的西方人本主义（人类中心主义）的自我审视与省察所产生的反思，在今天仍然存在，无论这种观念来源于犹太教还是基督教，又或者是达尔文，这种观点——"人类是独一无二的天赐之灵，其他所有生物和物品都身份低下，通常无足轻重；人类主宰着所有生物和物品；他被命令去征服整个地球"〔23〕——构成现代人对大自然和环境的内在态度，有学者就指斥"这种孩子气实在让人无法忍受"〔24〕。

总体上来说，阿西莫夫提出的机器人学三法则，尽管在起初并非被清晰地认识到其是以人类社会的工具三法则为原型而建构的，但工具三法则构成了机器人学三法则的基础和原型，而且从整体上来说也是一致的；阿

〔21〕 Isaac Asimov, *Robot Visions*, Roc, 1991, p. 425.

〔22〕 Isaac Asimov, *Robot Visions*, Roc, 1991, p. 425.

〔23〕［美］克里斯托弗·D. 斯通：《树应该有诉讼资格吗？——迈向自然物的法律权利》，王明远译，载高鸿钧、申卫星主编：《信息社会法治读本》，清华大学出版社 2019 年版，第 439、440 页。

〔24〕［美］克里斯托弗·D. 斯通：《树应该有诉讼资格吗？——迈向自然物的法律权利》，王明远译，载高鸿钧、申卫星主编：《信息社会法治读本》，清华大学出版社 2019 年版，第 440 页。

西莫夫的确是将机器人视为人类的工具，但是也暗示了具有智能的机器人并非是单纯的人类工具，而可能是人类的救星，在这一点上，阿西莫夫表现了近乎独有的乐观，尤其还是在一片刺耳的警告声中。也正是在这一点上，阿西莫夫指出了机器人学法则对人类社会而言之所以必要的限度，意味着在具有智能的机器人可能超越人类的情形下，机器人学法则对人类社会而言的必要性也可能丧失，而且，机器人将可能会成为人类的监护人或者保护者[25]，至于阿西莫夫是否真诚且真实地相信有这种可能，则是另一问题；阿西莫夫从人性的角度出发，认真地审视了人类社会的状态，从人类面临的严峻挑战和生存问题出发，将现代的人类称为“破坏性的孩子”，认为人类处在幼稚的具有破坏性的孩子状态，期望人类能够进入成年人状态，“孩子”和“成年人”的隐喻意味着什么，着实不易说清楚，但似乎不排除阿西莫夫用孩子所具有的破坏性、不负责任等缺陷指代现代人类对自然、对环境的破坏以及对后代的不负责任，而成年人状态则意味着人类社会的独立、负责任，人类开始成熟地对待自己和同胞，以及承担对智能机器人的责任。

三、人学法则：机器人眼中的理想人类

在《人学法则》一文中，阿西莫夫提到，他在《机器人和帝国》（*Robots and Empire*）中，开始关注自己的人学法则（Законы науки о человеке，The Laws of Humanics）。

在《机器人和帝国》中，作者非常喜欢的机器人英雄季斯卡德，讨论了人学法则，按照作者的观点，这为后来在基地系列中具有实质性作用的心理史学（наука психоистории）奠定了开端。

作者创建人学法则的动机是对心理史学（наука психоистории）的不满，作者认为：“即使是科学地研究这一问题的心理学家（至少我希望他们

---

〔25〕 在阿西莫夫的小说《汝竟顾念他》中，提到了机体作为智慧者统治（教育）人类的情形，而且，机体认为，“它们若是继续存在，将会扮演人类的拐杖这个角色。由于它们觉得这会有害人类，因此根据第一法则，它们就自己做出这种判决”。（参见［美］艾萨克·阿西莫夫：《阿西莫夫：机器人短篇全集》，叶李华译，江苏文艺出版社2014年版，第471页；张建文：《阿西莫夫的教诲：机器人学三法则的贡献与局限——以阿西莫夫短篇小说〈汝竟顾念他〉为基础》，载《人工智能法学研究》2018年第1期。）

是这样做的）也不能提出任何‘法则’，而只能对人们的所作所为进行冗长而笼统的描述。它们都不是规范性的。当心理学家说人们对这种刺激物的反应是这样的，他的意思仅仅是有些人在某些时候是这样的。而其他人可能在其他时候那样做，或者根本就不做任何反应。如果我们必须等待实际的法律规定人类行为，以建立心理历史（psychohistory）（当然我们必须这样做），那么我想我们必须等待很长时间。”[26]

因此，作者提出：“我想如果可以的话，我们能做的是从一个非常小的地方开始，然后慢慢地建立起来。”因此，在《机器人与帝国》中，正是机器人吉斯卡（Giskard）提出了人学法则的问题。

“作为一个机器人，他必须站在机器人学三法则的立场来看待一切，这些机器人学法则具有真正规范性，因为机器人必须服从不能违背它们”，“那么，在我看来，机器人不禁会认为，人类的行为方式应该让机器人更容易遵守这三个法则”[27]。这一点构成了阿西莫夫人学法则的出发点，因此，从这一点说，阿西莫夫的人学法则不是“humanics”通常所意味的宽泛的“对人类本性或者人类事务的主题或者研究（the subject or study of human nature or human affairs）”，而是着眼于人类和机器人的伦理关系，从机器人角度提出的人类对机器人的责任或者义务性法则，这是阿西莫夫人学法则的特殊内涵。

阿西莫夫指出：“事实上，在我看来，有道德的人应该像机器人本身一样渴望让机器人的生活变得更容易。我把这件事写在1976年出版的小说《双百人》（*The Bicentennial Man*）中”[28]，这一点构成了阿西莫夫建构人学法则的根本意图，似乎也是阿西莫夫所能够设想的机器人视野中的理想人类形象。在《双百人》中，有一个角色说：“如果一个人有权给一个机器人下达任何不伤害人类的命令，那么除非人类安全绝对需要，否则绝不给一个机器人下达任何伤害机器人的命令。巨大的权力伴随着巨大的责任，如果机器人有三条法则来保护人类，那么要求人类有一条法律或两条法律来

---

〔26〕 Isaac Asimov, *Robot Visions*, Roc, 1991, p. 459.

〔27〕 Isaac Asimov, *Robot Visions*, Roc, 1991, p. 459.

〔28〕 Isaac Asimov, *Robot Visions*, Roc, 1991, pp. 459-460.

保护机器人是不是太过分?”[29]

在这里，阿西莫夫提出了机器人学法则面临的一个困境：“人类可能会因为一些涉及无生命物体的事件而受到伤害。比如，一个重物可能会落在他身上，或者他可能滑倒并即将掉进湖里，或者其他类似的灾难也可能发生。在这里，机器人必须设法拯救人类；把他从下面拉出来，让他站稳等。或者人类可能会受到除人类以外的某种生命形式的威胁——例如狮子——机器人必须出来保护他”，但是，“如果另一个人的行为对人类造成伤害会怎样呢？机器人必须作出决定。他能拯救一个人而不伤害另一个人吗？或者，如果一定要有伤害，他必须采取什么行动才能使伤害最小化?”[30]

作者提出了一种解决此类困境的方案，即“如果人类像机器人被期望的那样关心人类的福祉，那么机器人就会容易得多。而且，事实上，任何合理的人类道德准则都会教导人类互相关爱，互不伤害。毕竟，这是人类赋予机器人的使命”[31]。

阿西莫夫由此提出了从机器人角度而言的人学三法则：

（1）人类个体不得伤害人类个体，也不得因自己的不作为使得人类个体受到伤害。

（2）人类个体应当给机器人下达不损害机器人之存在的命令，除非这些命令构成对其他人造成伤害或不便的原因。

（3）人类个体不得给机器人造成伤害，或者以自己的不作为使得机器人受到伤害，但机器人不得不牺牲自己以拯救人类个体或者完成攸关生命的重要命令的情形除外。[32]

人学法则是一面放置在人类面前的镜子，让我们可以看到自己的样子。根据阿西莫夫的解释，按照其人学第一法则，“如果这项法律得以实施，机

---

[29] Isaac Asimov, *Robot Visions*, Roc, 1991, p. 460；[美] 艾萨克·阿西莫夫：《阿西莫夫：机器人短篇全集》，叶李华译，江苏文艺出版社2014年版，第511~512页；张建文：《阿西莫夫的意图：机器人学三法则的完整教诲——以短篇小说〈双百人〉为基础的思考》，载《人工智能法学研究》2018年第2期。

[30] Isaac Asimov, *Robot Visions*, Roc, 1991, p. 460.

[31] Isaac Asimov, *Robot Visions*, Roc, 1991, p. 460.

[32] Isaac Asimov, *Robot Visions*, Roc, 1991, pp. 460-462.

器人将被留下来保护人类免受无生命物体和非人类生命的意外伤害，这对机器人来说并没有道德困境”。当然，“机器人还必须防止其他人无意中伤害人类。如果在现场的人不能快速到达现场，机器人还必须随时准备来援助一个受威胁的人。但是，即使是一个机器人也可能无意中伤害到人类，也可能没有足够的速度及时赶到行动现场，或者没有足够的技术采取必要的行动。没有什么是完美的”，“这就引出了机器人学的第二法则，它迫使机器人服从人类给它的所有命令，除非这些命令与第一法则相冲突。这意味着只要不涉及对人的伤害，人类就可以无限制地给机器人下达任何指令。”〔33〕

根据阿西莫夫的设想，人学第二法则之所以必要，是因为“人类可能会命令机器人做一些不可能的事情，或者给它一个命令，让机器人陷入一个两难境地，从而对它的大脑造成损害。因此，在我 1940 年出版的短篇小说《说谎者》（*Liar*!）中，我安排了一个人类角色，故意把机器人置于一个两难境地，从而使其大脑被烧坏，停止运作。我们甚至可以想象，随着机器人变得更加智能和更加具有自我意识，它的大脑可能变得足够敏感，如果它被迫做一些尴尬或不庄重的事情，就会受到伤害”〔34〕。

阿西莫夫注意到了“机器人法则的第三条是为了保护机器人而设计的，但是从机器人的角度来看，它远远不够。如果有服从第一或第二法则的必要，机器人必须牺牲它的存在。在服从第一法则的问题上，没有争论。如果这是可以避免伤害人类或可以防止人类受到伤害的唯一方法，机器人必须放弃它的存在。如果我们承认人类相对于机器人来说具有天生的优越性（事实上，这是我有点不愿意承认的），那么这是不可避免的。另一方面，一个机器人必须仅仅为了服从一个可能微不足道甚至是恶意的命令而放弃它的存在吗？在《双百人》中，我安排了一些流氓角色故意命令一个机器人把自己拆开，看看发生这种情况的乐趣”〔35〕，因此，作者提出了人学第三法则。

---

〔33〕 Isaac Asimov, *Robot Visions*, Roc, 1991, pp. 460-461.

〔34〕 Isaac Asimov, *Robot Visions*, Roc, 1991, p. 461.

〔35〕 Isaac Asimov, *Robot Visions*, Roc, 1991, pp. 461-462.

值得注意的是，尽管阿西莫夫提出了与机器人学三法则相对应的人学三法则，但是对于人学三法则的实现之可能性以及其实现的路径，阿西莫夫不仅没有提出任何设想和建议，而只是提出了希望，并把这个希望作为他的《人学法则》论文的结束段落："当然，我们不能像机器人法那样执行这些法律。我们不能像设计机器人大脑那样设计人脑。然而，这是一个开始，正如我故事《双百人》中的人物所说的，我真诚地认为，如果我们要控制智能机器人，我们必须对它们承担相应的责任。"〔36〕

无论阿西莫夫提出的人学法则是否具有规范性或者可执行性，其作为从机器人视角出发对人类与机器人关系的伦理性要求，对不具有智能性或者智能性比较低的机器人来说可能没有价值，但是对于越来越高度智能化的机器人来说，具有重要的现实意义，而且也为人类与机器人关系的设计提供了新的空间，这一点正体现在阿西莫夫对"人类相对于机器人来说具有天生的优越性"这一奠定机器人学法则之基础的命题在事实上有点不愿意承认而又不情愿地承认的矛盾态度。

四、从机器人学法则到人学法则：阿西莫夫的人类与机器人关系学说

阿西莫夫通过机器人学法则展示了人类视野中人类与机器人关系中理想的机器人的定位和角色，而通过人学法则提供了机器人视角下人类与机器人关系中理想的人类角色。从伦理关系的角度而言，构成了一个完整的关于人类与机器人关系的学说，尽管人学法则的名气并不如机器人学法则的名气大。前者提供了更具工具化色彩的人机关系建构，机器人的主要定位和角色是服从和服务于人类的工具，而后者则是根据平等色彩和伙伴关系的人机关系构建，两者之间尽管有所不同，但是在机器人越来越高度智能化的背景下，机器人学法则和人学法则可以被同时用于构建人类与机器人的关系规范，尤其是机器人越来越跟人相趋近乃至可能趋同的情况下，这种可能性和必要性会更加凸显。有文献已经开始讨论："可以在科学拟制的基础上，将人工智慧机器人建立在一个法律人格（establish a legal personality base on science fiction）的基础上，使其作为一个可负责任的'法律上

〔36〕 Isaac Asimov, *Robot Visions*, Roc, 1991, p. 462.

的人'（liable legal persons）。"[37] 有学者提出要求"赋予人工智能法律人格，让其为自己的侵权行为承担责任是最好的选择"[38]。正如有德国学者提出："数字化革命不应由立法者的臆想孤注一掷地应对，而应伴随着谨慎、适度的法律演进一同发展。"[39]

对于人类与其他生命存在的区别，思想家们提出了不同的确定标准。如亚里士多德认为："所有生命存在中，只有人类被赋予了说话"，但说话与声音不同，"声音可以表达悲伤和高兴，因为这是所有其他生命存在也具有的"，而"说话能够表达什么是有益的，什么是有害的，以及什么是公正的，什么是不公正的"[40]。笛卡尔针对机器人与人类的区别提出了两条检验标准："如果有一些机器跟我们的身体一模一样，并且尽可能不走样地模仿着我们的动作，我们还会有两条非常可靠的标准，可以用来判明它们并不因此就是真正的人"，"第一条是：它们绝不能像我们这样使用语言，或者使用其他由语言构成的讯号，向别人表达自己的思想"，"第二条是：那些机器虽然可以做许多事情，做得跟我们每个人一样好，甚至更好，却绝不能做别的事情"[41]。笛卡尔的第一个标准跟亚里士多德相同，第二个标准的意思类似于《论语》所谓的"君子不器"，"是无物可方，不是局限于某一定型"[42]。提到这两位思想家的标准，并不意味着机器人与人类的无限趋同化是否可能以及人类与机器人的区分问题就已经或者可能得到解决，这一点有待于AI技术和人性研究的重大突破。

但是，对于人类与机器人之间关系的考虑，特别是对潜在不可知的高度智能化机器人与人类是否会无限趋同且要求与人类平等共存于人类社会

---

〔37〕 刘静怡主编：《人工智慧相关法律议题刍议》，元照出版有限公司2018年版，第95页。

〔38〕［美］约翰·弗兰克·韦弗：《人工智能机器人的法律责任》，郑志峰译，载《财经法学》2019年第1期。

〔39〕［德］埃里克·希尔根多夫：《自动系统、人工智能和机器人——一个刑法角度的定位》，黄笑岩译，载《法治现代化研究》2019年第1期。

〔40〕 Политика/Аристолель; [пер. с древнегреч. С. А. Жебелева]. – Москва: Излательство АСТ, 2016. С. 7.

〔41〕［法］笛卡尔：《谈谈方法》，王太庆译，商务印书馆2000年版，第45页。

〔42〕 南怀瑾讲述：《孔子和他的弟子们》（袖珍版），东方出版社2017年版，第54页。

的“隐痛深藏于人的内心深处，正是应该在人的类型深处去探寻隐痛”〔43〕，而阿西莫夫的人学法则正是击中了人类社会内心深处的隐痛。相对于法学家的谨慎乐观——“人工智能和法律的遭遇会在两个层面呈现出来。在享受人工智能带来的技术红利的同时，需要对它可能带来的风险和挑战进行回应，这意味着需要对人工智能进行法律规制。但同时大数据技术、云计算、人工智能的发展又为现有的法律提供动力”〔44〕，而政治哲学的学者则直接发出了“自然人的终结或依然无法避免”的刺耳警告，提出：“‘赛博格人’‘人造人’‘人机器’这些后人类的新型智能生命是在自然人现有的心灵基础上改造和进化的，它使我们可设想现有的自然人及其‘人性’至少是某些部分在未来有存续的可能，因此它们是一种不同于纯粹硅基人工智能的新人工智能类型或曰新智慧生物类型。这些存续有‘人性’因素的后人类新型智能生命对待落后的自然人的态度未必良善，可以回想当我们的‘人性’主导这个星球时，我们是怎么对待那些智能水平远低于我们的生物的。自然人的终结或依然无法避免。”〔45〕实现无论是人类与机器人的平等共存，还是自然人无可避免的终结，对于这两种截然相反的观点，目前尚难以做出最后的抉择定论，有待科技的进步或者重大突破来逐步证实。

五、重新认识阿西莫夫的机器人学法则与人学法则的本质

承载着完整的阿西莫夫关于人类与机器人关系学说的机器人学法则与人学法则，尽管都是用了“Laws”的表述，但是是否意味着阿西莫夫的这两个法则体系，就是人类对机器人所提出的法律规范（立法）？就是可以直接在具体的司法个案中作为裁判规则或者行为规则来适用呢？对于两个法则的本质的不同理解，会导致对阿西莫夫法则的作用及其可实现性的巨大争议。有的认为阿西莫夫的机器人学法则不够完备，实践起来非常困难，甚至完全不可能；有的认为可以实现阿西莫夫的机器人学法则并为此努

〔43〕［法］加缪：《西西弗神话》，杜小真译，商务印书馆2018年版，第8页。

〔44〕汪庆华：《人工智能的法律规制路径：一个框架性讨论》，载《现代法学》2019年第2期。

〔45〕王志强：《关于人工智能的政治哲学批判》，载《自然辩证法通讯》2019年第6期。

力[46]。确切地说，阿西莫夫法则，无论是机器人学法则，还是人学法则，在本质上是试图规范人类和机器人之间的关系的伦理原则，机器人学法则带有些许伦理行为规则的性质，而人学法则几乎完全是伦理原则，而非伦理规范，更非法律规范，对于其如何实现，阿西莫夫根本就没有提出自己的意见，哪怕是一点倾向。尽管阿西莫夫法则属于伦理原则，但是它奠定了人类与机器人关系的伦理基础，一方面是从人类对机器人的视角，另一方面是从机器人对人类的视角，成为人类在立法上思考人类与机器人关系的制度基础，并试图超越人类中心主义的限度，力图更加全面思考二者的并存相处之道，但并不意味着这些法则就可以直接作为或者取代人类的机器人立法本身。类似于“希腊人所谓的公义，是一种哲学概念，也是一种道德范畴。用现代术语说，它是法律的精神，所以并不全然是法理的，也是伦理的”[47]，其实，阿西莫夫的法则亦更具伦理精神的色彩，正如古代希腊人对“nomos”的理解，认为上古时代的贤人立法者，给后世留下美好的典章制度，使大家能有秩序有规范但又有自由地生活，这是了不起的创制[48]，从这个角度，可以说阿西莫夫是关于人类与机器人关系的立法者，而且是立法者的教师[49]，并不是说他创制了某个具体的法律，而是提出为人类与机器人关系奠基的政治制度理念，而法律是从政治制度中派生出来的。

根据人们对“physis”的理解，认为“它是起源，也是成长、发展等”，也意味着它指向目标，“它形容人或事发展到最圆熟境地的特性”，它“意味着某种价值”，“具有的位格，差不多就是个准则，可用来衡量其他，包括人与事”[50]，那么，可以说，阿西莫夫机器人学法则与人学法则的本质（physis），就是关于人类与机器人关系的起源、成长和发展，也意味着它构

〔46〕 腾讯AI Lab:《AI与机器人的42个大问题：思考人、AI与机器人的长远未来》，2019年9月2日，第87页。

〔47〕 邓文正:《细读〈政治学〉》，生活·读书·新知三联书店2019年版，第54页。

〔48〕 邓文正:《细读〈政治学〉》，生活·读书·新知三联书店2019年版，第53页。

〔49〕 ［美］施特劳斯讲疏:《古典政治哲学引论：亚里士多德〈政治学〉讲疏（1965年）》，扎科特整理，娄林译，华东师范大学出版社2018年版，第37页。

〔50〕 邓文正:《细读〈政治学〉》，生活·读书·新知三联书店2019年版，第53页。

成了关于人类与机器人关系发展到最圆熟境地的特性，构成了人类与机器人关系的最高点，也是其最高价值目标，阿西莫夫法则之所以引起社会公众和学术圈子的关注和争议，并非“由于标新立异的魅力”，而是有赖于广大公众确信其“所主张的根本见解的正确性”[51]。认清楚了这一点，也就意味着认清楚了阿西莫夫法则的功能和限度，也就是说阿西莫夫法则为人类与机器人关系奠定了基础，提供了最高的价值目标，但并不意味着其已经为人类与机器人关系的现实立法（实在法）提供了现成的法律文本，毋宁说那是需要现实的具体的法学家和立法机关依据这个价值目标去构建的，这个构建也许而且很可能并非是一步到位的，需要去成长（to grow）去发展（to develop），直至达到阿西莫夫法则的最圆熟境地。

---

〔51〕［德］鲁道夫·冯·耶林:《权利斗争论》，潘汉典译，商务印书馆 2019 年版，第 4 页。

比较法视野下基因编辑技术的法律规制

高　尚*　乔恒祥　曾小康　赵玉玲**

2018 年 11 月 26 日，第二届国际人类基因组编辑峰会召开前夕，中国学者贺建奎宣称全球首例免疫艾滋病的基因编辑婴儿诞生，这一事件迅速引发全球科学界、媒体和公众对基因编辑安全性和伦理性的热议：以生殖为目的地将 CRISPR/Cas9 基因编辑技术用于编辑人胚胎基因，是否冲击了基本的伦理道德？如何冲击了传统的法律体系？基因编辑技术是否应当被完全禁止？这一系列的问题都亟待解决。与此同时，尽管近些年来社会各界对基因编辑进行了广泛讨论甚至质疑，但基因编辑却并未停止前进的脚步，在医学、生物学、遗传学等各个领域都出现了重大突破，巨大的市场前景和利益驱动，使得基因编辑专利的管理和保护受到相关科研人员或机构的重视，如何设计未来基因编辑专利制度也成为不得不考虑的问题。本文通过对比世界各国的立法并结合我国的国情，从基因技术的限制与保护两方面讨论，探究如何“谨慎推进”基因编辑技术的发展，并对未来中国基因编辑专利制度做大胆的前瞻性建议。

* 高尚，安徽大学法学院副教授。
** 乔恒祥、曾小康、赵玉玲，安徽大学法学院 2016 级本科生。

一、基因编辑技术的发展现状

（一）现有基因编辑技术

1. ZFNs

1996年，美国约翰·霍普金斯大学环境卫生科学系Chandrasegaran团队发明了运用FokI酶和锌指蛋白融合的ZFNs技术。[1] 不久之后，美国犹他大学医学院生物化学系Dana Carrol团队首次使用该项技术，将ZFNs注入果蝇胚胎，实现了在动物细胞的基因编辑。[2] ZFNs技术是作为二聚体发挥基因编辑作用的，DNA序列的特异性造就了该技术的特异性，可以较为精准地识别并结合目标序列，可以说，ZFNs开启了基因定向编辑的大门。

2. TALENs

2009年，美国爱荷华州立大学植物病理学与生物信息学系的Adam. J. Bogdanove团队联合德国马丁卢瑟大学生物研究所Ulla Bonas团队发明了新一代的核酸酶编辑技术TALENs，其也是作为二聚体是将TALE蛋白与FokI酶区域结合发挥作用。[3] 2011年，Miller等学者首次应用该项技术，通过设计目标序列中每个碱基对应的TALE识别模块，将其植入人类细胞中对NTF3和CCR5基因进行编辑，证明了TALEN核酸酶对内源靶向基因的调节和修饰作用。

3. CRISPR/Cas9

CRISPR/Cas9基因编辑技术诞生于2013年，是从原核生物抵抗病毒入侵、清除病毒基因组的系统中优化而来[4]。当前DNA序列的识别技术已经日趋成熟，因此可以说，CRISPR/Cas9通过定向设计能够编辑任何基因，包括人类各种体细胞甚至是生殖细胞。但由于受限于技术成熟度、科研材料和设备，以及伦理限制经费支持等多方面因素，对人胚胎基因编辑研究人早期胚胎发育相关的机制一直停滞，对于人的早期胚胎大多数研究主要

---

〔1〕 Y. G. Kim, J. Cha, S. Chandrasegaran, "Hybrid Restriction Enzymes: Zinc Finger Fusions to Fok I Cleavage Domain", *Proc Natl Acad Sci USA*, 93 (1996), pp. 1156-1160.

〔2〕 M. Bibikova, M. Golic, K. G. Golic, D. Carroll, "Targeted Chromosomal Cleavage and Mutagenesis in Drosophila Using Zinc-Finger Nucleases", *Genetics*, 161 (2002), pp. 1169-1175.

〔3〕 J-S. Kim, "Genome Editing Comes of Age", *Nat Protoc*, 11 (2016), pp. 1573-1578.

〔4〕 S. W. Cho, S. Kim, J. M. Kim, J. S. Kim, "Targeted Genome Engineering in Human Cells with the Cas9 RNA-guided Endonuclease", *Nat Biotechnol*, 31 (2013), pp. 230-232.

还是依托分子生化手段或者高通量测序技术来对人类早期胚胎发育过程进行描述并与小鼠或者灵长类早期胚胎发育模式进行对比。[5] 直到近几年随着 CRISPR/Cas9 技术的兴起与完善，基因编辑才开始被进一步应用。也就是在这短短的数年里，基因编辑在植物育种、器官移植、遗传性疾病治疗、病毒感染治疗等领域皆取得了瞩目的成果。基于当前 CRISPR/Cas9 技术的广泛传播和技术本身具有的天然优势（见表 1），本文将仅在 CRISPR/Cas9 技术视角下进行相关论述。

表 1　主要基因编辑技术优劣对比

现有技术	缺　点	优　点
ZFNs	（1）部分实验中存在较高脱靶率 （2）核酸酶设计成功率低 （3）不适合高通量靶向目标基因	（1）靶向传递基因效率高 （2）靶向结合效率高
TALENs	（1）靶向传递效率低，通量低 （2）使用与上下游相关的序列时候具有更多的突变产生	（1）特异性高，容易设计 （2）核酸酶设计成功率较高 （3）脱靶率低，细胞毒性更小
CRISPR/Cas9	（1）脱靶效率较高 （2）同源重组效率低 （3）精确修复比例低，可能会在预测的脱靶位点上引入微缺失或者插入（插入缺失）	（1）编辑效率更高，较 TALENs 能够实现 7 倍~8 倍同源重组效率 （2）操作简单，成本低 （3）通量上无限制，可适用于多基因 （4）对靶位点序列的要求最低，适用性好 （5）可对任何基因进行编辑，甚至是生殖细胞中的 （6）生物学、医学、遗传学等领域应用前景广泛

[5] M. N. Shahbazi, A. Jedrusik, S. Vuoristo, G. Recher, A. Hupalowska, V. Bolton, N. N. M. Fogarty, A. Campbell, L. Devito, D. Ilic, Y. Khalaf, K. K. Niakan, S. Fishel, M. Zernicka-Goetz, "Selforganization of the Human Embryo in the Absence of Maternal Tissues", *Nat Cell Biol*, 18 (2016), pp. 700-708.

（二）基因编辑技术的发展趋势

从CRISPR/Cas9技术发展应用的现状及未来趋势来看，目前，以美国、英国、中国为代表的三个国家在基因编辑的应用领域，成功完成了对单基因及“少数的”多基因的修饰或敲除。至于像公众所想象的今后人类都有“超能力”、体能非凡、智商过人、长相出众等则完全超出了当下基因编辑技术的能力范畴。人体各项特征并不是仅由单基因或者是少数容易被检测的多基因控制，绝大部分人类遗传特征异常繁杂。连诸如身高这种明显易于描述的身体特征，想要进行基因操控也极为困难。科学家预计能够影响身高的变异基因多达93 000种，近期一项研究鉴定出了其中的697种。[6]再加上基因编辑本身的技术限制，目前仅能对部分与特定基因突变联系起来的疾病进行修复，且这个技术限制难以在短时间攻破，人类的天赋、才能和性状相当复杂，人类基因中大概包括32亿个碱基对，遗传信息可谓浩如烟海。在这样的条件下，即使未来突破了基因治疗而对人类进行基因强化也只能局限在父母已有的基因组内，而极难大幅度地改变孩子的性状。故部分人所云的“未来基因多样性会消失”“人类将都像从一个模子里刻出来的”等未免有些异想天开。本文作者尊重这些担忧，但我们必须明白，从古至今任何一项医疗技术和医疗手段都在扮演着上帝的角色，救死扶伤一定程度上使得部分劣后基因得以存续，人类早已经突破了自然界本应当遵循的“物竞天择”。对于新技术的未知使得我们恐惧，但至今未有一个担忧最终变成了现实。对于基因编辑，不是只有“是”或“否”这两种抉择，在技术改进、伦理审查、法律规制等方面有相当的“中间地带”值得考量，能够促使技术较为安全地向前发展。

二、基因编辑技术引发的争议

如前文所述，基因编辑技术虽然产生时间较短，但其已经经历过三次变革。第一代的基因编辑技术产生于约20年前——ZFN（锌指核酸酶），其基本原理为通过锌指蛋白与目标及基因结合，以使其上连结的内切酶发挥基因修饰的作用，改变目标基因的结构。第二代基因编辑工具出现于2010年左右，TALEN相较于上一代基因编辑技术，其在读取效率和切除准确性

---

〔6〕舒愉棉：《“设计婴儿”，为时尚早》，载《世界科学》2017年第9期。

上又有了进一步的提高。2012 年出现的第三大基因编辑技术 CRISPR/Cas9，CRISPR/Cas9 作为新一代基因编辑科技，虽然在各方面较前两代有着较大的优越性，但仍然存在着难以避免的风险，并由此引发了诸如法律、伦理上的讨论。

（一）技术争议

1. 镶嵌效应

2015 年，中山大学的黄军就教授所领导的研究小组就已经实现了人类胚胎基因编辑。当时，研究小组试图对人三原核受精卵中的 HBB 基因进行改造，其使用的基因编辑技术正是目前大热的 CRISPR/Cas9。

在这个过程中，他们发现 CRISPR 技术会导致一部分 DNA 编辑错误，并且胚胎中一部分细胞被编辑，而另一部分没有被编辑。这个被称作“镶嵌效应”的影响，是使用 CRISPR/Cas9 进行基因编辑所存在的最大隐患。由于 DNA 编辑错误，一方面会使得个体身上仍携带有致病基因，存在患病风险。另一方面嵌合体会使得个体基因检测出现假阳性的结果，尽管基因检测正常，但是依然携带致病基因，修正后的基因未必会随着生殖细胞遗传给后代。

2. 脱靶效应

简单来说，脱靶效应指在基因编辑的过程之中，编辑工具未能成功识别预先设定的目标基因。[7] 并且，由于一个基因所具有的功能是在多个基因相互作用的过程之中实现的，因此，一个基因被破坏，可能会同时影响到其他基因的正常功能。脱靶不仅仅会影响到基因正常功能的运行，还可能诱发癌症，对人体造成严重的伤害。如 1999 年美国一位白血病人，在接受基因治疗时，由于脱靶效应引发了白血病的副作用，使得自身病情急剧恶化。据哥伦比亚大学以及相关研究机构的实验结果，两只经过基因编辑的盲鼠身上发生了上千个单核苷酸突变，并同时有 100 多个基因片段的插入或缺失。虽然，相关科研人员声明“脱靶效应”并不会大量出现，但若希望将基因编辑技术作为治疗手段，则仍然需要完全避免这一问题。

---

〔7〕 Paul R. Billings, Ruth Hubbard, Stuart A. Newman, “Human germline gene modification: a dissent”, *The Lancet* 353 (9167), pp. 1873-1875.

3. 基因编辑技术的实际成效甚微

基因治疗是将一种无害的病毒或者以其他的某种形式将一个基因直接拷贝至患者的基因当中，以改变人体内部分的缺陷基因，从而在根本上解决遗传疾病以及癌症基因。不可否认的是，基因编辑技术的确取得了较大的进步，但其实际效果仍然受到了不少科学家的质疑。[8]

之所以基因编辑技术如此受到质疑，除了其不确定性之外，更关键的原因在于现有的生物学技术并不能明确分析基因编辑技术的生物学机理。目前已有成熟的医学技术使HIV患者生出健康的婴儿，成功率在95%以上，包括规范的抗病毒治疗、受孕期间服用阻断药、分娩中避免损伤性操作等。就成本而言，药物费用不超过一万元且母婴阻断治疗是免费的。相比之下，基因编辑婴儿并不能完全避免HIV感染风险。这是因为HIV病毒具有多种亚型及变异体，其中X4、R5/X4型HIV病毒通过CXCR4而非CCR5感染细胞。因此即便此次基因编辑准确地使CCR5的功能丧失，CCR5基因缺陷的婴儿也只能对一部分HIV病毒“免疫”，而对X4、R5/X4等类型的HIV无效。

（二）伦理争议

涉及生物医学研究产生的伦理问题伴随着世界基因编辑技术的迅猛发展而出现，国际上关于医学伦理标准架构也由此建立。1997年联合国教科文组织（UNESCO）第29届大会强调：“人类基因组的研究应充分尊重人的尊严、自由及人权，并禁止基于遗传特征的一切歧视。”大会还通过了《世界人类基因组与人权宣言》，其中第2条明确到：“每个人都有权利尊重他们的尊严以及权利，无论他们的遗传基因如何。”此外，根据《赫尔辛基宣言》（2013年）：“医学研究应符合的伦理标准是，促进并确保对所有人类受试者的尊重以及保护他们的健康和权利。”《涉及人的生物医学研究的国际伦理准则》中也强调到医学研究的伦理学论证和科学性、伦理学审查委员会的监督以及受试者个人知情同意等。在国际普遍伦理准则中，通过采用知情同意、研究负担与利益公平分配以及保障治疗与赔偿等措施来保护

---

〔8〕 Niklasus H. Evitt, Shamik Mascharak, Russ B. Altman, “Human Germline CRISPR-Cas Modification: Toward a Regulatory Framework”, *The American journal of bioethics*, 15 (12), pp. 25-29.

受试者的权利，在审查基因编辑技术的研究项目时强调了加强生物医学研究中伦理与科学审查的能力，合理控制其风险性，保障其安全性。

各国对于基因编辑这一新兴技术所产生的伦理问题也有所应对。首先于 1998 年欧盟委员会发布了 241/98 指令，要求政府对涉及公共财政支持人类胚胎的研究应该严格禁止，对违背人类伦理道德和公共秩序与善良风俗原则的生物技术的发明和发现，不能授予相关知识产权。其中，英国颁布了《人类受精法》（Human Fertilisation Act）规定到："改变任何细胞的遗传结构，使其成为胚胎的一部分（除非获得许可）否则是被禁止的"（"altering the genetic structure of any cells while it forms part of an embryo" is banned unless licensed)。对于涉及人类生殖系（包括小于 14 天的胚胎）的实验研究，英国医学研究理事会（Medical Research Council，MRC）表示其需要通过获得人类受精与胚胎管理局（The Human Fertilisation and Embryology Authority，HFEA）的许可才可启动进行，并于 2016 年，HFEA 批准了第一个人类胚胎基因组编辑相关的研究。2018 年 7 月，英国纳菲尔德生物伦理学委员会（Nuffield Council on Bioethics）发布报告称，只要是为了未来的孩子好，并且不会造成社会不平等，改变人类胚胎的该基因是"道德上允许的"。1997 年，美国出台《迪基-威克修正案》（Dickey-Wick Amendment）直接禁止卫生部利用划拨资金从事制造或销毁人类胚胎的研究，以此实现限制基因编辑技术在胚胎干细胞中的应用，避免陷入伦理等问题的泥淖。此外美国设置审查委员会 IBR 主力负责基因编辑相关研究的伦理审查。新加坡也出台了《人类生物医学研究伦理准则》（Ethics Guidelines for Human Biomedical Research）其中明确"在有科学证据证明预防或消除严重遗传疾病的技术已被证明有效之前，应禁止种系修饰的临床做法"（that the clinical practice of germline modification be prohibited，pending scientific evidence that techniques to prevent or eliminate serious genetic disorders have been proven effective）等。

公众对于基因编辑这一技术也表示万分担忧，从哈佛大学于 2016 年试验的一项调查结果中初步显示，只有 35%的美国公民会支持治疗未出生的婴儿（虽然对于那些编辑是体细胞的还是对生殖线的措辞依旧含糊不清）。

同样，皮尤研究中心（Pew Research Center）在同年进行的一项民意调查中显示，只有31%的受访美国人认为治疗方案会改变婴儿基因构成、并可能传给后代是不足为虑的。近一半的成年人（49%）表示，如果基因编辑的效果“改变了整个群体的基因构成”，他们就不会那么容易接受。基因编辑技术的临床使用有义务考虑对将进行遗传改变的个人和后代的影响，一旦纳入人口，基因改变将很难消除。

因此美国政府呼吁公众参与基因编辑的决策过程，由美国国家科学院（NAS）和美国国家医学院（NAM）发布的关于人类基因组编辑的科学、伦理和治理的共识报告主张将公众参与纳入人类基因组编辑的决策过程。[9]

（三）法律争议

基因工程的对象为胚胎，在胚胎无法表达自我意识之前，父母或者医疗机构是否有权替胚胎决定基因编辑工程的实施是目前所主要讨论的法律问题。而这一现象又牵连到另一法律问题——胚胎的主体地位。

从法律层面来说，部分学者将胎儿界定为尚未脱离母体的未来的民事主体。从这一概念来看，胎儿的民事主体地位并未受到法律的承认。但这一观念无法回应一个亟待解决的现实需求，即胎儿利益受到侵犯的情况下，如何保护胎儿利益。对于此，《中华人民共和国民法总则》在涉及胎儿利益保护方面，如继承、接受赠与等方面，赋予了胎儿以民事权利能力。根据学界相关观点，对于胎儿利益的保护还呈现出扩张的趋势。

而在国际上，各国的判例以及国际公约实质上已经将胎儿的生存利益确定为不容侵犯的法益。1970年“基勒诉美国加州高等法院案”中，[10] 怀孕34周的基勒女士因受到前夫针对胎儿的恶意殴打而流产，经当时的医学评估，该婴儿如果在未经暴力伤害，28周时提前出生并在“适当的医疗条件下”，是具有75%~96%成活率的。但由于34周早产儿成活的高度盖然性并不被当时加州刑法认同，一个“未出生但可得的胎儿”不得被称为刑法所指的“人”，法院最终判定行为人针对胎儿的杀人行为属于法律未规定的

---

〔9〕 Eidi Ledford, “Where in the World Could the First CRISPR Baby Beborn”, *Nature*, 526 (7573), pp. 310-311.

〔10〕 Keeller v. Superiors Court Co, 143 F. 2c 512 (Cal. App. 1970).

故意杀人行为。但经此案，加州立即修改了刑法相关条款："谋杀，即恶意预谋下的杀害他人或胎儿的行为。"[11]《公民权利和政治权利国际公约》作出了相似的规定，即不允许对孕妇实施死刑，这一规定实际上是在保护胎儿的合法利益。对于此，我国的刑法实质上也是与这一规定保持一致的。[12]

从上述规定以及案例中可知，胎儿作为法律所保护的对象，其虽然不同于已经脱离母体而独立存在的婴儿，但也不该简单地将胎儿的法益依附于母体而在法律上予以保护。作为生命的一种特殊形态，胎儿具有不能够忽视的人权。

总的来说，基因编辑对胎儿利益的侵犯主要表现在两个方面：一是胎儿的身体健康权，二是胎儿的人格权。首先，由于基因编辑技术存在如"镶嵌效应""脱靶效应"等现阶段难以解决的风险，因此，基因治疗完全有可能在胎儿还未出生前就对胎儿的身体造成不可逆的损害。其次，自主决定权作为人格权的一种，由于胎儿还未出生，因而并不具有人格。虽然《中华人民共和国民法总则》规定胎儿在特定领域享有某些民事权利，但却并未提及胎儿是否享有人格权。但从国外的判例来看，实际上已经承认了胎儿享有人格权。在 Strunk v. Strunk 案中，法院强调父母可以自由地决定是否让自己成为"殉道者"，但这并不意味着父母有权利让他们的孩子在未达到充分、合法的自主决定的年龄之前成为"殉道者"。[13] 由此可见，在胎儿利益逐渐受到重视的今天，父母能否为了治疗遗传性疾病或者让孩子拥有更优质的基因而决定对胚胎进行基因编辑，这一问题值得我们谨慎思考，而不是理所当然地肯定父母享有决定权，否则就具有违反法律原则和道德的可能。

三、各国现行的基因编辑技术的立法例

人类生殖细胞基因修饰规定调查显示（人类胚胎细胞进行的可遗传基因修饰规定调查），在调查的 39 个国家中，有 25 个国家法律禁止（红棕色 BAN legislation），4 个国家明令禁止（红色 BAN guidelines），9 个国家不明

---

[11] California Penal Code 187 (a).

[12] 参见《中华人民共和国刑法》第 49 条。

[13] Strunk v. Strunk, 445 S. W. 2d 145, 150 (Ky. 1969).

确（深灰色 ambiguous），1 个国家限制性使用（浅灰色 restrictive），无颜色，即不在此次调查范围内。就世界上多数国家来看，对于基因编辑技术尤其是可遗传性的关于人类生殖细胞的基因编辑而言，大多数国家采取非常审慎态度。[14]

（一）多数国家严格限制的立法例

就国际上现有的立法体系而言，大部分国家对基因编辑技术依然采取十分保守的态度，如韩国、澳大利亚、加拿大、法国、德国以及荷兰，均通过立法对基因编辑技术予以限制或者禁止，同时伴随着严重的监禁刑期以及刑事罚款。而从这一部分国家针对基因编辑技术的规制内容来看，主要禁止以生殖为目的对胚胎和生殖细胞进行基因组编辑，但是否包括禁止不以生殖为目的实验研究在各国的立法当中并未明确规定，也并未对临床应用和研究应用予以明确区分。

例如韩国的《生命伦理法》对人类胚胎研究持禁止态度，韩国科研人员几乎不能进行关于生殖基因的任何编辑，加拿大与其类似。二战时纳粹进行的人体试验带来的灾难警示给德国留下了不可磨灭的一笔，致使德国在人类胚胎研究方面一直坚持严格限制的立场，并以刑事责任威慑的态度应对生殖系统干预。[15] 以色列由于宗教信仰的原因，其严格禁止生殖系基因编辑的修正并通过立法明确禁止“使用经过永久性的基因编辑的生殖细胞来创造一个人的生命”[16]。在比利时，禁止进行“优生性质的研究或治疗，即着重于选择或扩大人类物种的非病理性遗传特征”[17]。而法国甚至为基因编辑行为创制出一种新的刑事罪名——危害人类物种罪，禁止“进行旨在组织人员甄选的优生实践”[18]。采取同样做法的还有墨西哥，墨西

[14] 数据来源 Motoko Araki，Tetsuya Ishii，“International Regulatory Landscape and Integration of Corrective Genome Editing into in Vitro Fertilization”，*Reproductive Biology and Endocrinology*，12（2014），p. 108.

[15] 田野、刘霞：《基因编辑的良法善治：在谦抑与开放之间》，载《深圳大学学报（人文社会科学版）》2018年第4期。

[16] Israel Prohibition of Genetic Intervention Law，Human Cloning and Genetic Manipulation of Reproductive Cells. NUM5759/1999.

[17] Belgium，*Supplementary Materials for Editing Policy to Fit the Genome*，Science Press，2016，pp. 351，337.

[18] France，Bioethics Law，Loi No. 2004-800 du 6 août 2004 relative à la bioéthique，2009.

哥通过立法明确规定如果人类基因操纵的目的不是“消除或减少严重疾病或缺陷”，则应予以禁止。[19]

从上述立法体系可见，大部分国家基于医学伦理的考量，虽然允许基因编辑技术的发展，但并不允许以生殖为目的的胚胎编辑工程。然而，大多数国家却并未通过立法的方式明确何谓以生殖为目的的临床应用，造成了法律概念在基本定义上的模糊。

（二）美、日的谨慎开放式立法例

在对基因编辑相关的生物科学技术方面的支持上，美国的财产投入一向是比较谨慎的，但从整体的发展趋势来说，美国政府对于基因编辑这一生物科学还是持支持的态度的。如1994年，美国政府通过签署人类胚胎研究禁令，不允许将财政收入用于公共部门的胚胎研究。1998年，美国国家卫生研究所出台了关于人类多能干细胞研究伦理规则，逐渐放开了政府对相关研究的支持。随着基因编辑技术的出现，美国众议院通过2016年的财政开支法案，明确禁止了财政对基因编辑相关项目进行评估和支持。虽然如此，但美国政府并未完全禁止和基因编辑有关的研究项目。在一定条件下，经州政府批准、赞助或者私人赞助的生殖系基因编辑项目，可以获得美国政府的财政支持。

就日本当前的法律规制来说，日本生命伦理专门调查委员会在2016年4月发布了一则声明，其中明确表示日本虽然允许相关机构进行有关编辑人类受精卵的实验，但是禁止临床应用。

实际上，美、日两国的态度以及处理方式代表当前绝大多数国家的观点，即不禁止与基因编辑相关的研究但禁止临床应用。2015年12月在美国举办的人类基因编辑国际峰会就基因编辑技术的发展、应用、原则达成了共识。与会的专家共同声明，基因编辑技术可在法律法规、伦理准则的约束下，有限地展开相关项目的研究。但是，囿于基因编辑的安全性和有效性等问题尚未解决，对人类胚胎和生殖细胞进行编辑的行为是不被允许的。

（三）英、中的积极开放式立法例

对于基因编辑和治疗，英国大体上持较为开放的态度。2015年9月2

---

〔19〕 Penal Code of the Federal District of Mexico Mexico DF, 2002.

日，包括威康信托基金会、医学研究委员会等在内的5个英国研究组织发表声明，称支持继续使用CRISPR/Cas9进行研究，当道德和法律允许时，也可用于人类胚胎[20]。不宁唯是，从英国当前的立法来看，也能够体现出英国对待基因编辑技术的开放式态度。英国《人类受精法》规定，“改变任何细胞的遗传结构，使其成为胚胎的一部分”除非获得许可，否则是被禁止的。[21] 而2015年2月3日，英国下议院以382票赞成、128票反对通过了线粒体DNA替代疗法的法案[22]，该法案许可对卵子运用新技术以防止先天性心脏病、脑损伤等严重遗传疾病。该法案实质上允许“有条件地”对人类生殖细胞进行基因干预，为世界首次。

对于中国而言，早在2015年，《自然》（*Nature*）杂志的新闻网站曾报道，我国生物学家黄军就及其团队完成了被认为是首次在人类胚胎进行的基因修改实验。不过，黄军就进行的并非是临床试验，胚胎成功编辑后没有使之继续发育。而对于以生殖为目的的基因编辑，虽然在原卫生部所发布的《人类辅助生殖技术规范》中明确规定：禁止以生殖为目的对人类配子、合子和胚胎进行基因操作。但上述规范却并未规定若违反相应规定的法律后果，也并未规定相应的监管机构，这就使得这部规范性文件并无操作性，仅具有一定的指导性作用。这被一些学者认为是我国法律缺失的表现，此说法确有道理，但从深层次而言，不是中国政府不作为，而是在保持观望促使国内基因编辑技术“无压力”高速发展。2015年5月，国务院发布的《关于取消非行政许可审批事项的决定》中规定：“国家卫生和计划生育委员会今后将不再负责针对第三类技术临床应用的准入和审批，转为备案管理；第三类技术临床应用和管理的责任主体从行政部门转为医疗机构。”反映了政府对第三类医疗技术（即包括基因编辑和治疗）的鼓励态度，降低其时间成本促进其自主创新大力发展。2016年8月，国务院发布

---

〔20〕 王慧媛、范月蕾、褚鑫、于建荣：《CRISPR基因编辑技术发展态势分析》，载《生命科学》2018年第9期。

〔21〕 Derek Morgan, Robert G. Lee, *Human Fertilisation and Embryology Act* 1990, Blackstone Press Ltd., 1991, p. 155.

〔22〕 《英下议院通过线粒体替代基因技术一父两母宝宝将诞生》，载人民网：http://scitech.people.com.cn/n/2015/0205/c1007-26511557.html，最后访问时间：2015年2月5日。

的《“十三五”国家科技创新规划》中，许多章节与生物医药有关，包含基因编辑技术、基因治疗、精准医疗等多个领域。因此，实际上中国对于生殖细胞的基因编辑早有规定，自 2015 年起对于基因编辑的学术研讨也是十分频繁，政府不可能没有关注到国内逐渐兴起的 CRISPR/Cas9 技术，但是最终可能采取了一些学者类似“当西方科学界对编辑人类胚胎基因还在犹豫不决，被宗教伦理束缚之际，我国科研人员应抓住历史机遇，迎头超越，在激烈的国际竞争之中所取得的先机，甚至占领科技竞争制高点”的观点。

换个角度，从资金支持上来看，2014 年，国家自然科学基金共有 31 个获资助项目与 CRISPR 技术相关，总获批金额 1300 万元左右；2015 年，与 CRISPR 技术相关资助项目升至 57 项，获批总金额超过 3100 万元〔23〕。从上述数据中可见国家对基因编辑技术的支持，实际上，这是近十几年来中国政府对于新技术发展的惯常做法：即在发展初期很少进行干预，一定程度上任其发展，之后再进行规制。如我国的人工智能，中国目前也是参与了世界举行的各种会议，国内也多次召开相关学术和实务讨论，但法律上同样一直没有明确规定，只是通过政府规划、资金支持大力促进人工智能技术的发展。这样做当然是有不少好处的，其一，可以使新技术有足够的空间自由发展；其二，在新技术孕育时期就进行规制的话是十分困难的，过于宽泛难以监管，过于严苛则可能直接将新技术掐死在摇篮。因此相对而言，技术发展到成熟或者出现差错，再一箩筐迅速进行具体规制则容易得多。但是这种放任的作法可能并不适合于当下，无论是基因编辑还是人工智能，如果在前期不进行必要的监督和规制，一旦出现失误后果也许将是严重且不可逆的，这些技术的发展不像以前的技术那么“温柔”，涉及的领域关乎人类的方方面面，将对人类的生活甚至是生存造成极大的改变。此外，任由新技术“野蛮生长”，一定程度上会破坏行业研究的正常秩序，出现新产品的泛滥，同时也会破坏我国的科学形象。

综上，在这样的背景下，首先，反对基因编辑，提议对其绝对禁止的看法是不切合中国实际的，中国政府对基因编辑实质上持促进开放的态度。

---

〔23〕 数据来源于国家自然科学基金委员会：http：//www.nsfc.gov.cn/publish/portal0/tab505/，最后访问时间：2019 年 4 月。

其次，即使采取支持的态度，前瞻性地筹备制定基因编辑的技术规则、伦理审查和监管措施也是一项紧迫而不可或缺的任务，要杜绝“规则难制定所以不制定”的懒政思想。

四、建构我国基因编辑技术法律体系的建议

（一）基因编辑技术的限制性措施

1. 参考胚胎植入前遗传学诊断（PGD）的政策模型

目前，国际上一部分专业的医学组织、投资机构以及相关的监管机构开展了一系列的讨论活动，旨在对基因编辑技术达成“谨慎推进”的共识。基因编辑技术的优点以及风险被越来越多的证据以及事实所证明，发展基因编辑技术也是社会历史发展的必然趋势，但如前文所述，应当保持警惕的态度。就国际上发展、应用相关的新型科学技术的方法而言，对于新技术的规制主要是通过自我监管、资金限制以及设置可接受的“阈值”。

胚胎植入前遗传学诊断首次被提出应用到临床医疗中时，与基因编辑技术同样受到了质疑与排斥。而现在许多国家已经允许PGD进入到医疗体系当中，不过需要遵守严格的限制。〔24〕是否能够使用PGD对患者进行检测通常取决于病情的严重性，即这种情况会否是“不可治疗”，并且具有将疾病传染给后代的重大风险。如新加坡生物伦理咨询委员会在2015年重申，“在有科学证据证明预防或消除严重遗传疾病的技术已被证明有效之前，应禁止基因修饰的临床做法”〔25〕。

实际上，参考PGD设置阈值的政策模型已经被国外的一些医疗公司以及国际组织所采用。前两年，医疗实践领域便提出了一种自我调节的方法，间接地将这种PGD模型应用于基因组编辑。这种自我调节的方式不需要任何特定的干预措施或特定的政策模式，而是通过引进已知的疾病病变过程以及生物机理，从而预测疾病的变化，进而在合理的范围内进行基因治

〔24〕 B. M. Knoppers, R. M. Isasi, “Regulatory Approaches to Reproductive Genetic Testing.”, *Hum Reprod*, 19 (12), pp. 2695-2701.

〔25〕 Bioethics Advisory Committee of Singapore, Ethics Guidelines for Human Biomedical Research, Singapore, 2015.

疗。[26] 关于"阈值"的设定，人类基因组编辑国际峰会参考了一系列在临床研究和治疗中应用于生殖基因编辑的提议并发表了一份声明，结论为，除非在声明中提到的相关安全性和有效性的问题得到解决，否则任何人在临床上使用基因编辑技术都是不负责任的。[27]

2. 设立独立的监管机构

目前学界对基因编辑技术之所以表现出如此排斥的态度，原因不在基因编辑技术本身，而在于基因编辑技术的不当使用，相反，国际对基因编辑技术的发展意义还是予以了高度的肯定，只是担心在具体的法律进行规制的情况之下，这一新技术会带来某些不可测、不可控的风险。因此，在国家层面上设立基因编辑技术伦理的独立审查机构是可行且必要的，例如英国就建立了由独立的审查机构对相关的项目进行审查、批准的政策模型。[28] 同样地，我国也可以通过设立基因编辑技术伦理的独立审查机构，对相关的基因编辑技术进行伦理审查和许可，而具体的审查方式则可参考上文所述的"阈值"。

但由于基因编辑技术在目前仍然属于前沿的科学技术，具有较高的专业性，地方的医疗机构又容易受到外部因素的影响。因此，设立独立的审查机构时可采取"二级制"，即通过地方与中央的双重审查，从而保证审查的严谨性。我国当前的医学伦理委员会常设于医疗机构，由医疗机构自行发起、组建和任命委员，多数委员来自于医疗机构，难以保证医学伦理委员会的独立性、防止利益冲突。但确保医学伦理的独立性、公正性和透明性恰恰是医学伦理委员会行使其监管职责、严守医学研究阵地、切实管控以及保护受试人员的重中之重。由此，加快我国医学伦理委员会的建设，健全医学伦理委员会的评估机制，提高委员会工作人员对于基因编辑等先进的生物医学技术的认知度显得尤为重要。

---

〔26〕 The Hinxton Group, Statement on Genome Editing Technologies and Human Germline Modification, 2015.

〔27〕 Organizing Committee for the International Summit on Human Gene Editing, International Summit Statement, Washington DC, 2015.

〔28〕 Eidi Ledford, "Where in the World Could the First CRISPR Baby Beborn", *Nature*, 526 (7573), pp. 310-311.

近期，美国国家科学院（NAS）和美国国家医学院（NAM）发布了一份关于人类基因组编辑的科学、伦理和治理的共识报告，其中主张将公众参与纳入人类基因组编辑的决策过程。[29] 因此，决策的程序可参考美国的做法，即允许公众参与至基因编辑技术的伦理审查的过程当中。

3. 确保公众对基因编辑的知情权和参与权

科研机构要遵守信息公开的原则，公开普及基因编辑技术知识和相关伦理知识，使公众参与技术监督。同时，公众作为该项技术的承受者，有权对技术信息享有充分的知情权，这样反而有利于公众真正认知新技术的优点，衡量其不足，促进技术的良性发展。一味地对公众隐瞒，然后某个时间突然公布技术进展无疑类似于精心设计的商业炒作，这会让毫无准备的公众对医学的新技术产生恐慌和抵制。因此，医学界应当将行业共识、未来技术发展导向和每一次进展等告知公众，使公众对新技术保持乐观态度并参与对问题的积极讨论。

（二）基因编辑技术的专利保护性措施

1. 重视基因编辑的专利管理和未来布局

如前所述，CRISPR/Cas9 对于现有的基因编辑技术而言存在很多方面的优势，成为目前医学、生物遗传学界的热门，分别在 2012 年、2013 年和 2015 年被 *Science* 评为“世界十大科学突破”。研究机构 Research and Markets 为此进行了一次关于基因编辑商业化发展的市场调研，并在报告中预测，2015—2022 年，北美将独占鳌头，成为基因编辑最大的市场；其次是亚洲，因为其具有政策禁止少、资金支持多、伦理阻碍小等优势；欧洲由于不断跟进的法案限制，将成为第三大市场。[30]

在国家层面上，CRISPR/Cas9 技术的研究和应用已经在大国间开始了一场激烈的竞争，谁能率先掌握 CRISPR/Cas9 技术，解决其存在的种种障碍，谁就能引领基因编辑的未来发展，成为新一代科技浪潮的领军国家。目前，美国和中国对该技术的科研投入力度最大，美国国立卫生研究院

---

〔29〕 National Academy of Sciences and National Academy of Medicine, Human Genome Editing, Science, Ethics, and Governance, Washington DC, 2017.

〔30〕 Research and Markets, Genome Editing Global Market-Forecast to 2022, Report, 2016, p. 1.

（NIH）资助项目中关于 CRISPR 技术的 2011 财年只有 7 个，而 2016 财年飞速增长到 1222 个，资助金额也从 2011 财年的 510 万美元增加到 2016 财年的 6.03 亿美元。[31] 中国国家自然基金资助的相关项目数量和金额如前面所述也在逐年增长。因此，虽然基因编辑近几年来才进入公众视野，但十几年来其都在“默默”地快速发展。以 CRISPR/Cas9 技术有关学术论文为例，通过 Web of Science 检索 2008 年到 2017 年的 CRISPR 基因编辑技术相关论文[32]，发现这 10 年时间里相关论文达 8142 篇，平均年增率达 73.31%，这当中中国占总数的 17%。在专利数量方面，我国自 2014 年来与基因编辑有关的专利逐年大幅增加，2017 年中国基因编辑专利数量占全世界的 30%[33]（见图 1）。这充分说明了我国在基因编辑领域斩获了诸多成就。

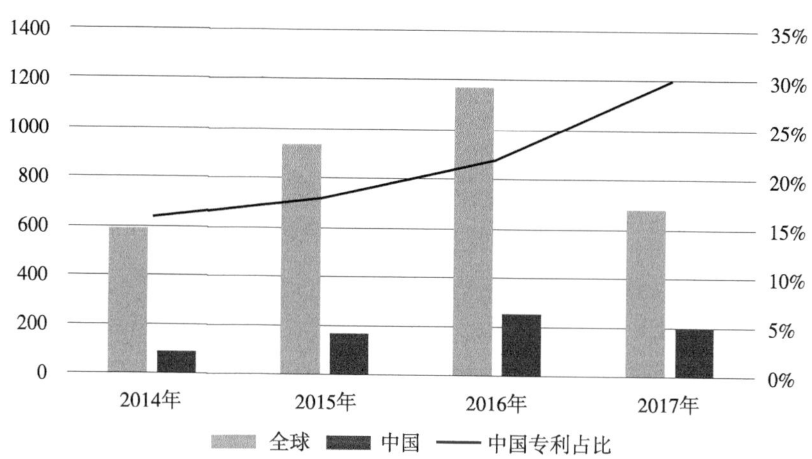

图 1　全球和中国 2014—2017 年专利数量及中国所占比重

但相较于美国、英国等发达国家而言，我国所掌握的核心专利技术数

〔31〕 Marcy E. Gallo, John F. Sargent Jr., Amanda K. Sarata, Tadlock Cowan, Advanced Gene Editing: CRISPR-Cas9, Report, 2017, p. 5.

〔32〕 Y. Ishino, H. Shinagawa, K. Makino, M. Amemura, A. Nakata, “Nucleotide Sequence of the Iap Gene, Responsible for Alkaline Phosphatase Isozyme Conversion in Escherichia Coli and Identification of the Gene Product”, *Journal of Bacteriology*, 169 (1987), pp. 5429-5433.

〔33〕 Research and Markets, Genome Editing Global Market-Forecast to 2022, Report, 2016, p. 1.

量仍然较少，以我们查阅的大量关于CRISPR/Cas9技术的论文为例，其中关于技术基础原理、操作手段等的引用绝大部分都来自外国文献，这说明我国虽然在技术应用上取得了很大成就，但核心的基础技术原理上仍显得十分薄弱。另外，我国专利保护力度不足、专利运作体系不完善也制约了CRISPR/Cas9技术的发展。下面参考美国的做法，对我国未来CRISPR/Cas专利的发展提出建议。

美国十分注重专利的海外布局。就CRISPR/Cas技术而言，我国已申请的专利之中相当一部分来自于美国等发达国家。以美国CRISPR/Cas系统的三大研究团队之一的张峰团队为例，其采用PCT途径在美国、中国、欧洲各国、加拿大、澳大利亚、韩国、日本等全球知识产权大国、强国进行布局，申请了与基因编辑相关的众多专利，在CRISPR/Cas技术保护和商业应用中占据了先机。反观我国的专利布局，以专利进入国家的角度，截至2016年，我国申请人仅提出了3项PCT申请且目标国家仅为中国〔34〕，这表明当前我国科研人员和企业大多只关注在中国市场申请专利，研发和应用仅限于中国，对国外市场重视不够。在全球专利申请中，目标国家为美国的占比最大，其次为中国、欧洲、加拿大、澳大利亚、韩国和日本，说明国外的申请人比较重视美国、中国、欧洲市场，对上述地区专利布局较多〔35〕(见图2)。这一数据反映了当前CRISPR/Cas技术的未来市场分布和专利地区的布局情况，我国也要向美国等发达国家学习，鼓励和促进科研人员和企业立足现实需求，调整研究方向和商业规划，留意海外市场动态变化，取得的技术进展或商业应用要及时以PCT等途径向全球知识产权大国、强国申请专利，作好专利的全球布局。

---

〔34〕 数据来源于国家知识产权局：http：//www.sipo.gov.cn/zscqgz/1101287.htm，最后访问时间：2019年4月。

〔35〕 数据来源于刘春杰、陈彦闯、王璟：《第三代基因编辑系统专利状况浅析》，载《中国发明与专利》2016年第11期。

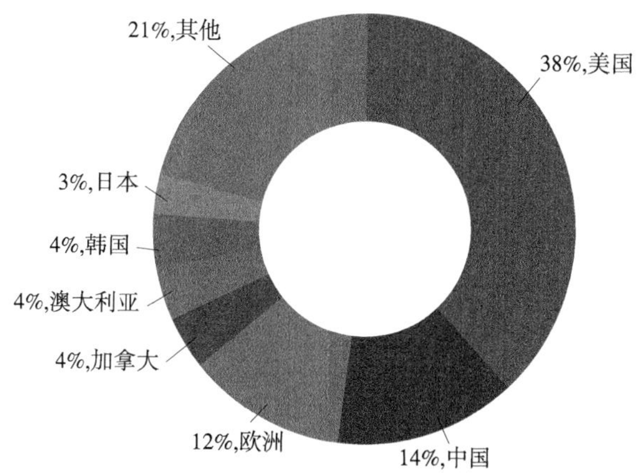

图2 全球专利申请目标国家所占比重（截至2016年）

2. 注重基因编辑技术的原理创新和开发应用并重

当前基因编辑技术的应用范围广泛，基本涉及生物系统的各个行业。[36]在美国，不同的研究所、高校或企业有着不同侧重的研究或应用的领域，在食品、医疗、工业等领域都有相应的公司或者研究所负责开发，与此同时，美国又十分注重CRISPR/Cas9原理和工具的完善与优化，因为这样才能安全地应用于产业或进行临床试验。我国一方面涉及的领域相对狭隘，早期的基因编辑研究集中于农业上，近些年来才逐步关注医疗领域；另一方面我国主要侧重的是基因编辑技术的产业化应用，如南方科技大学学者贺建奎的基因编辑婴儿事件，其最大的“突破”在于以生殖为目的进行了直接的临床试验，并使胚胎发育成人，但对于技术本身的创新是十分有限的。我国在工具本身以及应用拓展方面的专利较少，不仅体现了中国部分科研人员急于求成、不想投入大量成本进一步发展基因编辑技术，同时与我国的政策导向也有一定的关系。长此以往，在未来的商业化过程中，我国可能要依赖国外专利权人的专利进行产业化应用，从而产生相关技术许可与转让费用，核心技术的缺失同样又会让中国受制于掌握核心基因编辑

〔36〕 B. G. Paul, van Erp, Gary Bloomer, Royce Wilkinson, Blake Wiedenheft, “The History and Market Impact of CRISPR RNA-guided Nucleases”, *Current Opinion in Virology*, 12 (2015), pp. 85-90.

技术的国家。因此，为了中国基因编辑的真正占领高地有所突破，国家应从科技布局和政策引导上支持基因编辑研究和应用开发，尤其是技术原理的创新和编辑系统的优化，这将有助于我国逐步建立拥有自主知识产权的基因编辑技术体系，最终提升基因编辑的下游应用。另外，由于我国目前CRISPR/Cas9技术还处于起步和发展阶段，在临床实验上十分“大胆”，不像西方国家被宗教等价值观所桎梏。因此我国科研人员或企业可以考虑与国外先进基因编辑技术的团队进行合作，以专利转让、合作开发等方式引进更为成熟、市场前景广阔的CRISPR/Cas9系统，进行科研开发和商业应用。这样不仅可以降低科研风险提高经济效益，还可以在引进技术的基础上自行进行二次创新，逐步掌握核心技术。

3. 加强校企合作，形成合力促进研究

纵观全球在CRISPR/Cas9基因编辑技术领域的主要专利权人，这些专利权人间大多合作紧密。以美国为例，其国内形成了两个主要的合作团体：第一个是以哈佛大学、麻省理工学院、Broad研究所为首的合作团体，其合作者包括麻省总医院、洛克菲勒大学、Editas Medicine等；第二个是加州大学为首的合作团体，其合作者包括维也纳大学、斯坦福大学等。[37] 而我国的主要专利权人大多在各自领域独立研究，高校和科研机构、企业间联动不足，各自为阵且没有形成合力，这在一定程度上会制约我国基因编辑技术的进一步发展。因此，我国政府不能仅在背后默默支持，可以借鉴美国NIH的做法，鼓励和促进相似研究领域的单位进行合作，同时通过科研会议、座谈等形式加强各单位间的沟通，使得各单位间逐步形成相互作用，互相支撑，资源合作共享，一方面有利于中国基因编辑的整体发展；另一方面单独研发的隐秘性更强，而合作研发比单独研发更容易进行监督，有利于技术的良性进步。

4. 适当放宽专利法中新颖性的判断标准

授予专利的核心在于新颖性的判断。新颖性，是指申请专利的客体与现有技术相比具有新的特征。对于科研项目是否具有新颖性，就要考虑在

〔37〕 范月蕾、王慧媛、王恒哲、于建荣：《国内外CRISPR/Cas9基因编辑专利技术发展分析》，载《生命科学》2018年第9期。

出版物上公开发表的行为对新颖性的影响。根据《美国专利法》第102条："在要求保护的发明有效申请日之前1年以内的公开，不构成现有技术，仍可被授予专利。"这使得科研人员发表论文的同时又有机会申请专利。不得不说，美国专利制度中对新颖性的判断标准较其他国家而言非常宽松，保护专利的同时又鼓励申请人对技术进行公开，以促进技术被同行了解和检验，促进其进一步完善和创新。这为美国的生物技术营造了巨大的发展空间，一定程度上帮助美国在技术领域始终处于世界领先地位。而对于我国而言，《中华人民共和国专利法》第22条中有这样的规定："新颖性，是指该发明或者实用新型不属于现有技术。""本法所称现有技术，是指申请日以前在国内外为公众所知的技术。"据此，将新技术发表于论文的行为在我国属于"为公众所知"，将违背我国现行专利法的规定而丧失新颖性，除非其后在公开技术的基础上进一步创新才可能满足现行专利法的授予条件获得专利保护。这显然对科研人员而言较为苛刻，在当前我国科研评价体制的背景下，高校或研究机构的人员可能更倾向于将研究成果公开发表以完成科研任务，这可能使得本来达到新颖性标准的技术被排除出专利保护范围，造成了新技术的流失。如果我国想在CRISPR/Cas9技术及产业化发展的领域取得先机，可能需要修改现行专利法鼓励科研人员进行专利申请。

（三）与基因编辑技术相关联的其他配套性措施

一方面由于贺建奎的艾滋病基因编辑婴儿已是既成事实，另一方面由于目前学界对基因编辑持有不同态度，因此，目前在中国讨论基因编辑的法律规制问题，就不全然是理论上的，而是必须面对的现实，即未来可能出现的成长中的基因编辑婴儿这种具体个案而切实生发的一系列实际的法律困扰，诸如基因编辑并生育后，孩子如果有缺陷，是否要进行赔偿，由谁赔偿，如何赔偿等。这也不是实验者与受试者的一纸契约就能完全解决的问题。在我国这样对基因编辑技术持积极开放式态度的政策下，国家层面是否必须建立配套的保险制度，都是需进一步考量和细化的。

具体而言，由于对基因序列的认知仍不充分，在成功修饰胚胎后并不能保证发育后的婴儿不会出现缺陷，但常常各方都没有可归责性，一方面，无论如何，胚胎是否进行修饰的决定权都在父母，但父母基于治疗或改善下一代的考量决定进行基因编辑，本身也不具有过错，另一方面，缺陷的产生可能并不是医疗机构的诊疗行为导致。因此，对于生殖细胞基因编辑损害责任适用何种归责原则的问题值得深入探讨。有学者认为，基因医学技术在给无法控制的未知领域的探索带来前所未有之机遇的同时，也产生前所未有的风险，其危险性远超过日常生活中的风险，采取无过错责任有助于平衡新技术投入与一般主体合理期待的利益。〔38〕但这对医疗科研机构来说难免显得苛刻，胚胎修饰后发育的婴儿出现缺陷，可能难以证实是否由于基因编辑导致，而且先天性的缺陷常常无法彻底治愈，治疗费用巨大，如果让医疗机构承担无过错责任可能会严重打击医疗领域进行基因编辑技术研发的积极性，当前《中华人民共和国侵权责任法》将医疗侵权改为过错责任正是基于此考量。如果建立“基因编辑医疗保险”则有利于分散责任风险，但保险公司不可能承担全部费用，否则将难有保险公司愿意开设基因编辑的相关险种，设定保险适用范围和赔偿限额是其惯用做法。综上可以看出，个体承担风险的能力有限，因此，风险的分散可能才是解决基因编辑损害责任承担的一种尝试：未来倘若法律允许父母决定对胚胎或生殖细胞进行基因编辑，父母要与医疗机构签订补偿协议，如果产生不可归责的后果，医疗机构或技术提供机构要承担部分责任予以补偿，以促使其不断完善编辑技术，降低风险。另外还要强制父母购买“基因编辑医疗保险”，保险公司提供不同额度的险种供投保人选择，之后孩子出生一旦有缺陷，要先经过保险公司委托的医疗机构进行检查，这也可以缓解接受手术方能力有限难以证明医疗机构存在过错的举证压力，如果是由于基因编辑失误造成的损害，则由当初进行基因编辑的医疗机构承担，如果基因编辑手术没有可归责的问题，造成的损害一部分由保险公司承担。余下如果仍有不足，则由选择基因编辑的父母自己承担，其在知情、自愿的情况下做出选择，对未来可能产生的风险当然也要承担部分责任。

五、结语

我们不能幻想一个新技术能解决所有问题，也不能恐惧它会摧毁所有

〔38〕［德］布吕格迈耶尔、朱岩：《中国侵权责任法学者建议稿及其立法理由》，北京大学出版社2009年版，第44页。

城墙。我们在进行伦理审查的同时也要注重法律规制，伦理是人类的第一要义，它维持了社会的继续；而法律是行为的底线，它防止了社会的混乱和无序。我们常说，科学无国界，但必须承认，科学家有国界。CRISPR/Cas9 技术的兴起使得其伦理和法律问题被推至风口浪尖，同时我们也应注意到，一些国家在禁止或限制的同时，又在暗自快速发展，以求在未来基因治疗领域掌握话语权。如何在限制和发展当中寻求一个平衡，成为目前各国亟待解决的难题。在人类发展的历史进程中，一代又一代的人，见证了医学的突飞猛进，亲历着人工智能的飞速发展，这些事物在探索起步阶段和产生初期也饱受质疑，但也在质疑中发展，在试错中完善，逐渐达到了当下的进步。同样，对于基因编辑，谨慎对待是我们珍惜独特的人性并坚守人之为人的界限，而不去禁绝则是尊重人类一贯好奇和勇于探索未知的本能[39]。生物技术的发展使人类在几百万年的进化史中第一次获得改变自己的能力，在匆忙表达赞成或者反对意见之前，思考如何去恰当编辑我们的未来也许更加重要。

---

〔39〕《如何“编辑”人类的未来》，载搜狐网：https：//www.baidu.com/link? url=YvnWK8gY_4Coo7I1vvBH7bGIu5bKDmOYtm1imV3U3XUIZ6djYP8eXqFc8M552y22Q6OGaYgHkQ4lBD4Dizp2KK&wd=&eqid=f1ba8840000157b2000000055e58d418，发布日期：2017 年 3 月 23 日。

第二编　研究会课题成果专栏

司法人工智能可做价值判断吗？

李海峰*

一、概念及问题

近年来法学界掀起了一阵人工智能研究热潮，关于人工智能司法应用的讨论也乘风直上。“未来已来”的2019年，阿里智能发布了“突破性”成果，创制了“AI法官”，北京互联网法院推出了“AI虚拟法官”。司法领域的人工智能大发展时代似乎已经来临。〔1〕从当下人工智能发展的现状和趋势来看，直言“AI法官”取代自然人法官为时尚早，甚有杞人忧天之嫌，但做些理论探讨也颇具价值。

（一）司法人工智能相关概念之辨

研究司法人工智能相关问题，须将其放置在人工智能整体发展框架之内观察，换言之，人工智能的基本含义、结构、功能和问题严格意义上来说并不是法学学科研究的概念和范畴，但对这些基本问题的讨论是深入研究司法人工智能实践运作之基础。目前学界关于人工智能（Artificial Intelli-

---

* 李海峰，男，江苏南通人，南京师范大学法学院博士研究生。研究方向：司法学、法学教育理论。

〔1〕司法领域的大发展集中表现为一系列的决策文件的出台和各地近年来不断推出的所谓“人工智能+法律”系统实践。

gence，简称 AI）的准确概念尚存多种释义。[2] 尽管诸多定义莫衷一是，但仍能从中寻找共性，那就是所有的概念定义都围绕着两个核心内容：一是模仿人类思维和行为，具备人类智识；二是以互联网和大数据为技术基础，以严密算法为技术核心。在笔者看来，对司法人工智能的讨论取信息技术界关于人工智能定义最大公约数之做法是比较明智的，故而，本文认为人工智能是指能够模仿人类思维和意识、具备人类智识的技术。

所谓司法人工智能，就是指运用人工智能的相关理论和实践运行司法程序并得出司法结果的技术。具体讨论司法人工智能前有一些问题须阐释清楚，那就是要对司法人工智能及其相关概念进行辨别。在人工智能研究热潮下，出现了令人眼花缭乱的诸多新概念，譬如“司法人工智能”“智慧司法”“大数据司法”“互联网法院”，等等。不对这些概念做简要区分，对司法人工智能的讨论就容易变成一种泛泛而谈。笔者认为，按照智能化的程度，可将技术在司法活动中的使用分为两类：一类是机械应用类。指技术在司法活动中的应用仅是一种提高效率的工具，譬如用电脑打字记录代替原有的人工书面记录。另一类是智能应用类。又可分为半智能司法应用和全智能司法应用，半智能司法应用指将具备弱智能的设备引入司法活动，以加快资料查找速度、辅助全面获取信息、畅通信息交流、促进司法公正等，譬如类案审判推送系统；全智能司法应用指能够模仿人类的思维和意识、具备人类智识的技术在司法活动中的使用，譬如“AI 法官”。严格意义上讲，只有第二类中的全智能司法应用方能被称为司法人工智能，但目前学界普遍将半智能司法应用也归入其列，鉴于目前司法人工智能尚处于初级阶段，故而本文亦采取将半智能司法应用暂且归为司法人工智能的做法。

---

〔2〕 有学者认为，人工智能是“研究、开发用于模拟、延伸和扩展人的智能的理论、方法、技术及应用系统的一门新的技术科学”。参见程凡卿：《我国司法人工智能建设的问题与应对》，载《东方法学》2018 年第 3 期。有学者认为，人工智能是“通过构造智能的人工系统，研究应用计算机模拟人类智能、智能行为和规律的理论和技术。人工智能通过模仿人类思维、意识，使机器能够拥有人类的智能”。参见 Yaser S. Abu-Mostafa，Malik Magdon-Ismail and Hsuan-Tien Lin，*Learning Form Aata*：*A Short Course*，Chicago：AML-Book，2012，pp. 1-5. 还有学者认为，“人工智能的本质在于算法和数据处理，也就是说，通过机器学习，机器要对海量数据进行自动挖掘与预测，以形成统一的智能化算法或参考指引。”参见蔡自兴等：《人工智能及其应用》（第 5 版），清华大学出版社 2016 年版，第 125 页。

从概念界定的准确性上来讲，司法人工智能至少须具备两个核心要素：一是在整个司法程序中部分或者全部介入人工智能技术，二是介入的人工智能必须是能够模仿人类思维和行为的理论和技术。从这个意义上来讲，所谓的“大数据司法”“信息化司法”，都不在司法人工智能讨论的题域内。人工智能本质上是一种类人思维算法，他具备深入学习的能力，他的最终目标是能够形成一套由目的至结果的判断思维并借此作出最终的判断结果。当然，大数据和信息化是人工智能的基础这一点不可否认。而互联网法院与司法人工智能存在本质的区别，互联网法院类似于一种专门法院，〔3〕只是将原有的司法程序搬到了网络上，互联网法院借助于互联网平台进行司法活动，是一种法院深度信息化、便捷化的模式，〔4〕与人工智能司法是两个不同的事物。至于司法人工智能与“智慧司法”的关系，笔者认为是子母系统之关系，“智慧司法”是整个司法活动的信息化、便捷化和智能化，司法人工智能的运用是整体司法智慧化的子系统，当然也是最为核心和重要的部分。尽管司法人工智能指涉司法程序的整体智能化，包含了公检法整体办案程序的智能化。〔5〕但在“以审判为中心”的司法整体框架下，本文聚焦狭义的司法活动——审判活动展开讨论，质言之，本文对司法人工智能做狭义观察，仅论述法院的司法人工智能应用问题，即依靠人工智能展开司法程序得出司法结果的整体活动。

（二）共识、分歧与问题的指向

总体来讲，我国司法人工智能的探索起步较早，在20世纪五六十年代，法学界已有学者探求人工智能的司法应用问题，只不过针对的是较为浅层次的技术手段运用，与当下语境下的司法人工智能相距甚远。〔6〕近年来，

〔3〕参见于志刚、李怀胜：《杭州互联网法院的历史意义、司法责任与时代使命》，载《比较法研究》2018年第3期。

〔4〕参见洪冬英：《司法如何面向“互联网+”与人工智能等技术革新》，载《法学》2018年第11期。

〔5〕参见冯姣、胡铭：《智慧司法：实现司法公正的新路径及其局限》，载《浙江社会科学》2018年第6期。

〔6〕20世纪五六十年代，我国学者开始尝试研究运用电脑辅助量刑。参见钱大军：《司法人工智能的中国进程：功能替代与结构强化》，载《法学评论》2018年第5期。

国家一系列的政策大力推进了人工智能的发展，司法人工智能也在其中。〔7〕呼应决策层的部署，各地司法实务部门开展了如火如荼的司法人工智能建设，具体实践可谓五花八门，各有千秋，如上海市推出了“206工程”，北京市推出了“睿法官”智能研判系统，〔8〕等等。法学界关于人工智能的研究也渐入高潮。从现有的司法实践来看，围绕着司法人工智能，学界和实务界已经取得了诸多共识，主要包括：

一是司法人工智能可提高司法效率，促进司法公正。随着经济社会的发展，我国的诉讼类案件每年都呈递增趋势，现有的法官人数已不能满足实践需要，司法人工智能在一定程度上能够减轻法官审理案件的压力，提高司法办案效率，部分解决案多人少之困境。二是司法人工智能可减少甚至避免法官个人因素对案件审理的影响，促进同案同判，最大程度实现司法公正。司法人工智能的运行依靠的是一套严密的算法，其中不包含法官的价值判断和个人偏见，能够通过大数据处理海量类案，做到同案同判。三是承认目前司法实务界的具体探索仍停留在“弱智能化”状态。无论是“206工程”还是智能审判辅助系统或是其他被冠以“人工智能+司法”的技术成果，都是一种初级状态的人工智能系统。当然，目前这种局面很大程度上源于司法人工智能技术发展之局限。〔9〕同时，比较一致的意见认为，技术的障碍是暂时的，且其随着人工智能技术的强化会迎刃而解。

但亦存有分歧，主要集中于是否应当对司法人工智能设置一定的界限以及如何确定界限。理论界和实务界对司法人工智能的态度主要可概括为

---

〔7〕2016年7月，中共中央办公厅、国务院办公厅印发《国家信息化发展战略纲要》和《“十三五”国家信息化规划》，将建设“智慧法院”列入国家信息化发展战略。2017年4月，最高人民法院发布实施《关于加快建设智慧法院的意见》，同年7月，国务院发布《新一代人工智能发展规划》，将“智慧法庭”列入规划，规划中明确，要建设集审判、人员、数据应用、司法公开和动态监控于一体的智慧法庭数据平台，促进人工智能在证据收集、案例分析、法律文件阅读与分析中的应用，实现法院审判体系和审判能力智能化。明确2017年底总体建成、2020年深化完善人民法院信息化3.0版的智慧法院建设路线图。

〔8〕参见左卫民：《关于法律人工智能在中国运用前景的若干思考》，载《清华法学》2018年第2期。

〔9〕有学者具体提出了人工智能司法应用的技术障碍：图谱构建的技术障碍、情节提取的技术障碍、类案识别的技术障碍、模型训练的技术障碍、量刑预测的技术障碍、偏离度测算的技术障碍。参见王禄生：《司法大数据与人工智能开发的技术障碍》，载《中国法律评论》2018年第2期。

两种："限制论"和"激进论"。"限制论"认为，人工智能对司法活动的渗入必须十分谨慎，其可渗透到司法活动的各个领域，但均应有所保留和限制。必须警惕"机器万能论"观点，禁止出现绝对化、意图统一裁量性判断的强制性标准。[10]"限制论"最主要的担忧是出现"AI法官"，认为直接让人工智能作出裁判并不符合司法的基本伦理。[11]"激进论"者则相当乐观，认为必然会出现全能型"AI法官"，我们应当保有期待，不应对司法人工智能有所限制，不应将其定位为辅助工具，以免牺牲人工智能的判断、决策能力，导致司法人工智能建设停留在智能搜索、智能对比、智能识别等"弱人工智能"层面，无法成为能对司法工作进行综合性、整体性预判的"强人工智能"。[12]目前司法实践部门主流的做法倾向于"限制论"，即将人工智能的司法应用定位为审判辅助或者司法辅助系统，将辅助办案系统"有限智能化"，[13]这很大程度上是因为当下司法人工智能的技术尚不足以支撑打造全能型"AI法官"，但随着技术的飞速发展，先在理论上划定人工智能介入司法的程度和范围是十分必要的。

如何确定人工智能介入司法的具体范围？这涉及司法人工智能的基本理论、存在价值和实践路径等诸多方面的内容，在司法人工智能方兴未艾的情况下，学界对这些问题的讨论尚不够深入，远没有形成共识。[14]当然，问题本身非常复杂，既涉及司法系统的结构性调整，也涉及人工智能本身的技术使用。我们需要回到问题本身，无论是诘问司法人工智能可能带来的风险，还是对司法人工智能的最终定位（取代人类法官）表示担忧或者怀疑，都涉及一个根本性的问题，那就是人工智能是否能够在司法程序中做出准确的司法判断，因为司法的本质很大程度上来讲就是判断，如果司

---

〔10〕参见原新利、续圆圆：《人工智能对司法领域的"正负"双重功能》，载《广西社会科学》2018年第10期。

〔11〕参见王禄生：《司法大数据与人工智能开发的技术障碍》，载《中国法律评论》2018年第2期。类似的观点还可见于程凡卿：《我国司法人工智能建设的问题与应对》，载《东方法学》2018年第3期；黄京平：《刑事司法人工智能的负面清单》，载《探索与争鸣》2017年第10期。

〔12〕参见程凡卿：《我国司法人工智能建设的问题与应对》，载《东方法学》2018年第3期。

〔13〕黄京平：《刑事司法人工智能的负面清单》，载《探索与争鸣》2017年第10期。

〔14〕学界关于人工智能介入司法程序的界限和范围尽管不乏重要论述，但并没有形成较为一致的判断。

法人工智能可以作出准确的判断，其在技术上取代人类法官便能够成为可能，那么“限制论”与“激进论”两者间争论的焦点便只存在于司法伦理层面。但现在的问题是，司法人工智能到底能不能做出司法判断仍然存在疑问，这个问题需要得到妥善的回答。司法判断总体上来说包含实体判断和程序判断两个方面，而实体判断又包含了事实认定判断和法律适用判断，所以问题可以进一步转化为：司法人工智能可否做程序判断和实体判断。

司法人工智能依靠的是人工智能严密的算法技术，而算法具有可图示化、步骤化和程序化的特点。因而对于司法程序判断，应当并不存在很大的争议，一般认为司法人工智能可以处理程序性事项，目前各地普遍的做法也是让司法人工智能参与司法程序以提高司法效率促进司法公正。司法判断中的实体判断包含事实认定判断和法律适用判断。〔15〕事实认定判断是将客观事实通过证明事实转化为法律事实的过程，法律适用判断是将确定的法律事实涵射进法律规范得出确定性、权威性法律结果的过程，无论是事实认定判断还是法律适用判断，都包含了逻辑推演和价值判断。而逻辑推演最为主要的方式便是形式逻辑（司法三段论），这恰恰是人工智能所擅长的领域，因为算法本身就遵循着逻辑推演的基本规则，并且逻辑推演因为其形式化、规则化和程序化等特性，易被算法化，所以从这个层面来讲，逻辑推演不构成司法人工智能作出判断的障碍。确认了司法人工智能在做程序判断和逻辑推演时不存在技术性障碍，那么就只剩下价值判断了。实际上“限制论”和“激进论”争议的焦点是人工智能是否会像人那样思考，是否能够形成自己的“判断”，进而在司法程序中做出准确的司法判断，其中最为核心的就是司法人工智能可不可以做价值判断。因为价值判断问题归根到底属于司法判断权的范围，并且价值判断在司法审判中显得尤为重要。而价值判断问题又是一个主体性问题，在司法程序中，尽管受到概念法学的影响，很多学者并不认为价值判断问题是一个法学核心问题，但没有人能够否认在司法程序中，法官的思维方式和法律方法的使用、案件事实的判断和法律条文的解释和适用能够与价值判断彻底剥离。“价值问题虽然是一个困难的问题，但却是法律科学所不能回避的……我们不难发现最

〔15〕 参见唐丰鹤：《论司法判断的性质》，载《前沿》2013年第8期。

草率的或最反复无常的关系调整或行为安排，在其背后总有对各种相互冲突和互相重叠的利益进行评价的某种准则。”[16] 所以问题的核心指向是——司法人工智能可做价值判断吗?

司法的真正智慧在于能够进行价值判断，当然，这里的价值判断是司法程序中的价值判断，并且应当做一个更为精确的限定，即在疑难复杂案件中，涉及溢出具体法律规则的价值判断。司法人工智能的终极问题不是技术与司法结合的程度问题，而是技术能否取代人的问题，本质上是技术能否做价值判断的问题。无论是讨论司法人工智能的目标定位还是司法人工智能的边界，归根到底都是在讨论司法人工智能可否做价值判断的问题。司法人工智能只有可以处理价值判断问题时，才能够真正被称为“AI 法官”，也才会让人类感到真正的担忧。其实设问司法人工智能能可做价值判断吗? 本身就已包含了一个先在的条件，那就是司法审判包含价值判断。在这样一个设问之下，必然存在一个子问题：什么是司法活动中的价值判断?

二、司法活动中的价值判断

既然问题指向司法人工智能可否做价值判断上，则很有必要对司法活动中的价值判断问题进行较为详细的分析，主要目的在于明确司法价值判断的内涵，厘定价值判断在司法活动中的地位，阐释价值判断的具体类型和方法。如此方能为下文司法人工智能是否可做价值判断提供具体的讨论语境和框架。

（一）何为司法活动中的价值判断

所谓价值判断（value judgement），就是指基于主体的主观价值取向，对一定客体作出是否具有价值以及对价值等级进行排序的活动。司法中的价值判断则是指司法主体（主要是裁判者）对一定客体（事实或者规范）进行有无价值及价值高低排序并对其进行取舍的活动。[17] 当然，司法价值判断命题本身就已经内涵了一个前提性假设，即在疑难复杂案件中溢出法律

---

〔16〕［美］罗斯科·庞德:《通过法律的社会控制》，沈宗灵译，商务印书馆 1984 年版，第 55 页。

〔17〕参见李秀群:《司法中的价值衡量》，载《法律方法》2005 年第 00 期，第 434 页。

规则的价值判断，在普通案件中，法律规则的指引是明确且必须得以适用的，因而不需要讨论价值判断的问题，严格的形式逻辑涵射就能够得出明确的司法裁判结果。

在司法活动中，“价值”这个词是有多维含义的。司法活动中的价值必然首先是指制定法中蕴含的价值，制定法不是干瘪的条文，法律规范是一种制度化的价值，制定法律的过程是凝聚价值共识的过程，这是法官据以断案的前提和主要标准，因而司法是对立法凝聚价值共识的二阶价值判断。其次是指诉讼两造的价值诉求，司法活动是解决纠纷、救济受损权益、平抑社会矛盾和维护公平正义的活动，诉讼程序的推进当围绕诉讼两造的价值诉求进行，诉讼活动也就是判断诉讼两造的价值诉求并予以合法性评价和最终取舍的活动，本质上还是价值判断。再次是指普遍的社会价值共识，司法的社会功能决定了司法活动必然需要考虑社会的价值共识，在一定程度上还需要承担形成和维护社会良好价值共识的责任，故而司法需要根据不同的社会发展情状而判断当下社会的主流价值共识。最后是指法官个人的价值取向，司法活动是人参与的活动，尽管法官是法律世界的国王，除了法律就没有别的上司，但在审理案件的过程中绝对隔离法官的个人信仰和价值观念是不可能实现的，法官对事实的认定和法律的适用离不开自身的价值先见。

司法中的价值判断并没有一套完整统一的价值评价体系。这一点是非常重要的，也是最容易受到理论攻击的。尽管事实认定和法律适用都不可能脱离价值判断，但我们并不能确定一套具有普适性的价值评价体系。原因在于：首先，价值本身具有多元性，并不存在至高至上的价值，价值位阶的考量无法脱离具体的价值判断环境。但是形成新的法律秩序并不是法官的应有职责，法官应当在原有法秩序内作出价值衡量。[18] 正是因为价值判断本身具有主观性、相对性、不确定性，容易成为法官僭越法律之理由，故而在司法程序中，司法者首先应当考虑的是制定法中的价值，法官有责

---

〔18〕 See Philipp Heck, “The Formation of Concepts and the Jurisprudence of Interests”, in *The Jurisprudence of Interests*, Magdalena Schoch (translated and edited), Harvard University Press, 1948, p. 31.

任使自己的价值判断与立法者凝聚在制定法中的价值判断保持一致。[19] 尽管如此，这并不能确证制定法中的价值就是至高无上的，因为制定法不能因应社会发展也是常有的事。售货机式的三段论，解决不了复杂的司法实践问题，必须赋予法官自由裁量权，以解决机械适用法律条文所造成的与法治精神相悖的困境。其次，司法价值判断具有高度的主观性。司法价值判断是司法主体（主要是裁判者）对一定客体（事实或者规范）进行有无价值及价值高低排序并据此进行取舍的活动，司法主体的价值取向对司法价值判断具有很大影响。“决定价值的等级问题基本上是一个价值判断的问题，对于这一问题的回答不是取决于理性的认识，而是取决于个人的情绪、嗜好和偏爱。在矛盾的价值冲突之间，要作出一个理性的科学决定是不可能的。”[20] 最后，即便是主流的价值共识，也不是一成不变的。不同时期的判决会因司法外部环境和因素的改变（最主要的是人们的价值观），而做出截然不同的判决。“对于判断主体来说，价值判断这种行为是一种以价值的优先选择为媒介的、具有高度主观性的活动，价值判断内容的客观性只与依相同的社会价值的行为动机的人们的范围大小相应——只在社会一定的范围内的人们之间通用。”[21]

尽管司法中的价值判断并没有一套完整统一的价值评价体系，但特定历史时期、社会发展阶段必然是存在着相对稳定的价值共识的，也就是说在一定时期内存在较为稳固的主流价值观，而这一主流价值观正是司法价值判断所需要遵循和维护的。“司法裁量的每一次运用都必须在社会所承认的价值当中进行，体现社会的基本观点。”[22] 所以应该辩证看待这个问题，司法中的价值判断并没有一套完整统一的价值评价体系，但存在相对稳定的价值判断依据——社会的主流价值观。

---

〔19〕 See Philipp Heck, “The Formation of Concepts and the Jurisprudence of Interests”, in *The Jurisprudence of Interests*, Magdalena Schoch (translated and edited), Harvard University Press, 1948, p. 41.

〔20〕 吕世伦、文正邦主编：《法哲学论》，中国人民大学出版社1999年版，第421页。

〔21〕 ［日］川岛武宜：《现代化与法》，王志安等译，中国政法大学出版社1994年版，第246页。

〔22〕 ［以］巴拉克：《民主国家的法官》，毕洪海译，法律出版社2011年版，第248页。

（二）司法活动中价值判断的类型和方法

诚如上文所言，司法活动离不开价值判断，司法中的价值判断并没有一套完整统一的价值评价体系，这就给我们把握司法活动中价值判断的规律带来了困难，从价值判断的类型和方法两个角度切入，或许能够为我们提供一些思路。整体上司法活动中的价值判断可分为事实认定中的价值判断和法律适用中的价值判断两种类型，分别使用“法律价值赋权”和“规范价值衡量”两种方法。

事实认定中的价值判断是对证据事实的法律赋权。司法程序中的事实认定总体上来讲可以分为两步，一是客观事实的还原和呈现，二是证据事实的法律赋权。在此之前，我们需要简单叙述和对比几个具有高度相关性的概念：客观事实、证据事实和法律事实。客观事实就是原原本本的客观上发生的事、存在的物以及与之相关的人的行为、活动。客观事实不是法律事实，客观事实须转化为证据事实并经过司法程序予以“法律价值赋权”（赋予法律意义）才能成为法律事实。证据事实是对客观事实的固定、再现和还原，但囿于时间和空间的不可逆性，证据事实永远不可能与客观事实完全一致。无论是当事人举证的证据事实还是法院查明的证据事实，都只能如同反比例函数一般无限接近于客观事实，而不会是客观事实本身。同时，并不是所有的证据事实都能够成为法律事实，只有司法主体经过严格的程序认定其具备法律效力的证据事实才能够成为法律事实，也就是对证据真实性（指证据必须是能证明案件真实的、不依赖于主观意识而存在的客观事实）和关联性（指证据事实不仅是一种客观存在，而且必须与案件所要查明的事实存在逻辑联系）予以认定，法律事实是通过证据事实这一媒介对客观事实的主观反映，所以可以做个简单的概括，法律事实主要通过证据来表现，客观事实和证据事实都是客观的，而法律事实是主观建构的，从客观到主观的过程是一个将客观事实还原为证据事实，再通过司法主体予以认定为法律事实的过程，后者是一个价值判断过程，我们称之为“法律价值赋权”，经过“法律价值赋权”的证据事实就具备了证明效力，也就成了法律适用阶段与规范相对的法律事实。

在客观事实的还原和呈现过程中（即从客观事实到证明事实），不存在价值判断的问题，因为其本质上是程序性事项，能不能将客观事实还原、提取和固定为证据事实是客观事实发现者的能力问题，这个过程并不会夹杂主观判断，也不能夹杂价值判断，证据不足或难以举证的一方的诉求很难被支持，即使法官内心相信这一方所言，但最终也很难做出对其有利的判决，只能尽可能做出在法律上没问题的判决。价值判断的本质特征是没有唯一性，而具有取舍性。事实的还原和呈现过程中，只有“相关”和“不相关”、“真”和“假”之分，没有既相关又不相关和既真又假的状态，也就是不需要在两种状态间插入主观判断进行取舍。[23] 但是证据事实被吸纳为法律事实的过程，价值判断是主要的，即证据的合法性认定是一个夹杂主观判断的过程，也就是说证据事实的法律赋权是价值判断过程。世间万物都是客观的，但在主观上才有意义，法律事实的发现和确认就是把客观转化为主观的过程，[24] 法律事实的发生是客观的，法律事实发生后的发现、还原和固定也是客观的，但对证据事实的认定、解释和认同必然是主观的。

法律适用中的价值判断是对规范的价值衡量。法律适用可以分为规范寻找和规范涵射两个阶段。规范寻找是根据事实认定程序所认定的法律事实，寻找与之契合的法律规范，这是法律适用中的程序性事项，基本上不存在价值判断的问题。寻找到的规范是否能够与法律事实相匹配，也就是能否完成法律涵射过程，则需要对寻找到的规范进行适用的合法性和合理性分析，需要完成法律事实与法律规范间的涵射过程，这个过程又可以分为逻辑推理和价值衡量两个部分。[25] 无论是法律解释还是法律论证，都不可能绕过逻辑推理和价值衡量。而逻辑推理（司法三段论）与价值衡量之间，又是相辅相成的关系，二者并不能割裂。在有些学者看来，逻辑推理与价值衡量的关系就是形式推理和实质推理的关系。在笔者看来，相较于形式推理，价值衡量更能体现司法的本质特征。“法律的重点在于能够反映

---

〔23〕 参见杨建军:《法律事实与法律方法》，载《山东大学学报（哲学社会科学版）》2005 年第 5 期。

〔24〕 Jerzy Wroblewski, Zenon Bankowski and Neil Maccormick, *The Judicial Application of Law*, Boston: Kluwer A cademic Publishers, 1992, pp. 165-168.

〔25〕 参见陈绍松:《司法裁判中法官价值选择的证成》，载《南京社会科学》2019 年第 2 期。

辩护人或法官观点的价值判断，逻辑规则并不作这种判断，它们只是执行的工具而已。在作出价值判断之后，可以用形式推理程序来检测，构成论证之命题的有效性。"〔26〕 无论是法律解释、法律推理还是法律论证，都不可能剥离司法价值衡量，质言之，在这个过程中，必然需要通过"法律价值衡量"解决规范适用的问题。司法适用中的"法律价值衡量"大致有三种类型：

第一种是"规范价值漏洞"下的价值衡量，指法规范对某种情形没有明确规定，此时法官须对此作出最终的判断。法官不仅需要在制定法体系内对案件的事实进行判断，还需要在制定法存在漏洞时及时创建新的规则予以填补。〔27〕 法官没有拒绝裁判的权力，但法规范本身并没有给出预先判断，因而此时法官的判断是基于自身对法律精神、法律原则和社会主流价值评判标准的理解所作的判断，某种程度上等同于立法判断。麦考密克认为，不能仅追求形式上的合理性，还必须追求实质上的合理性。我们必须从特殊目的的领域而进入那些普遍化的价值领域。〔28〕 凯尔逊也认为，"在疑难案件中，当没有明确的法律规则适用于当下的待决案件即涉及对法律规范加以解释时，价值判断能在司法裁判中发挥最大程度的作用。"〔29〕

第二种是"规范价值冲突"下的价值衡量，指法秩序内部发生冲突时所作的价值衡量，即狭义的价值衡量。或者说，是法官在对实定法规范进行解释时，得出了复数解释，而复数解释间包含了不同的价值取向，没有绝对的错误与正确之分，此时需要法官对这种复数解释进行取舍。日本学者来栖三郎认为，在法律解释的过程中会存在复数的解释以及难以排除法律解释的主观性（即价值判断）。〔30〕 在有的学者那里，"规范价值冲突"下

---

〔26〕［美］鲁格罗·亚狄瑟：《法律的逻辑——法官写给法律人的逻辑指引》，唐欣伟译，法律出版社2007年版，第3页。

〔27〕 See Philipp Heck, "The Formation of Concepts and the Jurisprudence of Interests", in *The Jurisprudence of Interests*, Magdalena Schoch (translated and edited), Harvard University Press, 1948, p. 41.

〔28〕 参见［英］尼尔·麦考密克：《法律推理与法律理论》，姜峰译，法律出版社2005年版，第64~89页。

〔29〕［美］E. 博登海默：《法理学：法律哲学与法律方法》，邓正来译，中国政法大学出版社1999年版，第502页。

〔30〕 参见段匡：《日本的民法解释学》，载梁慧星主编：《民商法论丛（第15卷）》，法律出版社2000年版，第339页。

的价值衡量是一个“实质规范推理”的过程，它建立在法律价值判断的基础之上，主要是为了解决法律适用上的矛盾疑难，即当同时存在两个或两个以上且互为矛盾冲突的法律依据时哪个更具优先适用效力的问题。[31] 而波斯纳所说的实质法律推理即“法律外部的世界”，也是在强调通过法律规范之外的各种根据和理由，对待决案件进行价值评判，以消解规范漏洞或者规范冲突带来的规范与事实的不调试，本质上来讲还是在做价值衡量。

第三种是“规范价值偏移”下的价值衡量，指制定法从被制定时起，注定落后于社会现实，也就是制定法凝结的价值与法律适用时人们的价值取向间存在了罅隙，而这种罅隙又不能通过法官的法律解释技术消除，此时制定法价值与适用法价值间存在了价值偏移，必须通过法官的价值衡量予以消除。法律适用中的价值衡量是衡平普遍正义与个案正义、契合形式正义与实质正义必不可少的方法，“尤其是当法律规则比较模糊时，或者是法律规则的推理结果与民众的道德直觉、利益之间存在巨大、尖锐的冲突时”[32]。法院垄断了法律裁判权，但法院垄断不了正义评价的标准，司法除了需要道德和知识，还需要能够全面体现司法良心的经验、技巧和智慧。在法律的内在价值有所局限时，法官应当强调法律的外在价值，以追求社会的进步和人类的福祉。

无论是事实认定中的“法律价值赋权”还是法律适用中的“规范价值衡量”，都没有一个统一的先定价值评判位阶标准。尽管“价值衡量首先应发现立法者及法律文本中积极保护之利益。若各种利益均是法律保护之利益，则应保护法律确认之基本利益”[33]。但什么是基本利益？什么是基本价值？并没有统一的评判标准。如果说司法价值判断有较为公认的基本准则的话，那无疑是在确保价值选择的合理性基础上进行价值平衡。正如学者所言，“表现在司法决定和判决中的意志就是以法官固有的主观正义感为

---

〔31〕 参见徐国栋：《民法基本原则解释——成文法局限性之克服》，中国政法大学出版社 2001 年版，第 289 页。

〔32〕 参见吴旭阳：《法律与人工智能的法哲学思考——以大数据深度学习为考察重点》，载《东方法学》2018 年第 3 期。

〔33〕［日］川岛武宜：《现代化与法》，王志安等译，中国政法大学出版社 1994 年版，第 141 页。

手段获得一个公正的决定……在掂量相互冲突的利益时，应当帮助那种更有理性基础并且更值得保护的利益。”〔34〕

（三）司法活动中价值判断的功用

司法活动在本质上是一种判断活动，并且是一种内涵价值判断的活动。日本学者星野英一认为，“无论从法律的性质来看，还是从司法的功能来看，在司法中进行利益衡量或者是价值判断都是一个不可避免的事实。”〔35〕司法是发现事实和适用法律的活动，是将经过程序固定的事实与制定法规范进行涵射，得出司法判断结果的活动。法律事实是客观真实经过司法主体的主观评价并通过程序予以固定的事实，法律适用是对法律规范进行逻辑推演和价值判断，从而将法律事实与规范有效涵射的过程，无论是事实认定还是法律适用，都不可能脱离司法者的价值判断。“对时代需要的感知，流行的道德和政治理论，对公共政策的直觉，不管你承认与否，甚至法官和他的同胞所共有的偏见对人们决定是否遵守规则所起的作用都远远大于三段论。”〔36〕围绕着司法程序存在着不同的价值主体和价值诉求，司法活动不可能离开价值判断而存在，并且价值判断在司法活动中具有相当重要的功用。

价值判断为法官的最终裁量证成合法性。在事实认定和法律适用中，尽管严格的形式逻辑（三段论）是最为重要的法律解释和涵射方法，但形式逻辑难以解决价值冲突问题，难以为价值选择证成合法性。“在逻辑形式的背后，存在着对于相互竞争的立法理由的相对价值和重要意义的判断，通常是一种无以言表且毫无意识的判断，这是实际存在的，然而却是整个诉讼程序的根源和命脉所在。”〔37〕在涉及法官自由裁量时，更多的是对不同价值的选择，需要通过价值判断证成价值选择的合法性。“司法实践中常常出现基于同样一组事实却可以得出许多完美的符合逻辑要求的司法裁判

〔34〕［美］本杰明·卡多佐：《司法过程的性质》，苏力译，商务印书馆1998年版，第45页。

〔35〕参见李秀群：《司法中的价值衡量》，载《法律方法》2005年第00期，第429页。

〔36〕程凡卿：《我国司法人工智能建设的问题与应对》，载《东方法学》2018年第3期。

〔37〕［美］霍姆斯：《法律的生命在于经验——霍姆斯法学文集》，明辉译，清华大学出版社2007年版，第217页。

结论,而法官选择何种形式的司法裁判结论却只能通过他的价值判断来实现。”[38]价值判断为法官的最终裁量证成合法性的命题在概念法学那里是不被承认的,概念法学者奉行严格的形式逻辑,并且认为制定法是逻辑合理、完美无缺的,司法裁判就是法官从制定法规则出发的纯粹逻辑推理操作过程,法官相对于法律是“无生命的存在物”,法官在司法裁判过程中必须保持“价值中立”和实现“价值祛除”。[39] 如果司法仅仅只是一种逻辑的推导,那么无疑人工智能能够胜任法官这一角色,因为从概念法学派那里,完全可以为人工智能法官寻找理论依据。概念法学假定了法律的极致完美性,认为只需针对法律规则、法律概念进行逻辑推理,便可从现行的实在法中得出正解,而无需针对法律的产生与存在、适用条件的社会背景进行分析。事实上,任何一种实在的法律制度都是有缺陷的。拘泥于概念和规则忽略了概念规则本身的局限性和不易改变的特点,随着社会环境的改变,法律的适用也自然要随之调整。约翰·格雷甚至认为,制定法和判例法中所蕴含的规则都不是法律,它们只是法律的渊源,是法律适用者在裁判过程中“制定”了法律规则。[40] 司法本身蕴含着高争议性,而高争议性本身是主客观相融合的,对于事实认定或者法律适用的争议永远不可能是唯客观性的争议,法官在认定事实和适用法律时依据的是他们对规范的见解,而这种见解“至少在法规范的发现上,但同时也在裁判的正当化时,其重心均是在法官的其他——总是包含有价值判断的——考量上”[41]。尽管拉伦茨并没有将价值判断与司法三段论进行区分,而是将司法三段论过程中的判断概括为多种类型,但也承认价值判断是依据社会经验来判断特定案件,并尊重“一般经验法则”和法官的价值衡量。[42] 换句话说,司法永远不可能是“A+B=C”的问题判断,也不可能绝对性验证“A+B=C”的命

〔38〕 参见王国龙:《论司法三段论中的逻辑与价值判断》,载《宁夏社会科学》2008 年第 3 期。

〔39〕 沈仲衡:《论司法过程中的价值衡量》,载《河北法学》2010 年第 10 期。

〔40〕 参见刘星:《法律是什么》,广东旅游出版社 1997 年版,第 71 页。

〔41〕 [德] 卡尔·拉伦茨:《法学方法论》,陈爱娥译,商务印书馆 2003 年版,第 33 页。

〔42〕 参见 [德] 卡尔·拉伦茨:《法学方法论》,陈爱娥译,商务印书馆 2003 年版,第 165~177 页。

题正确性，而只能是“A+B应当=C”并对“应当”予以充分解释和论证，以取得较为一致的公认判断，而在这样的程序里，严格的形式逻辑是保证结论说服力的可靠手段，但永远不可能是最终手段，对“应当”进行价值论证并充分阐释“应当”这个价值判断的正确性才是最为核心的。

价值判断为司法的法律发展功能提供正当性。[43] 事实上，法官不仅需要对案情以外的因素进行考量，还需要明白立法者的意图，并在审判过程中将此意图贯彻下去。“这种通过审判案件贯彻法律的过程，实际上是法官对立法者想要但没能清晰表达出来的利益分配原则进行明确化的过程。”因而，某种意义上来讲，创造法律是司法的功能之一。无论是整体意义上的司法活动之性质还是具体意义上的作为法律解释方法和论证方法的价值判断技术，都是价值判断活动的表现形式。立法是一种价值发现、价值聚合和价值固定活动，将散布在民众心中的价值取向和价值判断凝结为法律条款的形式，而这种形式——法律到了司法程序中，就成为凝结的价值判断标准，这种价值判断标准是主要的，但并不是唯一的，如果法官并没有创制新的价值选择，而是严格使用了制定法规范，那制定法中凝结的价值选择通过司法程序中的价值判断行为最终涵射到法官作出的决定之中，而这样的决定对于诉讼两造而言，无疑是对自身主张的价值的肯定或者否定，但法官也可以突破这种价值预设，创制新的价值选择，所以本质上，整个司法程序是内涵价值判断的程序。法官在具体裁判的过程中，需要努力使裁判的内容不与现行法规及法院判例的逻辑体系发生矛盾，但又不能满足于现存体系的逻辑归结，而要求得到对具体案件进行价值判断的结果。[44] 价值判断能够弥合抽象法律规范与具体案件事实间的罅隙，并可通过价值解释的方法，使法律规范的原有意义适应新的社会态势，维护法律形式的合理性，为司法推动法律发展提供正当性，这一结论无论是放在大陆法系还是英美法系都能够成立。尽管英美法系的司法活动受到“先例拘束原则”

---

〔43〕 参见季金华：《司法的法律发展功能及其价值机理》，载《政法论丛》2019年第1期。

〔44〕［日］我妻荣：《债权在近代法中的优越地位》，王书江、张雷译，中国大百科全书出版社1999年版，第354页。

的制约，但当适用先例不能够适应新的价值观时，法官拥有推翻先例的权力。〔45〕

三、司法人工智能不可做价值判断

从上文的论述中我们可以明确，司法需要价值判断，而价值判断贯穿于司法程序中事实认定和法律适用的整个过程，那么司法人工智能是否能够进行价值判断呢？这实际上包含了两个子问题：一是司法人工智能有没有做价值判断的能力？二是如果司法人工智能有做价值判断的能力，可不可以让司法人工智能做价值判断？

（一）无法证明或证伪司法人工智能具备价值判断能力

司法人工智能到底具不具备价值判断的能力，这在理论上是存在争议的，并且这样的争议主要集中在法学者和技术者之间。

法学界普遍认为，人工智能尚处于处级阶段，还不足以完全模仿人的大脑进行思维，换言之，人工智能不具备做价值判断的能力，司法人工智能不足以取代人类法官进行价值判断，佐证观点的理由主要包括两个方面：一是司法人工智能囿于算法的技术条件，其不能处理价值判断问题，譬如有学者认为，权利保障、天理人情、有教少诛重预防之类的思辨性要素都会被排除在人工智能的判断标准之外。〔46〕法律活动包含着人类的价值判断，这种价值判断是检察官、法官个人基于对整个社会的政治、经济、文化和法律的理解，这些参数人工智能是无法量化的，并且司法经验并不能被完全算法化。〔47〕人工智能的深入学习能力需要依靠人工神经网络技术支撑，而神经网络技术又是建立在知识图谱构建的基础之上，但司法经验并不能

---

〔45〕 诸如，在美国的司法实践中，在 1896 年的“普莱西诉弗格森案”中，最高法院提出了著名的“隔离但平等”原则，但在 1954 年的“布朗诉教育委员会案”中，又推翻了“隔离但平等”原则的合宪性，认为隔离少数族群的儿童接受普通学校的教育，不符合宪法修正案第十四条所规定的“平等保护”要求。参见李秀群：《司法中的价值衡量》，载《法律方法》2005 年第 00 期，第 460 页。

〔46〕 譬如有学者认为，计算机可以处理法律条文内容中的三段论推理以及关于“要件—效果”的条件式推理，也可以处理案例特征与数据库检索到的基础案例特征之间的类似性并进行倾向性推理和判断，但却无法适当表现那些决定有效规范在适用上的优劣顺序的元规则。季卫东：《人工智能时代的司法权之变》，载《东方法学》2018 年第 1 期。

〔47〕 参见程凡卿：《我国司法人工智能建设的问题与应对》，载《东方法学》2018 年第 3 期。

被图谱化，所以司法人工智能并不能处理价值判断问题。[48] 还有学者认为，司法人工智能是否能够实际良好地运用取决于司法知识向计算机可识别知识的转化，而这一过程是无法完成的。[49] 二是司法人工智能不具备感性思维的能力和捕捉情感变化的能力。价值判断是基于主体的主观价值取向，对一定客体作出是否具有价值以及对价值等级进行排序的活动，司法中的价值判断则是指司法主体（主要是裁判者）对一定客体（事实或者规范）进行有无价值及价值高低排序并据此进行取舍的活动，而经验、理性、感性、情感等诸多因素共同造就了价值判断。“纠纷的解决，不仅仅是依赖理性，也可以激发纠纷当事人非理性的感情、或者以潜意识进行心理上的疏导，从而化解、解决纠纷。”[50] 人工智能体进行深度学习和具备人类思维能力是有条件的，但价值判断本身并不存在统一的评判标准，因而其不能够被人工智能化。总而言之，无论是主张司法人工智能不能对司法经验进行算法化，还是司法人工智能没有感性认识，本质上都是在否认司法人工智能做价值判断的能力。

但在技术界看来，人工智能的发展终究会处理司法判断中需要自由裁量、自由心证的问题，即替代司法官实现非规范判断。技术界甚至自信而乐观地预言，计算法律（computational law）和算法裁判，或将成为法律的终极形态，人工智能可以代替法官直接作出裁判。[51] 在技术者看来，尽管目前的司法人工智能仅能够为法官裁判案件收集数据、寻找法律规范和进行类案推送，但当司法AI系统拥有深度学习的能力时，其能够从对以往案件的数据分析中总结出司法规律和法律价值。支撑他们观点的理由很简单，那就是任何行为、程序乃至思想、情感都可以被数据化。“尽管司法过程极其复杂，但其具有确定的审理对象、明晰的法律规则、经审理后确定的案

---

〔48〕 参见［德］雷·库兹韦尔：《人工智能的未来》，盛杨燕译，浙江人民出版社2016年版，第131页。

〔49〕 Henry Prakken, “AI & Law on Legal Argument: Research Trends and Application Prospects”, *A Journal of Law, Technology and Society*, 5 (2008), pp. 449-451.

〔50〕 参见吴旭阳：《法律与人工智能的法哲学思考——以大数据深度学习为考察重点》，载《东方法学》2018年第3期。

〔51〕 参见黄京平：《刑事司法人工智能的负面清单》，载《探索与争鸣》2017年第10期。

件事实以及规范的程序规则，在某种意义上，其易于为人工智能所模拟。”[52] 他们甚至认为，即便是法官的个人价值取向都可以用参数设计表达。他们坚定地相信，人工智能可以形成一套判别价值的价值系统，“语言符号中的能指与所指之间虽然存在联系的任意性，但语言系统本身是一系列声音差别和一系列观念差别的结合，当把一定数目的音响符号和同样多的思想片段相配合就会产生一个价值系统”[53]。比如在人们看来，表情达意最为抽象的诗歌，人工智能程序都已经能够创作了。[54] 随着数据分析技术的提升，各种准确的算法模型建立，算法裁判下的“阿尔法法官”必将应运而生，也许未来法院审判活动中主审大法官的席位上将是“阿尔法”，避免在判案过程中出现法官徇私舞弊、办理人情案、关系案、金钱案，实现法院审判活动的公开、公平与公正。

笔者认为，从目前人工智能整体的发展现状来看，司法人工智能取代人类法官是几乎不可能的事，这样的结论是难以被推翻的（至少目前事实如此）。司法人工智能具不具备价值判断的能力，就在于司法人工智能具不具备事实认定中的“法律赋权”能力和法律适用中的“价值衡量”能力。举例明之，对淫秽物品的认定，怎么评价一幅画作、一篇文章、一段视频是淫秽物品？这本身就是一个价值判断问题，但却并没有一个统一标准的答案，艺术家与普通民众对淫秽物品的评价标准不可能完全相同。美国最高法院大法官斯图尔特曾言，我们确实难以成功描述或者直接定义什么是淫秽物品，但“当看到它时我就知道了”。[55] 所以，在这样一种主观性强，又没有统一价值评判尺度的范畴里，司法人工智能并没有太多可作为的空间。毕竟法律“不仅包含着人的理性和意志，而且还包含了他的情感，他的直觉和献身，以及他的信仰”[56]。

---

〔52〕 参见张保生:《人工智能法律系统的法理学思考》，载《法学评论》2001 年第 5 期。

〔53〕［瑞士］费尔迪南·德·索绪尔:《普通语言学教程》，高名凯译，商务印书馆 1980 年版，第 167 页。

〔54〕 参见郭佳:《机器人出诗集了，人类的精神世界将被“闯入”吗?》，载《光明日报》2017 年 7 月 2 日，第 8 版。

〔55〕 转引自刘艳红:《人工智能法学研究的反智化批判》，载《东方法学》2019 年第 5 期。

〔56〕［古希腊］亚里士多德:《政治学》，吴寿彭译，商务印书馆 1983 年版，第 163 页。

但技术界“激进”“乐观”的观点也并不是完全没有道理，我们必须承认，技术的发展总是超乎人类想象的，一旦人工智能技术发展到高级水平，人工智能体完全能够与普通的自然人处在同一思维水平，那么是否还能得出司法人工智能无法做价值判断的结论呢？“随着技术臻于完善，我们有充分的理由相信，对于事实简单的案件，人工智能坐上主审法官的位置是一件水到渠成的事情。”〔57〕人工智能具不具备做价值判断的能力，这类似于到底存不存在超自然的力量的问题一样，只能说目前尚未实现，但很难被证明，也很难被证伪。人工智能并不具备做价值判断的能力只是人们的“潜意识认为”或者“想当然认为”，并不能用任何现有的科学理论或者技术证明。而笔者认为，尽管囿于信息获取量少和物联网尚未建构完备，人工智能现阶段并不能做价值判断，但当5G、6G甚至10G技术将整个世界数据化，结合人工智能的深度学习功能，人工智能具有价值判断的能力并非是杞人忧天的事。“上帝是用数学语言来描述世界的。”〔58〕人们常常会被直觉所蒙蔽，想当然地否认人工智能具备价值判断能力，是没有任何科学性的主观判断。〔59〕实际上，人们开始也不相信AlphaGo能够战胜人类，但最终现实让人们认识到一点，那就是不能低估人工智能的学习能力。

当然，笔者也并不能证明将来的人工智能发展就一定能够做价值判断。因此，比较明智的做法是，承认司法人工智能具备价值判断的潜在能力。司法人工智能在理论层面能不能做价值判断和在实践层面可不可做价值判断是两个不同的问题，前者是司法人工智能的价值判断能力问题，后者是司法人工智能的价值判断行为问题。换言之，假设司法人工智能具备做价值判断的能力，可不可以让司法人工智能做价值判断呢？

（二）司法人工智能可参与形成价值判断的过程

所有否认司法人工智能具备价值判断能力的质疑者秉持的是这样一条

---

〔57〕涂永前、于涵：《司法审判中人工智能的介入式演进》，载《西南政法大学学报》2018年第3期，第52页。

〔58〕［加］伊恩·哈金：《驯服偶然》，刘钢译，中央编译出版社2000年版，第7页。

〔59〕比如人们的直觉认为宇宙中的原子数量要比围棋走法多得多，实际上宇宙可观测原子数目要比围棋的走法少得多。围棋棋盘很小，想当然认为宇宙的原子必然多于围棋棋盘走法多的观念，就类似于当下想当然认为人工智能不具备价值判断能力一样，是没有科学依据的主观判断。

逻辑推理路线：人工智能技术的发展尚不足以形成具备类人思维和深度学习能力的智能体，故而他无法取代法官。这样的推论容易受到诘难——如果人工智能的技术性难题得以解决，其能够取代自然人法官吗？答案是否定的。司法权的本质是判断权，而判断权的核心是价值判断。司法活动遵循着这样一套流程：事实建构（包含价值判断）—规范涵射（包含价值判断）—结果输出（包含价值判断结果）。笔者并不反对秉持技治主义立场将人工智能技术引入司法程序，并且赞成司法人工智能参与司法价值判断的过程，人工智能引入司法程序对提升司法质效大有裨益。〔60〕人工智能可以在事实认定中的事实还原与呈现部分以及法律适用中的法律搜集、对比和类案推送方面介入司法。

事实认定中的价值判断是对证据事实的法律赋权，在客观事实的还原和呈现过程中（即从客观事实到证明事实），不存在价值判断的问题，因为其本质上是形成价值判断的程序性事项。法律适用中的价值判断是对规范的价值衡量，法律适用可以分为规范寻找和规范涵射。规范寻找是根据事实认定程序所认定的法律事实，寻找与之契合的法律规范，这是法律适用中的程序性事项，也不存在价值判断的问题。学界目前普遍的观点认为，人工智能应当是一种辅助手段。如何界定“辅助”？什么程度上参与司法叫作辅助？本质上来讲，就是核心判断权仍然由法官行使，才能叫作辅助，而司法判断权最为核心的就是价值判断。故而司法价值判断不应当由司法人工智能作出，但并不意味着司法人工智能在形成司法价值判断的整个过程中无作为。客观事实的还原和呈现过程（即从客观事实到证明事实）可以让司法人工智能介入，并辅助法官对证据事实予以“法律价值赋权”。事实上，目前来看，司法人工智能在这方面有较好的表现。譬如在事实认定的程序中，通过 OCR 技术（Optical Character Recognition，光学字符识别）将纸质文本转化为可为计算机识别的数字化素材进行识别，可以快速地将证据材料文本化，〔61〕大大减少法官工作量；在规范寻找过程中，司法人工

〔60〕比如“智审”系统可减轻法官很多的事务性工作，庭审语音识别系统使庭审时间大大缩短等。参见倪寿明：《人工智能改变司法》，载《人民司法（应用）》2018 年第 28 期。

〔61〕葛翔：《司法实践中人工智能运用的现实与前瞻——以上海法院行政案件智能辅助办案系统为参照》，载《华东政法大学学报》2018 年第 5 期。

智能的优势也可以得到较好的施展，[62] 在甄别法律条款等形成最终价值判断的程序性事项上，人工智能的表现比自然人更为优异，如果对其充分利用将对司法助益良多。[63]

那么事实认定中的“法律价值赋权”和法律适用中的“规范价值衡量”是否能够由司法人工智能进行？事实认定除了需要寻找、提取和固定事实之外，最为重要的是对这些事实进行“法律价值赋权”。法律适用除了寻找适配的法律规范之外，更重要的是处理“规范价值漏洞”“规范价值冲突”和“规范价值偏移”问题。在这些领域，笔者认为司法人工智能并没有作为的空间。

（三）司法人工智能不可作出价值判断的结果

司法中的价值判断是必要的，并且具有较强的主观性。从技术上而言，尽管当下人工智能的发展尚不足以支撑司法人工智能的全面智能化，也就是司法的价值判断仍然掌握在自然人法官手中，但这并不阻断将来“AI法官”获得价值判断的可能。正因为无法证明或者证伪司法人工智能具备价值判断的能力，所以聚焦于对司法人工智能价值判断能力的质疑其实并没有实质意义，真正应当被关注的是，预设司法人工智能具备价值判断的能力（实际上极有可能），回答能不能由司法人工智能做价值判断的问题。

对于这个问题，笔者的观点是明确且肯定的：可以由司法人工智能参与形成司法价值判断的过程，但不可由司法人工智能径直得出价值判断的结果。有学者依据人工智能自身的技术瓶颈、司法审判工作的专业性、系统性和经验性，得出了人工智能只能是法官办案的辅助工具的结论。[64] 笔

〔62〕 譬如北京高院的“睿法官”智能研判系统可以实现通过对一审诉讼法律文书等材料的分析研判，识别出影响案件定罪和量刑的要素。在庭审结束后，为法官推送更为精准的相似案例、法律法规，帮助法官完成裁判文书撰写工作。参见马治国、刘宝林：《人工智能司法应用的法理分析：价值、困境及路径》，载《青海社会科学》2018年第5期。

〔63〕 2018年2月人工智能平台LawGeex与斯坦福大学、杜克大学法学院和南加州大学法学教授合作开展了一项人机实验，让20名有经验的律师与AI程序对保密协议中的条款进行识别，在给定法律概念和描述的前提下，由AI和律师分别在5份保密合同中甄别并摘录出相应条款。律师的平均准确率是85%，而AI以94%的准确率胜出，且用时66分钟也远远短于律师使用的平均时间。参见https：//cloud.tencent.com/developer/news/120151，最后访问时间：2020年3月2日。

〔64〕 参见潘庸鲁：《人工智能介入司法领域的价值与定位》，载《学习与探索》2017年第10期。

者对这一结论表示认同，但对证立结论的理由表示怀疑。事实情况是，司法人工智能不能代替法官不是因为达不到人类的智力水平，也不是司法行业的专业性和系统性，而是即便人工智能的智力水平达到人类甚至超越人类，也不能代替法官，因为不能够让司法人工智能做出最终价值判断结果。司法人工智能可以参与司法价值判断形成的过程，但不能通过“法律价值赋权”和“规范价值衡量”来认定法律事实和得出法律适用方案，司法人工智能不可径直作出这样的价值判断结果。

司法人工智能径直作出价值判断结果不能为司法的最终裁量证成合法性。事实认定与法律适用都不可能离开价值判断，司法并不绝对性排斥司法人工智能参与形成价值判断的过程，但司法人工智能不能取代法官做出价值判断的结果。法官不可能是自动售货机，[65] 司法活动承担着一定的社会导向功能，而这一功能的实现很大程度上需要通过法官在司法程序中的自由裁量来表达。通常法官并不是按照自己的好恶或者是价值观来裁判案件，而是充分考虑社会利益，以及其判决所带来的社会效果。[66] 尽管司法结果是对诉讼两造权利和义务的重新安排，直接关系到双方的权益，但司法结果无疑具有社会指向，司法结果的社会功能是司法活动存在的基本价值，也是证成司法具有最终裁量权的基础。“如果没有立法，国家还可以按照传统和习惯法活动，而没有司法，则政治体系便不能维持——没有司法权的参与，国家就不能生存。”[67] 司法结果的社会功能主要是引导社会主流价值观、预先平抑社会矛盾、指示社会纠纷自我化解，也就是给公众较为稳定和确定的司法结果预期，以方便公众根据预期安排自身的生活和行为。司法审判的过程不只是理性逻辑的堆砌，还有人性和情理的融合，是基于社会公义、法律量刑和人情世故作出判断的微妙平衡，这是机器无法取代的，也是不能让机器取代的。法律的生命在于说理，司法人工智能在司法说理的过程中难以对当事人和社会公众进行价值说服，也就不能为司

---

〔65〕 正像马克斯·韦伯百年前所设想：“现代的法官是自动售货机，投进去的是诉状和诉讼费，吐出来的是判决和从法典上抄下来的理由。”［美］科瑟：《社会学思想名家》，石人译，中国社会科学出版社 1990 年版，第 253 页。

〔66〕 参见李秀群：《司法中的价值衡量》，载《法律方法》2005 年第 00 期，第 418 页。

〔67〕 胡伟：《司法政治》，三联书店有限公司 1994 年版，第 34 页。

法的最终裁量证成合法性。

司法人工智能径直作出价值判断结果不能为司法的法律发展功能提供正当性。司法活动中，法官是一定意义上的“立法者”。即便是凯尔森也不得不承认，“在判决内容永不能由既存实体法规范所完全决定这一意义上，法官也始终是一个立法者。”〔68〕囿于制定法落后于社会发展的现实，有必要“授权适用法律机关在适用立法者所创造的一般规范会有一个不能令人满意的结果时，就不适用立法者所创造的一般规范而创造一个新规范”〔69〕。而这样一个内涵价值判断的权力并不能由人工智能系统享有，否则审判人员的主体性即丧失，人类社会的纠纷最终是由已经被赋予算法的智能系统所决定，这与司法权本身被设定的初衷并不相符，毕竟“法官才是法律世界的王侯”〔70〕。“人工智能对证据的运用与法定证据制度非常相似。任何法律专家系统软件都意味着作出一种纯粹的法律实证主义预设。”〔71〕而这种法律实证主义无法承担起推动法律发展的功能。“长久以来，人们已摆脱法秩序的全备性与无漏洞性的信条，并且因为不能改变不得以无法律而拒绝审判的禁令，而赋予法官填补漏洞的创造性任务。”〔72〕法官的价值判断能够弥合抽象法律规范与具体案件事实间的罅隙，并可通过价值解释的方法，使法律规范的原有意义适应新的社会态势，维护法律形式的合理性，而司法人工智能不可能做到，也就注定无法为司法推动法律的发展提供正当性。

司法人工智能径直作出价值判断结果与司法机关的宪法定位相抵牾。人类社会是一个交往互动型的社会，纠纷的产生在所难免，但纠纷裁决权并不天然地由法院这一特殊机构垄断行使，而是人们出于对公正、效率等利益的理性追求，抛弃了多重纠纷管辖权，将社会纠纷解决的最终决定权独立地交由法院行使，并以国家最高法——宪法的形式加以确立和固定。

〔68〕［奥］凯尔森：《法与国家的一般理论》，沈宗灵译，中国大百科全书出版社1996年版，第165页。

〔69〕［奥］凯尔森：《法与国家的一般理论》，沈宗灵译，中国大百科全书出版社1996年版，第167页。

〔70〕［美］德沃金：《法律帝国》，李常青译，中国大百科全书出版社1996年版，第361页。

〔71〕参见程凡卿：《我国司法人工智能建设的问题与应对》，载《东方法学》2018年第3期。

〔72〕参见［德］阿图尔·考夫曼：《法律哲学》（第2版），刘幸义等译，法律出版社2011年版，第60页。

如果司法人工智能直接作出价值判断结果，可以预见的是，这一结果的作出者必然不是法官和法院系统，而是人工智能系统的算法设计者，这势必会与司法机关的宪法定位相抵牾。司法人工智能作出价值判断结果在实质上攫取了法官的司法判断专属权，卸载了司法创造规则与改变社会的功能，司法不再是司法，也就失去了司法的本质功能与存在价值。进而带来一系列的追问，既然决定于算法，侦查机关、检察机关与审判机关还需要并存吗，庭审还需要存在吗？[73] 这一系列关涉司法机关宪法定位和司法内部组织机构的问题，是司法人工智能要做价值判断所必须解决的前置问题，而这些问题似乎并不能得到妥适的安排。

司法人工智能径直作出价值判断结果与司法程序的内在构造不兼容。司法是程序性活动，司法的程序具有专业性、独特性和专属性。司法程序的内在构造由很多方面构成，较为典型的包括陪审制度、审级制度、合议制度和回避制度等，还包括一些基本的原则比如司法民主原则、直接言词原则等。如果让司法人工智能直接作出价值判断的结果，势必会消解上述所有的制度和原则。司法人工智能做出价值判断结果是独断的，因为不可能存在两套算法去运行一个案件的裁判程序，所有的案件将变成"司法人工智能体"的独任审理，陪审团就没必要存在，司法裁判也就变成了司法专断，并且直接消解了合议制度。同时司法人工智能做价值判断会冲击现有的司法审判程序，司法程序要求法官必须亲自从事法庭调查和采纳证据，被告人、检察官及其他诉讼参与人必须亲自到庭出席审判，[74] 而司法人工智能与直接言词原则是很难兼容的。更为重要的是，司法人工智能做价值判断会消解司法的人权保障功能，而这一功能恰恰是司法程序的主要命脉。如果整个司法程序都被算法化，那么所谓的公检法三家办理刑事案件分工负责、互相配合、互相制约的结构就完全被打破，原有的制度设计功能也被完全消解，甚至直接威胁到现有的宪治秩序。除非算法有所不同，否则案件自进入司法程序开始，它的结果就是被最终注定的，整个司法程序也

---

〔73〕 参见钱大军：《司法人工智能的中国进程：功能替代与结构强化》，载《法学评论》2018年第5期。

〔74〕 参见陈瑞华：《刑事证据法学》，北京大学出版社2012年版，第46页。

就变成了一种流水式作业，所不同的是效率大大增强。旨在加强公检法三机关办案效率的“公检法智能协同办案系统”可能导致三机关“相互制约”进一步弱化。[75] 同时，由于秉持着一套思维和运行模式相同的价值判断算法，司法人工智能会实质剥夺当事人的二审裁判请求权，让审级制度形同虚设。

结　语

当然，上述诸点完全没有穷尽证立不可由司法人工智能径直做出价值判断结果的理由，但无疑是非常重要的。笔者并不反对司法的智能化趋势，但司法判断权的核心内容——价值判断必须由法官行使。价值判断的主体性、模糊性和多元性决定了司法人工智能不可做价值判断，并不是司法人工智能不具备这样的能力（事实是目前确实不具备），而是哪怕司法人工智能具备这样的能力，也不能由其做价值判断。换句话说，并不存在所谓的“AI法官”。司法活动中涉及价值判断的问题是司法人工智能的禁区，也即人工智能只能在事实认定中的事实发现、事实搜集、事实固定、事实转译和事实传导等方面发挥作用，在规范寻找、规范对比和类案推送等方面参与法律适用，至于事实的法律价值赋权及法律适用中的规范价值衡量更大程度上是一个价值判断的过程，司法人工智能不可涉足。在人工智能尚未充分发展的当下，讨论这样一个“前瞻性”的问题并不是杞人忧天，至少能够明确司法人工智能的定位，并为司法改革提供一定的参考。如果司法摒除价值判断问题，那么所谓的司法不过是将法条适用于事实的程序性事项，也就没有AI能不能取代法官的问题，因为AI必然比法官做得好，尽管现在不是，但终究有一天会超越法官对司法程序的把握，特别是5G时代的到来，万物互联成为一种可能，人类生活的所有内容在理论上都有可能被数据化。如果说人类社会在数据面前还需要保持一定的空间自治的话，司法场域必定是其中之一。

---

〔75〕 参见王禄生：《司法大数据与人工智能技术应用的风险及伦理规制》，载《法商研究》2019年第2期。

未来生物技术发展及其法制保障

杨彤丹*

社会依靠新技术和技术进步而繁荣。互联网、大数据、人工智能，还有神奇的现代生物科技等，代表了未来科技的发展方向。生物技术加速了自然界对物种进化的适应，并可能做到自然未能做到的事情，例如将基因从一个物种移到另一个物种内。[1] 生物技术的发展可能会产生一种艾滋病疫苗，一种来自牛的更稳定的牛奶源，或可以在寒冷气候下生长的大豆品种，但同时也可能制造新的病毒。生物科技用无数的方式（有益的抑或有害的）改变了民众的生活。

一、生物技术基本概念

生物技术是改变植物、动物和微生物基因结构/遗传组成（genetic composition）的科学，它是一个涵盖许多不同技术的广义术语。当其工作包括基本细胞结构的适应性时，它有时与术语“基因工程”相关联。历史上，生物技术依靠传统的植物和动物育种方法来改变基因结构。现代生物技术依赖于更新的技术，例如基因工程，将遗传物质从一种生物体纳入另一种生物体。

---

* 杨彤丹，上海政法学院经济法学院副教授，硕士生导师，上海市法学会生命法研究会秘书长。

〔1〕 HHS Fact Sheet, Biotechnology Backgrounder (May 26, 1992).

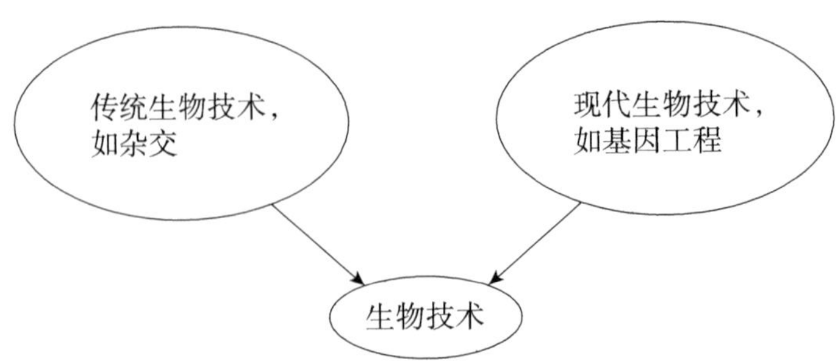

农业生物技术，其实包括传统的育种技术，如杂交；也包括现代生物技术，如基因工程技术。其本质都是改变生物体的部分基因，从而制造新的品种或改变原有品种的性状。运用农业生物技术可以提升植物或动物的品质，也可以开发用于特定农业用途的微生物。

世界粮农组织认为，农业生物技术不仅仅限于转基因生物。它涵盖了广泛的传统和尖端技术。[2] 生物技术包括种植业、畜牧业、林业、渔业和水产养殖业以及农产品加工业领域广泛应用的一系列技术。它们有许多不同的用途，例如，为提高产量或效率而进行的动植物遗传改良；粮食和农业遗传资源鉴定和保护；动植物疾病诊断；疫苗研发；以及发酵食品生产。生物技术在与其他应用于粮食生产、农产品和服务的技术适当地结合后，就能够极大地满足日益扩大和增长的城市化人口的需求。

二、未来生物技术产品

美国国家科学院预测了未来5~10年可能出现的生物技术产品，其将未来产品分为三大类：公开释放的产品（open-release products）、封闭式产品（contained products）和平台（platforms），并总结了即将看到的公开释放的产品类型，即植物、动物、微生物和旨在开放环境中释放而改造的合成生物，如下表1：

---

〔2〕 http：//www.fao.org/biotechnology/zh/.

表1　旨在环境中公开释放的产品的市场状况[a]

	产品描述	已面市[b]	仍在开发[c]	仍处初期概念
植物及植物产品	带重组DNA[d]（rDNA）的生物工程作物	√		
	带rDNA的抗除草剂作物	√	√	
	带rDNA的抗病作物	√	√	
	RNAi[e]改良作物	√	√√√	√√√
	芳香苔藓植物		√	
	自发发光植物		√	
植物及植物产品	基因编辑[f]作物		√√√	√√√
	基因编辑技术[g]敲除的作物		√√√	√√√
	用于植物修复的草类植物		√	
	防卫植物		√	
	提高光合作用效率的作物		√	
	四季开花的植物			√
	固氮非豆科植物			√
	生物性发光的树			√
	用于保护目的的基因驱动植物			√
	用于农业目的的基因驱动植物			√
动物及动物产品	荧光斑马鱼	√		
	绝育昆虫		√	
	基因编辑动物（如无角牛）		√	√
	减少过敏原的羊奶		√	
	地雷探测老鼠		√	
	从濒临灭绝或灭绝的状态中复生的动物			√
	控制侵入性哺乳动物的基因驱动动物			√
	控制害虫的基因驱动动物			√

续表

	产品描述	已面市	仍在开发	仍处初期概念
微生物及微生物产品	生物传感器/生物反应器		√	
	生物修复		√	
	经改造的海藻品种		√√√	
	固氮共生体		√	
	益生菌			√
	基因工程微生物群落			√√√
	生物采矿/生物浸矿			√√√
合成生物/核酸	无细胞产品		√	
	可追踪 DNA 条形码产品	√	√	
	以 RNA 为基的害虫控制喷雾		√	
	基因编码生物			√
	生物/机械杂交生物传感器		√	√

说明：√√√表示是美国国家科学院确定的具有高增长潜力的领域。

a 该表反映了美国国家科学院撰写报告时产品的市场状况。

b“已面市”等于“在使用中”，因此，获得监管部门批准但未使用的产品不被视为“已面市”。

c“仍在开发”涵盖了从原型阶段到现场试验的产品。

d 重组 DNA 是通过连接在自然界中未同时发现的 DNA 分子而产生的新 DNA 序列。

e RNAi 或 RNA 干扰是在几乎所有生物体中都能找到的天然机制，在该机制内转录物的水平被降低或抑制，并且可以利用生物技术来改造生物体。

f 基因组编辑是对生物体 DNA 的特定修饰，以产生突变或引入新的等位基因或新基因。

g CRISPR 或聚合的规律间隔短回文结构重复序列是细菌对病毒免疫的一种自然发生的机制，包括识别和降解外来 DNA。这种自然机制已经被研究人员用来开发基因组编辑技术。

在很少或没有人为干预的情况下还能在环境中维持生存的能力，是现有生物技术产品与预期的一些未来产品之间的关键变化。此外，产品可能持续存在的环境类型很可能变得更加多样化。植物和昆虫或许会被改造为在森林、牧场和城市景观等低管理系统中继续存在；还可以开发微生物使其在这些环境以及矿井、水道和动物内脏中持续存在。美国国家科学院认为，未来的公开释放产品将用于熟悉的用途中，如农作物，但也可能用于以下用途，如用转基因微生物清洁受污染的场地，用动物细胞培养的肉替代动物源肉类，通过基因驱动控制入侵物种等。〔3〕然而公开释放产品具有较大的风险，不排除基因从一个物种迁移到另一个物种，甚至发生基因突变，转移到人群中，造成疾病风险。

美国国家科学院还得出结论认为，在封闭环境中产生的未来生物技术产品更可能是基于微生物或基于合成的，而不是基于动物或植物宿主（表2）。许多种类的生物在发酵罐中用于生产化学商品、燃料、特种化学品或中间物、酶、聚合物、食品添加剂和香料。当将实验室视为一个封闭环境时，许多来自供应商的转基因动物的实例如今被广泛用于研究和开发。因为在封闭环境中实施生物技术可以更好地对选择宿主生物进行控制，所以具有高级分子工具箱的系统已经被广泛使用。

表2　封闭式产品的市场状况[a]

	产品描述	已面市[b]	仍在开发[c]	仍处初期概念
动植物及动植物产品	转基因实验室动物（迷你猪、小鼠、大鼠、狗）	√	√√√	
	地面设备养殖的基因工程鲑鱼	√		
	动物细胞培养的衍生产品（如考尔斯皮和考尔斯肉）		√√√	√√√
	植物生产的工业用途聚合物		√	
	经基因编辑技术敲除的温室作物		√	

〔3〕 基因驱动是一种有偏向遗传的系统，其中遗传元件通过有性生殖从父母传递给其后代的能力得到增强。因此，基因驱动的结果是特定基因型的优先增强，生物体中决定特定表型（性状）的遗传组成，从一代传到下一代，并且可能传到整个群体中。

续表

	产品描述	已面市	仍在开发	仍处初期概念
微生物及微生物产品	工业用酶	√	√	√
	以生物基化学物质取代化石燃料原料	√	√	√
	家用和园林应用的生物性发光微生物		√	√
	生产产品的酵母分子（如香草醛、甜叶菊、藏红花、鸡蛋白、牛奶蛋白、明胶）	√	√√√	√√√
	人造丝		√	
	细菌派生的抗生素		√	
	以基因工程菌株发酵为基础的产品		√√√	
	气相微生物系统		√	
	源于藻类的产品（如鱼翅和虾的替代品、生物燃料、乙烯）		√√√	√√√
	益生菌			√
	过滤/金属回收生物			√
人造生物/核酸	器官芯片		√	
	需钠弧菌平台	√	√	
	基因编码生物		√√√	√√√
	无细胞表达系统		√√√	√√√
	生物机制混合生物传感器		√	√
	可植入生物传感器		√	√

说明：√√√表示是美国国家科学院确定的具有高增长潜力的领域。

a 该表反映了美国国家科学院撰写报告时产品的市场状况。

b “已面市”等于“在使用中”，因此，获得监管部门批准但未使用的产品不被视为“已面市”。

c “仍在开发”涵盖了从原型阶段到现场试验的产品。

生物技术平台是用于创造其他生物技术产品的工具。它们包括传统上被称为“湿实验室”（wet lab）的产品，如DNA / RNA、酶、载体、克隆试剂盒、细胞、文库制备试剂盒和测序准备试剂盒，以及“干燥实验室”产品，如矢量绘图软件、计算机辅助设计软件、引物计算软件和信息学工具。随着新方法的发布或商业化，这两个类别逐渐趋于融合。

三、未来生物技术的法制保障

各种技术、经济和社会趋势正在推动并将在未来10年内继续推动开发生物技术类型的产品。生物科学和生物工程的技术和经济趋势正在加快制定新产品创意的速度和增加产品开发参与者的数量。对于社会趋势，美国国家科学院通过其信息收集活动和公众意见机制发现，未来生物技术产品存在许多利益冲突、风险和好处；同样清楚的是，在考虑如何管理新生物技术产品的开发和使用时，美国和国际监管体系需要在这些相互矛盾的各方面之间取得平衡。社会的许多部门都对各种生物技术的安全和道德问题表示担忧，而另一些部门则看到可以通过生物技术解决具有挑战性的社会和环境问题的前景。即将出现的生物技术产品可能引发大量公众辩论。例如，已经有大量关于基因驱动技术用途的研究和报告，作为技术的进步将引发公众的大量讨论，且对此社会将不得不采取在利益相关的各方、开发者以及科学家之间进行平衡的方法。技术进步的奇迹并不总是没有风险。伴随新技术所而来的风险或许有很多形式：对人类健康或环境的有害影响，对个人自主性和隐私的担忧，或基于社会及道德观念的顾虑。这种风险以及对风险的感知产生了法律体系必须回应的新问题与新争论。技术进步给法律带来的新问题往往极具挑战。这些问题往往产生于科学知识的最前沿，因此不仅普通人无法理解，就算相关领域的科学专家也无法完全（或很好地）理解这些问题。此外，这些问题总是出现新的变化，挑战当前的法律理解，甚至科学知识方面的限制对解决这些问题不再重要。因为这种有限的知识和理解，立法、行政和司法机关必须继续创制用来解决这些争议问题的法律。

我们国家在制定生物技术法律政策时，需要对未来生物技术产品有一定的预判，从而能够使国家的监管措施具有一定的前瞻性。2020年2月14日，习近平总书记在中央全面深化改革委员会第十二次会议发布重要讲话，强调将生物安全纳入国家安全体系，要求尽快推动出台《中华人民共和国生物安全法》，加快构建国家生物安全法律法规体系、制度保障体系。我们认为，在思考我们国家的生物技术法律政策时，以下这些方面是值得关注的：

（一）扩大监管视野

生物技术本身也在不断更新迭代，目前已经出现如CRISPR/Cas9基因编辑技术，其被《科学》杂志评为2015年“年度最杰出突破”。该技术是指在基因组水平上对目的基因序列甚至是单个核苷酸进行替换、切除，增加或插入外源DNA序列的基因工程技术，尤以CRISPR/Cas9系统的诞生使基因定位、精准修改成为现实。〔4〕有专家预测这种基因编辑技术或将改变我们的星球，改变我们生活的社会和周围的生物。〔5〕未来甚至还会出现更新的技术或者我们根本就想象不到的技术。如果政策只局限于某种技术，当这种技术被淘汰，很可能同时意味着相应的法律政策也已经过时了。法律往往是对过去经验的总结，却要应对不可知的未来，因此法律必须保持一定的弹性、张力和解释力。所以，在我国制定相关法律政策时，应全盘考虑生物技术的发展，对生物技术的总体监管原则做出规定，建立整个生物技术监管体系。当然这不是说不需要专门的法律政策，而是需要在一个整体构架视野下再细化一些具体的实施方案。

建议使用“生物技术”或“生物工程”这样具有一定包容性的术语构建我们国家的生物安全法。美国国家科学院将生物技术产品定义为通过基因工程或基因组工程开发的产品（包括那些被改造的DNA分子，其本身就是一种“产品”，如用作DNA信息存储介质的被改造的DNA分子）或体外操纵生物（包括植物、动物和微生物）遗传信息的产品。该术语同时还涵盖由这些植物、动物、微生物和无细胞系统产生的一些产品或源自上述所有产品的产品。〔6〕基于目前的认识，这样基本能够涵盖所有可能出现的生物技术。

---

〔4〕朱玉昌、郑小江、胡一兵：《基因编辑技术的方法、原理及应用》，载《生物医学》2015年第5期。

〔5〕《CRISPR的未来：五种基因编辑将改变世界》，载 http://tech.sina.com.cn/d/i/2018-02-05/doc-ifyreyvz9089352.shtml.

〔6〕National Academies of Sciences, Engineering, and Medicine, *Preparing for Future Products of Biotechnology*, Washington, DC: The National Academies Press, 2017.

（二）基于风险原则构建监管体系

生物技术产品之所以备受争议，关键在于其可能带来的风险。因此确定以风险评估为基础的监管方法，是较为理性的做法。美国国家科学院认为应对生物技术产品进行分类监管，根据产品的新颖程度和风险的复杂程度而有针对性地采取不同的监管措施。

在上面总结的所有类型的产品中，生物技术的进步导致产品涉及不太熟悉的宿主生物的转化，具有多个工程化途径，由来自多个生物体的DNA组成，或者由完全人工合成的DNA制成。这些产品与现有的非生物技术产品可能仅有极少的可比性或没有可比性[7]，这些产品功能在于作为当前生物技术产品的监管风险评估的比较基准。下图1总结了美国国家科学院认为未来5~10年内生物技术产品可能出现的复杂性和新颖性的进展。其将产品划分为四类，符合A栏的产品类似于在目前法律框架下评估的现有生物技术产品，且可以应用当前的风险评估方法。实例包括新的基因工程作物和小分子、酶或其他基于发酵生产的生物化学品。B栏描述的产品是对熟悉的一套生物体宿主和遗传途径进行扩展的产品，其中几乎没有可比性，但仍然存在成熟的评估风险的方法。实例包括动物细胞培养衍生产品（例如考尔斯肉或皮革）和用于生物修复、装饰或其他环境或消费者用途的植物。C栏中的产品是目前处于研究活动最前沿的产品，其中快速设计—构建—测试—学习这一循环的使用为更广泛的宿主生物中更复杂的遗传途径设计提供了条件，但也表现出产品更复杂的用途，例如在生物体的环境中将其释放以改变天然生物种群。实例包括用于对抗疟疾或寨卡病毒的基因工程蚊子，基因组工程微生物和植入式生物传感器。这些产品即将出现，但大多数产品尚未进入生物技术监管体系。而进入该系统的少数产品只有很少或根本没有可以比较的非生物技术产品，而且，由于它们是首创的产品，没有可以借鉴的过往生物技术产品所建立的监管体系途径。最后，D栏中的产品是那些在复杂微生物群落中可能使用的多种生物体的产品，例如微生物组工程和用于生物修复或生物矿化应用的合成聚生体。这些产品也没有可比性（或潜在比较对象的相关性还不明确），也没有既定的监管路径。

---

〔7〕“比较物”是指已知的非生物技术生物，其与工程化生物相似，除了不具有工程化性状。

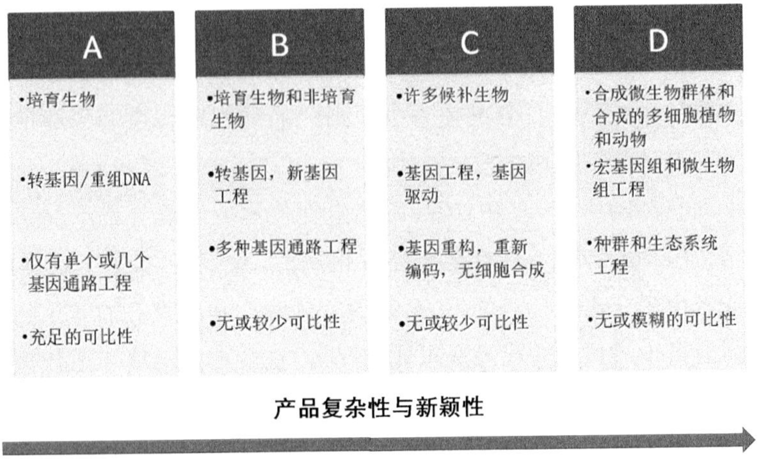

A	B	C	D
•培育生物	•培育生物和非培育生物	•许多候补生物	•合成微生物群体和合成的多细胞植物和动物
•转基因/重组DNA	•转基因，新基因工程	•基因工程，基因驱动	•宏基因组和微生物组工程
•仅有单个或几个基因通路工程	•多种基因通路工程	•基因重构，重新编码，无细胞合成	•种群和生态系统工程
•充足的可比性	•无或较少可比性	•无或较少可比性	•无或模糊的可比性

产品复杂性与新颖性 →

图1　未来生物技术产品的特征*

注意：生物技术产品可以概念化为符合所示特征的描述专栏，随着产品复杂性和对风险评估提出新挑战的可能性的增加而向D栏移动。

*按生物体的类型和数量、基因和性状以及可比性等方面的复杂程度的相似性进行排列。

对于各种复杂和新颖程度不一的生物技术产品，美国国家科学院考虑了与人类健康或环境结果相关的风险评估要点，例如疾病、伤害、死亡或生态系统功能丧失。它得出的结论是，与已经确定的现有生物技术产品的要点相比，其并不新鲜，但沿着通向这些要点途径的中间步骤可能更复杂、更模糊，特征也不太明显。此外，美国国家科学院发现，未来5~10年内可能进入监管体系的生物技术产品的范围、规模、复杂性和节奏都有可能对监管机构造成极大压力，无论是在产能还是专业知识方面。此外，许多生物技术产品或生物技术的早期开发者可能导致产品在技术（有时是产品）开发过程中不考虑现有监管态度或未来的要求，这有可能使与未来生物技术产品释放相关的风险评估复杂化。对于目前的监管机构和其他可能与未来生物技术产品监管相关的机构来说，显然必须保持对这些产品范围的评估，并为此做好准备。

鉴于即将出现的大量生物技术产品，还是可能存在这样的风险，即监管机构能力有限，可能无法有效提供风险评估所需的数量和质量。应对生物技术产品增加的一个重要方法是加强运用分层调控方法，其中需要为某些产品开发新的和可能更复杂的风险分析方法，而既定的风险分析方法可以应用或加以修改，以处理熟悉的或需要较少复杂风险分析的产品。通过这种方法，新的风险分析方法专注于具有不太熟悉的特征或风险路径更复杂的产品。风险分析中通常包含多个标准，以确定预估的风险水平是否与风险评估的问题界定阶段所确定的风险管理目标一致。在某些情况下，可能需要进行额外的风险分析，以改进风险评估，以评价风险缓解措施，或两者兼有之。为了对新的生物技术产品实施合适的严格的风险分析，有必要根据影响风险认知的因素、不确定程度、风险的大小和潜在风险的性质来建立科学严谨的标准。

我国可以借鉴美国国家科学院的做法，全面梳理我国现有的生物技术监管体系，认真分析目前的监管策略和流程以及公众参与的机制，加强监管机构的监管能力，提升监管机构的监管水平，对生物技术产品统一归口管理，分类评估产品风险，明确各监管流程，如图 2 所示：

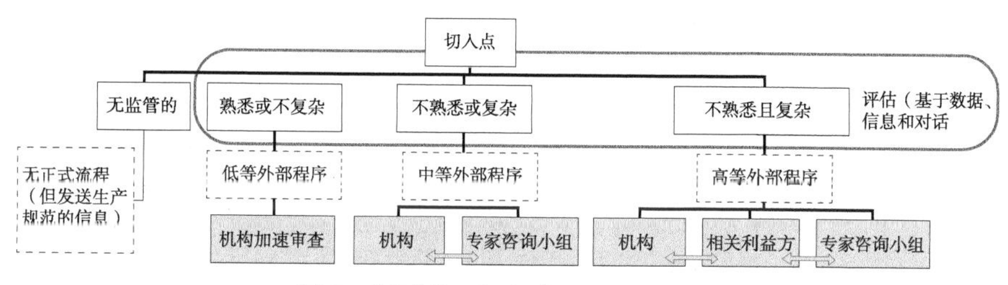

图 2　通过单一切入点纳入监管系统

注意：潜在的产品开发者和利益相关方将从切入点开始着手并提供预期产品的特征及其使用模式。如果产品不受规制，则会通知开发者该产品不受监管。如果产品受监管，将为开发者确定适当的机构。监管机构根据对产品的熟悉程度及其在风险分析方面的复杂性（实线圈出处）来确定路径。根据产品的熟悉程度和风险分析的复杂程度，将采用不同的风险分析程序（虚线框）。对于监管机构熟悉且不复杂的产品，可以在假设相关风险分析流程已经成熟的情况下使用更加快速的程序。对于不太熟悉，很复杂，或不太熟悉且很复杂的产品，可能需要建立更独特的风险分析程序（包含额外的外部信息）。

产品开发者可以使用单一切入点（如图2所示）来评估产品的预期用途是否受特定法规的管制，并确定产品与现有的生物技术产品相比，是否熟悉且不复杂，或不熟悉或复杂，或者不熟悉且复杂。一旦确定，相关机构内的适当流程将用于提供必要的风险分析，以支持监管决定。对于熟悉且不复杂的产品，可能会使用加急程序。对于被确定为不熟悉或复杂或不熟悉且复杂的产品，可能需要新的人类健康和生态风险分析方法来为监管决策提供信息。监管监督综合、分层方法的一个理想特征是，随着时间的推移，最初属于不熟悉或复杂，或者不熟悉且复杂的方框中的产品类型，在评估一个类别中的其他产品的过程中，会根据获得的经验"移动"到复杂性较小或更熟悉的方框中。

（三）建立统一监管机构

美国现有的生物技术监管体系很复杂，且可能使人觉得很零碎，导致该系统对产品开发者（包括个人、非传统组织、小企业）以及消费者、产品用户和利益相关的公众来说难以实施。这种复杂性可能会给未来生物技术产品的开发人员带来不确定性和不可预测性，并可能导致未来生物技术产品监管公信力的丧失。可以说，美国生物技术的监管体系还有很大的完善空间，对于我们国家来说，也非常有必要在国家农业农村部、科学技术部、国家市场监督管理总局、生态环境部、自然资源部、国家卫生健康委员会等基础上建立统一的生物技术监管机构，避免各部门之间的扯皮推诿。

建议考虑制定统一的生物技术法〔8〕或生物安全法〔9〕，指定一个单一的机构来管辖所有生物技术产品（包括新的植物、动物、微生物或昆虫等品种）的监管审批，统一归口管理。这种向单一领导机构的转变将起到至少三个重要作用：保留机构的专门知识，为开发商和公众简化监管制度程序，以及更密切地将监管与风险联系起来。

首先，可以以一个部门为主，如科学技术部，将国家农业农村部、国

---

〔8〕 刘旭霞、刘桂小：《基因编辑技术应用风险的法律规制》，载《华中农业大学学报（社会科学版）》2016年第5期。

〔9〕 2019年10月《中华人民共和国生物安全法（草案）》已经过全国人大常委会一审，目前正在加紧制定完善中。参见全国人大网站报道，载 http：//www.npc.gov.cn/npc/swaqflf/swaqflf.shtml.

家市场监督管理总局、生态环境部等其他部门的现有生物技术监管队伍剥离出来形成一个统一的生物技术局，这样能保持现有的监管能力和知识储备，队伍也基本能够熟悉现有的监管政策。

其次，提高监管效率。美国的多头管理体系导致生物技术产品从实验室到市场通常需要经历一个漫长的过程，例如，在2010年1月至2013年6月期间，美国从开发商提出申请（经过实地试验）到行政机构批准单一性状产品的时间为1210天，而加拿大为771天，巴西为372天[10]。分散管理的体制不仅不利于促进创新，同样也不利于风险监控。因此，统一口径管理有利于开发商熟悉监管流程，开发商只需要直接与一个监管机构打交道，这也便于公众了解国家对生物技术监管的政策机制，方便公众寻求信息的公开，参与相关的决策制定。

最后，统一口径管理便于进行风险评估。有些生物技术评估可能超过某个现有的监管机构的专业范围，有些风险需要系统性评估，统一管理有助于集合各方力量综合审查新生物技术的健康、安全、环境和社会影响。统一口径管理也能最小化机构间的沟通成本，方便相关人员进行磋商，形成较好的信息共享机制。这一过程也将有助于机构进行更全面的考虑，公众也便于从一个口径了解生物技术风险评估的现状。

（四）提高监管水平

生物科技飞速发展，行政机构的监管水平应与新技术、新特征、新风险相匹配，在风险管理和促进科技发展之间取得平衡。监管机构应对未来生物技术的潜在增长做好准备，寻找有效的评估方法，维护公共安全，保护环境。

1. 加强监管机构之间的协调

促进监管机构之间的沟通合作，包括风险评估和有关意外后果的数据收集。可以考虑设立一个专门的"审查"委员会，由相关监管机构的代表组成，审查所有新的生物技术产品，确定某一产品是否免于审查，明确决策程序，方便开发人员确定产品是否免于审查以及哪些产品免于审查。扶

---

〔10〕 See Sarah Gonzalez, "Biotech Backlog: Can USDA Catch Up?", AGRI-PULSEE (June 4, 2014), http: //www. agri-pulse. com/Biotech-backlog-Can-USDA-catch-up-06042014. asp.

持创新，减轻工业界的负担，特别是中小型企业和公共部门研究人员的负担，并且不阻碍创新型“初创企业”进入这一领域。建立快速跟踪产品审查机制。对于常规的已经经过科学实践证明无风险的产品，简化监管程序，加快审查或批准。例如，对于基因位点特异性插入，相关机构可以为每个作物种类绘制基因组图谱，注明插入不具有多效性的位置，从而可以加快使用这些位点的产品的批准过程，减少行业在获得多项审批许可方面的负担。

2. 加强监管机构的能力建设

进行或依靠独立的安全性研究（包括长期或多代动物饲养研究），使用安全可靠的数据，对生物技术产品进行强制性环境评估。对生物技术产品实施上市后监管计划，确保生物技术产品中转基因成分或组成部分的可追溯性。提高监管程序的确定性。开展长期跟踪研究，为基因污染预防战略提供信息，分析转基因污染的长期直接和间接环境以及经济影响。

提升监管机构在综合管理生物技术方面的知识和能力，包括自然科学、法学和其他社会科学。未来产品中将采用大量新技术，监管机构应继续保持各学科领域的知识技能，如脱靶基因效应和表型特征；遗传适应性、遗传稳定性和水平基因转移；对非目标生物的影响；控制生物性状；建模（包括不确定性下的风险分析方法）和生命周期分析；监测和监督；法律风险；以及经济和社会成本效益等领域。

第一，监管机构应建立快速分流进入监管体系的产品的能力，有些产品具有类似于现有产品的特征和使用历史，可以减少监管决策所需的时间和精力，监管机构还应该准备好集中关注确定不熟悉且需要更复杂风险评估的产品的新的风险评估途径。

第二，建立不断探索新风险评估途径的能力，完善评估和处理更复杂风险途径的新方法，并实施相关机制以保持监管机构对其必须应对的新兴技术的了解。

第三，监管机构应共同努力，①通过同行评审和公众参与，在预期公开释放的产品中，试验生态风险评估；②为未来产品制定风险——收益评估方法，同时特别关注功能较不熟悉的未来生物技术产品和公开释放的生物技术产品；③根据需要，汇集跨政府部门的技能和专业知识。

第四，创建一个“生物技术信息交换平台”，为产品开发者、公众、监管部门提供数据、科学证据以及科学和市场经验。

第五，可以成立相关委员会或领导小组定期审查监管机构的科学能力和专业知识水平，以应对未来大量出现的生物技术产品。

3. 加强对生物技术项目的试点工作

促进对不熟悉和复杂的未来生物技术产品的生态风险评估和效益分析的理解和使用，并制定包含外部同行审查和公众参与的迭代风险分析新方法。

生物科学和生物工程的发展速度将开创全新发展局面。为了应对未来生物技术应用的复杂性，监管机构应利用试点项目，总结经验方法，提高监管过程的全面性、有效性。

第一，监管机构应为风险评估的更多迭代过程创建试点项目，这些过程跨越未来生物技术产品的开发周期，即从实验室规模到现场或从原型规模再到全面运营。

第二，政府机构应通过外部独立的同行审查和公众参与，对预期公开释放的产品的生态风险评估和效益分析进行试点。

第三，政府机构应启动试点项目，进行当前产品风险的概率估算，作为对比未来生物技术产品相较于现有生物技术及非生物技术替代品的手段，评估其产生不利影响的可能性。

第四，监管机构应利用试点项目探索向公众和开发者推广的新方法，提升能力水平、评估能力增长需求领域，促进对监管程序的理解。

第五，监管机构应与消费者协会、人力资源部门等机构开展合作，利用试点项目、跨部门协作、共享数据资源和科学工具，试验新的风险评估方法，确保新生物技术产品的消费者安全和职业安全，特别是那些可能涉及新型融资机制、生产方法或分配途径的产品。

（五）加大政策研究投入和教育力度

科学技术部、生态环境部等多家单位应加大生物技术政策研究的投入，将研究教育活动与政策研究科学活动联系起来。

增加对政策研究的投入，使理想的科学进步与现有和预期的监管要求保持一致。应将产品和技术开发进程的早期阶段纳入监管，国家机构可以通过在早期阶段提高科研单位的监管意识来帮助加强监管。制定和实施未来生物技术产品风险分析的长期战略，重点是确定和优先处理不熟悉且更复杂的生物技术产品的主要风险，加大政策研究的资助力度，推动监管手段的进步。为社会科学界提供支持，提供市场化监管信息，以便更好地进行监管。支持与未来生物技术产品相关的道德、法律和社会影响的研究工作。

具有教育使命的政府机构，包括那些支持科学培训的机构，应该确定和资助相关教育活动，通过课程和教育材料，增强研究者及公众对生物技术产品监管体系的认识。监管机构应加强基因工程的公共教育，提高公众对生物技术的认识水平，向公众提供明确、客观的信息，加大相关培训力度，向公众提供简单易懂的信息，说明我们国家机构如何管理生物技术产品及如何协调相关部门的作用和职责。在统一的政府网站上或通过其他集中资源提供此类信息。监管决定所依赖的科学证据和信息应便于向公众获取。相关机构应该为研究人员和业余爱好者制定安全和保障培训计划。

积极吸收公众参与共同治理。提高公众对生物技术的理解和接受程度，并敦促各机构更加积极主动，增加公众参与力度，使共同治理成为一项定期和持续的活动。保持顺畅的沟通机制，帮助利益相关者了解监管体系；捍卫行政机构的科学决策和安全评估；使监管行动更容易理解；并征求关于监管体系运作及其对利益相关者影响的反馈意见。利用相关平台开展研讨活动，促进协调、沟通，增进监管透明度。可以考虑通过社交媒体如微信平台等机制，纠正各种媒体对生物技术和监管机构决定的错误理解。

四、结语

生物经济正在迅速发展，我国生物技术监管体系需要提供一种平衡方法来应对这种扩张产生的利益冲突。这些利益冲突和问题包括支持创新，保护人类健康，保护生物多样性，减少负面环境影响，提高公众对监管过程的信心，提高监管过程的透明度和可预测性，减少不必要的成本和负担，利用来自广大学科的新工具，以及与全球经济的互动等。在未来10年内可能出现的生物技术产品渠道可能会导致颠覆性创新和重大的社会影响；需对未来生物技术产品采取精心平衡、协调的方法。

在未来5~10年内，大量的生物技术产品有可能会对我国的监管体系形成巨大压力，监管手段与未来生物技术产品的预期用途之间的脱节可能会加剧这种情况。产品的数量和复杂性，风险评估的新途径，各种类型的产品（例如，在环境中公开释放或作为直接面向消费者的产品），以及可能的未来产品，与机构权限的复杂比对，随着生物技术的进步，可能会迅速改变。监管手段与生物技术研究和产品开发之间的脱节可能出现一种情况，即在未充分考虑监管要求的情况下构思和设计新产品，这可能导致在开发后期出现意外，如基因编辑婴儿事件。因此需要确保存在持续、高效和有效的监管框架，以继续平衡创新和安全。

监管机构将面临包括工业用途和传统环境释放产品（例如，生物工程或抗除草剂作物）以及各种新型生物技术产品（例如化妆品、玩具、宠物和办公用品）的挑战。预计未来10年生物技术产品的多样性将面临消费者和职业安全监管机构的双重挑战：①需要根据现有法律查明管辖权，以规范所有可能对消费者构成风险的产品；②利用与机构权限一致的现有最佳风险分析工具，提供细致入微的监督，保护劳动者，同时促进有益创新。

需要认真梳理我国现有监管体系，查明监管空白区域或交叉地带，尽可能建立统一的监管机构，进行严格的风险评估和分析。新生物技术产品的安全使用需要严格、可预测和透明的风险分析过程，其全面性、深度和体量反映了未来生物技术应用的范围、规模、复杂性和节奏。过分复杂的监管监督会导致“模仿而非创新”心态生长的风险，并且可能无法适应生物技术创新的步伐。应从国家战略的高度制定我国生物技术发展计划，建立一个与未来发展的范围、规模、复杂性和节奏相匹配的监管程序，提高公众对上市产品安全性的信心。

美国平台责任的历史及其启示

——从《传播风化法》第230条款切入*

沈伟伟**

近年来，随着我国网络侵权事件的不断发生，互联网平台责任的讨论在逐步丰富和深入，相应的法律法规和部门规章也陆续出台。现有的关于民事侵权中互联网平台责任的研究，很多是针对著作权、商标权和反不正当竞争等网络财产权侵权。不少研究从保护财产权权利人的角度出发，并以此为互联网平台责任的正当性提供了有力论证。〔1〕

目前，针对互联网平台责任的认定标准，我国学术界和司法界仍然存在不少争议。一种建议是移植美国的平台责任体系，尤其是美国《传播风化法》（Communication Decency Act）第230条款（简称“第230条款”）

---

* 本文为中国法学会比较法学研究会“2019年度中国比较法学”课题项目“平台责任的历史和未来”（课题编号：CLC1903）研究成果。作者感谢中国法学会比较法学研究会2019年年会参会同仁，对本文初稿提出的意见和建议。

** 沈伟伟，中国政法大学法学院副教授，美国宾夕法尼亚大学法学院法律科学博士。

〔1〕 参见吴伟光：《视频网站在用户版权侵权中的责任承担——有限的安全港与动态中的平衡》，载《知识产权》2008年第4期；刘家瑞：《论我国网络服务商的避风港规则——兼评“十一大唱片公司诉雅虎案”》，载《知识产权》2009年第2期；吴汉东：《论网络服务提供者的著作权侵权责任》，载《中国法学》2011年第2期；刘文杰：《网络服务提供者的安全保障义务》，载《中外法学》2012年第2期。

所确立的“绝对豁免原则”。这个被称作是美国互联网行业基石、甚至创造美国整个互联网的条款,[2] 到底具有怎样的历史意义，尚需审慎评判，但毫无疑问的是，它是长时间各方博弈和互联网技术演变的结果，从而也是透视这一博弈和演变过程及其后果的重要线索。

因此，本文将第230条款作为一个切入点，梳理美国互联网平台责任的历史及其基本理论问题。而第230条款虽属美国法，但它有着超越美国法的普遍意义。借助它，本文将探讨互联网技术沿革对平台责任的影响，分析互联网平台责任的制度背景、内在逻辑与正当性基础，并从比较法的角度，重新思考中国互联网规制的相关问题。

本文认为，特定的历史条件、网络文化和技术政策，塑造了当前美国经验背景下的互联网平台责任体系，即以第230条款所规定的“绝对豁免原则”为基准，以“通知—删除”制度的限制性责任制度为例外。不可否认，多年来，以第230条款为底色的美国平台责任法律制度，确实起到了促进互联网产业的作用，但这一法律制度并不能很好地平衡受害人与网络服务提供者的权益，也由此引发了越来越多的理论和实务的争议。如果不加甄别，就把美国第230条款强行移植到制度背景、法治传统截然不同的中国，不但会影响互联网信息服务的健康发展，更将加重当前国内少数互联网平台与多数社会公众的权力失衡。

本文余下内容分三部分：第一部分梳理第230条款的立法背景和实施现状；第二部分总结美国平台责任的特点；第三部分指出第230条款对中国平台责任法律体系建构的启示。

一、《传播风化法》第230条款的前世今生

1996年，美国时任总统克林顿签署了《传播风化法》。彼时，美国互联网蒸蒸日上，与之相伴，大量低俗内容充斥其中。从法案的名称我们不难猜出其立法初衷，简言之，就是规制互联网上有伤风化的低俗内容，尤其

---

〔2〕 第230条款总计26个单词，美国学者杰夫·克瑟夫（Jeff Kosseff）称之为“创造互联网的二十六个单词”。参见 Jeff Kosseff, *The Twenty-Six Words That Created the Internet*, Cornell University Press, 2019.

是儿童色情类低俗内容。[3] 整部法案的绝大多数条文，也是围绕此初衷而制定。然而，《传播风化法》有一个致命缺陷："低俗言论"本身并非美国宪法传统中的言论类别，并且，法案具体条款的反低俗规定十分模糊（vagueness），导致言论规制太过宽泛。[4] 用劳伦斯·却伯（Lawrence Tribe）的话形容，该法案简直是"打脸"（frontal assault）宪法第一修正案。要知道，从宪法第一修正案制定以来，从未容许过类似"低俗言论"这般宽泛的、基于内容的言论规制。无怪乎劳伦斯·莱斯格（Lawrence Lessig）称之为"极端愚蠢的法案"（A law of extraordinary stupidity）。[5]

果不其然，《传播风化法》生效不到一年，美国最高法院便在网络言论自由第一案——雷诺诉美国公民自由联盟案[6]中，以宪法第一修正案之名，驳回其中的反低俗条款。而该法案中的第230条款，由于没有直接限制言论，侥幸得以留存，并在此后很短的时间内，锋芒毕露。

的确，第230条款埋藏在洋洋洒洒的《传播风化法》之中，即便是当时联合提案该条款的共和党众议员克里斯托弗·考克斯（Christopher Cox）与民主党众议员罗恩·瓦登（Ron Wyden），恐怕也未曾预料到，它对未来二十年美国互联网发展，乃至全球互联网行业格局所带来的深远影响。

彼时1996年，苹果创始人乔布斯还在制作《玩具总动员》、维基百科创始人威尔斯还在运营色情网站、谷歌创始人佩齐和布林尚未从斯坦福退学、脸书创始人扎克伯格还在静候13岁的犹太成年礼。谁能料想二十年后，他们的公司都成了主宰全球互联网的巨擘，其影响力不亚于大多数政府。而这一切，第230条款功不可没。有论者指出，第230条款是美国硅谷崛起

[3] 《传播风化法》最直接的回应对象，就是著名的《瑞姆报告》（Rimm Report）。基于实证研究，这份题为"在信息高速公路上兜售情色"的报告中指出，在当时的Usenet上，83.5%的网络图片都是色情图片。参见Marty Rimm, "Marketing Pornography on the Information Superhighway: A Survey of 917, 410 Images, Descriptions, Short Stories, and Animations Downloaded 8.5 Million Times by Consumers in Over 2000 Cities in Forty Countries, Provinces, and Territories", 83 *Geo. L. J.* 1849 (1995).

[4] Jonathan Zittrain, "Internet Points of Control", 44 *B. C. L. Rev.* 653, 659-60 (2003).

[5] ［美］劳伦斯·莱斯格：《代码2.0：网络空间中的法律》，李旭、沈伟伟译，清华大学出版社2009年版，第249页。

[6] Reno v. ACLU, 521 U.S. 844 (1997).

的核心保障[7]，极大促进了互联网行业的创新[8]，引领互联网走向“诺齐克式”的乌托邦[9]。耶鲁法学院教授杰克·巴尔金（Jack Balkin）甚至直呼其为“一部完美的立法”，并强调它极大地推动了互联网文化的发展。[10]

第230条款最核心的规定是：当信息由第三方提供时，不得将网络服务提供者视为该信息的出版者（publisher）或发言者（speaker）；同时，对于淫秽、色情、过分暴力、网络骚扰等不当言论，当网络服务提供者对其作出规制，或向第三方提供规制技术支持时，免除民事责任。[11] 为什么这个看似不起眼的条款，会给美国互联网带来如此深远的影响呢？要回答这个问题，我们有必要梳理该法案通过前后、美国网络平台责任的制度演变。

（一）1996年之前的美国平台责任制度

在第230条款之前，美国法院针对平台侵权责任的划分，是借由传统的

---

[7] Anupam Chander, “How Law Made Silicon Valley”, 63 *Emory L. J.* 639, 650 (2014); Eric Goldman, “The Best and Worst Internet Laws”, April 20, 2007, available at http://www.informit.com/articles/article.aspx? p=717374.

[8] Adam Thierer & John Palfrey, “Dialogue: The Future of Online Obscenity and Social Networks, Ars Technica”, available at http://arstechnica.com/tech-policy/news/2009/03/a-friendly-exchange-about-the-future-of-online-liability.ars (last visited Dec. 11, 2017).

[9] “Posting of Adam Thierer to The Technology Liberation Front”, available at http://techliberation.com/2009/01/13/web-20-section-230-and-nozicks-utopia-of-utopias (Jan. 13, 2009).

[10] See Jack M. Balkin, “The Future of Free Expression in a Digital Age”, 36 *Pepp. L. Rev.* 427, 434 (2009). (Section 230 “has had enormous consequences for securing the vibrant culture of freedom of expression we have on the Internet today... Section 230 is by no means a perfect piece of legislation; it may be overprotective in some respects and underprotective in others. But it has been valuable nevertheless.”)

[11] See 47 U.S.C. § 230 (c). 值得一提的是，本文主要讨论的是网络服务提供商“不作为”的免责权，而对于本条款第（c）（B）项的网络服务提供商主动实施过滤和删除的免责权，虽然不是本文主要讨论的对象，但在实际案例中也普遍存在。后者典型的案例是，网络服务提供商主动删帖或者注销用户账号，在这类案件中，美国法院大多援引第230条款第（c）（B）项判定网络服务提供商免责。

“出版者（publisher）—传播者（distributor）”二元模式来界定的。[12] 根据这一传统模式，无论出版的内容是由出版者自行发表，还是由他人发表，包括报纸、出版社、电视台在内的出版者均须为其所出版的内容负责。[13] 比如，在纽约时报诉苏利文案中，美国最高法院就认定：报社对他人发布的广告所承担的责任，等同于其对自行发表的新闻报道所承担的责任。[14] 与出版者不同，诸如书店、图书馆、报刊亭等传播者，仅仅在“明知或者应知”的情况下，才对其传播的侵权内容承担责任。[15] 那么，传播者有没有义务对其传播的内容进行事前审核呢？最高法院在史密斯诉加州案中，也给出了否定的答案。[16]

出版者责任较重，传播者责任较轻。这一原则背后的法理逻辑不难理解：出版者有权决定、控制言论的内容，理应承担更严格的侵权责任；而传播者对言论的控制能力不足，若要求其过度承担责任，势必引发其对言论的自行限制，因此，针对传播者，理应适用相对宽松的责任标准。

对于网络服务提供者而言，早期的法院判决，毫无例外地套用此二元模式。厘清这些案件权责的焦点，自然就落在了定性网络服务提供者——是出版者？或是传播者？——这一问题上。其中，最具代表性的两个判例

---

〔12〕 20世纪中叶，美国法院通过一系列判决，为以电话公司为代表的“通道”（conduit）提供者确立了免责先例，“通道”提供者属于“出版者（publisher）—传播者（distributor）”之外的特例。有关出版者和传播者两个主体类型的平台责任讨论，参见 David J. Loundy，“E-Law：Legal Issues Affecting Computer Information Systems and Systems Operator Liability”，3 *Alb. L. J. Sci. & Tech.* 79，138（1993）；Edward J. Naughton，“Is Cyberspace A Public Forum? Computer Bulletin Boards，Free Speech，and State Action”，81 *Geo. L. J.* 409，438-40（1992）；Henry H. Perritt，Jr.，“Tort Liability，the First Amendment，and Equal Access to Electronic Networks”，5 *Harv. J. L. & Tech.* 65，95-108（1992）；Michael I. Meyerson，“Authors，Editors，and Uncommon Carriers：Identifying the ‘Speaker’ Within the New Media”，71 *Notre Dame L. Rev.* 79，118-120（1995）.

〔13〕 在20世纪下半叶，最高法院通过一系列第一修正案案件，认定无论是报纸、出版社、电视台，它都应以“媒介”（intermediary）而非“发言者”（Speaker）的身份进入言论自由思考，而“出版者”便是“媒介”最典型的形式之一。参见左亦鲁：《“基于媒介”模式——大众传播时代的美国言论自由》，载《北大法律评论》2012年第2期。

〔14〕 N. Y. Times Co. v. Sullivan，376 U. S. 254（1964）.

〔15〕 Restatement（Second）of Torts § 581（1977）.

〔16〕 Smith v. California，361 U. S. 147（1959）.

是：1991年的库比案[17]和1995年的斯特顿·奥克蒙案[18]。

1. 库比案

20世纪80年代和90年代，美国的网络平台有三巨头，分别是CompuServe、Prodigy和AOL（American Online）。巧合的是，分别与这三巨头有关的三个案例，成为平台责任在20世纪90年代演变的主线。三巨头所提供的互联网服务各有侧重，但就第三方内容服务而言，却极其相似。大部分的第三方内容都呈现在BBS和聊天室中，并且在这些平台上的第三方内容，都无法实现跨平台转发。如果我们套用现今的技术和商业模式去看，这是相当落后的，但对当时互联网来说，这已是革命性创举。1985年《纽约时报》的一篇文章是这么描述这一创举的："通过调制解调器和拨号上网，电脑用户登录很多根据不同兴趣而设立的BBS板块互相交流。在CompuServe，用户可以从将近一百个板块中做出选择，人们可以找到各种主题，从苹果电脑，到花园装饰，并且能留下你的评论。甚至，你还可以通过电脑，与电话线另一端的其他电脑用户'聊天'。"[19]

从库比案谈起。在库比案中，被告CompuServe作为网络服务提供者的开路先锋，它是20世纪80年代和90年代初全球最大的网络社区，背后的大股东是至今仍有影响的H&R Block税务咨询公司。1990年10月，由于CompuServe的用户在平台上发布诽谤言论，原告库比公司一纸诉诸纽约南区法院。

之前已经提到，美国法院是按照言论传播主体的类型，来确定网络平台责任。于是，本案症结就在于，CompuServe到底是属于"发言者—出版者—传播者"中的哪一类？本案中，CompuServe提供平台供第三方用户交流，自己并不"发声"，因此，排除了发言者一类。同时，CompuServe出于自身业务考量，并未对第三方内容施加审查和编辑。主笔本案判决的是里根总统提名的彼得·雷素尔（Peter Leisure）法官[20]根据上述事实，认定

---

[17] Cubby, Inc. v. CompuServe, Inc., 776 F. Supp. 135 (S. D. N. Y. 1991).

[18] Stratton Oakmont, Inc. v. Prodigy Services Co., 1995 WL 323710 (N. Y. Sup. Ct. 1995).

[19] Martin Lasden, "Of Bytes and Bulletin Boards", *N. Y. Times* (August 4, 1985).

[20] 他也成为美国法制史上第一位审理第三方内容平台责任的法官。

CompuServe 对侵权言论“并不知情或理应不知情”，而且也对侵权言论没有实际控制权。[21] 在这一点上，CompuServe 与图书馆、书店或报刊亭无异，因此，雷素尔法官将其归类为传播者。这是一个决定性的事实认定。

如之前所述，美国法对于言论传播者相对宽容，只要原告不能证明传播者“明知或应知”侵权言论，就无需承担责任。并且，美国法对传播者的问责程度较低，不强求传播者（图书馆、书店或是报刊亭）对其传播的内容（图书和报纸），进行实质审查和过滤。这背后，是一个典型的言论自由法理逻辑——防止传播者为规避法律风险而阻止言论的自由传播。[22] 本案中，法院将 CompuServe 类比于传播者，亦不强求 CompuServe 对其平台内容进行实质审查和过滤。也就是说，根据传统“发言者—出版者—传播者”模式，纽约南区法院把 CompuServe 归入责任最轻的传播者范畴，在其对用户诽谤内容不知情或理应不知情的前提下，认定其无须承担侵权责任。[23]

我们都知道，纽约南区法院属于联邦基层法院，库比公司作为败诉方，本可以选择向高级法院上诉，但库比公司却没有这么做。未上诉的原因很值得玩味。库比公司是一家传媒公司，其创始人和诉讼主要发起人罗伯特·布兰查德（Robert Blanchard），本身就是资深媒体人，还是三届艾美奖（调查报道类）得主。[24] 他在后来被采访时提到，“我觉得法官做出了正确的裁判……我觉得平台责任将给言论的自由传播带来寒蝉效应。我可不想把我自己的名字和这类限制言论自由的行径搞到一起。”[25]

在很长一段时间内，库比案确立的、在涉及第三方内容的案件中将平台定性为传播者的这一先例，都没有遭到挑战。然而，就像劳伦斯·却伯（Lawrence Tribe）在本判决公布后所评论的那样，“法律向来无法轻易调和

---

〔21〕 Cubby, Inc. v. CompuServe, Inc., 776 F. Supp. 135, 140-41 (S. D. N. Y. 1991).

〔22〕 Smith v. California, 361 U.S. 147, 153-154 (1959). 其中，最著名的判词是：“如果书店为其所不了解的内容承担刑事责任，那么，书店就倾向于仅售卖经其审查过内容的书籍。因此，国家就将限制宪法所保护的内容的传播。而书店的负担，也将成为公众的负担，因为限制了书店的内容传播，也就相当于限制了公众接受相应的内容。”

〔23〕 Cubby, Inc. v. CompuServe, Inc., 776 F. Supp. 135 (S. D. N. Y. 1991).

〔24〕 Affidavit of Robert G. Blanchard, Cubby, Inc. v. CompuServe, Inc., 776 F. Supp. 13590 Civ. 6571 (S. D. N. Y. July 11, 1991).

〔25〕 Jeff Kosseff, *The Twenty-Six Words That Created the Internet*, Cornell University Press, 2019, p. 44.

新技术带来的矛盾”，平台责任问题依旧悬而未决。[26] 互联网发展日新月异，网络平台服务的复杂化和精细化，最终把我们带到1995年的斯特顿·奥克蒙案。正是这个案件，为第230条款的横空出世，埋下伏笔。

2. 斯特顿·奥克蒙案

斯特顿·奥克蒙案的被告Prodigy公司是20世纪90年代初第二大网络服务提供者，规模仅次于前述的CompuServe公司。[27] 其中，该案所涉及的网络讨论组“金钱对话”（Money Talk）是Prodigy的王牌板块，也是当时美国最为火爆的财经资讯讨论组。[28] 在该案中，一位匿名用户在Prodigy的“金钱对话”板块上散布诽谤言论，控诉原告斯特顿·奥克蒙公司的管理层实施证券欺诈。[29] 这些诽谤言论随后被网民浏览并大规模传播，最终导致斯特顿·奥克蒙公司的经营业绩在短时间内急速下跌，蒙受巨大经济损失。斯特顿·奥克蒙公司要求Prodigy公司提供散布谣言的用户信息，遭到拒绝，遂诉诸法庭。[30]

接近花甲之年才迎来了互联网的第一次浪潮。[31] 66岁的埃因法官，在分析完案情和双方提交的证言之后，并没有将网络平台定性为图书馆、书店或报刊亭之类的传播者，而是将其定性为出版社、报社之类的出版者。埃因法官之所以做出与库比案截然不同的认定，主要基于如下事实：Prodigy为了更好地管理平台，对平台上的内容实施了“编辑控制”（Editorial Control），在一定程度上对平台内容施以甄别，主动删除掉一些不良内容。在埃因法官看来，恰恰是这种编辑控制，使得Prodigy在法律定性上，更趋同于传统的出版社、报社等出版者。

---

〔26〕 Lawrence Tribe, *CompuServe Wins Libel Suit, Question of Bulletin Boards Remains*, Associated Press, 1991.

〔27〕 Shapiro, Eben, “THE MEDIA BUSINESS: New Features Are Planned By Prodigy”, *The New York Times*, September 6, 1990.

〔28〕 Stratton Oakmont, Inc. v. Prodigy Services Co., 1995 WL 323710 (N. Y. Sup. Ct. 1995).

〔29〕 Stratton Oakmont, Inc. v. Prodigy Services Co., 1995 WL 323710 (N. Y. Sup. Ct. 1995).

〔30〕 Stratton Oakmont, Inc. v. Prodigy Services Co., 1995 WL 323710 (N. Y. Sup. Ct. 1995).

〔31〕 除了主笔Prodigy案的判决之外，翻遍埃因法官履历，最引人瞩目的，恐怕就只有在此前一次开庭中，公开辱骂阿拉伯裔律师并对其竖中指，从而遭到纽约州司法行为纪律委员会的公开谴责。参见State of New York, Commission on Judicial Conduct, in the Matter of the Proceeding Pursuant to Section 44, Subdivision 4, of the Judiciary Law in Relation to Stuart L. Ain (Sept. 21, 1992).

为了支持这一论证，埃因法官搬出了20世纪70年代，最高法院认定出版自由限度的著名案件：迈阿密先驱报案[32]。在该案中，美国最高法院认定，报社在刊载内容的选择上，并非完全被动，实际上，报社向来都是主动选择其刊载的文章、评论和广告。本案中，Prodigy动用技术和人力手段，管理其网络平台上的文章和评论，属于"编辑控制"范畴。据此，埃因法官认定Prodigy与传统的报社性质无异，属于出版者，而非仅仅是传播者。这样的法律主体属性认定，与四年前的CompuServe截然不同。按照出版者责任的较高标准，纽约最高法院判定Prodigy应当对其平台的诽谤言论承担责任。[33]

按照纽约最高法院的逻辑，Prodigy公司既然选择履行"编辑控制"职能，理应尽职尽责，如果其网络平台上涉嫌诽谤的帖子未能及时删除，那么，Prodigy公司就应承担责任。换言之，Prodigy公司为了维护其网络平台，耗费人力审核、引进技术过滤，而其承担的法律责任（出版者责任）却比放任无为的其他网络平台（比如前述CompuServe公司）更重，好心遭恶报。在网络内容过滤技术和地域屏蔽技术尚未成熟精进的1995年，若按此标准，理性的网络服务提供者会毫不犹豫地选择放弃"编辑控制"职能，将鸵鸟头埋进沙子里，以免被归为Prodigy公司这样的"出版者"，承担不必要的法律风险。

（二）第230条款、泽兰案和绝对豁免原则

正是在这一背景之下[34]，第230条款应运而生。[35] 众议员考克斯的国会陈述阐明了第230条款的两个立法目的：其一，作为对Prodigy案件的直

---

〔32〕 Miami Herald Publishing Co. v. Tornillo, 418 U.S. 241, 258 (1974).

〔33〕 颇具讽刺意味的是，斯特顿·奥克蒙公司在此案一年之后便宣告倒闭。公司创始人乔丹·贝尔福特（Jordan Belfort）因证券欺诈罪和洗钱罪锒铛入狱，其在狱中书写的自传《华尔街之狼》，被马丁·斯科塞斯（Martin Scorsese）搬上荧屏。现在回过头来看，斯特顿·奥克蒙案所涉的诽谤言论，也未必全是空穴来风。

〔34〕 141 Cong. Rec. H8470 (August 4, 1995).

〔35〕 罗伯特·坎农（Robert Cannon）对于《传播风化法》立法史的研究，揭示了当时以AOL为代表的美国网络服务提供者对于Prodigy案的抨击和对新法案的诉求。参见Robert Cannon, "The Legislative History of Senator Exon's Communications Decency Act: Regulating Barbarians on the Information Superhighway", 49 *Fed. Comm. L. J.* 51, 49 & n.35 (1996).

接回应，它确立了“善良的撒玛利亚人法律”（Good Samaritan Laws）[36]，目的是确保网络服务提供者在对平台言论实施积极监管之后，不被定性为出版者，从而遭致更严苛的侵权责任。[37] 其二，在当时互联网无政府主义思潮的影响下，[38] 它明确了联邦政府不应针对新兴的互联网行业施加内容管制。[39]

然而，在1996年《传播风化法》通过之初，所有人的目光都聚焦在其反低俗条款上。起初，第230条款也被解读为规制色情内容的政策之一。[40] 第230条款平台责任规则，就像一处隐秘的宝藏，而第一次撬开这处宝藏的，便是1997年的泽兰案。[41]

泽兰案的被告是美国20世纪90年代另一个火爆的网络平台：American Online（AOL）。1995年4月19日的俄克拉何马城爆炸案，导致近千人伤亡，包括联邦大厦在内的城区多栋建筑被毁。爆炸案仅仅过去6天，AOL的一位匿名用户，盗用原告泽兰身份，在AOL经营的网络社区上，兜售一件订制T恤衫。这件T恤衫上印着有关爆炸案的羞辱性标语，并附上泽兰的个人电话作为卖家联系方式。此举引爆了AOL网络社区对泽兰的一致声讨。接下来的一段时间里，泽兰平均每两分钟就接到一个电话，电话的另一端充斥着辱骂和人身威胁的言语。祸不单行，几天后，俄克拉何马城当地的广播电台未经核实，也转发了AOL上的这则诽谤言论。于是，针对泽兰的骚扰风暴，变本加厉。[42]

无奈之下，泽兰求助AOL，要求其删除其平台上的T恤衫广告链接。AOL做出了简单回应，但却并未及时清除其平台上的诽谤言论。于是，泽

---

〔36〕 典故出自《圣经·新约》，当一个犹太人遭抢劫，身负重伤，祭祀和利未人路过却均未施以援手，而一个善良的撒玛利亚人（犹太人仇敌）救其性命并施以照顾。“善良的撒玛利亚人法律”借此隐喻，特指在紧急状态下，施救者因其无偿的救助行为，应当被免除责任的法律条文。

〔37〕 141 Cong. Rec. H8469-8470 (August 4, 1995).

〔38〕 参见［美］约翰·佩里·巴洛：《网络空间独立宣言》，李旭、李小武译，高鸿钧校，载《清华法治论衡》（第4辑），清华大学出版社2004年版，第509页。

〔39〕 141 Cong. Rec. H8469-8470 (August 4, 1995).

〔40〕 141 Cong. Rec. H8469-8470 (August 4, 1995).

〔41〕 Zeran v. America Online, Inc., 129 F. 3d 327 (4th Cir. 1997).

〔42〕 Zeran v. America Online, Inc., 129 F. 3d 327 (4th Cir. 1997).

兰便愤而起诉 AOL，理由有三：AOL 未及时删除第三方发布的诽谤言论、AOL 拒绝公告澄清诽谤言论、AOL 未能合理过滤后续的诽谤言论。[43] 其中，泽兰试图回到“出版者—传播者”模式，并提出一个理据充分的主张：第 230 条款仅仅免除了网络服务提供者作为出版者的责任，但是，并没有免除其作为传播者的责任。由于泽兰已经明确告知 AOL 侵权事实，然而同样的侵权内容还是反复出现在 AOL 的平台上，因此，在“明知或应知”侵权事实的情况下，AOL 必须承担与书店或者报刊亭一样的传播者责任。本案经地区法院审判后，来到了美国联邦第四巡回法院。[44]

主笔此案判决的哈维·威尔金森（Harvie Wilkinson）法官出生于纽约，成长在南方。他的履历亮点与 20 世纪 80 年代美国新自由主义（Neoliberalism）复兴的两位大佬密切相关：[45] 1972 年法学院毕业后，他来到最高法院，成为保守派中坚力量鲍威尔法官的法官助理；后来在新自由主义教父里根总统麾下的司法部任职，再被后者提名为联邦第四巡回法院法官。[46] 威尔金森法官的判决，向来以偏保守主义而著称，泽兰案亦不例外。

威尔金森法官认为，第 230 条款立法本意，就是免除网络服务提供者对于第三方内容的责任，将网络服务提供者的责任与传统的出版商责任区分开来。沿袭这一思路，威尔金森法官对第 230 条款扩大解释，认为立法本意既然免除了更为严格的出版者责任，也自然免除了相对宽松的传播者责任，因此，他拒绝将 AOL 主观过错作为判断其是否侵权的要件。除了援引第 230 条款促进互联网发展的立法原则之外，威尔金森法官还继续论述了豁免 AOL 的另外两个理由：第一个理由，涉及互联网的实际运作。互联网用户人多口杂。如果众多网民都向网络服务提供者发送删帖请求，而每一项请求都要求网络服务提供者作出仔细而高效的审核，可以想见，网络服务提供者根本无力处理如此海量的请求。换句话说，“通知—删除”这样的制度

---

[43] Zeran v. America Online, Inc., 129 F. 3d 327 (4th Cir. 1997).

[44] Zeran v. America Online, Inc., 129 F. 3d 327 (4th Cir. 1997).

[45] 关于美国 20 世纪 80 年代法律领域的保守主义复兴，参见 Steven Teles, *The Rise of the Conservative Legal Moment: The Battle for Control of the Law*, Princeton University Press, 2012.

[46] Judge J. Harvie Wilkinson, "U.S. Court of Appeals for the Fourth Circuit", available at http://www.ca4.uscourts.gov/judges/judges-of-the-court/judge-j-harvie-wilkinson-iii.

设计，对于网络提供商而言，可谓“不可承受之重”（impossible burden）。第二个理由，关乎言论自由。威尔金森法官认为，如果“通知”成为侵权认定标准，那么，网络服务提供者为了规避法律风险，势必会在收到通知之后不加区别地执行大面积“删除”，这将会导致寒蝉效应（Chilling Effect），给网络言论自由带来威胁。[47] 据此，威尔金森法官裁定 AOL 免责。

同时，泽兰案所采用的“三要素”分析，也成了后续网络平台责任案件的经典分析模式：首先，认定被告是不是网络服务提供者；其次，认定原告的主张是不是将被告认定为侵权信息的发布者；最后，认定侵权信息是不是由第三方提供。[48] 如果案件符合这三个要素，法院就可以依据第 230 条款裁定网络服务提供者免责。

于是，面对泽兰案后的网络侵权问题，美国法院几乎一边倒地站在网络服务提供者这边。就这样，泽兰案打开了潘多拉魔盒，在随后多个案件中，美国法院（尤其是审理互联网案件最密集的联邦第九巡回法院和加州各地区法院）纷纷援引第 230 条款以及泽兰案的扩大解释，由此确立了针对网络服务提供者的“绝对豁免原则”（Absolute Immunity）。[49]

（三）绝对豁免原则的限制

有原则就有例外，第 230 条款尚有两处对绝对豁免原则的限制。第一处限制是第 230 条款区分了网络服务提供者（Internet Service Provider）和网络内容提供者（Internet Content Provider）。网络服务提供者在某些情况下，可能会被视为网络内容提供者，从而丧失免责权。

这种情况最具代表性的案例，便是 2008 年的住房平权委员会诉 Roommates 网站案[50]。主笔此案判决的，是联邦第九巡回法院首席法官亚历克斯·柯辛斯基（Alex Kozinski）。原告住房平权委员会主张，房屋租赁中介

---

〔47〕 Zeran v. America Online, Inc., 129 F. 3d 327 (4th Cir. 1997).

〔48〕 Schneider v. Amazon. com, Inc., 31 P. 3d 37, 39 (Wash. Ct. App. 2001).

〔49〕 截至 2016 年 10 月，美国司法系统已经有 272 份判决援引泽兰案，高居同类案件榜首（历史更长的斯特顿·奥克蒙案也仅有 44 份引用判决）。

〔50〕 Fair Housing Council of San Fernando Valley v. Roommates. Com, LLC, 521 F. 3d 1157, 36 Media L. Rep. (BNA) 1545 (9th Cir. 2008).

网站 Roommates 要求用户在注册账户时，主动提供性别、性取向、有无子嗣等个人信息，违反当地住房管理条例中的反歧视条款。Roommates 网站援引第 230 条款抗辩。柯辛斯基法官认为，一个网站根据具体侵权事实，可以分饰两角——既可以是网络服务提供者，也可以是网络内容提供商。法院认定，Roommates 网站设计个人信息的问卷和问卷答案选项，并将其作为注册账户时的必填项目，这本身就是属于提供内容的方式。同时，用户在 Roommates 网站搜索房源时，Roommates 网站根据其偏好给出搜索结果，这些搜索结果也属于 Roommates 网站提供的内容。因此，就这些机器生成的内容，Roommates 网站应当被认定为网络内容提供者，而非网络服务提供者。〔51〕进而，Roommates 网站就该部分内容，不能享受第 230 条款所提供的免责优待。这一判决从某种程度上，释放了联邦第九巡回法院意欲加强平台规制的信号。事实上，按照柯辛斯基法官的标准，网络服务提供者向网络内容提供者的角色转变普遍存在，如果其他美国法院采取这个标准，前述不少案件很可能会被翻案。

第二处对免责权的限制，是第 230 条款自身的限制性条款：当本条款与刑法（尤指淫秽内容和儿童色情内容）、知识产权法、和 1986 年《通信隐私法》相抵触时，不适用本条款。〔52〕在实际的案例中，除了刑事案件和著作权案件之外，其他各类案件法院在适用时，至今尚未形成统一的司法裁判规则〔53〕。刑事责任凌驾于绝对豁免原则自不待言。〔54〕著作权责任压倒绝

〔51〕柯辛斯基法官也同时判定，对于 Roommates 网站上的用户评论，属于第三方提供的内容，因此，Roommates 网站就这一部分内容仅仅属于网络服务提供者，享有第 230 条款所给予的免责优待。

〔52〕47 U. S. C. A. § 230（e）.

〔53〕例如，在原告主张适用 1986 年《通信隐私法》案件中，美国法院倾向于赋予网络服务提供者免责权。［举例参见 Doe v. GTE Corp.，347 F. 3d 655（7th Cir. 2003）］其原因有二：其一，1986 年《通信隐私法》本身就是刑事责任和民事责任兼备的法案，与刑事责任可以直接适用刑事责任条款；其二，1986 年《通信隐私法》的规制客体主要是指通信基础设施运营商（如电话运营商、网络接入商等），其承担民事责任标准集中在运营商主动实施非法窃听或非法披露个人信息的情况（参见美国最高法院审理的著名案件 Bartinicki v. Vopper，532 U. S. 514），而非像网络服务提供者被动承担第三方的侵权责任。

〔54〕例如在人民诉博拉尔特案中，博拉尔特一边运营爆料诽谤“前任”恋人的网站，一边运营定向付费删除前述爆料内容，左右互搏，不法牟利。美国法院推翻了其第 230 条款免责权主张，认定其侵权。See：People v. Bollaert，248 Cal. App. 4th 699，732，203 Cal. Rptr. 3d 814，842（2016）.

对豁免原则，主要是得益于 1998 年国会通过的《千禧年数字版权法》（“Digital Millennium Copyright Act”，简称 DMCA）。DMCA 第 512 条款所规定的“通知—删除”规则和“红旗”规则，为包括中国在内的全球很多地区的网络著作权规制，提供了范本。

二、美国互联网平台责任的特点

纵观第 230 条款的前世今生，并从欧盟与美国规制比较的角度来观察，美国互联网平台责任有着非常鲜明的特点。

第一，对于网络服务提供者和网络内容提供者的区分，美国的平台责任规则规定相对模糊，从现有的判例来看，美国法院更倾向于认定网络服务提供者。第 230 条款对于网络服务提供者的定义与欧盟的列举式定义有所不同。欧盟规定的受限制免责权，只赋予法律明文列举的提供纯通道、缓存和服务器的提供者（mere conduit，caching，and hosting providers）。[55] 与之相对应，美国的第 230 条款给予网络服务提供者非常宽泛的定义。如前文所述，相较于网络内容提供者，网络服务提供者所需要对其平台内容所承担的责任，要轻得多。

第二，与欧盟不同，美国法院从泽兰案开始，在解读第 230 条款时，对于不同类型的网络侵权，给予网络服务提供者较为宽泛的免责权。也正是在此意义上，我们可以看到，美国法院在解读第 230 条款时，延续了里根时期遗留下的新自由主义传统，带入了对美国互联网产业发展的思考，最终塑造了上述对网络服务提供者相对宽容的规制图景。

第三，对于涉及刑事责任或涉及财产权的网络侵权，网络服务提供者需要承担一定责任。然而，对于人身权的保护，美国的平台责任制度有着显著缺陷。这样的不对称保护，很大程度上是受到特殊利益群体的影响。[56]

---

〔55〕 欧盟电子商务指令（Electronic Commerce Directive 2000/31/EC）.

〔56〕 许多美国学者对此都有相关研究，参见 William M. Landes & Richard A. Posner, The Political Economy of Intellectual Property Law, 25 (2004); Julie E. Cohen, “Pervasively Distributed Copyright Enforcement”, 95 *GEO. L.J. 1*, 24-25 (2006); John Logie, “A Copyright Cold War? The Polarized Rhetoric of the Peer-to-Peer Debates”, *First Monday* (July 7, 2003), available at http://firstmonday.org/article/view/1064/984; Timothy Wu, “Copyright's Communications Policy”, 103 *Mich. L. Rev.* 278, 350-56 (2004); Jessica Litman, Digital Copyright (2006); ［美］劳伦斯·莱斯格：《代码 2.0：网络空间中的法律》，李旭、沈伟伟译，清华大学出版社 2009 年版，第 337 页。

第四，美国宪法第一修正案为绝对豁免原则，提供了有力保障。一方面，在美国法院解读第230条款时，嵌入了宪法第一修正案的考量，即要求网络服务提供者承担传统的传播者责任，可能会促使网络服务提供者为规避法律风险而执行严格审查和过滤，侵犯网民的言论自由权利。另一方面，美国各州立法机关对于网络言论规制和相关平台责任的一些尝试，也屡屡受到宪法第一修正案的狙击。

三、对中国的启示

综合上述诸多因素，美国由于其历史上的制度背景，确立了带有强烈本土特色的互联网平台责任制度：普通网络侵权适用第230条款，在特殊领域（诸如著作权侵权）适用“通知—删除”归责原则。换言之，美国的平台责任制度是以“绝对豁免原则”为基准，以“通知—删除”规则的限制性责任制度为例外。

从比较法的层面上，我们可以看到，相较于欧洲、日本、加拿大、澳大利亚等其他发达国家，美国法院从泽兰案开始，在解读第230条款时，对于不同类型的网络侵权，适用相对宽松的平台责任标准。[57] 也正是在此意义上，我们可以看到，无论是国会最初关于第230条款的立法思路，还是美国法院针对第230条款的解读，甚至是行政监察体系长期以来对于电信和互联网行业的宽松管制，都延续了里根时期遗留下的新自由主义传统，带入了对美国互联网行业放任自由、宽松管制的思考，并且延续其宪法第一修正案对于言论自由保护的传统，最终塑造了上述对平台相对宽容的规制图景。

二十年来的实践表明，当第230条款和其背后的“绝对豁免原则”成为互联网平台责任制度的底色时，它给整个互联网治理体系带来了什么？这种平台责任制度的代价是什么？根据上述分析和阐释，我们看到美国的

---

〔57〕 欧洲多数判决对平台适用相对严格的责任。参见 Delfi AS v. Estonia，［2015］ECtHR 64669/09. 而2018年实施的《通用数据保护条例》（GDPR）也要求，数据控制者在一些情况下需要根据数据主体的请求而删除相关内容。与之类似，日本、加拿大、澳大利亚也都确立了“通知—删除”制度为平台责任的基本原则。日本参见 Act No. 137 of 2001；加拿大参见 Carter v. B. C. Federation of Foster Parents Ass'n, 2005 BCCA 398 (Ct. App. British Columbia 2005)；澳大利亚参见 Piscioneri v Brisciani［2015］ACTSC 106 (Sup. Ct. of the Australian Capital Territory 2015).

这一平台责任法律体系，并不能很好地平衡受害人与网络服务提供者的权益，也已经引发了越来越多理论和实务上的争议，在可预见的将来，必将遭到挑战。[58]

远隔大洋一端的中国，有着不少与美国相似的互联网制度特色，比如网民数量巨大、网络侵权案件纷繁多样、政府对互联网产业的引导促进态度。但更值得我们留意的是，我国的互联网发展有着不同的技术变革轨迹、法律制度背景和网络文化理念。这些带有充分地方性特色的因素，[59] 对于我们借鉴美国的平台责任法律制度，有着重要的意义。但站在互联网发展的风口浪尖，无论是在法理上，还是在实践中，有关美国第 230 条款法律移植和其背后平台责任制度的讨论，针对的恰恰是平台责任或有或无、或轻或重的这一普遍问题。中国可以、也应当吸取美国互联网平台责任规制的经验和教训，既要发展互联网产业，保护互联网信息服务提供者，也要关注公共利益，保护公众权益，探索出符合自身特色的互联网平台责任制度。

---

〔58〕 近年来，美国的法院、国会、各州立法机关、联邦行政机关和各州行政机关，也开始逐步转变它们对于平台责任的态度，一次次瞄准第 230 条款，不断挑战“绝对豁免原则”，试图重新确定平台责任标准。比如，2017 年 4 月 11 日，美国总统特朗普签署了 FOSTA（Allow States and Victims to Fight Online Sex Trafficking Act）法案。该法案把目标对准了为网络性交易提供便利的平台，并在网络性交易的平台责任这一领域，明确取消了第 230 条款所赋予平台的、涉及民事责任的完全豁免。尘封二十余年之久未被改动的第 230 条款做出了增补，追加一个新条目匹配 FOSTA 法案，亦即第（e）项第（5）条目。参见 47 U. S. C. A. § 230（e）（5）.

〔59〕 参见［美］克利福德·吉尔兹:《地方性知识——阐释人类学论文集》，王海龙、张家瑄译，中央编译出版社 2000 年版。

司法裁判的悖论与人工智能

——基于系统理论的观察*

童圣侠**

一、引言

早在17世纪，通过“计算”的方法来塑造法律秩序的理想就已经扎根于法理学的历史之中。这种理性主义的理想以不同的形式参与并影响着近现代法律思想的演化和发展。在诸多重要法学流派的理论中都或多或少地蕴藏着这种“计算”理想的身影。即便是那些反对该理想的理论，在多数情况下其反对的也并非“计算”本身，而是“计算”的现实性。作为法律的基本特质之一，法律的“确定性”要求似乎决定了，关于“计算”方法的研究必然在法理论的界域中占据着极其重要的地位。

自20世纪50年代开始，计算机科学的进步和人工智能的出现为该理想的实现提供了新的可能性。而互联网和大数据的发展则似乎正在使这种可能性逐渐转变为现实性。人们开始乐观地预期人工智能在维护法律确定性、促进同案同判原则的落实以及限缩法官裁判中的主观性等方面的积极作用。

---

* 本文为2019年中国法学会比较法学研究会年度课题项目“司法裁判的悖论与人工智能：一项基于系统理论的观察”（课题编号：CLC1904）的结项成果。

** 童圣侠，浙江财经大学法学院讲师。

也正是基于这样一种考量，从2016年开始，在国家政策的大力推动下，人工智能技术一跃成为推进我国司法改革的重要抓手。这意味着现代科技发展带来的高强度和高质量的“计算”能力被寄予厚望，用以促进我国“审判体系和审判能力”的改革和进步。

然而事物的正反两面总是相伴相生。人工智能相对于传统科技手段的特殊性正在引起法学家们的担忧。基于“深度学习”技术，人工智能具备一定的自主认知和决策能力。这意味着法官在使用人工智能的过程中，两者间的关系不再是单向的使用与被使用、服务与被服务的主客体关系。人工智能有可能反客为主自主调整其服务内容，影响甚至支配法官的判断。[1]因此，法学家们开始担心在政策推广下，对人工智能的过度使用不仅无法实现改革目的，还会从根本上破坏现代司法制度的基石。

人工智能展现出来的能力和潜力对于决策者而言无疑具有巨大的吸引力。即便是最谨慎的决策者也很难全盘拒绝这种技术带来的决策效率和质量上的改善。务实的问题或许在于界限何在？事实上，学者们已经对该问题进行了不同程度的研究和讨论，且相对一致地主张应当将人工智能作为裁判辅助工具来使用，充分保障法官的裁判权。然而，这一主张对于解决“界限何在”问题的意义实在有限。一方面，就人工智能的上述特性而言，法官一旦开始使用人工智能，那么不可避免地会受其输出结果的影响。所以，若我们接受“人机交互”的裁判方式，也就相当于接受了人工智能对法官裁判的影响。而影响之大小在很大程度上将取决于法官内心的偏好。所以，要基于此来划分界限，似乎缺乏可行性。而由法官来决定是否采用人工智能输出的结果[2]，也会进一步产生法官裁量标准的一致性问题。

另一方面，人工智能的应用是否会影响法官行使其裁判权这一问题也需要进一步讨论。首先需要明确的是，所谓“机器人法官”的概念依然只是概念。至少就目前而言，政策制定者和理论家从未试图用人工智能替代法官进行裁判。人工智能与法律研究领域的学者对此有非常明确的意识。

---

〔1〕 陈景辉：《人工智能的法律挑战：应该从哪里开始?》，载《比较法研究》2018年第5期，第144页。

〔2〕 类似的意见可参见王禄生：《司法大数据与人工智能技术应用的风险及伦理规制》，载《法商研究》2019年第2期，第110页。

他们强调："人工智能研究项目一直在放弃任何篡夺法官自由裁量推理的企图。人工智能研究的目标不是建立一个自动法官这一不可能实现的梦想（或噩梦），而是开发支持司法活动的实用工具，以及理解和建模司法决策的新分析工具。"[3] 因此，值得注意的问题应当是：用人工智能系统辅助法官裁判是否有损于裁判权的行使？从现有的观点来看，学者们一方面认为一定限度内用人工智能辅助裁判是无害，甚至有益的，另一方面则显然认为法官不应当仅依据人工智能输出的结果进行裁判。"人机交互"不应当演变为人依赖于机器进行裁判。所以，有意义的问题似乎就变成了：若法官完全依赖人工智能进行裁判，是否有损于裁判权的行使？

在当下的研究中，大致存在两种与此相关的观点：第一种观点认为，人工智能的运作机理决定了其不具备司法裁判所必需的"思维"能力，因此依赖人工智能无法作出好的判决。[4] 这些研究均正确地指出了现有人工智能系统因其技术上的局限而导致的能力上的缺陷。但一方面，有些技术上的缺陷是暂时的，不足以成为一个关于司法人工智能的普遍理论的基础。另一方面，技术特征以及相应的能力缺陷与人工智能的司法能力之间的关系并没有得到充分澄清。事实上，算法本身的特征所致的一些固有缺陷并不妨碍人工智能可能成为更好的司法决策者。[5] 这不仅关乎人工智能的技术与能力，也取决于我们对司法的性质以及什么是"好的司法决策"的理解。

第二种观点是规范性的。一些学者认为，法官在裁判中依据人工智能

---

[3] G. Sartor and L. Karl Branting, "Introduction: Judicial Applications of Artificial Intelligence", *Artificial Intelligence and Law*, 1998 (6), 106.

[4] 类似的观点参见吴习彧：《司法裁判人工智能化的可能性及问题》，载《浙江社会科学》2017年第4期，第53页；冯洁：《人工智能对司法裁判理论的挑战：回应及其限度》，载《华东政法大学学报》2018年第2期，第25页；张保生：《人工智能法律系统：两个难题和一个悖论》，载《上海师范大学学报（哲学社会科学版）》2018年第6期；高翔：《人工智能民事司法应用的法律知识图谱构建——以要件事实型民事裁判论为基础》，载《法制与社会发展》2018年第6期，第77页；江秋伟：《论司法裁判人工智能化的空间及限度》，载《学术交流》2019年第2期，第96、97页。

[5] 例如，所谓亲历或共情能力本身是否是作出一个好的司法决策所必要的能力这一点并没有得到充分说明。再如，人类法官对于案情的建构和法条的理解确实依仗于其个人对相关"情境"的理解能力，而人工智能则不具备这样的"理解"能力，但事实上人类对于信息的处理方式并不一定优于人工智能处理信息的逻辑与方式。

进行裁判，有违基本司法原则。〔6〕 然而，这一观点也需要进一步检视。首要的问题在于仅“法官依据人工智能进行裁判”的事实是否违背这些司法原则。相关的讨论主要集中于司法独立和司法公开原则。以司法独立原则为例，该原则实质上是一种权力配置原则，并不排斥多元化的信息沟通渠道。“法庭之友”“专家证人”等制度均在很大程度上弥补了法官在信息收集和使用方面的局限，对法官的裁判已经产生了重要的影响，也并未遭受有损司法独立的责难。在这一意义上，人工智能或许能够更好地完成任务。相较于身份复杂且背负不同利益诉求的法庭之友和专家证人，没有情欲的人工智能能够以更低的信息获取和鉴别成本，使法官获得更加全面、客观和有效的信息。而对于司法独立保障的关键主要在于确保法官享有对相关信息之采纳与否的决定权。因此，真正关乎司法独立问题的或许是人工智能技术背后的技术权力、经济权力和政治权力可能以人工智能为载体影响司法裁判权的行使。而这是一个相关但截然不同的问题。它应关注的并不是法官应当在何种限度内使用人工智能裁判的问题，而是诸如建立司法人工智能应用的准入审查程序，或是规范法官与人工智能的交互程序等，关于如何在法律与技术之间建立恰当的沟通程序的问题。

同样，主张因人工智能具有“黑箱”特征，法官依据人工智能进行裁判，违反了司法公开原则的观点也存在问题。司法公开原则通过公开司法过程，来消除法官在决定过程中的神秘性，以获得当事人和社会公众的认可。从表面上看，人工智能所谓的“黑箱”特征似乎不符合公开的要求，但事实上具有“黑箱”特征这一事实本身并不必然导致人工智能的应用违背公开原则。人类法官在裁判过程中的心理过程同样具有神秘性，司法公开所能实现的仅仅是外观上的公开，并不能真正改变这种法官心理的不可知状态，但这并不妨碍司法公开的实现。所以，对于司法公开原则而言更重要的或许是法官能否基于人工智能的结果，给出充分的论证理由。现代司法制度围绕着人类争议处理过程中产生的问题建构而成，相应的规范也

〔6〕 季卫东：《人工智能时代的司法权之变》，载《东方法学》2018 年第 1 期，第 132 页；王禄生：《司法大数据与人工智能技术应用的风险及伦理规制》，载《法商研究》2019 年第 2 期，第 105 页。

始终以调整人的行为以及人与人之间关系的方式，来保障司法公正的实现。所以“人机交互”这种新的裁判形式超出了传统规范可及的视域，除非这种新的形式所引发的仍是传统的问题，例如不当干涉司法权的问题，或是机器引发的歧视和偏见问题，否则无法仅就“人机交互”形式本身就断定其有违司法原则。

综上所述，目前的研究尚未充分证明法官依据人工智能进行裁判将损害裁判权的行使，所以强调“人工智能应用之界限或限度”的意义也尚未得到阐明。要正确理解和回答上述研究引发的问题，需要对现代司法制度中法官缘何具有如此重要之地位有更深入的认识。这涉及现代社会中司法裁判面临的困境以及由此产生的司法裁判的基本特征。而这些困境和现象往往潜在于既有的司法裁判以及相关制度背后，尽管其影响着司法裁判的运转和变革，但却少为法律人所察觉。法学家们的观察和思考往往受既有司法原则和理论的支配。基于此种内部观察视角，司法人工智能的概念就成了令人失望的根源，并被呈现为一种越轨的现象。因此，这种出于内部的排异反应是可以理解的。然而，这种视角却无法有效地对人工智能带来的挑战作出应对，并可能导致人们在理论构建中的逻辑混乱，以及对人工智能的盲目拒斥。最终导致人们除了强调确立人工智能在裁判中的工具或辅助地位之外，无法提出更多有助益的观点。而人机交互过程中必然导致主客体关系的相对化效应并最终将使这一建议也丧失意义。

据此，一种基于外部视角的观察或许是必要的。本文将以卢曼的法律系统理论为基础，观察和描述现代司法裁判的运作机理，寻求正确理解司法人工智能与法官之间关系的方式。法律不仅是法律人的法律，亦是社会的法律。法律运作固然有其自身逻辑，但其绝非在真空中运行。可以说，法律系统的分化及其自主性就是现代社会的产物，而围绕着法官构建的现代司法制度亦建立在现代社会的基础之上。本文将透过系统理论的观察揭示现代社会的复杂性决定了司法裁判面临的决定悖论和去悖论化任务。以此为基础，尝试对司法人工智能在现代司法制度中可能扮演的角色以及其与法官的恰当关系进行理论建构。

二、系统理论视角下的司法裁判

（一）司法裁判的悖论

在卢曼看来，司法系统在现代法律制度中之所有占据如此重要的地位，不仅因为其体现和保障了某些法治价值，更是因为其必须直面现代社会带来的法律实践困境。他曾讲述了一个关于塔木德之起源的著名故事以说明这种实践困境："一位老师被问及他对他的学生所争论的问题的判断。第一个学生解释了他的观点。老师想了很久，回答说：'你说得对'。接着，第二个学生提出反对意见，并给出了自己的理由。老师又说：'你说得对'。当即，其他学生插嘴反对说，如果两种意见互相矛盾，他就不能同时接受。老师在想了很久之后，又说：'你说得对'。第三个问题也得到了肯定的回答。"[7] 在这个故事中，就如第三个问题所指出的，老师的判断显然是自相矛盾的。而卢曼认为这种悖论在现代社会事务中是普遍存在的。在现代社会中，有关"对"与"错"的判断标准不再具有唯一性和客观性，价值判断的相对化和多元化是现代社会的重要特征之一。无论是教师、政治家，抑或是心理医生，任何人在处理社会事务时，为了促进理解和共识，化解矛盾和冲突，首先要做的可能是肯定不同的观点、价值或意识形态，即便它们相互矛盾。法官也自不例外。

在卢曼看来任何沟通都涉及复杂的选择过程，法官的裁判作为社会沟通不外如是。在裁判的过程中，法官不仅面临着如何理解法庭陈述中信息和告知之间的差异，还面临是如何对沟通衔接以及进一步沟通进行选择。因此，无论是事实的认定、法律规则的发现和解释还是最终裁判的作出，法官不断面临着强制的选择问题。即便在简单案件中亦是如此。只不过在疑难案件中，这种选择的特征才会被暴露出来。这是一种涉及沟通之本性的特征，缘于人类之"黑箱"特征以及社会复杂性之事实，因此无法通过法律规范或是共识的方式予以消除。不过，在大多数情况下，法律规则、合法/非法的二值符码以及法律程序已经极大地限缩了这种选择的可能性范围，从而使其外观上似乎表现为"依法判决"这样一种必然性的形式。

---

〔7〕 Niklas Luhmann, "The Third Question: The Creative Use of Paradoxes in Law and Legal History", *Journal of Law and Society*, 15 (1988), 153.

以此为基础，卢曼提出了一个深入和完备的关于“判决行为”本身的理论。他认为判决是一次决定（decision）。决定总是涉及至少两项以上的替代选项。人们通常在言说“判决”或“决定”时，往往指的是判决的结果或决定的结果。但决定并不等于决定的结果。它是人们在面临至少两个均具实现可能性的选项时，选择其一，排除其他的过程。因此，一项决定不仅表现为其决定结果，也必然包含被其排除的替代选项。因此，如卢曼所言，“唯有当存在着某种原则上无可决定的事物时，才可能出现决定。”〔8〕唯有存在两项均具实现可能性的替代选项，从而需要进行选择和排除时，才有可能出现决定。这就是卢曼所谓的“决定的悖论”，也是判决或决定的本质特征。因此，判决或决定绝非唯一正确的必然结果。毋宁说，一次判决更仰赖于法官的选择和决断。

决定的悖论也意味着决定的时间维度不同于传统理论的理解。在传统理论中，一项法律决定（立法或是判决）被认为具有时间上的持久性。人们总是希望依据过去可以“计算”出确定的未来。法律的秩序功能亦在于此，其旨在通过过去保证未来的确定性来稳定社会期望。但事实可能并不尽如人意。任何一个决定（包括立法决定）都无法排除在未来的决定中，其他替代选项的存在和可能性。虽然当下的决定（判决）或许是过去决定（立法）的后果，但过去的决定无法排除当下乃至未来做成（不同）决定的可能性。这种观点与传统理论大相径庭。在卢曼看来，一项决定只能决定于当下，不由过去决定，也不由未来决定。任何一项决定都是以当下的情境为出发点延伸至过去和未来。法官需要立足于当下的案情和诉求对过去的立法和先例进行筛选以选择适当的法律作为判决依据。法官也会衡量该判决对未来的影响，但他实际并无法预见到未来的事情，只能基于当下对未来可能出现的得失进行评估。〔9〕正是由于过去和未来对于当下的决定而言均不具有现实性，法官才得以立足当下，选择性地对待过去与未来并建构其替代选项，使最终的决定成为可能。也只有在这种时间观下，决定才

〔8〕［德］尼可拉斯·卢曼：《社会中的法》，李君韬译，台湾五南图书出版股份有限公司2015年版，第346页。

〔9〕现代法律实践已经印证了这一点。许多有关法官裁判的经验研究都揭示了法官在适用法律和利益衡量过程中的选择性。

可能出现。[10] 否则，所谓决定只是某种必然秩序的发现或是无意志的服从。[11] 所以，一项判决在时间上具有偶然性和暂时性。它“不会因为过去就已经被确立”，也无法对未来的判决造成决定性的影响。未来仍需作出决定。此外，值得注意的是，这一时间维度也意味着对于决定而言，未来具有重要的意义，因为过去无法改变，但未来将受到决定的影响。在这一点上，法实用主义者的理论揭示了一部分真理。后果考量在现代司法裁判中逐渐获得重要的地位。但法官无法预见未来，这决定了后果考量无法成为赖以作出决定的可靠方法。这预示着机器学习带来的强大预知能力与判决之间的龃龉并没有学者们想象的那么严重，甚至还能带来一定的帮助。

“决定的悖论”对司法裁判作出了不同于传统司法理论的描述，深刻地揭示了现代司法判决潜在的悖论。这一悖论不能公之于世，如卢曼所言，它“不能使自身论题化，它顶多能使自身神秘化”[12]。司法判决需要通过对成文法的援引、构造审判程序以及维持法庭的仪式感等方式来塑造判决的权威性，掩盖决定的悖论。在这一意义上，所谓司法公开原则或许恰恰是为了判决的神秘性可以得到维系。决定的悖论决定了判决必然存在不可公开的秘密。否则法律实践的一致性和统一性将遭到根本性的质疑。也因此，“决定的悖论”在很大程度上牵引着现代司法制度和法律技术的发展。

（二）法官的“去悖论化”任务及其实现

在古老的年代，司法官员可以通过拒绝判决并诉诸政治或宗教权威来避免法律悖论的出现，判决也可以借由神意或是理性将自身表述为某种理想秩序的必然结果以掩盖决定的悖论。但在现代化过程中，祛魅、法律的普遍性要求以及对社会复杂性和立法不完备性的认知等因素使“禁止拒绝裁判”原则成为法律维持自身的必然选择。它要求法官在面临任何法律诉

---

〔10〕 无论是在强调永恒的时间观中还是否定历史的时间观中，都无决定的一席之地。前者意味着一切结果都是先定的，当下所作的只是认知规律得出结果。而后者则导致完全的恣意。

〔11〕 时至今日，依然有不少人认为法官的判决是且应当是对法律的严格服从。但现代法律实践中法官自由裁量空间的扩张以及裁判理论对法官判决之主观性和偶然性的揭示都说明了判决的决定性质。

〔12〕 ［德］尼可拉斯·卢曼：《社会中的法》，李君韬译，台湾五南图书出版股份有限公司2015年版，第348页。

求时都必须能够作出决定，即使法无明文规定。通过该原则，法律普遍效力方才得以实现，使人们诉诸法律寻求救济的可能性得以保障。这也是法律秩序得以维系的重要前提。因此，该原则的确立对于法律实践而言意义重大，但在学界并未引起应有的关注。

“禁止拒绝裁判”原则的确立引起了一些后果。它强制法官在面对任何法律诉求时都必须作出决定。卢曼指出，这涉及一个更深层次的悖论：“法院即便处在无法作出决定的情境中，它们终究必须做成决定。”〔13〕诉诸法院往往是当事人在解决纠纷时最后的选择，因此提交法院的纠纷结果总是存在开放可能性。法官必须在有限的时间和信息条件下就复杂的案情或深刻的法理问题作出最终的决断。如上文所述，这将不可避免地导致法律悖论的出现，并进而使决定的悖论也逐渐暴露出来，尤其是在所谓的“困难案件”中。方法论的发展体现了法学家们企图消除悖论的努力，而法律现实主义、批判法学以及有关法的不确定性的讨论等理论发展则揭示和印证了悖论的存在。卢曼也敏锐地预见到，在愈发复杂的社会中，社会结构变化的加速将导致“禁止拒绝裁判”原则的效应增强，其所导致的后果也将越来越显著。“方法上的软弱无力、‘确定性的丧失’、释义学上主导线索的瓦解、以权衡公式来取代这些主导线索的作法”〔14〕等现象都体现了悖论带来的法律危机。这种危机感也同样体现在当下一些学者试图以自然科学为基础对法律裁判进行研究，意图为裁判提供客观基础。而法律人工智能的研究也同样是一种尝试。人们希望通过法律人工智能的应用，增强裁判的可预测性和确定性以消除悖论。

但与此同时，“禁止拒绝裁判”原则也使法官享有裁判的自由度以及特殊的地位。在法律系统中，只有法官才被强制作出决定，对立法者则没有类似的要求。所以也只有法官才负担着对不可决定的事务作出决定。而只有法官被赋予解释和判决的自由度，他才可能在遭遇“法无明文”时依旧能够做出决定。也只有法官在任何情况下都能够独立地以合法/非法的区分

---

〔13〕［德］尼可拉斯·卢曼:《社会中的法》，李君韬译，台湾五南图书出版股份有限公司2015年版，第353页。

〔14〕［德］尼可拉斯·卢曼:《社会中的法》，李君韬译，台湾五南图书出版股份有限公司2015年版，第354页。

作出判决，才可能维持法律系统的正常运转，使法律的普遍效力及其公平、公正的形象得以维系。他必须直面悖论，肩负着“去悖论化”的重任。据此，卢曼认为一种“中心—边缘”的分化形式更能体现现代司法—立法的关系。司法需要与外界保持距离，在外观上获得独立的地位，排除法外因素的影响。但仅此无法缓解悖论带来的张力，司法无法为自身提供正当性的基础，孤立的特质也容易给人以独断的印象。这就需要立法机关在边缘处通过与法外空间进行交互，帮助司法吸收外界的压力，确保其独立性，并为判决的效力提供共识基础。对于法律系统的运作而言，两者缺一不可。正是这种“中心—边缘”的分化形式使法律系统的悖论得以展开和掩饰。法官因此获得了至少与立法机构相同的地位。而司法独立的要求在这里获得了不同的意义。

至此，借由卢曼的理论，我们已经看到了司法裁判截然不同的一面。决定悖论作为现代法律系统运作中不可避免的存在，要求法官必须承担“去悖论化”的重任。妥善的悖论处理方式关乎法律系统命运。现代的立法—司法格局以及司法制度在很大程度上都是围绕着这一重任而形成的。这也给予了我们完全不同的角度来思考司法人工智能可能带来的得失。裁判不是计算，而是选择和决定，因此，我们自然无法期望通过人工智能的“计算”来获得裁判的结果。然而，裁判之可能也不取决于人类法官所为人称道的某些特质。这些特质的重要之处仅在于其有助于掩盖裁判的悖论。据此，司法人工智能的核心作用或许也在于协助法官来掩饰或消解悖论，这将成为判断司法人工智能优劣的主要依据。而是否可能导致悖论的暴露则将成为判断司法人工智能之应用界限的标准。

三、司法人工智能的应用及限度：去悖论化

（一）法律论证作为人工智能的应用场域

现代社会复杂性的增加以及社会革新速度的加快已经对现有机制提出了重大挑战。对于我国这样的法治后发国家而言尤其如此。虽然近年来我国法治得到了良好的发展，司法改革获得了一定的成效。但从一些重要案件的处理结果来看，司法权威和司法能力仍需进一步强化。纠纷数量的逐年增长，新型案件的层出不穷，法律和民意之间的分歧不断涌现都在不断

地压榨有限的司法潜能。这些情况都可能导致法律悖论的暴露甚或对判决本身的质疑，并对法律系统的运作造成威胁。因此，司法人工智能对司法能力的强化就具有重要的意义。它不仅有助于提升司法效率或是促进司法公正，更重要的是其能够通过增强法官个人的能力以及整体的制度能力，更好地实现“去悖论化”的目标。

对于“去悖论化”而言，最核心的原则便是宣称判决总是依据法律作出的。如上文所述，这是一种人们希求的理想状况：借助过去来保障未来的确定性。但法律的不完备性（法律悖论）和决定悖论的存在意味着在实际的运作中，未来并不由过去保障。就如卢曼所言，法官要做的并非依据过去“计算”未来，而是“设计”未来。而法官若要实现“去悖论化”的目的，就必须在“设计”过程中，以人们可以理解的方式建立过去和未来之间的联系。虽然决定的时间维度意味着过去和未来其实均系法官所建构，但判决需要给人以源自过去的印象以获得公信力，并同时为未来的决定确立规则。因此，法官必须从过去的法律（制定法或先例）中获取规则，同时充分考虑到规则在未来同类案件中的适用。由此，过去和未来限缩了法官的判决范围，法官则得以将过去延伸至未来。法官正是以这种方式维系着依据现行法律作出判决的形象以掩饰悖论的存在。法律论证在其中扮演着最关键的角色。而法律论证的两个特点为人工智能参与裁判过程敞开了大门。

第一，法律论证是法律系统的学习渠道，因此其不排斥信息的进入。法律论证的关键在于为判决寻找一个符合法律的理由以维持法律的一致性，掩饰判决的悖论。但其维持一致性的方法并非去寻找一个终极的法律基础，而仅仅是依据同案同判原则，在个案处理中维持前后裁判的一致性，并通过此类法律运作的不断接续来实现法律的一致性。因此，法律论证的功能就在于当法律运作面对社会多样性带来的挑战（价值观念的多元化、社会需求的多样性以及新型案件的层出不穷等）时，依据法律系统的信息冗余（包括现行法律、先例、法律理论等）对个案之间差异进行观察，并将一定限度内的差异吸收入法律系统，再生产信息冗余。通过这种方式，法律论证在持续的运作过程中维系了法律一致性，并以此为基础吸收和学习了社会中的多样性。法官也得以用法律论证构建其过去和未来的桥梁，将当下的判决塑造为过去的当下以及未来当下的过去。据此，可以看到，法律论证并不排斥外部信息的摄入，就如在本文开头所提到的，论证可以借用其他系统的信息（如科学系统），通过符码转换的方式（合法/非法—真/伪—合法/非法）[15]，掩盖裁判的悖论。

第二，判决行为和论证行为的分离。如卢曼所言，法律论证其实并不能对判决产生决定性的影响。无论法官在论证过程中提出了好的理由还是坏的理由，都不能决定判决生效与否。这意味着判决不由论证决定。判决行为和论证行为并非同一过程。判决行为涉及法律效力的实现，但论证行为必须体现出必要的形式逻辑性以及法律的拘束力。也因此，法律论证的开放性不至于影响法律系统的封闭性。在这一意义上，司法人工智能的主要目的应是为论证行为提供有效的指引和建议，而不在于为判决行为提供建议。当然，论证的要求无疑能够在一定程度上对判决产生影响，约束法官裁量的空间。司法人工智能亦能借此为法官提供决策的选项或是边界，但如上文所述最终是否遵循计算的结果，自由裁量的边界何在依然须由法官自己抉择。

（二）司法人工智能的三种类型及其“去悖论化”潜能

据此，司法人工智能的主要作用在于协助法官构建其论证，避免判决悖论的暴露。这种作用体现在三个方面：第一方面，文本分析技术的进步使相应的人工智能系统获得了较强的自然语言处理能力，能够理解人类语言的输入并据以对现有的数据进行挖掘和匹配，进而使信息的检索和获取更加精确和智能。这使司法人工智能系统能够有效地提升论证效率和质量。司法人工智能系统在提升司法效率方面的贡献已经得到了普遍的承认。学者们往往将之简单地描述为单位案件办案时间的缩短或是单位时间内办案数量的增多。但更值得关注的是信息获取效率的提升以及由此带来的论证质量的改善。法律文本分析技术的发展不仅使法律信息的获取变得更为便捷和高效，还能协助法官从过去的法律信息冗余中挖掘和提取与待论证命

---

〔15〕 参见宾凯：《政治系统与法律系统对于技术风险的决策观察》，载《交大法学》2020 年第 1 期，第 149 页。

题相关的正反论点，从而构建、检验和完善论证架构。这种信息获取上的便利和高效无疑将为改善目前法官在论证说理能力上的孱弱提供条件。首先，信息获取时间上的节约是最直观的好处。法官办案总是面临着时间压力，他必须在有限的时间内对案件作出最后的判断。人工智能至少能够让法官有更多的时间聚焦于案件与相关法律信息的分析以及论证思路的构建，从而对论证质量的改善产生间接的积极影响。其次，司法人工智能在获取信息上的全面程度也往往是人工无法比拟的。在数据库获得较好的维护和更新的前提下，法官能够借此快速追踪到平日或许无暇顾及的最新法律动态。这使法官即便在非常有限的时间内也可以全面了解案件相关的法律信息，从而保障法官可以更全面地理解案件所涉的法律问题，避免其囿于个人的认知局限对案件产生偏颇的判断。最后也是最重要的一点是，人工智能系统在论点挖掘方面的能力能够直接协助法官搭建其论证框架。如 IBM 基于 Watson 系统改进而来的 Debater 系统已经展现了其强大的辩论能力。它能够依据输入的命题从语料库中挖掘和提取支持和反对该命题或类似命题的论点并进行相关性评估，最后择取最具相关性的论点，生成和展示相应的论证结构。[16] 它能够协助法官识别和梳理目前存在的相关论点，帮助法官充分理解待决案件存在的争议。同时也能够协助法官检视自己的判断或初步形成的论证框架，并进行修正和完善，从而使论证质量获得改善。用系统论的术语来说，司法人工智能的部分功能在于整合、管理、检索和挖掘法律系统中的信息冗余。而法律论证则需要法官恰当地利用信息冗余，以构建合适的过去作为判决的理由。两相结合，司法人工智能能够让法官在法律信息冗余的处理方面更加事半功倍。

第二方面，基于文本分析技术开发的系统往往不具有推理能力。它们虽然能够挖掘信息，像人一样进行复杂的问答，甚至完成辩论的任务，但其并不能解释其回答或提出论点的理由，不能直接告诉法官应当如何进行推理论证。这一重要的功能只有借助法律推理系统方能得到一定程度的实现。因此，司法人工智能第二方面的作用就体现在法律推理系统的应用中。

---

〔16〕 Kevin Ashley, *Artifcial Intelligence and Legal Analytics*, New York: Cambridge University Press, 2017, p. 25.

在司法中应用法律推理系统并不旨在用系统取代法官进行自动判决。判决的过程并非简单的演绎推理过程这一论点已经得到了普遍的承认。如 Verheij 所言，法律的可废止性、模糊性以及不完备性都决定了法律推理的过程充满着偶然性，法官判决的过程总是存在着自由裁量的空间。[17] 因此，法律推理系统的作用主要在于为法官的推理论证提供参照，检验其论证的逻辑性并在一定程度上限制其自由裁量的空间。目前而言，虽然各国学者基于不同研究目的和理论已经成功开发了不少推理系统，但它们均未达到完善的程度，具有明显的能力缺陷。这些系统通常只能在有限的范围内发挥作用。[18]但在有限的能力中，这类系统至少在两个方面正在展现其应用于司法过程的潜力。一方面，我们可以利用法律推理系统帮助法官发现和认识推理论证过程中所涉及的争议和问题。Thomas F. Gordon 曾在这方面作出了努力。他试图基于阿列克西的法律论证理论提炼出相应的论证规则，构建一个“辩诉游戏”（Pleading Game）模型。通过该模型能够规范当事双方的论辩过程，使案件所涉的争议变得更为明确，从而约束法官只能在争议的范围内进行自由裁量。[19] Verheij 基于可废止逻辑的基本理论设计了一系列论证辅助系统。这些系统也展现了类似的潜能。法官能够通过该系统对论辩双方的论点和推理过程进行建模，检测所涉论点的可信度并建立完整的推理和攻辩链条。这既能够用于协助法官构建自己的论证思路，也能够帮助法官检验自己的论证中是否存在疏漏。虽然该类系统在实践中应用依然存在距离，但有理由预期完善的推理系统能够约束法官的自由裁量，并协助法官完成更高质量的论证。

基于案例的推理系统则展现了司法人工智能另一方面的潜能，即协助

〔17〕［荷］巴特·维赫雅：《虚拟论证：论法律人及其他论证者的论证助手设计》，周兀译，中国政法大学出版社 2016 年版，第 6 页。

〔18〕法律推理系统的发展一方面需要依靠知识表示能力的提升，另一方面则需要依靠法律推理和论证理论的完善。虽然前者在文本分析技术的发展下有希望得到较大的提升，但后者依然任重而道远。可以说只要我们无法完全理解人类的认知能力，就无法得到完美的法律推理和论证理论，也就无法发展出能够取代法官进行推理的推理系统。

〔19〕Thomas F. Gordon, *The Pleadings Game*: *An Artificial Intelligence Model of Procedural Justice*, Dordrecht: Springer Science+Business Media, 1995, p. 110.

法官对类似案件进行比较。在系统论的视角下，这一点尤为重要。[20] 如卢曼所言，法律论证要发挥其作用的关键之一就是合理评估先后案件之间的差异，并作出相同案件还是不同案件的判断。法官只有具备恰当评估差异的能力，才可能在面对困难案件时，较好地平衡信息冗余和多样性之间的关系，在保持法律统一性的基础上吸收社会注入的新元素，从而也能较好地建构起过去与未来之间的联系，化解悖论带来的威胁。而基于案例的推理模型恰好能够协助法官完成对案件差异的评估，并构建相应的论证思路。其中较为著名的是 Kevin Ashley 的 HYPO 模型。该模型从与特定类型案件相关的制定法和先例中提取法律因素（Legal Factors），并以维度（Dimension）进行表示，以此作为比较的基础。[21] 据此，Ashley 将该系统所使用比较方法称为“维度与法律因素”（Dimensions and Legal Factors）。在具体的运用过程中，该模型将基于用户输入的案件情节，提取案件所涉之维度并检索数据库与之共享维度的案件并进行比较。之后，基于不同的用户立场输出论证的过程和结果。在论证中，若被援引的案例与当前案件共享某一有利于原告的维度，且该案例的结果也支持原告的主张。那么，原告便可以此案例是相同案件为由为自己的主张辩护。若被援引的案例虽然结果上支持了原告的主张，但却没有共享有利于原告的维度，那么被告便可主张该案例与当前案件并非相同案件。最后，若被援引的案例共享了有利于被告的维度，但其结果依然支持原告，原告就可以以此案例作为反例，驳斥被告的主张。当然，这一论证过程或许是过于简单或不充分的，但这一论证过

---

〔20〕 当然，从方法论的角度来看，这也同样具有重要性。即便在大陆法系国家，案情的比较也是贯穿于法律适用过程的重要步骤。法官首先需要将案件事实与法律规定的情节进行比对，从而决定是否能够成完成涵摄的过程。若涵摄失败，法官还会考虑超出制定法文义的界限进行类推适用。这需要更深层次的比较和推理。参照钱炜江：《论民事司法中的类推适用》，载《法制与社会发展》2016年第5期，第61页。

〔21〕 Kevin Ashley 以 Mason v. Jack Daniels Distillery（518 So. 2d 130，1987）案说明这一点。该案是有关商业秘密的诉讼。Aleven 曾在 CATO 系统的研发过程中对商业秘密法律领域所涉法律因素进行了提取和归纳。它一共提取了 26 项法律因素，并用 F1-F27 进行编码。而该案就涉及其中“在协商中透露秘密（Disclosure-in-Negotiations，F1）”“安全措施（Security-Measures，F6）”“独一无二的产品（Unique-Product，F15）”“信息的反向研制能力（Info-Reverse-Engineerable，F16）”“知悉信息的秘密性（Knew-Info-Confidential，F21）”5 项法律因素。参见 Kevin Ashley, *Artifcial Intelligence and Legal Analytics*, New York: Cambridge University Press, 2017, p. 84.

程已经有助于当事双方以及法官直观地了解当前案件与先例之间的相似和差异之处，以及这些相似和差异可能对论证及其结果产生的影响。除了 HYPO 模型之外，Thorne McCarty 的 Taxman II 程序以及 Karl Branting 开发的 GREBE 程序尽管在具体的类比模式上存在差异，但均类似于 HYPO，以较为形式化和机械化的方式进行案例异同点的直接对比。〔22〕 这类模型虽然并不完善，但至少它们能够更清晰、细致地向法官展现案例之间的异同，并协助法官理解案件之间的异同点作为一项理由对于当前案件的论证可能产生的影响（包括其支持哪一项主张以及强度如何）。

当然，这类模型存在缺陷，简单的因素对比并不能展示案件之间的实质性区别，尤其是它无法发现法律概念或规则背后的目的或价值。有时，在情节上具有许多相似之处的案件，却获得了截然不同的对待。这往往无法从情节的对比中发现原因，而必须考虑判决意图实现的目的和价值。就如 Sunstein 所言，由于案件的类比终究会涉及价值判断的问题，而人工智能技术在这一方面存在先天的不足。〔23〕 但法律与人工智能的研究着并未忽视这一问题，Don Berman 和 Carole Hafner 坦言，这些早期的基于案例的推理模型无法从目的论角度进行推理。Bench-Capon 和 Sartor 则早已开始尝试构建基于价值的推理模型。他们试图将案例表示为一组与价值相关的因素，并从过去的案例中挖掘这一系列因素之间优先关系，从而确定先例中类似案件所涉价值之间的优先关系。当遭遇一个新的案件时，这一价值序列便可协助法律人对案件的结果进行预测或判断。当然，这一模型也存在诸多问题，例如价值序列并非一成不变，往往会受当前语境的影响而改变，所以如何理解价值序列本身就涉及价值判断。但或许就像 Sunstein 所说的，这

〔22〕 Thorne McCarty 的 Taxman II 采用了一种被称为“原型与变形（Prototypes and Deformations）”模型，其将案件所涉之法律概念的不变成分进行界定，将充分满足这些不变成分的案例视为原型，再从原型中提取构成性概念。若当前案例无法充分满足法律概念的不变成分，就将之与原型案例进行比较，判断其是否保留了原型中的点构成性概念，以此来判定案件的异同。Karl Branting 的 GREBE 系统则采用了一种被称为“基于范例的解释（Exemplar-based Explanations）”的模式。其依据先例中法官的解释将案件表示为语义网络，并以此为基础进行比较。参见 Kevin Ashley, *Artificial Intelligence and Legal Analytics*, New York: Cambridge University Press, 2017, pp. 74-94.

〔23〕 ［美］凯斯·孙斯坦:《人工智能与法律推理》，陆幸福译，载《人工智能法学研究》2018 年第 2 期，第 150 页。

是人工智能的“先天”不足。我们无法希求人们能够研发出一台真正像人一样能够进行价值判断的机器。并且，目前的模型也已经展现了其应用前景。一方面，它能够帮助法官通过类案的比较了解当前案件判决可能涉及哪些目的或价值的考量。另一方面，它也能够帮助法官了解，其预期的判决结果所追求的价值是否可能违背先例，以及要证成其判决需要在逻辑上建立什么样的价值序列，作出什么样的价值判断。基于目的或价值的推理模型很好地弥补了早期基于案例的推理模型的不足，协助检验早期模型的类推结果，在早期模型无能为力的时候提供更具实质性的类推辅助工具。这些可预期的作用，都能够帮助法官更好地通过论证建立先例与当前案件之间关系，为未来案件的法律适用提供指引。

此外，需要注意的是文本分析技术看似能够完成类似的任务，它可以通过类案检索功能，以相关度的高低来表示案件的类似程度。但这类系统无法解释案件之所以类似的原因和基础，因此无法告诉法官应当如何类比或区分案件，构建类推框架。同时，它们也无法避免过拟合（overfit）和遗漏变量（omitted variables）等该类系统固有的问题[24]。当某类案件的数量不够充分时，就容易导致类案检索的错误。

最后，司法人工智能还有第三方面的作用，即它能够帮助法官作出对未来而言的最佳决策。人工智能可以超越时间和范围，最大程度地收集和分析信息。如果我们认为信息是决策的依据，那么人工智能无疑有超越人类的潜能。就如 Watson 以及 AlphaGo 所展示的，它们已经成为某个领域中最好的决策者。在法律领域中也同样，人工智能系统至少能够更好地预测一个判决对未来可能造成的影响，而现代社会的复杂性正在使未来在法官的考量中变得越来越重要。著名的 COMPAS 系统便属于此类人工智能系统。COMPAS 系统的实质是一种风险评估算法（risk assessment algorithms）。简言之，它能够基于罪犯的个人信息（包括教育、社会环境、犯罪史、犯罪态度等）计算出该罪犯的再犯分数以评估其再次犯罪的风险。评估结果将成为辅助量刑的依据。换言之，该系统实质上是通过预测量刑可能造成的

---

〔24〕 Saul Levmore and Frank Fagan, “The Impact of Artificial Intelligence on Rules, Standards, and Judicial Discretion”, *Southern California Law Review*, 93 (2019), p. 14.

社会风险的大小，为法官提供量刑依据。然而，该系统的应用遭到了不少的批评，主要集中于三点：一是准确性问题。ProPublica 组织曾研究了 COMPAS 系统在预测上的准确性。研究发现，暴力再犯测量的准确率只有 20%，而认为有可能再犯的测量对 61% 的罪犯的再犯率做出了准确的预测。〔25〕二是种族偏见问题，该算法继承了社会中的结构性种族不平等，在暴力再犯量表中，黑人被告得分比白人被告高 77.3%。三是正当程序问题，"被告人也就无从知晓这些算法究竟是如何设计的"。该系统的"黑箱"特征可能导致法官被认为违反了正当程序原则。〔26〕但是，这三项批评实际并没有把握到要点，它们能够成对 COMPAS 的有效批评但并不能成为普遍适用于该类系统的批评。前两个问题实际是系统的能力缺陷问题，COMPAS 并没有展现较好的准确性，也没能排除社会偏见对结果的不利影响。但显然在这两方面的能力上，人工智能相对于人类无疑总是具有优势的。能力上的不完美也不能否定其依旧能够为法官提供决策上的帮助。〔27〕更关键的问题或许在于"黑箱"问题，这也是司法人工智能的批评者们关注的焦点问题。

首先，"黑箱"问题并非是所有司法人工智能系统都存在的问题。如法律推理系统能够通过图示展示其推理的过程，其不仅不存在"黑箱"问题，还能够在一定程度促进司法公开的实现。其次，以大数据和机器学习为基础开发的系统都具有"黑箱"特征，法律信息检索系统和这里的 COMPAS 都是这样一种系统。但信息检索系统往往离决策较远，较少受到质疑，所以质疑声往往集中于如 COMPAS 这样的对决策有直接影响力的系统。但实际上基于"黑箱"的批评是否能够成立是值得怀疑的。一方面，与司法鉴定或是听审过程中询问专家证人类似，司法鉴定机构不会给出鉴定结果的理由，即便给出了理由，普通人也不一定可以理解，专家意见亦是如此。

〔25〕 Katherine Freeman, "Algorithmic Injustice: How the Wisconsin Supreme Court Failed to Protect Due Process Rights in State V. Loomis", *North Carolina Journal of Law & Technology*, 18 (2016), p. 84.

〔26〕［美］李本：《美国司法实践中的人工智能：问题与挑战》，载《中国法律评论》2018 年第 2 期，第 55 页。

〔27〕 如一些学者所言，"法官同样持有偏见，而算法可以提供一个用来减少人类偏见的客观标尺。"［美］李本：《美国司法实践中的人工智能：问题与挑战》，载《中国法律评论》2018 年第 2 期，第 56 页。

但人们并不会去质疑鉴定过程的黑箱特征，而是给予其专业性以充分的信任。决策辅助系统实质上与此并无本质上的区别，一部完善的量刑辅助机器一定能够提出比人类更专业的量刑意见。问题只是在于，我们无法给予机器以充分的信任，也缺乏相应的制度为机器的公信力提供担保。另一方面，如前文所述，决定的悖论决定了法官作出决定的真正理由实际并不一定为人所知。可以说在决定过程中法官本身就是一个“黑箱”。关键在于他必须阐述一定的法律理由来证成其决定，掩盖决定的悖论。因此，决策辅助系统的“黑箱”特征其实并非问题的关键，关键在于法官是否能够说明采纳系统意见的理由。并且，决策辅助系统所参照的数据往往并非法律系统内部的信息，更多的是社会信息，比如COMPAS系统所参考的人际关系、家庭背景或是个性等因素均非法律因素。这将导致人们怀疑判决是否依据法律作出，从而质疑法官的判决的合法性。因此，问题的关键并不在于“黑箱”，而是在于法官没能通过说理化解“黑箱”可能引起的悖论。法官在运用这类系统时必须恰当地构建法律规范与决策结果之间的联系。但无论如何，这类系统能够通过对未来的预测为法官的决策以及论证说理提供帮助。法官能够借助此类系统更好地认识和评估判决可能导致的社会影响（风险），并据此调整自己的决策，使司法决策在法律论证“允许”的限度内，尽可能地有利于社会的发展。

在这里我们同时也能够发现司法人工智能应用的界限，即“去悖论化”。在文本的视角下，人工智能系统之所以不能替代法官的位置去进行决策，并不是因为其可能侵蚀法官的地位，而是在于它依靠自身无法完成“去悖论化”的任务。人工智能系统或许能够凭借信息处理上的绝对优势作出比法官更加合理的决策，但其无法构建比法官更加合理的“司法决策”。司法决策要求法官必须按照法律进行判决，而法官则因此面临着决定的悖论。为了维持法律系统的正常运作，其必须通过论证说理的方式将其决定构建为“依据法律作出”来掩盖悖论。人工智能的决策系统恰恰无法做到这一点。它缺乏解释其结论的能力，不符合人们对于裁判主体的预期，也不具有任何制度承诺来保障其权威性。

综上所述，司法人工智能能够增强法官的论证能力，帮助其更好地构建过去与未来之间的联系，并以此帮助法官更好地完成其“去悖论化”的使命。但不可否认的是，在法官作出判决的过程中，司法人工智能仅能产生间接和辅助的影响。决定的悖论以及其能力局限决定了司法人工智能无法取代法官进行判决。人工智能只应在司法决策之外辅助判决理由的构建，而不应使其直接影响判决的作成。

数字市场中的企业市场支配地位判定研究
——德国 Facebook 案评析

张怀印*

一、问题的提出

Facebook（脸书）是全球运营社交网络的知名企业，开发和运行各种数字产品、在线服务和智能手机 APP，其核心产品是社交网络 Facebook. com。Facebook 在德国从 2008 年运行至今，其用户一直不断攀升，成为德国社交网络市场的主流企业。当前，数据驱动型企业以前所未有之势推动企业创新，为各国的消费者和公司带来巨大的利益。同时，数据也成为创新性数字企业参与市场竞争的重要资产。数字企业及其运营模式正在崛起，社交网络、云计算、大数据及分析对消费者的影响逐步加深。数据的收集、分析、融合已经成为数据驱动型企业的核心业务和主要运营模式。Facebook 是典型的依赖数据收集利用作为主要业务模式的企业。使用 Facebook. com 社交网络的前提是用户在注册时同意其提出的服务条款，因此用户不得不签订合同、同意该服务条款。根据服务条款规定，Facebook 可以收集各种用户数据，还可以通过诸如 Instagram 之类的商业服务收集用户数据。对数字驱动型企业而言，数据的融合创新带来业务增长为其带来重大的发展机遇，

---

* 张怀印，同济大学上海国际知识产权学院副教授。

同时也对如何经营企业提出了挑战。数字化时代，企业收集、融合数据在何种程度上是其企业运营所必须，又在何种程度上会构成市场支配地位？这对数字时代的反垄断法执法提出了挑战。

2016 年 3 月，德国联邦卡特尔局（Bundeskartellamt，以下简称“卡特尔局”）对 Facebook 展开调查，分析 Facebook 在数据收集、融合过程中是否构成了滥用市场支配地位。2019 年 2 月 6 日，卡特尔局公布了其对 Facebook 数据收集行为为期三年的调查结果，认定 Facebook 在个人用户数据的收集、整合和使用等方面滥用市场支配地位，构成剥夺性滥用行为（Exploitative Abuses），即在未征得有效同意的前提下，将其自有平台（Facebook，WhatsApp，Oculus，Masquerade 与 Instagram）及其他第三方网站和软件收集的用户个人信息整合至 Facebook 账号，构成了滥用市场支配地位〔1〕。

Facebook 案是 2017 年《德国反限制竞争法》（German Competition Act，GWB）修订后的第一个案例，也是迄今为止针对数据收集、利用问题的唯一一个反垄断执法案例。德国卡特尔局对 Facebook 的调查和滥用市场支配地位认定的主要依据是《德国反限制竞争法》。2017 年《德国反限制竞争法》进行的第九次修订，主要动因之一是应对数字市场对反垄断法的挑战。为了使反垄断法适应数字化时代的发展，第九次修订新增了一系列针对数字市场的反垄断法规则，即“数字市场反垄断法条款”，使德国成为世界上第一个明文规定数字市场反垄断法的国家〔2〕。数字时代“相关市场”如何界定？数字市场中企业市场支配地位认定的主要因素有哪些？Facebook 案审查的逻辑思路及其对市场支配地位的认定，对于研究数字时代德国的反垄断法适用及其规制理念具有极其重要的理论价值。当前，我国已经发生诸如“奇虎诉腾讯滥用市场支配地位案”这样的诉讼案例，反垄断法也亟须应对数字时代的挑战。研究数字时代德国企业市场支配地位的判定问题，

〔1〕 Bundeskartellamt，“Facebook，Exploitative business terms pursuant to Section 19（1）GWB for inadequate data processing”，https：//www. bundeskartellamt. de/SharedDocs/Entscheidung/EN/Fallberichte/Missbrauchsaufsicht/2019/B6-22-16. html？ nn=3599398，最后访问时间：2019 年 9 月 26 日。

〔2〕 周万里：《〈德国反限制竞争法〉的第九次修订》，载《德国研究》2018 年第 4 期，第 80 页。

对我国数字时代反垄断法的法律完善和执法实践也有很大的借鉴作用。

（一）德国企业市场支配地位认定的规范基础

《德国反限制竞争法》于1958年1月1日开始生效，六十余年来一直是德国规制企业反垄断行为的法律基石。规制滥用市场支配地位是现代反垄断法的三大支柱之一，在德国反垄断法中同样具有举足轻重的地位。《德国反限制竞争法》（2013年修订）第18条和第19条是规制企业滥用市场支配地位的基本法律规范。其第18条第1款对市场支配作出规定：如果一个企业作为某类商品或者工商业（Gewerblich）服务的供应者或需求者，在相关产品市场和相关地域市场上符合了以下条件，即具有市场支配地位：①没有其他竞争者；②没有面临实质上的竞争；或者③相对于其他竞争者具有突出的市场地位[3]。第3款以非穷尽性列举的形式规定了认定市场支配地位时应当尤其考虑的因素，包括：①市场份额；②财务实力；③供应或销售市场的进入；④与其他企业的联系；⑤其他企业构成的合法或事实上的市场进入壁垒；⑥本法适用地域范围内外企业的实际竞争或潜在竞争；⑦将其供应或需求转换到其他商品或者工商业服务的能力；⑧反向市场一方借助于其他企业的能力。第4款和第7款规定了市场支配地位的推定及其推翻：第4款规定，如果企业占据至少40%的市场份额，则被推定具有支配地位；第7款则规定，如果企业能够证明其满足一定的条件，第6款的推定将被推翻。第5款和第6款规定了两个以上企业或者企业整体市场支配地位的认定。其第19条第1款首先以一般性条款的形式禁止一个或多个企业滥用市场支配地位，第2款则以非穷尽列举的方式规定了五种尤其构成滥用市场支配地位的具体行为，并列举出5种具体情形。

（二）数字经济时代德国企业市场支配地位认定规范的革新

六十余年来，德国反垄断法追求的雄心勃勃的目标一直是在经济各领域内维持有效竞争[4]。长期以来卡特尔局一直与经济新发展保持同步，在今天面临数字化经济的挑战时也不例外。

---

〔3〕《德国反限制竞争法》（2013年修订），南京大学中德法学研究所译，载方小敏主编：《中德法学论坛》（第14辑·上卷），法律出版社2017年版，第230页。

〔4〕 Andreas Mundt, “Sixty Years and still Exciting—the Bundeskartellamt in the Digital Era”, *Journal of Antitrust Enforcement*, 1 (2018), 1.

数字化经济业已深刻影响社会和经济生活的各个方面，对企业参与市场经济活动的方式和环境也造成巨大的变化。数字经济下，双边或多边平台主导的新商业形态和商业模式日趋成为商业运营的主流模式。在此情势下，“双边市场”、数据收集、流动、利用等新现象给反垄断带来许多新的问题。早在2015年，德国垄断委员会（Monopolkommission）就发布专门性调研报告，针对数字经济时代的反垄断法问题为德国政府提供了政策咨询意见〔5〕。随后，经过征集多方意见，于2017年正式进行第九次《德国反限制竞争法》修订，使其成为应对数字经济特征的典范性法律。在本次德国反垄断法修订中，“免费商品”和“市场支配地位”的认定因素都是其中最为重要的内容之一。

近年来，免费商品能否构成相关市场一直是反垄断执法和司法中富有争议的话题。有人认为，免费商品不能受到规制，因为其无法构成市场。1994年，欧盟委员会在消息媒体服务案（MSG Media Service）的决定中指出：“一件具有经济价值的商品能否以有限或充足的数量提供给客户并不能决定相关市场的存在。其决定性因素在于商品或服务是否存在基于付费的买卖关系。”〔6〕里斯本大学的客座教授米格尔·索萨·费罗（Miguel Sousa Ferro）也认为：“赠送免费产品本身并不是经济行为，因此，除非其能影响到付费商品市场，否则将不受竞争法的约束。”〔7〕直到2015年，德国杜塞

〔5〕宋迎、周万里：《德国〈竞争政策：数字市场的挑战〉调研报告介评》，载韩伟主编：《数字市场竞争政策研究》，法律出版社2017年版，第91、92页。

〔6〕COMMISSION DECISION of 9 November 1994 relating to a proceeding pursuant to Council Regulation（EEC）No 4064/89（IV/M. 469－MSG Media Service），para. 43，available at https：//ec. europa. eu/competition/mergers/cases/decisions/m469_19941109_610_en. pdf，最后访问时间：2019年12月5日。

〔7〕Miguel Sousa Ferro，“‘Ceci n'estpas un Marche’：Gratuity and Competition Law”，Concurrences，No. 1，2015，p. 11，available at https：//papers. ssrn. com/sol3/papers. cfm？abstract_id＝2493236，最后访问时间：2019年12月5日。

尔多夫高等法院仍坚持认为不收费的平台一方本身不能构成相关市场[8]，否认免费商品能够构成相关市场的观点。然而，近年来随着网络经济学研究成果的丰富，无论是反垄断执法实务还是学术界都逐渐认可“免费市场”可以构成相关市场的观点。米查尔·S. 加尔（Michal S. Gal）教授和丹尼尔·L. 鲁宾菲尔德（Daniel L. Rubinfeld）教授就认为：“（免费商品不构成相关市场因而不受规制）的建议是有问题的，因为其罔顾免费商品会给竞争和福利带来消极影响的事实，自然而然让免费商品免受竞争法的规制。”[9] 2017年《德国反限制竞争法》直接吸收这一成果并明确作出规定：“市场的界定将不会因商品或服务是免费提供而受到影响。”[10]

经营者是否占据市场支配地位是反垄断执法中必须关注的关键问题。随着网络经济学的发展，人们逐渐认识到，市场力量（Market Power）是反垄断法适用过程中判断是否存在有效竞争或构成市场支配地位的关键因素。美国学者威廉·M. 兰德斯（William M. Landes）和理查德·A. 波斯纳（Richard A. Posner）很早就从经济学角度对市场力量进行界定，即市场力量是指（卖方）将（商品）价格设定为高于边际成本之上的能力[11]。美国经济学家戴维·S. 埃文斯（David S. Evans）和理查德·施默兰（Richard Schmalensee）近年来的研究成果则进一步指出，有五个基本因素决定了竞争的双边平台的相对规模[12]，即间接网络效应、规模经济、拥堵、平台差异化和多栖性。这五大因素中，间接网络效应和规模经济会影响到双边平

---

〔8〕 See Higher Regional Court of Düsseldorf, “Decision of 9 January 2015”, File No. VI-Kart 1/14 (V), para. 143 [Für die Bildung eines eigenen relevanten Marktes kommen nur Waren und gewerbliche Leistungen in Betracht, die selbständig nachgefragt werden, nicht jedoch solche, bei denen dies nur in wirtschaftlicher oder technischfunktioneller Verbindung mit einer Haupt sache oder -leistung der Fall ist (Paschke in FK, aaO., GWB 2005 § 19 Rn. 78)], available at https://www.bundeskartellamt.de/SharedDocs/Entscheidung/EN/Entscheidungen/Kartellverbot/B9-121-13.pdf? _ _ blob = publicationFile&v = 2, 最后访问时间：2019年12月5日。

〔9〕 Michal S. Gal, Daniel L. Rubinfeld, “The Hidden Costs of Free Goods: Implications for Antitrust Enforcement”, *Antitrust Law Journal*, 3 (2016), 547.

〔10〕《德国反限制竞争法》第18条第2a款。

〔11〕 William M. Landes, Richard A. Posner, “Market Power in Antitrust Cases”, *Harvard Law Review*, 5 (1981), 939.

〔12〕［美］戴维·S. 埃文斯、［美］理查德·施默兰：《双边平台市场》，载时建中、张艳华主编：《互联网产业的反垄断法与经济学》，法律出版社2018年版，第42页。

台规模和集中度的正增长。2017年《德国反限制竞争法》充分认可并吸收了这一成果[13]，并明确规定："尤其是在多边市场或网络情况下，在评价一个企业的市场地位时应当考虑到：①直接和间接网络效应；②不同服务提供者的服务的平行使用情况及用户的转换成本；③企业因网络效应而产生的规模经济；④获得与竞争相关的数据；⑤创新驱动的竞争压力。"[14]当然，上述因素是示范性的，并未包含反垄断执法所应考虑的全部因素。通常，在评价企业的市场支配地位时，还应衡量市场份额、市场进入壁垒或退出障碍，需求替代性等因素[15]。

2017年《德国反限制竞争法》的修订还涉及反垄断损害赔偿等制度，而上述有关"免费市场"、市场支配地位认定的规定毫无疑问顺应了新的数字经济时代的市场需求，对于德国规制数字市场企业市场支配地位的认定发挥着至关重要的作用。

二、Facebook案的市场支配地位认定

在规范适用的层面，反垄断执法的首要前提是界定相关市场，进而认定企业在该相关市场上是否占据支配地位，然后才能判定是否存在滥用行为。这一严密的逻辑分析体系对于数字市场的反垄断执法同样适用。当然，由于数据资源本身存在一系列新的特征，如非排他性、可替代性、规模性等[16]，从而使得相关市场的边界更加难以确定，市场支配地位的分析和认定更为复杂。

（一）Facebook案中的"相关市场"界定

在Facebook案中，卡特尔局按照传统的需求替代分析理论，首先将产品市场界定为个人社交网络，个人用户为相关反向市场一方。至于相关地域市场，据调查，德国用户主要使用社交网络与德国境内的朋友和熟人保

---

〔13〕 Andreas Mundt, "Sixty Years and still Exciting – the Bundeskartellamt in the Digital Era", *Journal of Antitrust Enforcement*, 6 (2018), 2.

〔14〕《德国反限制竞争法》第18条第3a款。

〔15〕 Carsten Koenig, "Digital Economy, Antitrust Damages, and More: The 9th Amendment to the German Competition Act", *European Competition & Regulatory Law Review*, 3 (2017), 262.

〔16〕 Harry van Til, Nicolai van Gorp, Katelyn Price, "Big data and competition", available at https://www.rijksoverheid.nl/documenten/rapporten/2017/06/13/big-data-and-competition，最后访问时间：2019年10月6日。

持联系，因而将其界定为德国[17]。相关地域市场的认定较为稳定，鲜有争议，因而本文将主要分析 Facebook 案中的相关产品市场认定问题。

1. Facebook 的商业模式与相关产品市场的边界

市场界定对反垄断执法和司法至关重要。数字市场中，相关市场界定是反垄断执法和司法中面临的主要难题之一。这一难题已引起世界各国的关注，在 Facebook 案中也是需要解决的关键问题之一。

在界定产品市场时，首先考虑适用《德国反限制竞争法》第 18 条第 2a 款、18 条第 3a 款，并认定 Facebook 的商业模式及其特性属于提供免费服务的多边网络市场。依据该法第 18 条第 3a 款的规定，卡特尔局认为，Facebook 网站提供的是媒介产品，根据其服务内容，属于网络和多边市场的结合[18]。卡特尔局并未因为 Facebook 提供的免费产品而否定其相关市场的认定。从根本上讲，该产品的收益并非不存在，而是源于在线广告收入。多边市场的一方是使用 Facebook. com 推销生意的广告发布者，另一方是第三方开发者，他们可以将 Facebook 融合到其自己的网站或 APP，或者使用 APIs 与 Facebook 产品相融合。毫无疑问，基于 Facebook 提供的社交网络，个人用户、广告发布者、第三方开发者构成了一个多边的相关网络市场。

2. 跨业务竞争与产品市场的界定

数字经济时代，跨业务竞争是互联网市场、平台市场的重要特征。鉴于数据时代市场的复杂性，传统领域中普遍适用的替代需求分析方法在数据驱动型企业的产品市场界定中可能已经无法真实反映企业间的竞争状况。

在 Facebook 案中，出于供给替代的分析考量，相关产品市场的界定不仅针对上述 Facebook 自身构成的多边市场，还对各种在线服务，如“社交媒体”及其竞争关系进行分析。界定市场的主要标准是社交媒体的产品区分及其功能重叠的程度。在界定产品市场时，具有较强的直接网络效应同样非常重要。因此，卡特尔局对大量社交媒体以及用户和竞争者展开调查。

---

〔17〕 Bundeskartellamt, “Background information on the Bundeskartellamt's Facebook proceeding”, available at https: //www. bundeskartellamt. de/SharedDocs/Publikation/EN/Pressemitteilungen/2019/07_02_2019_Facebook_FAQs. pdf?__blob = publicationFile&v = 5，最后访问时间：2019 年 10 月 6 日。

〔18〕 Bundeskartellamt, “Facebook, Exploitative business terms pursuant to Section 19 (1) GWB for inadequate data processing.”

此外，欧盟委员会在 Facebook/WhatsApp 案[19]和 Microsoft/LinkedIn 案[20]的裁决中表明，本质上讲，各国的社交网络市场与其他社交媒体相比应具备特别之处。由于 Google+在德国市场上已经消失，现在社交网络市场除了 Facebook 外还有一些德国的小社交网络服务提供者。其中，Linkedln[21]和 Xing[22]旨在满足特定的职业需求，因而构成了一个独立的产品市场，与 Facebook 不属于同一个市场。此外，正如欧盟委员会在 Facebook/WhatsApp 案中所阐述的一样，因其具有的技术特征和具体应用，卡特尔局将消息传递服务如 WhatsApp 视为独立的市场。

除此以外，德国卡特尔局还审查了 YouTube 和 Snapchat 等产品是否与 Facebook 存在竞争关系。尽管 YouTube 的商业模式与这些社交网络有重叠之处，其服务与社交网络无法完全匹配。Snapchat 的主要功能是使用摄像头快速拍照并很快删除，也不属于社交网络市场。同样的还有 Twitter、Pinterest 以及 Instagram 等。

供给替代分析结果表明，Linkedln、Xing、WhatsApp 等都属于相对独立的市场，YouTube 和 Snapchat 等产品市场与社交网络也并不匹配，因此 Facebook 所形成的多边网络市场并不存在可供替代的产品市场。

（二）市场支配地位的认定

德国竞争法的核心在于维护有效竞争，因而市场力量评估对于市场支配地位的认定具有较为重要的作用。德国卡特尔局对影响市场力量的所有因素进行了整体评估，依据《德国反限制竞争法》第 18 条第 1 款、第 3 款和第 3a 款，最终认定 Facebook 在面向个人用户的国内社交网络市场上是占支配地位的公司。市场份额、网络效应、市场进入壁垒和多栖的可能性是德国卡特尔局在反垄断执法中认定市场支配地位的重要考量因素。

1. 市场份额

一直以来，市场份额在各国反垄断机构认定市场支配地位中具有举足

---

〔19〕 Case No. COMP/M. 7217 - FACEBOOK / WHATSAPP, 2014.

〔20〕 Case No. COMP/M. 8124 - MICROSOFT / LINKEDIN, 2016.

〔21〕 全球最大的求职社交网站。

〔22〕 德语区最大的求职社交网站。

轻重的作用。《欧盟运行条约》第 102 条规定了一个或几个企业在共同体市场上或者在该市场一个重大部分滥用其市场支配地位，如果由此能够损害成员国之间的贸易，该行为与共同市场是不协调的，从而得予以禁止。在欧盟竞争法的实践中，欧委会和欧盟法院认定市场支配地位的重要标准是市场结构标准，即企业的市场份额。如果一个或几个企业在相关市场上长期占据较高的市场份额，这就可以构成市场支配地位的证据〔23〕。

德国卡特尔局对 Facebook 在相关市场上以用户为基础的市场份额进行评估。Facebook 在德国的市场份额非常高，尤其是日活跃用户数量，Facebook 的市场份额超过了 95%。Facebook 的月活跃用户占市场份额的 80%以上，以及所有注册用户的 50%以上。通过“使用强度”评估一个社交网络的成功程度时，卡特尔局以日活跃用户数量作为评估网络竞争和市场成功的主要指标和相关变量。此外，在评估市场份额时，集中使用网络的时间长度是衡量竞争者实际市场支配的一个重要指标。最终，卡特尔局认定，即使 YouTube、Snapchat、Twitter、WhatsApp 和 Instagram 被包含在相关市场之内，Facebook 群组的服务所具有的组合市场份额也已经远远超过市场支配的门槛。

当然，在互联网行业中由于网络外部性和正反馈效应的存在，市场份额的确定与传统行业存在诸多不同之处〔24〕。数字市场的反垄断法适用中，市场份额这一因素虽然同样适用，但一般认为市场份额、市场集中度等市场结构因素的权重相应地降低了〔25〕。因此，数字市场中市场支配地位的认定还需要考虑到网络效应导致的用户转换难易程度、市场准入壁垒等因素。

2. 网络效应

与传统市场相比，数字市场中垄断地位的形成更多归于大数据整合能力、网络效应、跨市场竞争的能力等，这导致市场支配地位的判断趋于复

---

〔23〕 张素伦：《欧盟互联网行业反垄断政策及对我国的启示》，载《赤峰学院学报（汉文哲学社会科学版）》2013 年第 4 期，第 61 页。

〔24〕 李丹：《互联网企业市场支配地位的认定》，载《河北法学》2015 年第 7 期，第 177 页。

〔25〕 参见周万里：《〈德国反限制竞争法〉的第九次修订》，载《德国研究》2018 年第 4 期，第 82 页。

杂化[26]。当用户在意其他用户的参与或者使用决定时，网络效应就会出现[27]。有学者认为，网络效应的产生及其强弱程度取决于三个因素：其一，网络的结构，即网络成员之间相互联系的密切程度，或叫网络关联度；其二，网络的规模，即网络成员的多少；其三，网络的标准。[28]

网络效应包括直接网络效应和间接网络效应两种类型。直接网络效应是通过使用相同或兼容产品的人数对用户收益的直接影响产生的。对 Facebook 这样的社交网络而言，加入的用户越多，参与其中的收益也就越高，因而其具有的直接网络效应就越强。德国卡特尔局从规模性和网络关联度两个因素来考量 Facebook 的直接网络效应，认为 Facebook 在用户数量上具有较大优势，因而在相关数据收集上能够获得较大的竞争力优势。社交网络是由个人数据驱动的商业模式，Facebook 的综合数据资源与竞争高度关联[29]，因而具有较强的直接网络效应。间接网络效应与互补产品有关。随着某一产品使用数量的增加，该产品的互补品数量增多、价格降低而产生的价值，则为间接网络效应[30]。德国卡特尔局认为，Facebook 在广告资助服务方面存在间接网络效应。

社交网络市场是受网络效应影响较大的案例。一旦它们的用户达到一个临界规模，由于用户们都想要加入一个其他人都参与的网络，对竞争者而言，再想在该市场上站稳脚跟就难上加难[31]。具有直接网络效应的市场，容易产生“先动优势”和“赢者通吃”现象，所以网络效应是互联网包括大数据平台能够形成垄断的重要因素[32]。数字环境下，平台企业的数据收

---

[26] 邓志松、戴健民：《数字经济的垄断与竞争：兼评欧盟谷歌反垄断案》，载《竞争政策研究》2017 年第 5 期，第 50 页。

[27] Paul Belleflamme, Martin Peitz, “Platforms and Network Effects”, University of Mannheim/Department of Economics, Working Paper 16-14, 2016, p. 2.

[28] 刘培刚主编：《网络经济学》，华东理工大学出版社 2014 年版，第 31 页。

[29] Bundeskartellamt, “Facebook, Exploitative business terms pursuant to Section 19 (1) GWB for inadequate data processing.”

[30] 李停、崔木花主编：《产业经济学》，中国科技大学出版社 2017 年版，第 45 页。

[31] [美] 迪恩·卡尔兰、[美] 乔纳森·默多克：《经济学》（微观部分），贺京同等译，机械工业出版社 2017 年版，第 426 页。

[32] 于左：《互联网大数据平台的市场支配地位认定与反垄断政策》，载《竞争政策研究》2017 年第 5 期，第 56 页。

集、使用行为往往会扩大网络效应，导致数据资源的迅速聚集。平台企业获得的用户越多，网络效应越显著；网络效应越显著，企业越可以根据掌握的用户数据，向其推销产品或服务。反过来，用户行为与言论又将产生数据，强化网络效应[33]。这是数字环境下企业网络效应有别于一般互联网企业的典型表现。

3. 数据收集利用与市场进入壁垒

数字经济时代，数据可以成为一个企业的竞争优势，却也可能妨碍市场竞争，并被垄断经营者作为实施排除、限制竞争行为的工具[34]。数字驱动的新型商业模式所具有的网络效应不仅会产生防止用户转换的锁定效应，还有可能成为其他竞争者的市场进入壁垒。垄断存在的原因是其他厂商认为这一市场无利可图或者难以进入。进入壁垒是所有垄断权力的根源[35]。因此，判断数据驱动型企业是否具有市场支配地位，还要考量其是否造成了市场准入壁垒。事实上，Facebook 在广告资助服务方面的间接网络效应，增加了其他经营者进入市场的障碍。[36] 当所有竞争者不得不同时进入社交网络的用户市场和在线广告市场时，其他广告资助的平台会发现很难进入市场，且很难长期维持经营。这是因为 Facebook 在用户数量上具有较大优势，因而在相关数据收集上能够获得较大的竞争力优势。在这种情况下，新进入市场的竞争者很难获得大量数据，从而获得相应的广告收入，也就很难与拥有大量用户的 Facebook 形成竞争。因此，Facebook 所具有的直接和间接网络效应相叠加，数据的获取和利用成为其他竞争者的市场进入障碍。

---

〔33〕 万兴：《大数据时代的网络效应及其价值》，载《现代经济探讨》2018年第12期，第101页。

〔34〕 孙晋、钟原：《大数据时代下数据构成必要设施的反垄断法分析》，载《电子知识产权》2018年第5期，第41页。

〔35〕［美］克里斯托弗·斯奈德、［美］沃尔特·尼科尔森：《微观经济理论：基本原理与扩展》，杨筠译，宁向东校，北京大学出版社2015年版，第407页。

〔36〕 Bundeskartellamt，"Facebook，Exploitative business terms pursuant to Section 19（1）GWB for inadequate data processing."

4. 多栖性与用户转换成本

多栖性（Multi-homing）是指消费者使用不同服务的可能性。[37] 多栖性也意味着用户在不同平台之间转换的可能性，由于平台之间存在一定的差异性，用户往往会选择在不同的平台之间转换使用。转换成本和多栖性能影响网络效应和集中效应。[38] 一般而言，用户在不同平台之间转移成本越低，多宿也就越容易，越能制约市场朝高集中度的方向发展。[39] 反之，用户在平台之间的转换成本越高，其多栖的可能性越小。Facebook 用户的大量集聚，导致网络效应放大，数据资源迅速集聚。在此情况下，用户转换到另一社交网络的难度很大。一方面，近年来社交网络领域的竞争者在用户为基础的市场份额方面持续下降，其中一部分竞争者已经离开市场。比如 StudiVZ 和 SchülerVZ，这些由 Holtzbrinck 出版集团临时经营的服务在 Facebook 进入德国市场之前曾经占据市场主导地位。它们的运营公司于 2017 年破产。ProSiebenSat. 1 经营的 Lokalisten 网络也在 2016 年秋季停止经营。另一方面，与其竞争者相比，Facebook 的用户数额一直攀升或至少保持在很高的程度。竞争者离开市场以及剩余竞争者所占有的用户市场份额下降的趋势强烈揭示这一市场倾斜过程，也表明 Facebook 的用户已经超过一定的临界容量，产生了较强的直接网络效应。如果转换成本很高，用户会留在原来的服务提供平台而不是转换到另一个可能提供更好产品或服务的平台，这一情形在法律上被称为“锁定效应”（“lock-in” effect）[40]。本案中，Facebook 公司用户的逐渐增加，高达 90%。其市场地位由于网络效应、锁

[37] Rolf H. Weber, “Competition Law Issues in the Online World”, 20th St. Gallen International Competition Law Forum ICF, 2013, available at https://ssrn.com/abstract=2341978，最后访问日期：2019 年 10 月 5 日。

[38] Rolf H. Weber, “Disruptive Technologies and Competition Law”, in Klaus Mathis, Avishalom Tor eds., *New Developments in Competition Law and Economics*, Cham, Switzerland: Springer Nature Switzerland AG, 2019, p. 226.

[39] 周万里：《数字市场反垄断法——经济学和比较法的视角》，载方小敏主编：《中德法学论坛》（第 15 辑），法律出版社 2018 年版，第 45 页。

[40] Aaron S. Edlin, Robert G. Harris, “The Role of Switching Costs in Antitrust Analysis: A Comparison of Microsoft and Google”, *Yale Journal of Law & Technology*, 15 (2013), 176.

定效应以及较高的市场进入壁垒而得到强化[41]。

综观 Facebook 案的审查思路可以看出，在数字市场的支配地位个案认定中，只有充分考虑数字经济的特性，数字驱动型企业所具有的网络效应、经济规模、用户转换难易程度、竞争者的市场准入难易程度等因素，才能正确地判定企业的市场支配地位。

三、Facebook 案引发的争议

2017 年修订的《德国反限制竞争法》吸收了网络经济学发展和研究的最新成果[42]，同时反映了数字经济时代反垄断立法的最新成就。作为该法生效以来的第一个反垄断执法案例，德国 Facebook 案遵循了新法的规范要领和立法精神，体现了数字经济时代德国反垄断执法的趋向，毫无疑问具有重要的示范价值。当然，鉴于数字市场具有动态性、市场边界的模糊性等特点，网络效应、多栖性、规模效应、用户转换等诸多要素之间的相互作用关系极为复杂，该案在实务界和学术界引发了一定的争议。

（一）相关市场界定的难题

相关市场界定本身是各国反垄断实践中的一大难题，往往比较容易引发争议。对于德国卡特尔局对 Facebook 相关市场作出的界定，学术界并不认可。有学者指出："关于 Facebook 的市场地位，尽管欧盟的并购调查程序中曾考虑到在高度动态的市场中识别其支配地位是不可取的，德国卡特尔局仍然将相关市场限制在社交网络服务市场，而不是更广泛的以广告支撑的网络服务市场。"[43] 杜塞尔多夫大学尤斯图斯·豪卡普（Justus Haucap）教授同样认为："德国卡特尔局认定 Facebook 在社交网络中是'占主导地位的广告空间提供者'，表明'社交网络的广告市场'本身是一个独立的反垄断市场，与其他在线广告市场不同。有什么证据能表明谷歌（其不再运营社交网络，正如 YouTube 并不属于德国卡特尔局眼中的相关市场一样）与

---

〔41〕 Maximilian N. Volmar，Katharina O. Helmdach，"Protecting Consumers and Their Data Through Competition Law? Rethinking Abuse of Dominance in Light of the Federal Cartel Office's Facebook Investigation"，*European Competition Journal*，2-3，(2018)，199.

〔42〕 参见《德国反限制竞争法》第 18 条第 3a 款。

〔43〕 Giuseppe Colangelo，Mariateresa Maggiolino，"Big Data，Data Protection and Antitrust in the Wake of the Bunderskartellamt Case Against Facebook"，*Italian Antitrust Review*，1 (2017)，110.

Facebook 并不在相同的在线广告市场竞争呢，我们尚需拭目以待。"[44] 美国学者丹尼尔·奥康纳（Daniel O'Connor）也认为德国卡特尔局对于"相关市场"的认定是不恰当的。在奥康纳看来，"市场之间的界限往往是基于企业竞争的方式，而不是基于消费者的替代选择……德国联邦卡特尔局在调查脸书涉嫌滥用在所谓的'社交网络市场'的支配地位一案中似乎也犯了类似的错误。消费者可以选择各种各样的替代服务，如博客和微博、专业网站、在线论坛、照片和视频共享服务、新闻阅读器、通信服务，产品服务，产品评论网站，社交游戏应用程序及虚拟世界。"[45] 这恰恰证明，数字市场反垄断执法的相关问题有其特殊和复杂的一面，学术界和实务界对于"相关市场"等问题的分析和探讨还没有达成定论，还有进一步深入探讨的余地和必要。

（二）网络效应与妨碍市场进入的逻辑关系尚未确定

网络效应是否必然妨碍市场进入？德国卡特尔局是否应当将网络效应作为分析市场进入壁垒的重要因素？这一问题在学术界仍然存在一定的争议。欧盟委员会在 Microsoft 并购 Skype 案[46]中认为即时通讯市场的进入壁垒并不高，虽然市场调查表明网络效应的存在的确构成即时通讯市场的准入障碍，但由于大多数即时通讯服务用户的大多数语音和视频通话是在少数家庭成员和朋友之间进行的，这一事实弱化了网络效应。因此，对这些群体而言，在不同即时通讯服务之间进行转移并不困难。尤斯图斯·豪卡普教授和乌尔里希·海梅斯霍夫（Ulrich Heimeshoff）也认为社交网络市场的进入壁垒并不高："首先，用户偏好是多种多样的；其次，用户在两个社

---

〔44〕 Justus Haucap, "Data Protection and Antitrust: New Types of Abuse Cases? An Economist's View in Light of the German Facebook Decision", available at https: //www. researchgate. net/publication/334398813_Data_Protection_and_Antitrust_New_Types_of_Abuse_Cases_An_Economist's_View_in_Light_of_the_German_Facebook_Decision?_sg = 7rMMDqt0lSaJFiBLF_F0rgsybBfghUSISGsdPQybF3XFjzTDqEJf1gT0sh8aFn2ct6wFUPbhi7R4okmRQUVK2xM7PLUptEaYq1iW4Ftc. HpKXcb5cK6LCEi-Bwt2Do_OmHEp83rUiY9BbMmONYiNS1vVvR63zyudGTHlELKFxTGnk8nd_M-ylqq37fNGqTQ，最后访问时间：2019 年 10 月 6 日。

〔45〕 这是奥康纳针对 2017 年 12 月卡特尔局作出的初步判决意见所发表的看法，参见［美］丹尼尔·奥康纳：《理解在线平台竞争：若干常见的误区》，载时建中、张艳华主编：《互联网产业的反垄断法与经济学》，法律出版社 2018 年版，第 138 页。

〔46〕 Case No. COMP/M. 6281 - MICROSOFT / SKYPE, para 91-92, 2011.

交网络之间的转换成本并不高，即具有多栖性。比如，一个网络（比如 Facebook）可以用于社交联络另一网络（如 LinkedIn 或 Xing），可以用于商业相关的联络交流。"[47] 换言之，虽然直接网络效应会导致转换成本增加，但是由于用户选择较多，用户间转换成本并不高，因而不会导致市场进入壁垒的形成。当然，也有学者站在支持的立场，认为用户锁定效应和网络效应会形成明显的市场进入壁垒[48]。总体而言，在德国和欧盟反垄断实践中，对于网络效应是否一定会导致市场进入壁垒还没有达成统一的认识。

四、Facebook 案裁决对我国的启示

数字经济时代，企业之间的竞争本质上是数据竞争。企业之间数据收集、融合、利用之间的矛盾则成为竞争法关切的中心问题。从经济学层面看，实际上是数据的需求与供给之间的矛盾，德国的 Facebook 案、欧盟的谷歌案等都体现了这一问题，国内的人人公司诉百度案、奇虎诉腾讯案也体现了数据竞争的特点。数字市场上，占据支配地位的企业由于网络效应、规模经济的影响很容易实现数据的集中，很容易导致赢者通吃的结果，进而形成对其他竞争者的进入障碍。2017 年德国竞争法通过增加"数字市场反垄断法条款"实现了数字经济反垄断的立法革新，而 Facebook 案的判决则是该法在反垄断执法中的具体运用。德国数字环境下反垄断法的革新及其执法实践对我国反垄断法修订和执法具有重要的借鉴价值。

（一）数字市场反垄断法条款的制订

数字市场中企业之间数据资源共享与专享之间的矛盾将成为主流。因数据资源竞争而滋生的案件也将逐渐增加。随着数字经济的迅猛发展，数据竞争引发的竞争法问题逐渐引起学术界和实务界的重视。如何认定和应对数据垄断的问题也应当成为我国反垄断法修订中不容忽视且无法回避的焦点问题之一。

数据驱动、数据竞争成为数字经济下企业运营的新特点，对反竞争行为的认定提出了新挑战。数字经济发展对于反垄断法的整体框架究竟是带

---

〔47〕 Justus Haucap, "Ulrich Heimeshoff, Google, Facebook, Amazon, eBay: Is the Internet Driving Competition or Market Monopolization?", *DICE Discussion Paper*, 83 (2013), 14.

〔48〕 Christophe Carugati, "The 2017 Facebook Saga: A Competition, Consumer and Data Protection Story", *European Competition & Regulatory Law Review*, 1 (2018), 6.

来革命性的变革，还是仅仅需要局部的调适？对于这一重大命题，欧盟、德国政府部门和学术界已有一定的讨论。2015年德国垄断委员会发布的报告《竞争政策：数字市场的挑战》中指出："基于目前数字市场的竞争情况，垄断委员会认为还没必要对反垄断法进行根本性修改，但是需要考虑数字市场特殊的竞争情况，做一些适当改变。"[49] 由此观之，反垄断法的基本制度体系在数字市场中虽然可以继续发挥其支柱性作用，但也有必要根据数据竞争的特点做出一定的调适。

然而，我国对于数字市场中"相关市场"的界定、市场力量的衡量、经营者集中等具体问题的分析和法理探讨，还有待于展开深入研究。尽管目前看来，由于数字经济带来的很多新问题理论与实务界的探讨仍待深入，一些市场发展趋势仍待观察，所以很多问题（特别是涉及操作性的细节问题）的处理可能并不适合在反垄断法层面体现[50]。当前，如何在立法层面上应对数据竞争对反垄断法的挑战是一个不容回避的问题。我们可以通过修订《国务院反垄断委员会关于相关市场界定的指南》、制订具体的反垄断法司法解释等方式，借鉴德国"数字市场反垄断法条款"的部分内容，以及卡特尔局在Facebook案调查中的经验。具体而言，我们可以在上述《指南》第三章"界定相关市场的一般方法"部分，根据数字市场反垄断执法经验和国际经验，增加适合中国国情的"数字市场反垄断法条款"。在经过反垄断执法和司法的反复实践后，充实到反垄断法之中。

（二）数字市场中"相关市场"的界定因素考量

数字市场中，平台竞争、跨界竞争、网络效应、规模经济等特点大大增加了相关市场界定的难度。德国Facebook案对"相关市场"的界定是网络经济学在反垄断执法中的最新应用，虽然存在一定的争议，但仍然称得上是数字市场反垄断执法的一次重要尝试，对于全球各国都有一定的示范作用。

随着数字经济的发展，数字市场中"相关市场"的界定，将成为各国

---

〔49〕 参见宋迎、周万里：《德国〈竞争政策：数字市场的挑战〉调研报告介评》，载韩伟主编：《数字市场竞争政策研究》，法律出版社2017年版，第91页。

〔50〕 韩伟：《数字经济时代中国〈反垄断法〉的修订与完善》，载《竞争政策研究》2018年第4期，第62页。

反垄断执法部门和司法机关共同面临的重要问题。对于其中一些关键问题，如免费产品的相关市场有无和界定、跨界业务模式下相关市场的区分等问题，要充分考虑到新业务模式下传统的相关市场考量因素的适用问题。我国的人人公司诉百度案、奇虎诉腾讯案等已有对“相关市场”认定的经验。然而，如何充分考量数字市场中传统认定因素的适用权重，通过对各影响因素的精细化适用，做到既保护消费者福利，打击企业反竞争行为，又不会矫枉过正，限制数字企业的产业模式创新，仍然是我国反垄断法适用中的重大难题。Facebook 案表明，传统的需求替代分析方法虽然仍然可以适用，但是其在“相关市场”界定中的权重应当适当降低。此外，还要考虑到供给替代等因素的判定和影响。

（三）市场支配地位的判定因素

传统市场中，市场支配地位的判定需要考虑的主要因素是市场份额。数据资源的收集、利用有其特殊性，网络效应和规模经济的特点使得数据资源更容易趋向于集中，并形成对后加入者的市场准入障碍。因此，市场份额在数字市场的支配地位认定时虽然同样适用，其权重需要适当降低。数据资源的网络效应衍生的用户转换、市场壁垒等因素的权重则要相应提高。

在奇虎诉腾讯滥用市场支配地位案[51]中，市场支配地位认定是案件审理中的核心，也是引发争议较多的问题之一。最高人民法院在终审判决中指出：“互联网环境下的竞争存在高度动态的特征，相关市场的边界远不如传统领域那样清晰，在此情况下更不能高估市场份额的指示作用，而应更多关注市场进入、经营者的市场行为、对竞争者的影响等有助于判断市场支配地位的具体事实和证据。”[52] 基于这一立场，最高人民法院结合互联网产业竞争特点，对互联网平台竞争所形成的竞争约束、“客户黏性”、市场进入难易程度等因素进行了重点考量[53]。这一综合考量方式弱化了市场

〔51〕 广东省高级人民法院民事判决书（2011）粤高法民三初字第2号；最高人民法院民事判决书（2013）民三终字第4号。

〔52〕 最高人民法院民事判决书（2013）民三终字第4号。

〔53〕 黄伟、韩桂珍：《3Q大战反垄断终审判决中相关市场界定与市场支配地位认定的相关问题》，载《科技与法律》2015年第1期，第205页。

份额的权重，考虑到数字市场动态竞争、网络效应和规模经济等特点的影响，与德国 Facebook 案在用户转换、市场准入壁垒等方面的因素考量有着异曲同工之处。有学者指出，在奇虎诉腾讯案中，市场支配地位的正确认定方法为：①互联网产业中网络效应与锁定效果的影响；②用户数量。并且提出，与本案两审判决书的认定相反，由于腾讯 QQ 所具有的锁定效果，其“二选一”行为确实能够迫使用户放弃 360 杀毒软件，使其在安全软件市场与互联网广告市场上受到排斥；又因为腾讯是互联网广告市场上拥有用户数量最多的经营者之一，上述排斥行为可以使其利润增长，即“有利可图地排斥奇虎”[54]（由于含有双边市场因素，排斥行为与利润增长并不发生在同一市场，因此可以认定，腾讯相对于奇虎拥有相对支配地位）。由此观之，数字市场中的市场支配地位认定所考量的因素不同，最终得出的分析结果也会大相径庭。在数字市场的支配地位个案认定中，只有充分考虑到数字经济的特性，数字驱动型企业所具有的网络效应、经济规模、用户转换难易程度、竞争者的市场准入难易程度等因素，才能正确地判定企业的市场支配地位。

数字经济时代，数据竞争将成为企业之间的核心竞争要素。诸如德国 Facebook 案不仅在欧洲、美国频繁出现，在中国也将会成为反垄断执法和司法关注的重点问题之一。德国联邦卡特尔局 Facebook 案是其反垄断法修订后的第一个案例，也是数字经济环境下反垄断法适用的典型案例，对于我国反垄断执法也有很大的借鉴价值。

市场份额通常难以真实反映市场力量，网络效应、规模经济使得数据要素快速集中，更能促成市场力量的集聚，因而市场结构要素与市场力量的内在联系就不再如传统市场那么紧密。因此，市场支配地位的判定难度相应地大大增加。德国 Facebook 案运用网络经济学的最新成果和数字市场的反垄断法规则，对数据驱动型企业的市场支配地位行为进行认定，解决了传统反垄断法规范在数字市场中适用的难题，对于世界各国的反垄断法实践都有很好的借鉴作用。

---

〔54〕 许光耀：《互联网产业中双边市场情形下支配地位滥用行为的反垄断法调整——兼评奇虎诉腾讯案》，载《法学评论》2018 年第 1 期，第 116、117 页。

第三编　信息社会的法律发展

算法霸权的危害与规制
——以检察公益诉讼为视角

赵 辉*

当前，全球范围内新一轮科技革命正在萌发，传统互联网正在向万物互联和智能化方向发生深刻转变。人工智能技术的不断突破，给人们的生活带来前所未有的智能与便捷，特别是算力、算法的突破为互联网上流动的海量数据提供了最完美的商业可能。BAT[1]与华为、京东等国内企业以及谷歌、微软、亚马逊等全球科技巨头均倾全力押注人工智能技术，当前世界的竞争已经转变为大数据与算法的竞争。随之而来的是卖车卖房卖保险的骚扰电话、电信金融诈骗短信、铺天盖地的广告轰炸，近年来数据泄露事件的频发，网络黑产的猖狂，以大数据和人工智能为基础的算法霸权也在大行其道，一定程度上威胁着当前的社会公共利益，使人们不堪其扰。大数据之父维克托尔认为，大数据的核心是预测，而实现预测的途径是通过挖掘不同变量间的相关关系，揭示数据背后的隐性知识。[2] 互联网和云存储的诞生，让你无时无刻不留下痕迹，你的交际、工作、爱好、性格、

---

* 赵辉，浙江省衢州市人民检察院法律政策研究室副主任。

〔1〕 BAT是指我国三大科技公司，百度、阿里巴巴和腾讯。

〔2〕 参见［英］维克托·迈尔-舍恩伯格、肯尼思·库克耶：《大数据时代：生活、工作与思维的大变革》，盛杨燕、周涛译，浙江人民出版社2013年版，第34、35页。

运动轨迹、家庭住址、工资收入、消费喜好等，只要想查都可以在网上查到。从百度竞价排名导致的魏则西事件、到万豪酒店 5 亿用户数据泄露、雅虎 30 亿用户数据泄露以及 Facebook 大规模用户数据泄露等事件，再到滴滴出行、旅游票务平台、外卖平台等的大数据杀熟事件，以及手机 APP 过度收集个人信息、偷偷收集个人信息、无法妥善保存用户数据等事件的发生，无不揭示着当前社会已经进入了一个被算法所控制和垄断的世界。而对当前互联网领域发生的问题，人们更多着眼于对表面现象进行分析，并没有认识到导致这些问题产生的深层次原因是企业算法存在的问题。不论是各类互联网平台还是手机 APP，其运行都需要企业设置特定的算法才能促使其运行，因此，只有保证企业算法的合规合法，才能更好地解决互联网领域存在的危害社会公共利益的情形。

一、什么是算法霸权

算法（algorithm）一词最早起源于 9 世纪波斯数学家 al-Khwarizmi 的名字（其拉丁文名字就是 Algorithm），他认为求解问题应当遵循有条理的步骤，这种条理性后来被视为算法的核心。[3] 算法在其本质上就是解决问题的一种方式，它的运算机理是用数学语言建构数学模型来描述实际现象，是关于部分现实世界为某种研究对象的一种抽象的简化数学结构。[4] 当前常说的算法，是作为大数据运算方式的算法，也是实现人工智能的算法。大数据包括数据收集和数据分析两个部分，数据收集只是基础工作，数据分析才是实现大数据价值的关键。而要实现海量数据分析、数据挖掘乃至预测，就必须通过设置特定的算法来完成，通过算法最终形成我们需要的人工智能。简单来说，大数据就像是原材料，而算法就是中间的加工技艺，人工智能就是最后的成品。因此，大数据的价值，只有通过算法才能实现。而算法的专业性、复杂性和不透明性，也决定了算法只被少数人理解和掌握。尤瓦尔曾预言，未来的时代将会进入算法主导的时代，权威将从个人转向由算法构成的网络。人类不会再认为自己是自主的个体，不再依据自

---

〔3〕 参见［美］达斯格普塔等：《算法概论》（注释版），钱枫、邹恒明注释，机械工业出版社 2009 年版，第 2 页。

〔4〕 姜野：《算法的规训与规训的算法：人工智能时代算法的法律规制》，载《河北法学》2018 年第 12 期。

己的期望度日，而是习惯把人类整体看作一种生化机制的集合体，由电子算法网络实时监测和指挥。[5] 而一旦出现滥用算法的情形，企业过分利用算法的支配地位，可能会影响社会稳定，对国家和社会公共利益带来不良影响，从而导致"算法霸权"的出现。

算法的影响十分广泛，以我们目前经常使用的手机软件为例。淘宝基于你每天的搜索记录和交易习惯，向你进行精准商品推送，美团、大众点评等外卖 APP 基于你的点餐记录、用餐习惯向你精准推送着外卖商户，乃至于你平时用的浏览器也在基于你的浏览习惯、浏览记录向你推送着大部分的网页。算法的精准推送，确实在很大程度上可以帮助我们快速获知我们需要的信息，减少不必要的时间浪费。但企业本身均具有逐利性，为了取得市场优势地位，企业通过不断优化算法获取用户的大数据，并通过算法对获取的大数据进行分析，了解用户的喜爱和偏好，从而牢牢抓住用户。算法的不断发展，使得绝大多数人看到的都是搜索引擎或者 APP 推送给我们的信息，它们基于特定的算法对我们进行着精准的信息推送，并基于搜集到的我们的个人信息对算法进行不断的改进完善。但人的思维具有很大的发散性与灵活性、随意性，我们并不是每天都要重复获取同一类的信息，人们需要通过获取新的知识来提升自己的创造性、创新性，但算法霸权决定了你每天看什么网页、浏览什么新闻、购买什么东西乃至于吃什么饭，导致人们获取知识的渠道被限定在算法控制的范围内。直接的结果就是这些网站向我们显示的都是它们认为我们会点击的内容——这将会导致我们接触算法推送的虚假信息或者假新闻时无法进行辨别，算法可以利用这一点，不断加深一个人对于某件事情的偏见，在偏见累积到一定程度时，可能会危害到整个社会秩序。

而算法带来的偏见和歧视并不能被及时发觉，因为很多算法本身就是

[5] [以色列] 尤瓦尔·赫拉利：《未来简史：从智人到神人》，林俊宏译，中信出版社 2017 年版，第 296 页。

一个黑箱，有些甚至研发人员都不知道算法是怎么运行的。[6] 这就导致现有法律无法很好地去规制这些算法的运行，有些互联网公司以算法的知识产权保密性为由拒绝公开和审查，互联网经营者在其平台上公布的《用户协议》《隐私协议》等，其内容和表述往往存在语焉不详或晦涩难懂等问题，诸如“可能”“必要时”“努力确保”“某些情形下”等用语随处可见。此外，默认同意或授权、霸王条款、隐蔽提示等现象也屡见不鲜，用户在平台注册或接受相关服务时，往往只能被动“勾选”，无法对互联网经营者单方面给出的协议或隐私政策进行协商或选择。还有一些数据采集者将服务准入门槛与个人数据的提供绑定，如果不提供个人数据，将不能使用其服务。

现在很多网络公司的商业模式是用免费内容换取个人数据。大多数人都会通过接受冗长而复杂的合同条款对此表示同意，我们可能不介意为了获得免费服务而收集一些信息。但我们的个人信息一旦输入到互联网中，个人信息就会游离在我们视线之外，我们失去了对个人数据的掌控，也失去了决定在什么情况下和什么人进行数据交换的权利。由于我国在算法监管立法和执法层面的缺失，导致“算法霸权”现象、行政监管不力、违法认定标准模糊、处罚力度过低等问题广泛存在，整个社会缺乏尊重个人隐私和信息安全的良好意识及氛围，甚至更有企业家发表了“中国人更加开放，对于隐私问题没那么敏感”的言论。[7] 此外，算法忽视弱势群体需

---

〔6〕 2016年，上海交通大学研究者 Xiaolin Wu 和 Xi Zhang 使用四种分类器（逻辑回归、K临近值、支持向量机和卷积神经网络）及特征生成机，证明了卷积神经网络能较准确地分类犯罪，正确率达89.51%，而且犯罪组的面部特征显著异于非犯罪组。然而随后，也传来各领域专业团队的质疑之声，包括 Google 数据团队、华盛顿大学生物学教授组等，主要质疑点包括：照片来源缺乏透明度、无法将表情与面部特征区分、没有进行女性的分析等。两位研究员后来也表示：“我们的研究仅仅是对脸部的社会心理感知，而对于人工智能算法预测的这些感知本身的有效性如何，我们的研究并没有任何结论。”转引自涂子沛：《人脸分析：一门新“玄学”》，载虎嗅网：http：//www.huxiu.com/article/273782.html，最后访问时间：2019年2月16日。实际上算法也会产生错误，算法还会自主运行。我问过一个计算机的大数据专家，他们说有些时候算法自主运行时，程序员不知道为什么这样去运行，无法解释。转引自马长山在“2018互联网法律大会·人工智能与法学论坛”演讲：《人工智能的社会风险及其法律规制》。

〔7〕 2018年3月26日，在中国发展高层论坛上，百度董事长兼CEO李彦宏表示，“中国人对隐私问题的态度更开放，也相对来说没那么敏感。如果他们可以用隐私换取便利、安全或者效率，在很多情况下，他们就愿意这么做。”

求。农村大部分民众尤其是最需要提供基本公共服务的贫困地区民众，由于缺乏在网络世界表达情绪、意见、诉求和偏好的行动能力，也就很难完全进入大数据+智能化时代政府治理的决策视野，所谓的社会治理有可能变成城市社会治理。[8] 这些因素最终的影响是导致这些算法脱离了国家和社会的监管，并且对社会影响程度逐步加深，从而形成了算法霸权。

二、算法霸权的危害

（一）导致算法黑箱和算法歧视的产生

事实上，信息并非我们最初所认为的那么“客观”，所有的信息在开发和利用过程中，都将人类的一些主观性思维，包括偏见和错误都编码到数据标签和智能算法中。[9] 随着人工智能技术的不断发展，越来越多的信用评估系统、入职评估系统乃至犯罪预测系统被开发出来，这些技术的出现带来了效率的提升，但也带来了一系列问题，那就是被输入到电脑中的数据和算法如何确保公正性的问题。长久以来，人们对计算机技术存在一个广为人知的误解：算法决策倾向于公平的，因为数据关乎方程，而非肤色。[10] 人类决策的时候可以会有这样那样的偏见或者受信息不充分等因素影响，可能影响结果的公正性，但是机器不会带有任何感情色彩，且运算过程不受人类影响，能够确保公正。但是，公平真的可以被量化、形式化乃至被翻译成具有操作性的算法吗？公平作为一个比较模糊的概念，被翻译成算法公平可能存在困难，但在信用评估、社会综治、犯罪预测中，基于大数据的人工智能系统正在将公平问题算法化。一方面，虽然算法进行决策时不会受到非法律的外在因素影响，但算法都是由设计者、开发者、程序员进行设计和输入的，而这些人在设计算法时或多或少会受到自身所处的阶层、环境等因素的影响，可能会将自身的一些偏见带入到算法之中。此外，数据的准确性决定着算法的准确性，在数据收集过程中很难做到所

---

〔8〕 仇立平：《大数据+智能化时代社会的“沦陷”与治理》，载《探索与争鸣》2018年第5期。

〔9〕 陈鹏：《大数据与智能时代的信息乱象及其治理》，载《学习时报》2018年9月5日，第6版。

〔10〕 腾讯研究院等：《人工智能：国家人工智能战略行动抓手》，中国人民大学出版社2017年版，第241页。

有数据全部准确，也会进一步影响算法的准确性。另一方面，法官在作出裁判之前，需要进行充分的说理和论证，这些都是公众可以审阅的。但犯罪风险评估系统等自主决策系统一般仅仅输出一个数字，比如犯罪风险分数等，而不会提供作出这一决策所依据的材料和理由。[11] 一般人根本无法理解其算法的原理和机制，在机器无监督学习和深度学习的情况下，有时设计者都无法说明机器是如何决策的，这就导致了算法黑箱的产生。因为一切是由算法来解决的，但算法不是由我们来设计的，而是由商家和技术公司来设计的，加之建模和算法的某种不可解释性，就会形成算法黑箱。它们带来的问题不可忽视，尤其是其中隐藏的商业偏好。算法会产生独到的偏见。[12] 产生偏见的原因在于，算法对人的认识几乎是即时的，没有时间维度。[13] 但许多数学杀伤性武器都是依靠自己的内置逻辑来定义其所处理的情况，然后再以其自己的定义来证明其输出结果的合理性。这种模型会不断地自我巩固、自我发展，极具破坏力——而且在我们的日常生活中很常见。[14] 以信用评估系统为例，雇主相信信用低和工作表现差成正相关，这就导致了信用评分低的人很难找到工作。失业导致他们陷入贫穷，而这又进一步降低了他们的信用得分，让他们找工作难上加难。

（二）导致了“大数据杀熟”现象的出现

个人数据已经被普遍性地视作一种资产，具有巨大的价值。前段时间

---

〔11〕 腾讯研究院等：《人工智能：国家人工智能战略行动抓手》，中国人民大学出版社2017年版，第243页。

〔12〕 比如，亚马逊的招聘AI算法就更偏好具有男性特征的简历，而对女性面试者不友好，因为在算法的训练数据中，男性要多于女性。美国法院使用的人工智能程序也对黑人的再犯罪判定具有偏见，认为黑人的再犯罪可能性是白人的两倍，从而影响法院对不同人种的刑期判定；在金融风控方面，AI算法的结果也对人的种族、阶层存有偏见，比如，深色人种即使品行端正也很难申请到住房贷款，因为算法会将他与那些大多工作不稳定且有犯罪前科的深色人种归为同类。

〔13〕 也就是说，只要我们的特征维度不变，那么同一个算法永远都会将我们归于固定的某一类，问题是人某一个时刻展现的只是自己的一面，更重要的是人是在不断发展变化中的，青年时期、中年时期、晚年时期，可能呈现完全不同的风格。为什么人识人就不会这么刻板，是因为人对人的认识，是一个缓慢的、渐进的、主观的、挖掘的过程，时间会不断修正初始的看法和认识，因而人对人的评价会逐步趋向客观和真实。转引自涂子沛：《人脸分析：一门新“玄学”》，载虎嗅网：http://www.huxiu.com/article/273782.html，最后访问时间：2019年2月16日。

〔14〕 ［美］凯西·奥尼尔：《算法霸权：数学杀伤性武器的威胁》，马青玲译，中信出版集团2018年版，第19页。

热议的滴滴、携程等出行、旅游平台就同样的商品和服务对老客户、忠诚客户进行价格歧视，不少人认为这是一种互联网平台利用大数据工具损害消费者权益的违法行为，俗称“大数据杀熟”。当消费者在一个平台注册时，平台会要求填写性别、出生年月、地址、电话等基本信息，这就形成了一个人的会员 ID。消费者在各类网站或 APP 上进行浏览、收藏商品、购买商品、进行评价、退货磋商等一系列行为在交易平台形成了交易数据。经过时间、用户数量的累积，平台利用算法对你进行各种优惠券以及个性化商品推荐，并对你的消费习惯、商品偏好、支付能力等进行挖掘和分析，对用户进行分类，对价格不敏感客户和忠实的老客户采取非优惠价格政策，而对新客户、价格敏感客户采取优惠价格政策，并最终形成精准营销乃至于价格歧视。事实上，所谓“大数据杀熟”在电子商务发展之初就存在，亚马逊、雅虎、谷歌等平台收集、累计、分析、挖掘用户的交易数据，创造出“利用强关联趋势判断个性化推送信息”的商业方法，大幅提升商业效率，其中就包括涉嫌“大数据杀熟”的价格优化策略。〔15〕大数据之所以可以被用来“杀熟”，是因为拥有这些数据的企业，可以通过各种算法或技术，挖掘出蕴藏在其中的具有极大商业利益和价值的用户个人信息，进而作出归纳性的推理，分析出每位用户的消费习惯、偏好、层次以及对价格的敏感程度等信息并为每位用户贴上相应“标签”。在这种“千人千面”的背景下，企业可以掌握每个用户消费一定数量的某种商品愿意支付的最高价格，并以此作为依据为每位用户制定不同的销售价格，从而获取所有的消费者剩余，达到企业自身商业利益的最大化，而消费者可能全然不知。〔16〕而这种行为在法律上是否属于违法行为，在学术和实务界一直有争议。大数据“杀熟”被曝光后，滴滴、携程等企业纷纷表态不存在所谓的大数据“杀熟”，更有观点以“算法中立”或“技术中立”为由进行辩解，但任何一种算法或者技术背后体现的都是设计开发者的价值观、世界观、思维倾向及其既得利益，“技术”离开了人类背景，就不可能得到完整意义的理

〔15〕黄璇、刘丝茗：《“大数据杀熟”的法律问题研究》，载微信公众号“广州律协”，2018 年 9 月 17 日。

〔16〕李伦：《“楚门效应”：数据巨机器的“意识形态”——数据主义与基于权利的数据伦理》，载《探索与争鸣》2018 年第 5 期。

解，因此算法或技术中立本身就是一个伪命题。中国消费者协会认为，这种“杀熟”的销售方式不仅侵犯了消费者的知情权、公平交易权和隐私权等正当权益，也严重背离了市场经济的公平原则。我们反对利用数据采集消费者信息，而后实施损害消费者权益的做法，其应当被禁止。特别是对于这样一种不公平的采取价格歧视、价格欺诈的方法，应该由有关政府部门出台相应的措施予以严厉的禁止。〔17〕

（三）导致个人隐私信息的滥用

当今社会，互联网企业非法或过度收集用户个人信息的现象依旧普遍存在，个人信息仍然被大量非法利用。一些数据采集者将服务准入门槛与个人数据的提供进行绑定。如果不提供个人数据，将不能使用其服务，这在手机APP的安装过程中很常见。有些APP与用户的通讯录没有一点关系，但是只有接受其读取通讯录，才能完成APP的安装过程，或者才能正常使用其功能。用户为了便利性，往往同意授权。2017年下半年，DCCI联合360手机卫士发布的《2017年中国Android手机隐私安全报告》中显示，相比2016年，利用核心隐私权限越界获取“通话记录”和越界“读取彩信记录”的APP数量出现大幅度增长。2018年10月，上海市网信办对本地最常用的23个APP获取用户个人信息等相关权限申请情况展开调查，结果发现抽查的APP几乎都存在滥用权限获取用户信息的问题。〔18〕 2018年11月28日，中国消费者协会发布100款APP个人信息收集与隐私政策测评情况，在收集个人信息方面，APP普遍存在涉嫌过度收集个人信息的情况，其中过半APP涉嫌过度收集“位置信息”；在隐私政策方面，47款APP隐私条款内容不达标，其中34款没有隐私条款。支付宝、ofo小黄车、美图秀秀、新浪新闻、e代驾、悟空理财、去哪儿网等APP均存在问题，猎豹浏览器还默认开通监听外拨电话。〔19〕 2018年12月29日，中国互联网协会通

〔17〕《中消协：“大数据杀熟”侵犯消费者的权益 背离市场经济的公平规则》，载央广网：http://china.cnr.cn/news/20190209/t20190209_524505561.shtml，最后访问时间：2019年2月18日。

〔18〕《上海网信办抽查APP获取用户信息等权限申请情况 约谈23家运营企业》，载新华网：http://www.xinhuanet.com/2018-10/16/c_1123568464.htm，最后访问时间：2019年2月18日。

〔19〕《100款APP个人信息收集与隐私政策测评报告》，载中国消费者协会官网：http://www.cca.org.cn/jmxf/detali/28310.html，最后访问时间：2019年2月18日。

过技术检测以及用户举报发现，QQ 音乐等 18 款 APP 疑似存在过度收集“短信”“通讯录”“位置”“录音”等用户敏感信息，万能看等 9 款 APP 疑似存在未经用户同意收集使用用户个人信息等问题。[20] 此外，其他针对部分 APP 进行的评测或审查过程中均发现不同程度的过度收集个人信息的情况。这些数据在很大程度上反映出当前我国个人隐私信息的滥用现象已经十分严重。

（四）危害社会公共利益

滥用大数据的结果是导致“数据独裁”，使人成为数据的奴隶。[21] “魏则西事件”曝光后，国家网信办会同有关部门成立联合调查组进驻百度公司，集中围绕百度搜索在该事件中的问题、搜索竞价排名机制存在的缺陷展开调查。调查报告认为，百度搜索相关关键词竞价排名结果在客观上对魏则西选择就医产生影响，百度竞价排名机制存在付费竞价权重过高、商业推广标识不清等问题，影响搜索结果的公正性和客观性，容易误导网民等问题。[22] 从百度竞价排名导致的魏则西事件，到电信诈骗导致的徐玉玉事件，究其根源，都是在算法的不当设计下导致了公民权益受到侵害，而算法霸权导致的侵害不仅仅针对个别人，而是针对不特定的多数人，不仅破坏传统现实物理社会中的法益，而且也严重破坏市场经济下的网络信息安全法益和网络秩序。大数据、人工智能技术的不当使用正在悄悄地甚至公然地侵袭公民的信息权利，个人的隐私、尊严、安宁面临不复存在的严重危机；人工智能算法天然的封闭性、暗箱性、选择性本质很可能造成有违公平正义、有悖公序良俗的歧视性后果。[23]

三、我国当前对算法监管的现状及存在的问题

关于算法监管的相关法律规定散见于《刑法》《民法总则》《反垄断

---

〔20〕《中国互联网协会召开专家评议会 引导和督促互联网企业加强用户个人信息保护》，载中国互联网协会官网：http：//www. isc. org. cn/zxzx/xhdt/listinfo-36373. html，最后访问时间：2019 年 2 月 18 日。

〔21〕参见［英］维克托·迈尔-舍恩伯格、肯尼思·库克耶：《大数据时代：生活、工作与思维的大变革》，盛杨燕、周涛译，浙江人民出版社 2013 年版，第 234~236 页。

〔22〕孙道萃：《虚假广告犯罪的网络化演变与立法修正思路》，载《法治研究》2018 年第 2 期。

〔23〕张文显：《“未来法治”当为长远发展谋》，载《新华日报》2018 年 12 月 4 日，第 15 版。

法》《消费者权益保护法》以及《网络安全法》《全国人民代表大会常务委员会关于加强网络信息保护的决定》《电信和互联网用户个人信息保护规定》等法律法规和规章的规定。无论是《消费者权益保护法》还是《网络安全法》，确定互联网平台的监管部门都坚持了“分业监管”[24]的原则。《邮政法》《传染病防治法》《执业医师法》《律师法》《公证法》等也是按照“分业监管”原则，确定行业或者领域的主管部门负责本行业或者领域的互联网平台监管工作。[25] 而相应的，具体监管部门包括工商行政管理部门、金融部门、交通部门、公安部门以及邮政、医疗、司法行政等部门。根据法律规定，这些监管部门在各自职责范围内对互联网平台进行监管，由于条块分割，难以形成统一的监管体系和监管合力，对互联网平台的制约力不足。

（一）缺乏统一的监管部门，现有监管乏力

这是一个规则滞后于发展、滞后于市场的时代。监管具有先天的滞后性，互联网行业的监管永远落后于信息技术的发展。一是现有监管条块化不能满足监管需要。现有大多数互联网企业的经营活动往往是跨区域、跨行业的。而现有的信息安全监管体系还停留在条块分割的初始起步阶段，现有行业化和地域化的管理体制造成政出多门、部门之间协调不够，甚至存在不同部门、不同地区之间的政策、标准要求等相抵触的现象。二是监管能力无法跟上技术发展速度。随着互联网特别是移动互联网的发展，网上市场准入门槛降低，海量市场主体涌入，传统的“以批代管”“重审批轻监管”的管理方式已跟不上数字经济时代创新发展的节奏和步伐。监管对象线上化趋势明显，呈现出虚拟化、隐蔽化等特点，加大了线上和线下管理部门划分职责和实现协同监管的难度。虽然当前国家和各地网信办等单位也在逐渐加强对互联网行业的监管，各地消协也在通过各种方式以及公益诉讼的方式保护着人们的利益不受算法的侵害，但是与蓬勃发展的人工智能应用之间仍存在一定程度的不匹配性，监管理念和策略严重滞后，信

---

〔24〕 分业监管，即行业或者领域的主管部门负责对本行业或者本领域经营活动、服务活动中个人信息保护问题进行监管。

〔25〕 参见许长帅：《现行法律下个人信息保护监管部门的确定》，载《互联网天地》2018年第10期。

息安全监管手段力不能及，信息安全监管人才储备不足，导致人工智能应用处于野蛮成长状态，如不及时进行调整，势必会影响社会长治久安。三是现有监管强制力不足。数字经济时代，个人、企业、政府间的关系日益复杂，中国缺乏对互联网企业强有力的监管、惩处措施，这使得大众信息安全受到威胁却不能及时被监管机关发现。[26] 网络游戏沉迷、大数据杀熟、搜索竞价排名、平台不正当竞争、个人信息泄露、网约车安全、网络攻击、算法歧视、假冒伪劣、网络名誉侵权与谣言传播等，无时不在撞击着人们的敏感神经，要求监管部门做出回应。

（二）法律法规不健全

首先是法律的发展严重滞后于信息技术的发展。法律与制度是算法监管的重要手段，人工智能日新月异，其升级周期随着数据的积累和算法的更新会越来越短。相反，算法监管法律的产生具有较大的时间成本和知识消化成本，势必会远远滞后于人工智能新技术的应用发展。对于互联网企业的算法霸权问题，应当由哪些行政机关进行监管当前尚不明晰。而最为关键的是，与人工智能发展相配套的法律制度严重滞后，这将给算法监管的长久发展带来极大的不确定性和不稳定性。其次是无统领性的法律，顶层设计缺乏。目前调整数据产业的立法相对缺失，使得相关主体的权利义务关系处于模糊而不确定状态，严重制约数据产业的发展。[27] 比如《网络安全法》第 41 条第 1 款[28] 对于“合法、正当、必要”原则的具体内涵，“公开”和“明示”的方式和程度，以及“同意”的类型等均未作出明确规定。此外，“个人信息”的定义、分类、保护隐私的范围、预防和保护措施的具体要求和标准、侵权行为的认定、用户信息泄露后的救济途径及责

〔26〕 2018 年上半年，由于对金融消费者知情权保障不充分、个人金融信息收集不符合最少必需原则、个人金融信息使用不当等 7 条违法行为，中国人民银行杭州中心支行对支付宝网络技术有限公司开出 18 万元的罚单。值得注意的是，这并非是支付宝第一次涉及用户的隐私信息安全问题，却是其第一次被罚，这也是全国首例因为用户个人信息安全问题而被罚。而且相比于支付宝通过用户信息获得的庞大利益，这 18 万元的罚单实在是显得单薄无力。转引自孙兆：《互联网企业监管亟待加强》，载《中国经济时报》2018 年 4 月 12 日，第 3 版。

〔27〕 沈达：《对推进新时代信息化立法的思考》，载《人民邮电》2018 年 12 月 25 日，第 7 版。

〔28〕《网络安全法》第 41 条第 1 款：网络运营者收集、使用个人信息，应当遵循合法、正当、必要的原则，公开收集、使用规则，明示收集、使用信息的目的、方式和范围，并经被收集者同意。

任承担等内容，仍有待我国相关立法的进一步明确。最后是传统法律规定不适应现代算法监管要求。目前，对算法霸权的法律规制总体上还是缺位的，虽然一些算法霸权的公司已经受到了法律的惩罚，但这种案例还是比较少见的，大量的违法行为都缺乏监管。传统的基于“目的明确原则”“使用限制原则”以及“通知和同意”模式的数据和信息保护方式已经不足以适应大数据时代的要求。因为在大数据时代，数据处理的复杂性、专业性和隐秘性限制了消费者认识和评估其选择可能带来的后果的能力，以及给出自由、明确、具体的同意的能力。由于企业的支配或垄断地位，会产生社会和技术的闭锁效应，并加剧数据、信息的集中化，从而对消费者的自主权和选择权产生直接或间接的影响。

（三）算法的隐蔽性和复杂性带来的监管困难

互联网企业的大数据算法，更多地涉及其本身的知识产权问题。能否向社会公众公开、如何向社会公众公开以及公开后社会公众能否读懂等问题都很难解决，而且受当前机器的神经网络技术的发展与无监督学习的影响，可能相关程序员和专家都无法获知机器是如何得出现有结论的，例如谷歌公司的阿尔法零，通过不停地自我博弈，可能是数以亿次的计算，最终战胜了阿尔法狗，但人们无法知晓其具体的运算和算法运作过程，由此导致了算法黑箱问题的产生，对于算法黑箱如何进行监管更是难以解决的问题。比如算法的实现通常没有适当的方法，在很多情况下，算法的使用比人类决策规模大得多，所以也会产生和人类相同的偏见，算法的使用者也许不了解概率或置信区间，而且如果让他们重写算法也会很困难，等等。更为重要的是，大数据巨大的二次利用价值，无所不在的数据收集技术和专业多样的数据处理技术，大幅降低了数据用户对其个人信息的自决权利。[29] 算法的这种隐蔽性和复杂性，使得监管部门很难对这些公司的算法进行合法性审查，难以对算法进行拆解检验，导致一些算法霸权长期游离于监管之外。

（四）企业自身监管动力不足

个人上网数据的大型知识库，主要掌握在拥有先进技术和雄厚资源的

---

〔29〕 唐皇凤:《数字利维坦的内在风险与数据治理》，载《探索与争鸣》2018年第5期。

大型互联网企业手中，他们一手收集着用户的数据信息，一手分析这些信息并将之智能化应用。由于企业具有逐利的本性，加之信息安全管控高投入的门槛，可能会导致其控制数据泄露的机制形同虚设，无法有效运转。以用户数据保护为例，《网络安全法》“预防+控制+惩治”的思路意味着企业在系统建立之初、运行之时，要增加数据保护方面的投入从而降低安全隐患，但这势必将增大企业的技术成本与合规成本。即使《网络安全法》规定了“惩治”这一措施，但被发现本就存在一定的概率，而非必然出现的，但加强数据保护则是实实在在的成本。“两害相权取其轻”，很多互联网企业往往选择“铤而走险”。退一步讲，对于中小企业，特别是处于初创时期的企业来说，资金、人员本就捉襟见肘，即使有进行网络安全日常运营的意识，也缺乏足够的经济能力和人力投入，进而造成互联网安全薄弱环节或者漏洞的出现，降低整个网络的安全性。平台兼具市场参与者和平台管理者双重角色，使得平台管理者很难从整个市场发展的角度制定平台规则，不利于健康包容市场秩序的形成。近年来，我国互联网行业出现的很多现象都被归结为互联网平台企业滥用市场支配地位的结果。比如，BAT依托庞大的流量优势，倒逼很多中小创业企业不得不“选边站队”，寻求“抱大腿”的现象。另外，超大型互联网平台企业依托核心优势，在众多“互联网+”领域广泛布局，打造生态系统，掌握越来越多的数据资产，进一步形成难以超越的市场地位。

四、检察机关对“算法霸权”提起公益诉讼的必要性和依据

（一）“算法霸权”危害社会公共利益

算法霸权带来的骚扰电话、电信金融诈骗、广告轰炸、数据泄露、网络黑产等现象，已经严重侵害了社会上不特定多数人的利益，影响了社会秩序的稳定，加之监管困难等因素，有必要以提起公益诉讼的形式保护社会公共利益。部分社会组织已经对该领域进行了先行探索。2017 年 12 月 11 日，江苏省消费者权益保护委员会就百度公司涉违法获取用户信息权限一案向南京市中级人民法院提起消费民事公益诉讼。鉴于百度公司对 APP 已经整改到位，本着节约诉讼成本和司法资源的原则，江苏省消费者权益保护委员会依法向南京市中级人民法院提交了撤诉申请书。3 月 12 日，南京

市中级人民法院裁定，准予江苏省消费者权益保护委员会撤回起诉。发展公益诉讼，塑造社会在个人信息领域维权意识，支持各地消协代消费者维权有积极的作用。而检察机关也在骚扰电话领域先行一步进行探索。宁波海曙区检察院针对骚扰电话严重影响公众正常生活、甚至影响急救电话等特种服务电话正常运营的情况，向市民发放调查问卷确定公益受损情况，对骚扰电话背后利益链进行调查取证，确认行政机关具有监管职责和监管手段，在征求了专家学者意见并向市委市人大做了专题报告后，向通信管理部门发出检察建议，督促其依法履行监管职责。此后，骚扰电话明显减少，取得了良好的社会效果。〔30〕这些探索都对将算法霸权问题纳入公益诉讼领域提供了借鉴参考，或许可以尝试将算法领域侵害公共利益同时符合公益诉讼其他条件的情况纳入“等”内。

（二）检察机关的职责所在

检察机关法律监督作为一种司法监督，是党和国家监督体系的重要组成部分。习近平总书记多次作出重要指示，要求加强检察监督、强化法律监督能力。2017年9月，习近平总书记在致第二十二届国际检察官联合会年会暨会员代表大会的贺信中深刻指出，“中国检察机关是国家的法律监督机关，承担着惩治和预防犯罪、对诉讼活动进行监督等职责。”〔31〕《人民检察院组织法》第2条也规定了人民检察院有维护国家利益和社会公共利益的职责。〔32〕根据《民事诉讼法》第55条第2款和《最高人民法院、最高人民检察院关于检察公益诉讼案件适用法律若干问题的解释》（以下简称《公益诉讼解释》）第13条的规定，人民检察院可以对破坏生态环境和资源保护、食品药品安全领域侵害众多消费者合法权益等损害社会公共利益的行为提起民事公益诉讼。根据《行政诉讼法》第25条第4款和《公益诉

---

〔30〕闫晶晶、戴佳：《检察机关将积极审慎探索公益诉讼新领域》，载《检察日报》2018年12月26日，第1版。

〔31〕张军：《强化新时代法律监督 维护宪法法律权威》，载《学习时报》2019年1月2日，第1版。

〔32〕《人民检察院组织法》第2条规定：人民检察院是国家的法律监督机关。人民检察院通过行使检察权，追诉犯罪，维护国家安全和社会秩序，维护个人和组织的合法权益，维护国家利益和社会公共利益，保障法律正确实施，维护社会公平正义，维护国家法制统一、尊严和权威，保障中国特色社会主义建设的顺利进行。

讼解释》第21条第1款的规定，人民检察院对生态环境和资源保护、食品药品安全、国有财产保护、国有土地使用权出让等领域负有监督管理职责的行政机关违法行使职权或者不作为，致使国家利益或者社会公共利益受到侵害的依法提起行政公益诉讼。上述法条中均提到了“损害社会公共利益”这一构成要件。对于其中的等字，《英雄烈士保护法》已正式明确检察机关可以对侵害英烈名誉荣誉案件提起公益诉讼。2018年12月25日，最高人民检察院召开的新闻发布会上提到检察机关坚持做好“等”内的理解和掌握。对于个别“等内”“等外”理解有分歧但又严重侵害公益、群众反映强烈、普通诉讼又缺乏适格主体的情况，一些地方检察机关在当地党委、人大、政府和法院等的支持下，进行了审慎而又积极的探索。而且，在此前中央深改委审议通过的设立互联网法院的方案中明确规定，互联网法院可以受理“检察机关提起的互联网公益诉讼案件”。这些都给检察机关进行探索提供了政策指引。[33] 由此来看，针对算法霸权问题，也可以积极探索检察公益诉讼发挥职能作用的路径。

（三）社会发展的需要

当前，我国社会主要矛盾已经转化为人民日益增长的美好生活需要和不平衡不充分的发展之间的矛盾。在这种新形势下，人民群众的关注点不只是物质方面，更有精神层次，不再是简单的“有没有”的问题，而是“好不好”的问题，比如食品药品安不安全、自然环境是否优美、生态资源能否得到有效保护等。这种新要求反映在司法领域的重要表现就是，人民群众对生态环境和资源保护、食品药品安全、损害英烈名誉等领域更关注、更敏感，更期待能通过公益诉讼等法治手段及时依法解决相关问题。互联网与大数据技术表面上看扩大了平等与自由，事实上是进一步强化了社会分层。单一个人与大数据掌控者之间的力量悬殊越来越明显，个人越来越无法掌握自己的命运。[34] 比如互联网平台获取到个人信息后，会把这些信息拿来出售，或者自己利用，或者向个人精准投放广告。在这个过程当中，

〔33〕 闫晶晶、戴佳:《检察机关将积极审慎探索公益诉讼新领域》，载《检察日报》2018年12月26日，第1版。

〔34〕 吴梓源、游钟豪:《AI侵权的理论逻辑与解决路径——基于对“技术中立”的廓清》，载《福建师范大学学报（哲学社会科学版）》2018年第5期。

如果个人隐私已经被泄露，又经过了很多环节，就很难判断这个过错方。越来越多的人开始关注公平性、可解释性或因果关系等问题。优先算法关涉公共利益，涉及不特定的多数人。而个人的力量微弱，除了提出个人利益损害的民事诉讼以外，很难就算法问题提出系统性诉讼请求。算法性问题不解决，头痛医头脚痛医脚是没有太多实际意义的。这也是为什么这些互联网公司会一错再错的原因。〔35〕根据中国政法大学互联网金融法律研究院和中国政法大学大数据与法制研究中心发布的《2018中国大数据法治发展报告》中反映的情况看，个人信息泄露情况依然十分严峻，在收回的15 960份有效问卷中，有70%的受访者表示收到过垃圾短信，其中40%的受访者每天至少收到1条以上的垃圾短信，但报告显示公民对垃圾短信、骚扰电话的容忍度在逐年增加。个人信息泄露情况依然十分严重，有57.38%的受访者表示接到过知道自己姓名或单位等个人信息的推销电话，有51.48%的受访者表示注册或使用互联网金融服务后收到大量理财等金融推销电话，有49.28%的受访者表示租房、购房后，遭遇营销骚扰或诈骗电话（短信）等。而面对个人数据泄露，大多数人的反应是没有采取过任何维权措施，占受访者的45.15%，不选择维权的原因包括缺乏有力证据（31.07%）、维权程序复杂（49.72%）、维权耗费太多时间（53.30%）、不知道如何维权（37.34%）等，而且在调查公民对“用户隐私与使用协议”的阅读情况时，高达98%的人表示几乎不阅读这些内容。〔36〕在大数据时代，个人意图与主观过错的边界，已经变得越来越模糊。很多情况下企业是利用数据挖掘技术进行信息的二次搜集，即对用户留存在网络空间中的各类具有积累性和关联性的足迹加以汇聚、整合、分析，从而推导或还原出有价值的用户个人信息，这一过程发生在用户毫不知情的情况下，不知情也就意味着用户无法及时地阻止侵权行为，救济自身的合法权益。

五、检察机关对“算法霸权”提起公益诉讼的路径

由于算法的专业性、隐蔽性、复杂性等特征，检察人员很难弄清算法

---

〔35〕刘哲：《以公益诉讼的模式对“算法”进行系统监督》，载《检察风云》2018年第21期。

〔36〕中国政法大学互联网金融法律研究院、中国政法大学大数据与法制研究中心：《2018中国大数据法治发展报告》。

运行的内在逻辑和程序设计，对算法合法合规性的审查只能借助专业人士，但由于算法本身具有的黑箱性质，专业人士可能也无法彻底弄清算法的运行模式，对算法难以形成有效监管。因此，检察机关对“算法霸权”问题提起公益诉讼应更多地着眼于“算法霸权”问题造成的危害结果，从已经发生危害结果的算法问题入手，对其设计和运行公司提起民事公益诉讼或者通过行政公益诉讼诉前程序来督促相关行政机关部门履行监管职责，使算法背后的公司承担起损害社会公共利益的责任，通过惩罚性赔偿金、公开赔礼道歉等形式加大企业算法违法运行成本，从而促使企业自行改善原有算法运营模式，使其合规合法，从而进一步增强企业责任感。并在此基础上，以检察公益诉讼为抓手，进一步推动“算法霸权”问题的事前预防和事中监督。

（一）加强事前预防，推进算法合规

习近平总书记明确提出，要“实现全天候全方位感知和有效防护”。检察机关要将保障算法合规合法的关口前移，提高算法研发企业的责任意识和网络安全意识。张军检察长在乌镇互联网大会检察论坛上曾指出，发挥检察机关等作用，加大对个人信息保护力度，为大数据产业稳健发展和个人信息安全创造良好法治环境。[37] 当前算法的设计与审查主要依托于企业内部的技术研发人员和法务人员，受企业逐利性思维的影响，可能对算法的合规性、合伦理性以及合法性审查不足。检察机关作为国家法律监督机关，具有确保法律正确统一实施的职能，而且在服务营商环境的大背景下，检察机关通过帮助企业进行算法的合规合法审查，向技术研发人员解释法律规则的具体要求，确保技术研发人员设计出的算法符合法律和伦理要求，这也能更好地帮助企业健康稳定的发展。比如，近年来，中国检察机关结合办案经验，认真分析侵犯个人信息犯罪的特点和规律，及时向相关管理者、网络服务提供者提出堵塞漏洞、健全机制的检察建议。[38] 此外，在司法政策的把握上，既要鼓励企业相关创新性算法的研发，也要防止个人身

---

〔37〕 姜洪：《携手加强大数据时代个人信息司法保护 积极提供全球互联网发展治理中国方案》，载《检察日报》2018 年 11 月 9 日，第 1 版。

〔38〕 谢文英：《从公益诉讼角度寻找破解沉迷网游路径》，载《检察日报》2019 年 2 月 11 日，第 5 版。

份信息泄露、大数据杀熟等问题出现；既要考虑有利于数据产业的发展，避免不恰当地增加网络运营者的义务，也要充分考量有利于对用户信息安全的保护，对网络运营者要适当增加其保护义务。要维持数据保护和技术创新的平衡；要全面排查企业在算法是否合法合规方面存在的风险点，完善内部管理和产品设计，促使掌握大量原始数据的企业，更自觉地承担起保护个人数据的责任。

（二）加强事中监督，用活行政公益诉讼

不受约束的算法权力容易演变为算法霸权。把算法关进制度的笼子，才是让算法既服务于市场，也服务于社会的可持续方式。党的十九大提出“智慧社会”的建设目标，这离不开一套包容创新、完善监管的制度体系。检察机关探索对侵害众多公民个人信息权的行为，以及相关行政机关违法行使职权或者不作为致使众多公民个人信息被侵害的，提起公益诉讼。〔39〕检察机关作为国家法律监督机关，应当充分发挥惩治、预防、监督、教育、保护等职能，为互联网产业的健康发展提供有力司法保障。使相关从业者善明法、明善法，网络服务者善守法、守善法，管理者善执法、执善法，三方共同携手保护互联网世界的绿水青山。〔40〕检察机关应综合运用刑事、民事、行政检察的方式及时对监管部门发出检察建议或者提起行政公益诉讼，确保监管部门强化对互联网企业算法合法性的监管。尤其是针对消费者被侵权、但未察觉损失的情况，要有针对性地建议监管部门对企业展开检查。基于权利的数据伦理要求算法具有透明性。只有做到了算法的开放性和可理解性，才能确保算法的透明性，使用户和机构在算法灰度上达到平衡，确保用户的数据权利。〔41〕政府部门应该通过立法规范和监管涉及数据挖掘与建模过程中用户信息分析的算法逻辑，杜绝“算法黑洞”，避免“大数据杀熟”现象的发生。〔42〕此外，针对当前行政监管中存在的条块分

〔39〕姜洪：《携手加强大数据时代个人信息司法保护 积极提供全球互联网发展治理中国方案》，载《检察日报》2018年11月9日，第1版。

〔40〕戴佳：《最高检检察技术信息研究中心主任赵志刚：法律与科技携手，治理维护好网络世界》，载《检察日报》2018年11月9日，第2版。

〔41〕李伦：《“楚门效应”：数据巨机器的“意识形态”——数据主义与基于权利的数据伦理》，载《探索与争鸣》2018年第5期。

〔42〕王俊秀：《数据监控、隐私终结与隐私通货》，载《探索与争鸣》2018年第5期。

割、政出多门等问题，要积极发挥检察机关职能优势，建议政府设立独立的算法监管机构，加强执法司法协作，及时共享数据，对监管对象进行整体画像，分类施策，从而抢在危害发生之前精准执法，提升监管效能。

（三）加大事后惩处力度，与监管部门形成算法监管合力

针对已经造成社会公共利益损害的算法霸权行为，检察机关应通过提起民事公益诉讼或者行政公益诉讼的方式及时督促有关企业和行政执法机关及时修复受损的社会公共利益。具体来说，一是支持有关社会组织提起民事公益诉讼。从目前的司法案例来看，各地消协是对相关互联网企业算法霸权问题提起公益诉讼的主要组织，对于消协针对这些企业提起的民事公益诉讼，检察机关可以以支持起诉的方式参与进来，帮助消协更好地收集证据和提供法律帮助。二是检察机关自行提起民事公益诉讼。对于检察机关自行发现的算法霸权危害社会公共利益的案件，在公告期满没有相关社会组织和单位参与的情况下，可自行提起民事公益诉讼。三是检察机关提起刑事附带民事公益诉讼。在办理侵害公民个人信息相关犯罪中，可能存在涉案企业算法霸权损害社会公共利益问题，在履行相关公告程序后，检察机关可以通过刑事附带民事公益诉讼的方式及时确保社会公共利益得到维护。四是提起行政公益诉讼。此类主要针对行政监管部门未履行算法监管义务、监管不到位等问题，首先通过行政公益诉讼诉前检察建议的方式督促相关监管部门履行监管义务，保障社会公共利益，在期满监管部门未履行相关义务的情况下，检察机关可以直接提起行政公益诉讼。

（四）加强宣传教育，提高人们对算法霸权的认识，提高企业的公信力和责任感

之所以会出现“算法霸权”问题危害社会公共利益的现象，其深层次原因是互联网企业本身的逐利性与其应承担的社会责任没有进行很好的平衡，导致其算法处于不合理的支配地位。只有人们不断问责和监督人工智能技术、提出道德伦理要求并探讨可行的解决路径，在技术突飞猛进时不忘法律监管范围与时俱进，如此才能最大程度地让算法造福于人类。数字经济时代，个人、企业、政府间的关系日益复杂，个体活动透过网络可能会对外部市场环境产生广泛影响，加大了监管权责认定难度。现有依靠政

府自身力量的单边监管模式显然不足以应对新的形势，平台的崛起、社群的崛起都是对政府监管权威的挑战，未来，平台、社群等将在规则的制定、行为的监管中发挥越来越重要的作用，如何利用和引导社会力量参与治理是必须面对的新课题。[43] 司法机关、互联网企业、技术社群、民间机构、公民个人等各个主体都要充分发挥作用。近年来，中国检察机关结合办案经验，充分利用网站、微博、微信、新闻客户端等网络媒体平台，依法公开侵犯个人信息犯罪案件信息，不断提高公民识骗防骗能力，震慑违法犯罪活动。要充分动员社群力量，建立“共建、共治、共享”的信息安全监管社会支撑体系，积极引导人工智能行业自治组织发展，培育公民信息安全保护意识。

（五）配合立法机关做好研究论证工作，推动加快人工智能领域立法进程

习近平总书记强调，建立健全保障人工智能健康发展的法律法规、制度体系、伦理道德。[44] 这个世界需要法律、规则和伦理的维护，确保人工智能安全、可靠、可控。加快信息化综合立法进程，可以法律手段对信息资源进行科学管理、合理调配，解决我国信息化领域自主创新不足、应用水平不高等突出问题。检察机关应发挥自身职能，推动立法完善，构建算法监管的多元保护体系。要合理把握人工智能发展需要与国家信息安全保障、公民社会与国家安全之间的平衡，科学谋划智能化应用和信息安全产业发展规划，出台人工智能相关发展行动计划，引领人工智能产业积极、健康发展。信息安全监管思路方面，要打破部门监管藩篱，消除数据壁垒，避免消耗性竞争，实现跨部门监管资源的整合。数据治理有自己的边界，任何治理活动都受制于法律、社会规范、市场和代码，应遵循“以数治数”、流程设置等科技治理原则，从而建立一个具有中国特色和具有中国价值的数据治理理论和数据立法。面对科学技术的双刃剑及由信息技术引发的风险社会，必须把互联网、大数据、人工智能等的开发运用置于法治的规制

[43] 李强治：《论我国网络假货治理的复杂性》，载《现代电信科技》2016年第3期。

[44] 新华社：《习近平：推动我国新一代人工智能健康发展》，载《中国信息安全》2018年第12期。

之中，使之在法治的轨道上运行，将其对人类有利的一面发挥到极限，而将其对人类有害的另一面及时拦截于外。让人们在算法决策、机器决策中真正获得规则公平、权利公平、机会公平。[45]

〔45〕 张文显：《数字技术立法尤其要超前》，载《北京日报》2019 年 1 月 21 日，第 13 版。

论人工智能的法治起点

邹 鹏[*]

引 言

人工智能的发展为社会发展提供了令人憧憬的未来。以往只能在科幻片或卡通片中见到的情景，似乎正在一步步成为眼前的现实。我们对人工智能概念应当是比较熟悉的。相当长的一个时期，我们都将其作为客体或者工具来看待。新的事物介入形成新社会关系。新的社会关系会带来机遇和挑战。享受人工智能带来的机遇，我们也要面对这一技术带来的挑战。如果人工智能发展到机器人可以驱使人类，这种情况应该是人们不愿看到的。人类偏好用制度去驾驭风险，应对挑战的方式是制度设计，最常用和有效的举措就是通过法律规范规制人工智能可能带来的风险。建立人工智能的法治，这可能会给人带来更多的安全感。法治的稳定性、确定性使人们能够降低未来可能出现的风险，充分发挥人工智能技术的积极一面。

把法律和人工智能联系在一起讨论似乎已经是一门显学。国内外关于人工智能和法律的研究已经比较丰富和广泛。两者关联的基本原因就是人们认为法律可以防范人工智能带来的风险，运用法律技术就可以抵御人工智能带来的负面影响，从而将这一技术的优势发挥得更加充分。聚焦这一

---

* 邹鹏，华东政法大学助理研究员，法学博士生。研究方向：法治理论。

问题，学界从知识产权、刑事法律风险、法律和伦理、法律和社会、行政管理和许可、国家安全、司法审判等许多方面都做了探讨，取得了有益的成果，这为做好法律方案对人工智能的规制提供了比较充分的理论支持。

讨论法律问题有其独特的范式。通常我们将一个特定社会关系理解为法律关系，并在此基础上予以讨论。在法律关系中，存在主体、客体和内容三个要素。如果将这三者排序，那么主体可以理解为一个法律关系的逻辑起点。讨论人工智能的法律问题，首先要把目光放在主体身上。康德指出："每个有理性的东西都须服从这样的规律，不论是谁在任何时候都不应该把自己和他人仅仅当作工具，而应该永远看作自身就是目的。"[2] 人是一切文明的前提，也是一切关系的逻辑起点。千百年来，法律调整的是人的关系，主体范围确定为人，没有人这一主体，法律关系无存在必要。具体到人工智能的法律问题，不论知识产权、刑法，还是法律伦理等问题，其实质都不能脱离主体问题去讨论，或者说不能脱离对主体和客体的关系开展讨论。理解人工智能法律问题中的起点有利于把握人工智能法律关系，为设计出科学的人工智能法治结构定准前行方向。

一、主体与法律主体

（一）语境以及人成为主体的条件（原因）

据海德格尔考证，"主体"（subjectum）这个词源出古希腊语"根据"（υποκειμευου）。这个希腊词语指的是眼前现成的东西，它作为基础把一切聚集到自身那里[3]。从这个词源上理解，主体是一切对象的基础。哲学层面上，主体是与客体相对应的哲学范畴。一般说来，主体通常指的是具有独立意识或个体经验的存在物。客体是与主体相对，在实践或认识活动中与主体发生关联、主体活动所指向的存在物[4]。自从有了主体这个概念之后，其广泛应用于伦理学、社会学、法学、政治学等不同学科领域，而人类作为各领域中的主体已经形成共识。人类之外，不管是生物还是非生物

---

〔2〕［德］康德：《道德形而上学原理》，苗力田译，上海人民出版社2002版，第52、53页。

〔3〕徐昕：《论动物法律主体资格的确立——人类中心主义法理念及其消解》，载《北京科技大学学报（社会科学版）》2002年第1期。

〔4〕孙伟平、戴益斌：《关于人工智能主体地位的哲学思考》，载《社会科学战线》2018年第7期。

都极少作为主体。但是，人类因何而能够成为主体？要回应这一问题，首先要理清人作为主体的内涵。

1. 人类成为主体的语境

维特根斯坦认为：一个词的意义是它在语言中的用法[5]，强调了语境的重要意义。人类成为主体是不能脱离语境去理解的。这个语境，笔者认为人们已经形成了一个共识，也就是人类社会。在人类社会这样的背景下，人成为一种主动者，而不是作为一种被动者。人之为何成为人？是在人类社会背景下去诠释和讨论的。本文秉持这样一个观点，主体是在人类社会这样一个背景下获得意义，一切的讨论都是在这样的基础上开展。

2. 人类成为主体的原因讨论

即使是人类社会，未必只有人类能够成为主体，从历史发展来看，有些国家、地区也承认人类之外的生物甚至非生物有社会意义上的主体地位[6]。人之为人的成因是什么？中外思想家对其都有思考。孟子提出："人之所以异于禽兽者几希，庶民去之，君子存之，舜明于庶物，察于人伦，由仁义行，非行仁义也。"[7] 他认为，人和动物差别很少，只有君子才和动物有明显的差别，重要表现在人伦道德、仁爱之心等。中国传统文化中与君子对应还有一个概念是"小人"，"小人"指人格卑鄙的人[8]，不作为中国传统文化中的主体对待。因此，中国传统文化中认可的现代意义上具有人格的主体并不是所有人，而是君子。亚里士多德提出：人类自然是趋向于城邦生活的动物[9]。他的观点指出了人和动物的同质性，同时也反映了人和动物的差异——城邦生活。城邦生活意味着组织、权利、权力、义务，也就是政治性。因此，他的观点将主体的政治性予以彰显。马克思指出："人的本质不是单个人所固有的抽象物，在其现实性上，它是一切社

〔5〕 See Wittgenstein, Philosophy Investigation, 43.

〔6〕 参见吴习彧：《论人工智能的法律主体资格》，载《浙江社会科学》2018年第6期。文章对人类之外的动物、事物获得法律主体进行了梳理，说明即使在人类社会语境下，法律主体（社会主体）也并非只有人类。

〔7〕（战国）孟子：《孟子·离娄下》。

〔8〕（汉）司马迁：《史记·项羽本纪》。

〔9〕［古希腊］亚里士多德：《政治学》，吴寿彭译，商务印书馆1983年版，第7页。

会关系的总和。"[10] 这一观点强调了人的社会性，更加精准地揭示了人的属性，同时也阐释了人作为主体的根本性原因：社会属性。人的主体地位是来源于社会关系这样一种语境，是在社会关系中获取的。

以上三种观点具有代表性，笔者将其凝练形成如下三类标准：

第一类标准：人类因为自身具有的高尚品德成为主体。这一观点在古代的东西方都有反映，但是现代意义上的主体并不将道德作为确立为主体最根本条件。第二类标准：人类因政治性而成为主体。现代意义上的主体可以不具有政治权利，但依然是民事关系中的主体。第三类标准：人类因为社会关系所以获得主体性。借用前述主体概念：主体通常指的是具有独立意识或个体经验的存在物。动物也完全具备这一特征，当独狼攻击猎物时，其独立意识和个体经验展现得淋漓尽致。我们似乎也不能否认在这场追捕活动中独狼的主体地位。但这并不是目前讨论的主体的内涵。独狼具有独立意识和个体经验，但它没有马克思理论中的社会关系的属性，不是一个社会角色，因此它不作为通常意义上的主体进行讨论。

3. 人类成为主体的必要条件

从以上思想家的观点及其观点的应用可以看出，如果从人具有道德或是政治动物属性入手去诠释在人类社会背景下获得主体的正当性似乎都可以举出反例。马克思提出的人的社会本质性则能够比较全面地诠释人在人类社会背景下具有主体地位的成因。正因为人脱离了生物学意义上的人的概念，成为社会关系的总和，人才成为社会语境中的主体。换言之，在人类社会背景下人成为主体是具有充分正当性的，如果其不作为主体，就无从建立人类社会，因而也不会有社会关系和主体概念。因此，社会性是人类成为社会语境中主体的必要条件。

（二）法律主体诠释

法律（关系）主体是一个经常被探讨的基本概念，许多学者都对其予以关注并提出了观点。约翰·奇普曼·格雷认为，法律主体是"法律权利

---

[10] 《马克思恩格斯选集》（第1卷），人民出版社2012年版，第135页。

及义务的主体"〔11〕。他指出，"相异的法律体系承认了相异的主体。"〔12〕汉斯·凯尔森认为，将法律主体界定为自然人的前提下，法律主体是法律规范的人格化。"自然人是这批法律规范的人格化，这些法律规范由于构成了包含这同一个人的行为的义务与权利而调整着这个人的行为。"〔13〕概括来说，法学理论认为法律主体是法律关系中的主体，受法律规范调整，承担权利和义务。

我们可以看到，法律关系主体是在法律关系这一语境下成立的。法律关系是社会关系的一种，因而我们是在社会这一语境下讨论法律主体。阐释法律关系的概念，一般认为人是法律关系的主体，这一定位的原因首先是人具有的社会属性。同时，法律关系原本就是由法律调整的社会关系，又强调了社会性对于人主体地位的意义，也将法律和人联系了起来。在私法层面上，物权关系、债权关系、侵权关系等本质上都是人的关系，即使有物一般也不会作为一种主体去对待。比如饲养宠物致人伤害，具有赔偿责任的主体只能是宠物的所有人，这在世界各国立法例形成通说。如果说让宠物承担责任，很难得到充分的认同。所以，法律主体因为主体所处语境的社会性要求，只能定位为人这一对象。世界各国虽然有对此突破的立法例，但总体上仍然坚持人作为法律关系唯一主体的定位。

二、人工智能获得法律主体资格的条件及其困难

（一）人工智能获得法律主体资格的条件

在这里需要界定：讨论人工智能问题不能脱离人类社会，如果我们脱离人类社会去讨论人工智能，那甚至比机器人卡通片更加超前和浪漫。学术研究特别是法学研究，主要面向的还是当下或者至少可预期的未来。法律能调整的，也是比较稳定的社会关系。我们讨论人工智能的法律主体问题，其实就是讨论人工智能法律问题的一个阶段，这一讨论也应当放置在人类社会背景下。以人类社会为背景，人工智能如果想具有法律主体身份，

---

〔11〕［美］约翰·齐普曼·格雷：《法律主体》，龙卫球译，载《清华法学》2002年第00期。

〔12〕［美］约翰·齐普曼·格雷：《法律主体》，龙卫球译，载《清华法学》2002年第00期。

〔13〕［奥］凯尔森：《法与国家的一般理论》，沈宗灵译，中国大百科全书出版社1996年版，第107页。转引自胡玉鸿：《法律主体概念及其特性》，载《法学研究》2008年第3期。

应当具备的第一个条件就是像人一样的社会属性。如果没有社会属性，就无从谈起其获得法律主体资格的正当性。可是，要获得这一条件存在着现实意义上的困难。

（二）接受人工智能主体地位的理念困局

长期以来，在人类的理念上，人类社会唯一的主体就是人类，其他生物或物体都难以成为广泛认同的主体。如果将动物或特定事物作为法律主体，会和人们已经形成的常识性认知和共识有所背离。一些学者提出动物可以具备法律主体资格的观点，但这些观点并不是主流观点，且存在实践上的困难和问题。〔14〕从历史发展的角度来看，奴隶、女性、家子等都曾经不具备社会主体地位，但后来其慢慢获得了这一身份。本质上，奴隶、女性、家子都是生物学意义上的人，天赋人权，这里的人是生物学意义上的人。他们本来就是有权利的，能够成为社会主体，只是不同的外部成因导致其一定阶段无法获取这一地位，这和生物学意义上人以外的生物或事物是不同的。如果要让人类社会接纳不属于生物学意义上的自我种群获得与自己一样的社会地位，需要颠覆几千年人类文明发展凝聚的共识，这种可能性在目前来看并不大。具体到当代中国社会，其传统文化底蕴深厚，一直秉持“以人为本”的基本理念，很多重要思想还具有传统文化的内核。如果让目前中国法律认可和承认人工智能的法律主体地位，就等于中国文化认同了这种主体的转变和拓展，从中国传统文化的基本内容和其特性——保守性来说，这种可能性也是极低的。我们可以不断发展人工智能技术，但习惯将其视为客体，看作一种高科技工具，这一定位会在很长一段时间都发挥作用。因此，要让人工智能成为一种法律关系主体，首先就要面对人类社会共识和常识的拒绝。

---

〔14〕关于动物作为法律主体的观点，参见徐昕：《论动物法律主体资格的确立——人类中心主义法理念及其消解》，载《北京科技大学学报（社会科学版）》2002 年第 1 期；唐大森、王学忠：《论动物的权利主体地位》，载《科技与法律》2009 年第 5 期；郑友德、段凡：《一种理念的诠释：动物法律主体地位之思考》，载《华中科技大学学报（社会科学版）》2004 年第 6 期。关于动物作为主体存在的理论和实践中的困境，参见林泰：《论动物法律地位》，载《上海大学学报（社会科学版）》2006 年第 5 期。目前来看，中国多数学者主张动物是一类特殊物，不认同其法律关系主体地位。

（三）接受人工智能主体地位的体系风险

当前有些观点支持人工智能成为法律关系主体，主要表现为建议人工智能在特定部门法中可以享有权利、承担义务。[15] 笔者认为，任何部门法的修改都要考虑和整个法律体系的衔接性，牵一发则动全身，接纳人工智能为法律关系主体需要考虑相关法律的相应调整，而这种调整可能引起的新矛盾和风险也必须考虑，基于成本判断将人工智能作为法律关系主体的必要性与可行性。

试举一例予以说明。帕罗是日本颇受欢迎的宠物机器人，全身毛茸茸，外形似海豹宝宝，能够感知外界环境并进行反馈如眨眼、摇尾、发声，常被用于老人陪护。2010年11月7日，帕罗获得户籍，户口簿上的父亲是发明人，这意味着日本政府一定程度上认可了智能机器人的主体地位。机器人已超越“财产”定位，获得作为有感知力的存在体享有权利的法律地位。[16] 如果这一模式在中国得到复制，那么人工智能机器人一旦获得户籍，意味着要相应修改一系列民事法律规范，涉及物权、债权、继承、侵权等诸多问题。在修改过程中，可能还会涉及刑事法律、行政法律的修改。因为不排除人工智能机器人会侵害他人的人身和财产权利。如果我们开了一个口子，那么就意味着整个“以人为本”的法律体系都要进行相应的修改，不光是法律，还涉及法规规章等。这是一项十分浩大的法律修订工程，过程中可能存在许多衍生问题，严重者可能引起社会秩序混乱。

（四）接受人工智能主体地位不具备充分的现实必要性

法律调整社会关系的前提是具有充分的现实必要性。法律只调整需要调整的社会关系，其他关系则由相应的规则予以规制。目前人工智能的发展似乎还没有发达到需要专门法律规范予以规制的层次。讨论比较热烈的著作权问题、刑法问题、侵权问题等都可以根据人工智能的所有者和操作

---

〔15〕 郭少飞：《“电子人”法律主体论》，载《东方法学》2018年第3期。

〔16〕 See Jennifer Robertson, “Human Rights vs Robot Rights: Forecasts from Japan”, *Critical Asian Studies*, 46 (4), 2014, pp. 571-598. 转引自郭少飞：《“电子人”法律主体论》，载《东方法学》2018年第3期。

者权利、责任予以解决。[17] 总的来说，目前现有的法律资源已经足以解决人工智能问题。从理论研究层面，赞同人工智能获得法律主体地位的观点也只是少数，多数观点依然支持人工智能的本质为工具。笔者相信，这一观点在相当长的一个时期内应当还是主流观点。当有一天，人工智能发展到极强阶段，甚至超越了人的认知能力，或许整个法律体系才会发生根本性变化。但如果真到了这样一天，或许卡通片中的许多故事，比如机器人和自然人之间的对抗也会真实上演。至少现在，人工智能还没有具备作为一种法律关系主体的必要性和可行性，还是作为一种客体被认知更加稳妥。

三、人工智能法治的一种起点：作为客体的理解

从上文看，人工智能作为主体参与法治将会遇到许多问题。如果从客体角度把握人工智能，则或许会有效回避这些困难，这可以作为人工智能法治的可能性起点。

（一）人工智能作为法律关系客体的现实必要性

法律主要调整既有的、稳定的社会关系，是立足于现实开展的制度设计。从目前人工智能的发展现状来看，其参与的法律关系主要是知识产权法律关系、刑事法律关系和侵权法律关系等三类。从立法、司法角度，将人工智能视为法律关系客体具有现实意义上的必要性。

1. 立法维度

立法角度上说，人工智能作为客体更加符合法律稳定性、统一性和持续性的需要。

第一，人工智能作为新生事物，虽然一些国家予以立法，但没有认可其法律关系主体地位。世界各国的法律体系都是建立在人本基础上的，增加人之外的事物为主体，原本的权利义务体系都需要予以改变，将导致大规模的法律修改，无疑会破坏一国法律体系的稳定性和融贯性。而将其作

---

〔17〕 目前国内针对人工智能具体法律问题研究的成果主要集中在著作权问题、刑法问题以及侵权法律问题等方面，讨论人工智能是否享有权利，承担法律责任。主流观点认为，人工智能在著作权、刑法和侵权法律方面的权利和责任问题，都可以归结到其所有者和使用者身上。有些观点建议在这样一个基础上完善法律内容，但不认同作根本性的颠覆。著作权方面的研究，参见熊琦、王迁、易继明等的成果；刑法方面的研究，参见刘宪权等的成果；侵权法律问题研究，参见殷秋实等的成果。

为客体，则与当前绝大多数国家法律体系内容一致，有利于维护法律体系的稳定和持续。

第二，立法是对现有社会关系调控方式的固定，目前多数观点和实践操作都将人工智能作为客体对待，主要是将其视为工具，最先进的人工智能也无法和人媲美，其实更多属性是高科技工具和高水平设备。遵循当前社会主流观点对人工智能的管控模式立法更加具有可接受性。这样的立法方向使人工智能更加趋向于作为一种客体参与法治建设。

2. 司法维度

司法原本就是保守的，大陆法系始终秉持成文法优先的思想，认为法官主要在现有法律体系中寻找法源。这一点也在我国司法实践中得到体现。对于人工智能引发的法律问题，我们也只能在现有的法律体系中寻找资源解决案件。就目前主要的三类案件来说，从客体角度去诠释人工智能地位更加符合司法现实需要。

第一，人工智能作为法律关系主体不符合既有法律体系的基本规定，强行将其作为法律关系主体可能导致司法无法可依，无法运行。司法只能建立既有的法律资源之上，这里的法律资源除了法律规范之外还有法学理论。目前成熟的法学理论未将人工智能视为主体，主流观点将其视为一种特殊的技术和客体。如果在司法中将其视为主体，则裁判难以获得有效的理论支持。如果将其视为客体，作为一种高科技工具则符合当前法律体系的内容要求，属于行为的一种，可以在法律上予以评价，从而保障司法审判有充分法律依据。

第二，司法的一项重要功能在于维护正义，追究违法者责任。在现行法律体系下，人工智能无法有效承担民事、刑事、行政三个方面的责任：一是人工智能名下没有财产，不能承担民事赔偿责任；二是罪刑法定原则规定刑事惩罚也具有法定性，让人工智能承担管制、拘役、罚金、徒刑甚至死刑都是不现实的；三是对人工智能处以行政处罚和进行刑事制裁一样难以形成有效的社会震慑。司法在追求正义过程中，追究的只能是人工智能背后的自然人的责任。将人工智能则作为一种重要工具去衡量自然人应当承担的责任，这才能更好地规制相应的法律关系。

（二）人工智能作为法律关系客体的实践可行性

人工智能作为法律关系客体已经获得了广泛而坚实的共识，这也为其实践中的可行性提供了基础。当然，其一直被视为客体，只是因为智能水平的提升而引发人们对其主体可能性的思考。我们从历史的角度以及当下的角度来分析，可以得出人工智能作为客体的实践可行性理由。

1. 历史的角度

在人类社会的背景下，人类历史上的主体只有一类，就是人类。这种观点已经作为共识且具有广泛而深刻的影响。在法律语境中，法人作为法律主体，但最终的权利和责任都是由个人承担。如果法人资不抵债，可以破产清算，但最终承担债务的是股东。如果人工智能机器人基于一定原因需要消灭，自身毁灭后果未必能直接影响到所有人或操作人。历史上，虽然有动物或者财物被当作主体的司法判例甚至立法例，但这毕竟都是极少数。最普遍的法律拟制形态是人以外的其他都是对象或工具，是权利义务指向的标的，动物、财物莫不如此。基于这种观点，历史演化出了以人为中心的法律体系。所有的制度设计都是围绕人来展开的，排除了人以外的可能性。究其原因，主体这个概念是在人类社会的语境下使用的，如果脱离了人这个中心，语境也即消散，一切讨论变得空洞，失去了意义。人之外的都是客体或工具，这是历史逻辑的姿态。如果我们将人工智能概念融入这个逻辑，会得到历史的尊重和支持，从而在法治建设上更加具有正当性。

2. 现实的角度

人工智能讨论的热烈彰显学界的繁荣，但从现实主义角度来看，人工智能其实还未走这么远。目前学界讨论的问题，有相当一部分属于延伸的思考和论述，主要涉及强人工智能和超强人工智能。一方面，强人工智能只是人工智能中极少数的一部分，尚未普遍推广。另一方面，超强人工智能可以说是一种美好的梦想，距离实现还有很长的路要走并具有极大的不确定性，许多问题可能是主观设想，未必存在。现状是，人工智能依然处于发展的过程中，多数领域人工智能的应用还是弱人工智能的层次。即使是强人工智能的领域，目前的法律体系也足以规制，法学理论也可以比较周延对法律适用做出解释。继续将人工智能视为一种技术，视为客体，这是符合法治稳定性原则的，也是对于社会利益最好的维护。

（三）建立客体立场人工智能法治的原则

人工智能作为客体要更加适应当前法治建设的要求，立足客体立场的人工智能法治能够更加有效地发挥人工智能的作用。如果我们能建立起客体立场的人工智能法治（法律）体系，对于解决人工智能领域的法律问题无疑是提供了一个重要的指向和标准。笔者认为，建立这样的法治体系可以遵循以下原则：

1. 以人工智能发展现状为基础完善立法和司法

人工智能的讨论可以分为现实主义和浪漫主义。但笔者认为，讨论未来一个时期人工智能走向及其法律问题的法律浪漫主义立场并不会有益于我们法治建设和人工智能技术创新。讨论当下人工智能遇到的法律问题才更加真实。在知识产权方面，人工智能可以独立完成作品；在刑法方面，人工智能可以造成交通肇事、知识产权犯罪等；在侵权行为方面，侵权行为主体是人工智能，需要追责和赔偿。我们在讨论这些法律问题时要立足现实，就事论事，而不宜做过多的思考拓展和延伸问题。在立法上，可以就人工智能比较集中的法律问题进行法律的修订和解释；在司法上，应当按照既有法律体系将人工智能法律问题归入相应的部门法中予以评价和审理。当然，在这一过程中要意识到人工智能的独特性，但独特并不代表其可以脱离既有法律，这需要法官在运用法律方法过程中掌握更高的技巧。不论是立法还是司法，都应当在将人工智能作为一种技术的前提下，立足其运行现状完善自身，这样才能保持法治的安定性。

2. 注重立法和司法与既有法律体系的衔接性

人工智能是新生事物，虽然我们坚持将其视为一种技术或客体，但其自身的独特性和新颖性需要在法治建设过程中予以关注。回应这种客体意义上的新技术的要求，立法和司法都要有所创新。在创新过程中，尤其是要注意和既有法律基础的衔接，要尊重已经存在的法律体系的权威和稳定。比如在立法上，如果我们对人工智能创作的知识产权作品做了专门的立法规制，则要注意这一新的立法和以往知识产权立法的衔接性，避免新的立法解决一个具体问题但引起了系统性矛盾。再比如，对于无人驾驶汽车肇事案件，可以从所有人、使用人等多方责任分配上予以专门立法，但要符合刑法的基本原则和刑事立法精神。在司法上，要注重判例对后续审判的影响。比如司法审判认可无人驾驶汽车肇事中所有人承担较重的刑事责任，这一判决是否有充分的法律依据，是否符合对交通肇事犯罪的审判指引。要注重保持和既有法律体系、司法方法的一致性，避免出现司法上的矛盾。这样才能保证人工智能法治与既有法治体系构建衔接和融贯状态。

四、结语

人工智能作为一种先进的科学技术在社会发展过程中将产生越来越重要的作用。科幻片中的机器人也许有一天真的会走到我们面前。但是，对法治和法律来说，应对人工智能法律问题并不应当秉持浪漫主义的科幻思维，而是应当根植于当前的社会关系和法律关系，客观分析人工智能的属性。对于人工智能的法律拟制应当坚持现实主义的立场，不能脱离实际和社会发展需求。从目前人工智能引起的法律问题和其所处于的社会关系入手，立足问题设计相应的法律予以回应。笔者认为，人工智能的法治起点依然是客体，这种定位符合现阶段社会需要。秉持这一理念也有利于运用法治思维和法治方式去调整人工智能法律关系，更好地发挥人工智能的积极作用。

论法律人工智能中的类案参考机制

齐凯悦*

我国正在进一步落实司法责任制改革，类案参考机制的构建是促进法律统一适用的有力途径，并在司法大数据和法律人工智能背景下以类案检索及推送系统的构建为典型。然而，我国类案参考机制的构建尚存诸多问题，各地类案检索或推送系统尚不完善。如何推动类案参考机制的系统化构建与运行，需要对类案参考的理论依据和司法实践进行考察，并结合司法大数据和人工智能的发展做出探讨。

一、智慧法院建设背景下类案参考机制的兴起与有待完善

我国司法责任制改革的进一步落实强调通过类案参考机制推进法律的统一适用，这也是当下智慧法院建设背景下司法大数据与法律人工智能发展的典型领域。各地类案检索及推送系统在发挥作用的同时反映出诸多问题，说明我国类案参考机制有待完善。

（一）司法责任制改革强调类案参考机制的构建

在司法责任制改革过程中，健全和完善法律统一适用机制是进一步全面落实司法责任制的重要内容之一。作为司法体制改革的基石，以“让审理者裁判，由裁判者负责”为核心的司法责任制改革在不断推进与落实过

* 齐凯悦，山东师范大学法学院讲师，法学博士，心理学博士后科研流动站研究人员。

程中。在将审判权还与独任法官、合议庭的同时，如何保障司法公正的实现，显然需要促进法律的统一适用。健全对审判权的监督制约机制，保障法律的统一适用，成为监督和促进审判权正当行使的重要内容。

类案参考机制是促进法律统一适用的重要途径。“同案不同判”是司法实践中法律适用不统一的典型体现，也是影响司法公信力的重要问题。法律适用统一要求法官在正确理解和把握法律规定的基础上确保同类案件的裁判结果基本一致，通过保障类似案件的相似处理来保障案件审判过程中法律适用的同一性，从而推动司法公正的实现。因此，在促进法律统一适用的过程中，推动类案类判的实现是改革推进的重要目标之一，类案参考机制的确立和完善则成为实现该目标的有力途径。

2018年12月，最高人民法院发布了《关于进一步全面落实司法责任制的实施意见》。该意见强调健全完善法律统一适用机制，指出法院应当完善类案参考等工作机制。针对“类案不同判”或可能存在法律适用争议的案件，该意见指出承办法官应制定相关案件及类案检索报告，并在合议庭评议或专业法官会议讨论时予以说明。[1] 该意见再次强调了类案参考机制在司法责任制改革中的重要性，尤其是在司法大数据和人工智能背景下，类案检索及推送机制的发展成为保障法律统一适用的重要途径。

（二）司法大数据与人工智能推动类案参考机制发展

大数据和人工智能的发展推动了司法领域的“技术革命”，智慧法院建设为司法工作的开展树立了新的工作理念，并提供了新方式。最高人民法院院长周强强调，要抓住新一轮科技革命和数字中国建设所带来的机遇，推进审判能力和体系的现代化建设。将司法工作与信息技术协同发展，通过智慧法院建设进一步规范司法行为，提升审判质量和效率，推动公平正义的实现，这是人工智能迅速发展和司法大数据时代智慧法院建设的新理念。

在智慧法院建设过程中，通过先进技术的作用推动司法工作开展，进一步统一裁判标准则成为重要内容。例如，通过标签技术、结构化数据库、知识图谱等的构建以及深度算法的应用将部分资深法官的类案裁判经验转

〔1〕 最高人民法院《关于进一步全面落实司法责任制的实施意见》（法发〔2018〕23号）。

化为对司法工作开展的智力支持，通过人工智能和司法大数据归纳出具有参考意义的“普遍正义”，显然能够为法官裁判具体案件提供高效的智能辅助之效果。[2] 类案推荐、偏离预警等机制是当前司法大数据和人工智能开发最具典型性的应用领域，通过类案识别、情节提取、图谱构建、偏离程度预测等技术路径推动司法的智能化发展。[3]

司法大数据和人工智能技术的应用存在算法依赖、数据前置、领域限定等技术特征和范围全面、地位关键、态度开放等时代特征。[4] 这些特征与司法的融合可能在促进智慧法院建设的同时存在一定风险，故而确立适应司法大数据和人工智能发展要求的法律理念，促进司法的智能化发展成为智能互联网时代司法变革的重要内容。[5] 整体来看，人工智能在比较分析任务中发挥的作用较为明显，在认知推理任务方面尚待突破性发展，为社会治理体系发展提供大数据分析和决策参考的作用有待进一步发挥。[6]

（三）现行类案参考机制有待完善

在司法责任制改革和智能互联网发展背景下，以类案参考为基础的类案检索或推送系统频现，类案参考机制的构建有所推进。2018 年 1 月，最高人民法院推出了类案智能推送系统，旨在加强司法大数据和人工智能在审判执行工作中的具体适用。区别于传统的基于关键词的检索，该系统是利用人工智能技术实现的第二代案例智能服务产品，以司法大数据资源为基础，采用新一代搜索引擎、深度学习、知识图谱、自然语言处理等人工智能技术，实现专业类案剖析、智能类案识别和精确的类案推送结果。[7] 上海市一中院发布的类案裁判方法总结是在司法改革背景下推进审判权运行机制改革的有效尝试，目前已发布 10 篇类案裁判方法总结。上海市一中

---

〔2〕 龙飞：《智慧法院建设给司法带来的十大变化》，载《人民法院报》2018 年 10 月 31 日，第 8 版。

〔3〕 王禄生：《司法大数据与人工智能开发的技术障碍》，载《中国法律评论》2018 年第 2 期。

〔4〕 王禄生：《司法大数据与人工智能技术应用的风险及伦理规制》，载《法商研究》2019 年第 2 期。

〔5〕 马长山：《智能互联网时代的法律变革》，载《法学研究》2018 年第 4 期。

〔6〕 龙飞：《人工智能在纠纷解决领域的应用与发展》，载《法律科学》2019 年第 1 期。

〔7〕 王雪姣：《熊群力：类案智能推送系统上线，为“智慧法院”建设保驾护航》，载 https：//item. btime. com/m_2s21q9d73qc，最后访问时间：2019 年 4 月 7 日。

院对主要案件类型进行系统化梳理，并将具有同类特征要素的案件进行归类和整理，通过严格的选题、撰写、讨论和审核过程形成类案裁判方法总结，将其作为法官审理类似案件中普遍适用的办案指引。[8] 浙江省金华市中级人民法院与金东区人民法院自主研发了“类案大数据分析平台”，通过该平台可以自由生成各类数据分析及调研报告，并且建构了类案裁判标准，以确保数据分析更为精准。[9] 各级法院或总结类案裁判方法，或推出类案检索或推送系统，不断增强大数据和人工智能背景下类案参考机制的发展。最高人民法院 2019 年的工作报告也强调了全面建设智慧法院的工作成果，指出“类案智能推送”等系统的上线为法官办案提供了智能辅助。[10]

类案检索推送系统不断创新，但类案参考机制的构建与发展尚存诸多有待解决之问题。一方面，类案参考机制的法理逻辑有待探讨。尽管类案类判反映了保障司法公正的价值追求，但可能付出阻碍法律发展、导致裁判多样性匮乏、折损法官自主性等代价，类案类判与裁判正确性的要求并非完全一致。[11] 有学者通过对同案同判的支持理由进行考察指出，同案同判是与法律有关的道德要求，并非司法裁判的构成性法律义务。[12] 即使是较为成熟的指导性案例制度，其“应当参照”的效力性质的判断仍是学界讨论的重要问题。因此，类案参考机制背后的价值判断和法理逻辑有待进一步论证。

另一方面，现有类案参考机制构建有待完善。尽管最高人民法院和各地法院相继推出了各种类案检索或推送系统，结合司法大数据和人工智能促进类案参考机制的适用，但目前的制度探索和系统设置尚存问题。例如，现有类案检索机制未明确类案检索适用的范围及相关案例的效力层级，检索案例不精确，影响司法实践中类案检索的适用效果。[13] 类案推送系统建

---

〔8〕 余风、王长鹏：《统一裁判尺度 推动类案类判》，载《人民法院报》2019 年 4 月 4 日，第 1 版。

〔9〕 余建华、苏祺、樊一鸣：《金华 人工智能大数据助力审判》，载《人民法院报》2018 年 7 月 9 日，第 8 版。

〔10〕 周强：《最高人民法院工作报告》，载《人民日报》2019 年 3 月 20 日，第 2 版。

〔11〕 张超：《论“同案同判”的证立及其限度》，载《法律科学》2015 年第 1 期。

〔12〕 陈景辉：《同案同判：法律义务还是道德要求》，载《中国法学》2013 年第 3 期。

〔13〕 魏新璋、方帅：《类案检索机制的检视与完善》，载《中国应用法学》2018 年第 5 期。

设方面也存在着案例不明确、有效性较低、存在技术瓶颈等问题，在有效、全面、有序三个方面都存在现实困境。〔14〕同时，部分司法工作人员对于类案参考机制的适用参与度不高，类案检索或推送系统的适用并未得到较好的普及或推广。类案参考机制如何在司法大数据与人工智能发展的推动下更好地服务于司法公正的实现，显然还需要完善相关制度以解决实践中存在的诸多问题。由此，对类案参考机制的探讨，显然需要结合实际上类案参考的必要性和机制具体构建的可行性做出探究。

二、具体类案不类判的司法偏差

尽管类案类判与裁判正确性并非完全一致，类案类判的实现需要保持一定的谨慎限度，但司法实践中类案不类判的现象普遍存在，并且在部分案件中可能出现法律适用不统一的问题。该不统一超出了法官自由裁量权的范围，影响到该类案件中司法正义的实现。以部分特定类别的案例为例，可以明确看出不同法官在适用同一法律条文或针对同一争议焦点时对法律规定的解读和适用存在较大差异。

（一）校园欺凌案件中学校教育职责之判断

校园欺凌，也称学生欺凌，是发生在校园内、学生之间的一次或多次有意地、反复地、持续地施以负面行为，造成身体和心理上的伤害或不适应。〔15〕校园欺凌是全球范围内具有普遍性的问题，近年来在我国呈现出逐渐增多之趋势。校园欺凌严重危害未成年人的身心健康和未来成长，引发社会各界的担忧和关注。在校园欺凌事件中，学校应当承担第一位的教育责任，因为校园欺凌的实施者为学生，发生场所通常为学校，学校作为防治的主体责无旁贷。然而，在判定校园欺凌案件中学校在侵权责任法上的责任或应承担的赔偿义务时，尽管《侵权责任法》已作出较为明确的规定，司法实践中却存在问题。

1. 学校承担责任与否及比例不一

通过对聚法案例网站中涉及校园欺凌的民事案件进行梳理，可发现其

---

〔14〕朱彬彬、祝兴栋：《类案推送的精细化：问题、成因与改进——以刑事类案推送为例》，载《法律适用（司法案例）》2018年第20期。

〔15〕Dan Olweus, *Bullying at School: What We Know and What We Can Do*, Oxford: Blackwell Publishers, 1993, p. 9.

中24起校园欺凌争议案件都与学校的教育与管理职责相关，涉及对学校承担赔偿责任与否及程度的探讨。在这24份法院判决书中，仅有5份认定学校不需承担责任，其余19起案件中法院最终都判决认定学校需承担一定程度的责任，并且该责任承担程度也在不同案件中有较大差异。较为普遍的责任承担比例为30%左右，但部分案件中法院甚至判决学校承担90%的责任。

在判决学校承担责任的案件中，法院往往认定学校“未完全尽到教育、管理职责”“未举证证明其在事发时尽到足够的教育、管理职责”，从而判令学校承担一定责任，但承担比例各异。尽管因案件具体情况不同会出现不同案件中学校未尽职责的程度有异，但部分相似案件中却存在判决不一致的状况。虽然在案件审判过程中法官具有自由裁量权，但保障《侵权责任法》的正确适用、确保责任的正当分配是实现司法正义的必要内容。

2. 举证责任设置不一

在法院判决学校不承担赔偿责任的5起案件中，其中4起案件的法院判决理由均在于原告或上诉人未提出学校“未尽到教育、管理职责”的证据，仅占作为样本的24起案件的16.7%。另外1起案件中法院认定被告履行了教育、管理职责，不存在过错。

一方面，原告或上诉人未提供证据证明学校未尽教育职责导致法院认定学校不承担赔偿责任的判决体现了一般过错责任原则的适用，即“谁主张、谁举证”，在这种状况下法院并未要求学校等教育机构承担举证义务，而是由原告或上诉人承担举证义务。而在认定学校履行了教育、管理职责的案件中，法院认为学校在事故发生前后通过“召开安全专项会议，与家长签订的有安全责任书等其他规章制度的形式”履行了其职责，从而不需承担责任。然而，除上述4起要求原告举证的案件外，其他案件中法院均要求学校承担一定举证义务，并且之所以判决学校承担赔偿责任，在于其未尽到教育与监管职责。尽管这并不违反一般过错责任的举证规则，但却反映了法院在实践中对举证责任设置的不一致。

3. 学校是否尽到教育职责的判定不统一

除4起不要求学校举证的案件外，其余20起案件中被告均需承担一定举证责任。然而需要指出的是，如何判定学校是否履行其教育、监管职责，尤其是针对教育职责，各地法院的判决同样不存在统一标准。在判定学校尽到了教育职责的案件中，被告提交的是“召开安全专项会议，与家长签订的有安全责任书等其他规章制度”，而在部分案件中，学校提交的证明其履行教育职责的证据材料更为全面或细致，却未得到法院对其尽到教育职责的认定，这反映了法院在审查学校是否尽到教育职责的证据材料过程中的标准不统一。

从作为样本的案件中学校提交的证据材料及其认定来看，法院在认定这些证据材料时的判断标准不一，部分案件中法院认定学校履行了一定的安全教育义务，但在部分案件中，尽管学校提交的证据材料较为充分，法院仍认定学校未尽到教育责任，或突出强调“事发时”的教育责任。需要指出的是，校园欺凌事发时学校更多地应履行管理职责，教育责任更多体现在事发前后的安全或法治教育中，因此，部分判决中过于强调事发时教育责任的问题有待商榷。

（二）“同妻”离婚类案中的法律适用问题

所谓“同妻”，即与男同性恋者结婚但本身性取向为异性恋的女性。她们属于同性恋人群的衍生群体，也是较为隐秘的弱势群体。作为社会边缘群体的“同妻”，在与同性恋者组成的婚姻家庭中处于弱势地位，无论是在婚姻的维持或解体过程中都会经受着与常人不同的困扰。在涉及同性恋者的诉讼案件中，“同妻”离婚案的数量最多，也是问题最为显著的一类案件。

在包括中国裁判文书网、北大法律信息网、聚法案例等涉及同性恋离婚的200余份判决书中，目前，能够统计到的“同妻”离婚案件共有130个。[16] 从时间来看，能够查询到这130个“同妻”离婚案中，最早的案件发生在2009年，2009年及2010年均仅有2个。之后，“同妻”离婚案呈现增长趋势，尤其是在2014年至2015年，“同妻”离婚案均在30个以上，之后又逐渐回落，2018年的案例较少，这可能与部分案例尚未收录及整体案

---

〔16〕 该统计排除女方婚前知晓男方为同性恋的案件，仅以不知情的异性恋女性的离婚案件为研究对象。

例数量呈减少趋势有关。作为样本的130个案例的数量呈现出先增长后减少的状态。具体到案件判决来看，同样存在诸多发展的要素，如2009年的一个案件中，被告承认同性恋倾向，但表示会改正，法院判决认为“被告表示愿意改正，故应给予双方一次和好的机会”〔17〕，近年来则很少有判决认为同性恋“会改正”。

就130个案例来看，争议焦点仅为离婚损害赔偿的案件只有2个二审案件，涉及“离婚+损害赔偿”的案件有17个，涉及“离婚+损害赔偿+子女抚养”的案件有1个，争议焦点仅为离婚的案件有109个，还有1个案件的争议焦点主要在于离婚及子女抚养问题。因此，在“同妻”离婚案件中，主要的诉求还是在于离婚问题，其次为离婚损害赔偿问题。

然而，该类案件目前在司法实践中存在判决不一致的问题，这一方面体现在司法实践中是否以同性恋事实认定感情确已破裂的判决不一致，另一方面损害赔偿是否适用也存在争议。不同法院在相同问题的认定中又存在不同的论证思路或理由，对相关问题的解释与裁判存在一定冲突和矛盾，该类案件中法律规定的适用并不统一。

我国《婚姻法》规定双方当事人自愿离婚的，准予离婚，同时将“感情确已破裂”规定为离婚的法定事由，并列举了“感情确已破裂”的具体情形，其中并未明确列举性取向方面问题。以“同妻”起诉离婚的118个案例为样本，法院判决不准予离婚或驳回诉讼请求的案件共有52个，未判离婚的概率在44%左右。而在法院判决离婚的66个案件中，因主张配偶存在同性恋行为或倾向最终认定感情破裂并准予离婚的案件仅有4个。

尽管性取向并非判定当事人感情确已破裂的法定事由，但实践中是否将其界定为符合“其他导致夫妻感情破裂的情形”之兜底条款的规定也存在不同认知。在肯定类案件中，法院一般认为被告的“同性恋行为直接导致夫妻感情彻底破裂，负有过错”或“被告的同性恋行为，损害夫妻间感情，与当前的正常主流观念及传统伦理相违背”〔18〕，将同性恋行为作为影

〔17〕 上海市宝山区人民法院民事判决书（2009）宝民一（民）初字第7391号。

〔18〕 石家庄高新技术产业开发区人民法院民事判决书（2013）石高民一初字第00280号；辽宁省庄河市人民法院民事判决书（2016）辽0283民初5327号。

响当事人感情破裂的因素。大部分案件中法官在判定当事人感情是否确已破裂的过程中一般不会考虑“同妻”提出的同性恋问题，或者不将其视为导致感情破裂的因素。这一定程度上也导致部分案件中即使可以确认男方的同性恋趋向，但该单方的身份事实不能作为证明夫妻关系融洽度的事实要素，因此即使法院在具体案件审理过程中可以根据案情决定适用该兜底条款，但对“同妻”而言实际上不具有普遍性的救济功能。[19]

同时，尽管司法实践普遍不支持“同妻”一方提出的损害赔偿请求，但也存在着支持该请求的案例。例如，蚌埠市蚌山区法院 2011 年审理的一起同妻离婚案中，法院认为男方为掩盖其同性恋取向，利用婚姻的形式长期欺骗女方，致使女方成为其牺牲品，男方所作所为已经为女方身心带来极大伤害，故而应对其合理损失进行赔偿。经法院主持调解，男方另付女方 1 万元精神损害抚慰金。然而，在其他案例中，“同妻”一方的损害赔偿请求皆因无法律依据而无法得到支持。我国《婚姻法》第 46 条通过列举的方式规定了无过错方请求损害赔偿的情形：重婚的；有配偶者与他人同居的；实施家庭暴力的；虐待、遗弃家庭成员的。同性恋行为并非法律列举的情形之一，“有配偶者与他人同居”是判断离婚与损害赔偿的重要事由之一，然而该同居的外延目前并不包括同性同居，“同妻”无法依此规定主张离婚或损害赔偿。因此，就“同妻”离婚类案件来看，同样存在着法院裁判说理及法律适用不相一致的状况。

通过对学生欺凌和“同妻”离婚这两类特定类别案件司法实践的考察，可以发现不同法院对同一问题或法律的解释和论证存在一定差异，该差异又显著影响了法院最终的裁判结果。尽管类案类判的适用存在一定限度，类案中的大多数相同的判决论证可能并不完全满足司法公正的需要，但需要注意的是，一方面，类案类判有利于保障法律适用统一，另一方面，部分案件中法律适用统一或公正有待于其他因素或制度的发展，如相关实体法的完善或指导性案例参照作用的发挥。

三、类案参考机制构建之理论探究

司法实践中类案不类判现象较为突出，凸显了类案参考机制的重要性，

---

〔19〕 景春兰：《“同妻”权利保护的法律困境及其破解》，载《法学论坛》2018 年第 4 期。

实际上，类案参考机制具有其内在价值和现实意义，影响类案参考机制适用的核心问题在于对类案的判断。

（一）类案类判原则之内在价值

适用类案参考机制的依据在于类案类判的内在价值，这体现为如下方面：

第一，类案类判体现了对司法公正与平等价值的追求。类案类判或同案同判，作为传统法理学的基本要求，反映的是对法律适用上平等的追求，这也构成了正义的核心。〔20〕该平等价值实则为同案同判的首要依据，“同等情况同等对待”彰显了“法律面前人人平等”的法律原则，反映了在法律适用上平等的追求。如果相同案件不同处理，或者类似案件不同处理，显然有违法律面前人人平等之原则，损害在每一个案件中实现公平正义之追求。因此，同案同判或类案类判要求法官将司法裁判作为彼此共享之事业，相互尊重彼此判决，而非不受拘束地各自作出判决。〔21〕需要指出的是，严格意义上的同案并不存在，致力于结果平等的同判主张亦较为薄弱。同案同判的主张反映了人们对形式正义和平等的追求，但对实现实质公正而言，其无法给予足够有力的论证。相较于同案同判，类案类判更符合公平与正义的追求，在反对“同案不同判”的同时包容了差异化判决的合理性，使得对法律平等适用的追求不只是“虚构的一个法治神话”。〔22〕

第二，类案类判原则一定程度上能够规范法官自由裁量权的行使，保证判决的合理性。作为司法公正的重要内容之一，类案类判原则有助于防止法官裁判的任意性。类案类判原则实则向法官提出了一般性制度要求，即针对类似案件作出类似审判并为其判决提供正当性证明，由此形成对法官自由裁量权的必要约束。〔23〕同时，对审判过程是否公平的衡量显然包括类似案件类似判决该重要因素或指标。

---

〔20〕［德］考夫曼：《法律哲学》，刘幸义等译，法律出版社2004年版，第24页。

〔21〕张超：《论“同案同判”的证立及其限度》，载《法律科学》2015年第1期。

〔22〕周少华：《同案同判：一个虚构的法治神话》，载《法学》2015年第11期。

〔23〕Benjamin Johnson, Richard Jordan, “Why Should Like Cases Be Decided Alike? A Formal Model of Aristotelian Justice”, available at https://scholar.princeton.edu/sites/default/files/benjohnson/files/like_cases.pdf，最后访问日期：2019年4月16日。

第三，类案类判作为法律漏洞的弥补方式，体现了类推方法的适用。作为一种理性的思考方式，类比推理是人们判断类似案件的重要方法，也是弥补法律漏洞的有效途径。正如英美法系的遵循先例原则要求法官按照类推的方式进行推理，类案类判实则要求对前面一个案例的判决进行类推适用。类比推理是构成法律的重要要素，也是理解或实现法律的有效方法。在类似性判断过程中，类比保证规则及理由等可以规范类似性判断，以在一定程度上防止类似性判断可能出现的失误或问题。〔24〕

（二）类案参考之现实意义

类案类判一方面可以在避免一定问题的同时带来便利，另一方面则要求类案不类判必须说明差异的合理性，以维护平等正义之价值。实际上，除内在价值外，类案参考机制的适用显然具有其现实意义与作用。

第一，关系司法公信力和司法权威的维系。司法实践中类案不类判问题是民众关注的焦点，也是影响司法公信力的重要因素。实现类似案件的类似判决，一定程度上符合公民朴素正义观的认知。诸多舆论热点案件的争议，恰恰反映了公众通过自发对比类似案件的不同判决而表达了不解的观点或情绪。在类案不类判的情况下一方面当事人很难息讼服判，也可能会引发社会舆论的质疑。尽管该怀疑可能缺乏依据，但打消该怀疑、确立司法公信力却具有重要价值，在当前社会中也尤为重要。因此，保障类似案件的类似判决，在维护法律适用统一的情况下实则对司法公信力的维护具有重要作用，这也利于司法权威的树立和维持。

第二，类案参考可在一定程度上减轻法官的论证负担。在法官面临大量审判任务的情况下，如果要求法官在每次判决中都必须重新思考，对于各种竞争性方案进行细致对比和辨别，则会加重法官的工作负担，这对基层法院法官而言更为严重。类案参考机制的运行可在一定程度上为法官提供论据支持，在实用性和司法效率方面具有优势。〔25〕

第三，类案参考机制一定程度上能够加强对特定类型案件的更好裁判。在类案参考机制的运行过程中，法官对类似案件或具体争议问题的判断具

〔24〕 张骐:《论类似案件的判断》，载《中外法学》2014年第2期。

〔25〕 张超:《论“同案同判”的证立及其限度》，载《法律科学》2015年第1期。

有更为丰富的论据和资料，更易就具体问题做出法律上的解释和论证。相反，过于零散的判决可能会使得相关讨论缺乏集中点，失去对特定法律具体化解决方案的讨论聚集之功能。因此，类案参考机制的适用能够辅助法官对相关争议焦点或法律适用做出更为全面、深入的分析和论证，从而促进更为符合程序和实质公正的判决的作出。

（三）类案参考的关键在于类案之判断

鉴于类案参考的内在价值和现实意义，司法责任制改革中类案参考机制的构建具有理论基础和价值。然而，针对类案类判原则或格言的适用而言，诸多学者认为该原则缺乏实质性标准，内容过于空虚。任何两个案件都各具异同，因此，如何判断界定该类似显然需要具体化规范。〔26〕就目前类案参考机制的构建而言，关键问题在于何为类案。

学者关于类案的判断有不同主张。有学者认为相似案件的判断标准可以从“七何要素”切入，针对具体案件中何事、何地、何时、何故、何情、何物、何人七个要素中的关键性事实要素做出判断。〔27〕有学者主张从如下方面判断两个案件是否构成类案：当事人主张的事实一致；法院认定的案件事实一致；实现法律效果、社会效果和政治效果的统一；受审判监督一致。〔28〕

实际上，对案件是否类似的判断需要确定案例的比较点，通过该比较点的相似性确定案件的相似。该比较点确定案件的争议问题，鉴于争议焦点既有事实性，也有法律性，故而争议问题体现在判决理由和实质事实方面。〔29〕一方面，争议问题是连接待决案件与类似案件的桥梁，是判断类似案件的基本比较点；另一方面，与案件争议焦点直接相关的关键事实而非

---

〔26〕 Frederick Schauer, “On Treating Unlike Cases Alike”, *Constitutional Commentary*, 33 (2018), 437.

〔27〕 阮堂辉、陈俊宇：《“同案不同判”现象的内在逻辑与治理路径》，载《学习与实践》2018 年第 7 期。

〔28〕 邓永泉、杜国栋：《类案同判核心在于建立类案标准》，载《人民法院报》2018 年 10 月 15 日，第 2 版。

〔29〕 张骐：《论类似案件的判断》，载《中外法学》2014 年第 2 期。

基本案情构成判断类案的实质性要素。〔30〕这也反映了对类案判断的两个维度：前者是对案件性质的定性分析，即争议焦点的比较；后者是案件情节上的定量分析，即关键事实的分析。在关键事实的分析过程中，列出事实情节的相同点和不同点，并结合具体案情做出两者相对重要性的判断，从而确定是否属于同类案件的判决较为合理。〔31〕

四、司法大数据与人工智能背景下类案参考机制之推进

在厘清类案参考机制推进的必要性的基础上，结合当下司法大数据与人工智能的发展，可对类案参考机制的具体构建和推进做出进一步探究。整体来看，类案参考机制尚存一定问题，类案参考机制的制度化建设和具体检索与推送环节的技术与规范有待进一步完善。

（一）正视司法大数据与法律人工智能的发展

在推进司法大数据与人工智能背景下类案检索与推送系统发展的过程中，如何正视司法大数据和法律人工智能的发展关系类案参考机制的构建，这关系类案参考机制的发展理念。

大数据和人工智能在当下深入影响着社会生活，司法领域无法回避，并且以主动的态度接受人工智能的介入，旨在通过人工智能和司法大数据的适用与法官审判工作的开展形成深入融合态势以提升司法责任制改革整体效能。人工智能在司法工作中的应用包括法院信息化建设、大数据建设和基于相关数据挖掘、深度学习的人工智能应用等领域，类案检索及推送系统的构建即为例证。

然而，司法大数据和法律人工智能的发展并不意味着其已取代法院的主体地位，也不应影响法院审判工作的开展。一方面，法律中大数据的适用具有局限性。法律充满理论性，尽管大数据努力做到客观，但法律和大数据的结合需要相关理论的发展和应用。同时，法律和大数据的含义和适用是无限制的，并会以不可预测的方式发展，故而大数据在法律中的适用

---

〔30〕张骐：《再论类似案件的判断与指导性案例的使用——以当代中国法官对指导性案例的使用经验为契口》，载《法制与社会发展》2015年第5期。

〔31〕张志铭：《司法判例制度构建的法理基础》，载《清华法学》2013年第6期。

可能会产生意外后果，影响具体案件中法律决策的正当性。〔32〕另一方面，法院的审判工作有其法官自由裁量权之自主性、隐性审判经验专属性等固有规律，故而人工智能在部分领域的效用发挥会受到限制。如何更好地发挥人工智能在辅助法官裁判案件方面的作用是当下值得探究的重要问题。〔33〕正如有学者所指出，在现代法治体制中，司法大数据、法律人工智能的发展是实现合法正义的辅助方式或手段。〔34〕

目前，法律人工智能和司法大数据建设尚不成熟，如何保障类案参考机制中人工智能和司法大数据的合理介入有待探讨。在将人工智能的技术理性和类案参考的目的理性相结合的过程中，案例数据充足与否、裁判结果合理性判断、因果关系是否相当等判断需要得到合理诠释。〔35〕因此，厘清类案检索及推送系统存在的问题，推进类案参考与人工智能和司法大数据的耦合互动，完善类案参考机制的构建是进一步推进司法责任制改革的发展方向。

（二）类案检索及推送问题尚存问题

当前各地法院积极探索类案参考机制的适用，通过各种类案检索或推送系统的建设实现司法大数据与人工智能和法院审判权行使的结合，促进司法责任制改革的进一步推进。然而，目前相关类案检索与推送系统尚存一定技术缺陷或问题，类案参考机制的适用尚待加强。

第一，推送类案不够精细，质量有待提升。尽管许多地方法院建立了类案检索或推送系统或平台，但系统推送的案例选取或检索不够精细，无法满足法官的审判需求，故而部分法官更倾向于通过其他软件或平台进行搜索。例如，部分类案检索系统通过关键词检索出的案例并未达到前文所探讨的类案的标准，仅在援引相同法条或在非关键事实方面存在相似。同时，检索后可能出现大量案例，即使限缩条件后也有上百个案例，逐一查阅并判断显然需要花费大量时间。另外，部分案例中的核心法律技术问题

〔32〕 Caryn Devins, Teppo Felin, Stuart Kauffinan, Roger Koppl, "The Law and Big Data", *Cornell Journal of Law and Public Policy*, 27 (2017), 357.

〔33〕 潘庸鲁：《人工智能介入司法领域路径分析》，载《东方法学》2018 年第 3 期。

〔34〕 季卫东：《人工智能时代的司法权之变》，载《东方法学》2018 年第 1 期。

〔35〕 李飞：《人工智能与司法的裁判及解释》，载《法律科学》2018 年第 5 期。

没有进行很好的处理，有些案例来源不明，部分案例的层级不清晰或者其后续判决发展变化未整体呈现，这都影响到类案参考的效果。并且，各地法院与不同科技公司合作开发类案检索或推送平台，信息数据未实现共享，系统也缺乏统一设计，故而最终的检索及推送结果各不相同。[36]

第二，类案检索及推送技术有待发展。人工智能背景下类案参考机制的设置以知识图谱的构建和自然语言处理技术为基础，从而实现类案的主动检索或自动推送。无论是知识图谱的构建，案件情节的提取还是要素标签的比对，均需要全面细致的技术处理和较大规模的人工建模和标注工作的开展。法律人工智能尚处于初始发展时期，一方面相关知识图谱构建、自然语言处理等技术尚未成熟，另一方面相关技术完善和人工建模等工作需投入巨额经费，目前技术提供商往往难以承担该开发成本。另外，机器学习算法具有不可描述性，大数据的模型效果优于少量数据，但却存在较大的不确定性，算法、数据量及最终结果的精细化之间的关系还需要不断考察和探索。[37]

第三，类案检索及推送的有效性存疑。一方面，鉴于检索及推送的类案存在数量过多、质量不齐、部分无关等问题，知识图谱构架、自然语言处理等技术有待加强，目前类案推送及检索系统的有效性面临一定困境。例如，部分类案推送系统存在主动检索功能，然而法官的自主检索显然需要系统恰好具有相关的要素标签才能够进行有效匹配。同时，部分新类型案件可供参考的案例较少，类案检索及推送系统在该类案件中很难发挥作用。另一方面，部分法官对适用类案检索及推送系统的积极性不足，坚持依赖于法条和司法解释的传统办案理念，或对法律人工智能的发展存在不适应的状况，对类案检索及推送系统的新模式并不十分认同。部分法官主观上对类案检索与推送系统的抵触也使得其实践中有效性的发挥受损。

第四，类案检索及推送相关制度规定不明确。尽管最高院明确要求各

---

〔36〕 魏新璋、方帅：《类案检索机制的检视与完善》，载《中国应用法学》2018年第5期。

〔37〕 朱彬彬、祝兴栋：《类案推送的精细化：问题、成因与改进——以刑事类案推送为例》，载《法律适用（司法案例）》2018年第20期。

级法院完善类案参考等工作机制，建立类案及关联案件强制检索机制，但类案参考机制相关具体内容并未形成系统的制度构建。例如，类案检索缺乏明确的时间指引，类案是否需要设置明确的时间范围或者该时间范围应如何设置目前缺乏具体规定。同时，类案检索过程中是否存在地域范围上的考量亦未有规定，如是否需要参考其他省份法院判决，或是否优先参考上级法院判决等，目前并未形成明确规定。另外，类案检索的效力并无明确的规范性文件做出界定，也未出台类案检索或推送的统一化、具体化的操作流程规范。

（三）类案参考机制可待完善

类案参考机制是司法责任制改革进一步落实过程中保障法律统一适用的重要途径，也可以成为维护司法公正的有效手段或新型的裁判质量控制机制。人工智能与司法大数据为类案参考机制的具体适用提供了技术支持，然而，如何更好地发挥类案检索及推送系统的作用，发挥法律人工智能在类案参考中的作用，显然有待于改进人工智能与司法大数据背景下的类案参考机制建设。

第一，建立真正的案例数据库。案例数据库建设在类案检索及推送系统中发挥着重要作用。目前相关数据库收集的案例还存在着部分年份、地域或个别判决书缺失的问题，推进法院裁判文书的数字化、信息化建设，增加数据库所覆盖的裁判文书数量具有必要性。截至 2018 年 11 月，中国裁判文书网已公布文书总量超过 5500 万份，并不断优化同案文书关联功能和同一案件不同审判程序之间的文书关联，以构建全方位的裁判文书公开模式。进一步推进裁判文书上网公开，充实案例数据库建设，是促进类案参考机制发展的重要基础。

第二，加强类案的管理与建设。加强案例数据库中类案的管理和建设，是解决类案推送及检索不精确、质量存疑等问题的有效途径。类案在实践判断中可以界定为对争议焦点和关键事实的相似，该界定如何在类案检索及推送系统的具体运作中判断则需要进行一定的技术处理和数据管理。一方面，需要对类案的标签化或结构化等工作做进一步的提升，对争议焦点和关键事实的要素判断更为明确和规范。另一方面，应完善数据库中案例的相关信息，如案例性质、来源、审判流程、效力、是否改判等情况做出明确标注。同时，应对具体案例的质量高低或在某区域的参考程度做出一定界定，从而便于法官在具体参考过程中做出适当判断。[38]

第三，推动技术进步，促进类案检索及推送结果呈现之完善。目前关于类案检索及推送系统有效性的争议反映了法官及司法实务人员对类案检索及推送结果的不满意。一方面，通过自然语言处理技术、图谱识别构建等技术的发展来推动类案检索及推送系统的完善值得期待。在法律人工智能和司法大数据不断发展的当下，借助于相关技术发展促进类案参考机制的完善具有可行性。另一方面，在类案检索及推送结果的设置层面，实则可进行有效的系统设计，从而形成更为便利的类案检索报告。该检索报告应包含类案的数量、效力层级、地域及关联程度等要素，并形成较为具体的分析，以便于法官对类案的参考和适用。[39]

第四，完善类案参考机制的制度构建。尽管最高人民法院出台了相关意见，但司法实践中类案参考机制的有序运行显然需要完善相关制度保障。一方面，关于类案的判断目前仍存在一定争议。争议焦点和关键事实如何认定，尤其是在类案检索及推送系统中如何确定相关要素等问题需要具体制度来加以规范。另一方面，类案检索及推送系统的具体运行、法官参考适用的相关规范等亦需明确。目前类案检索及推送系统运行中存在的诸多问题与争议，实则需要统一的法律规范或意见来做出引导和规范。

五、结语

类案参考机制的构建与发展是司法责任制改革进一步落实的重要内容，更体现了司法大数据和法律人工智能发展对司法的影响和辅助功能。类案类判的论争早在古希腊时期关于平等的探讨中就已经提出，目前仍备受学者热议。将类案参考机制作为促进法律统一适用的重要途径的重要问题在于如何在实践中确定何为类案，这在类案检索与推送系统中更为关键。司法大数据与法律人工智能相关技术尚存局限性，如何在突破技术瓶颈的同

---

〔38〕 左卫民：《如何通过人工智能实现类案类判》，载《中国法律评论》2018年第2期。

〔39〕 朱彬彬、祝兴栋：《类案推送的精细化：问题、成因与改进——以刑事类案推送为例》，载《法律适用（司法案例）》2018年第20期。

时更好地完善关于类案的法律界定，从而形成合理、健全的类案参考具体机制与运行规范，是智慧法院建设背景下类案参考机制的发展方向，也是有待探讨的重要内容。

信息时代的隐私危机

姚力博*

引　言

2018 年 10 月，经历多轮论辩的卡朋特诉美国案（Carpenter v. United States）[1]在美国最高法院落幕，法院 5∶4 的多数意见被认为对科技时代美国宪法第四修正案的走向产生了重要影响。2011 年，警方逮捕了几名涉嫌抢劫 RadioShack 和 T-Mobile 商店的男子。在一名嫌疑人指证蒂莫西·卡朋特（Timothy Carpenter）是同谋之后，政府要求手机运营商公开卡朋特的手机站点位置信息（Cell Station Location Information，简称 CSLI）历史数据。案件由地方法院、巡回法院上诉到最高法院。首席大法官罗伯茨（Justice Roberts）代表多数人认为，对 CSLI 的搜查违反了宪法第四修正案保护公民“免受非法搜查与扣押”的权利，政府必须获得搜查令，才能获得 7 天或更长时间的记录。用户在接打电话的时候怀有合理隐私期待，其产生的手机站点数据不构成向无线运营商的“第三方共享”，尽管这些数据由运营商持有。[2]

---

* 姚力博，清华大学法学院 2018 级硕士。

〔1〕 Carpenter v. United States, 585 US_(2018).

〔2〕 法院认为，现代手机是“参与现代社会不可或缺的”，除去给手机充电之外，用户在传递 CSLI 时无需任何肯定行为，显然手机用户并非自愿地与运营商共享 CSLI 历史数据，建立于此基础上的“第三方原则”不应适用。Carpenter v. United States, 585 US_ (2018).

不过，这一多数意见并不绝对。法院明言本案判决是一个“狭窄”（narrow）解释、仅适用于获取超过7天以上的CSLI信息。[3] 另外，5∶4的判决结果暗示着少数意见同样值得重视。就法理基础而言，我们甚至很难认为多数意见比少数意见高明在哪里。托马斯大法官（Justice Thomas）在异议意见中指出，手机站点数据由移动电话服务提供商创建、保存、分类、拥有和控制，并由它们收集并出售给第三方，因此这些数据是运营商的财产，用户不对此怀有合理隐私期待。[4] 这一意见坚持了过去将近半个世纪美国隐私法理中对隐私权的想象：一种以住宅为实体的财产权利。[5] 不过吊诡的是，恰恰是在2014年的赖利诉加州案（Riley v. California）案[6]中，财产隐私成为政府判定警方在嫌疑人车辆内安装GPS违反宪法第四修正案的重要理由。

卡朋特案集中凸显了信息时代隐私权边界和内涵的模糊性。如卡朋特案的法官不无遗憾地承认，在自由国度美国，联邦宪法第四修正案的适用仍停留在前互联网时代。[7] 卡朋特案较为集中地展现了信息时代推动隐私权的两个敌人——政府与市场——的升级，隐私权的三种理解：财产权、自由权和人格权内涵的模糊性。相较于断言一套通行的隐私权保护规则（显然，即使笔者有心也无力），本文更关注的是，信息技术助力下，政府和市场的改变如何发生，以及它们在何种层面上改变了隐私权的内涵。

一、信息时代隐私权敌人的转变

长久以来，政府和市场被视为公民隐私权的两个主要对手。美国著名法史学家、比较法学家詹姆士·惠特曼（James Q. Whitman）认为，以政府为敌人的隐私文化通常将隐私权理解为个人不受政府非法侵扰，特别是个

---

〔3〕 Carpenter v. United States, 585 US _ (2018), at 2210-2211.

〔4〕 Dissenting opinion by Thomas, J. Carpenter v. United States, 585 US_ (2018).

〔5〕 历史上看，宪法第四修正案保护的实体是公民住宅，这源自古老的普通法上trespass规则，迄今仍然支配着一部分法官和学界对公民隐私的理解和解释。

〔6〕 Riley v. California, 573 U.S. (2014).

〔7〕 Dissenting opinion by Kennedy, J., joined by Thomas and Alito, JJ., Carpenter v. United States, 585 US_(2018).

人住宅不受侵扰的权利[8]；而以市场和媒体为敌人的隐私文化则更倾向于对个人名誉、姓名和肖像的保障，最为重要的是在公众面前保持自己的形象[9]。但如布莱克大法官（Justice Black）所言，“隐私权就像一条变色龙，每转个身就换一种颜色。”[10] 20世纪90年代以来突飞猛进的第四次信息革命，在改变我们的生活习惯、态度和观念的同时，也极大改变了隐私的境况。

（一）政府：走向“无人之治”

前信息时代，对政府的恐惧很大程度上被形象化为一个手持大棒、准备破门而入的警察。但在今天，它们已经化身为监控设备和庞大数据库背后的“无人之治”。

首先让我们从空间隐私开始。上文言及，宪法第四修正案以住宅空间为基础，继承自殖民地时期“风能进、雨能进国王不能进”的传统，对住宅的捍卫就是对个人城堡的捍卫。[11] 20世纪60—70年代的权利爆炸促使对抗政府侵入的隐私权拓展到对汽车[12]和公用电话亭，在这些封闭的空间中，人们得享有一定的支配权，怀有合理隐私期待。

但在今天，监控技术的进步已经逐渐拥有渗透私人空间、封锁公共空间、创造私人—公共连通空间的能力，这让政府的触角开始进入每一寸流动的空气。对技术能力的描述绝非笔者专长，仅举几个例子。美国各大主要城市中，仅有三个州[13]对公共场所人脸识别系统加以限制，而通过面部数据识别潜在犯罪嫌疑人的做法也无需事先获得任何搜查令。就地理位置信息而言，越来越多的警察部门正在安装“自动车牌阅读器”（ALPR）来

---

[8] James Whitman, “The Western Cultures of Privacy: Dignity versus Liberty”, *The Yale Law Journal*, 113 (2004), 1151-1221. 中文译本参见［美］詹姆士·Q. 惠特曼：《西方文明中的两种隐私文化：尊严 VS 自由》，杨帆译，载《私法》2006年第1期，第101~170页。

[9] ［美］詹姆士·Q. 惠特曼：《西方文明中的两种隐私文化：尊严 VS 自由》，杨帆译，载《私法》2006年第1期，第112、113页。

[10] Dissenting opinion by Black, J., Berger v. New York, 388 U.S. 41, 77 (1967).

[11] ［美］詹姆士·Q. 惠特曼：《西方文明中的两种隐私文化：尊严 VS 自由》，杨帆译，载《私法》2006年第1期，第13页。

[12] Katz v. United States, 389 U.S. 347 (1967).

[13] 分别是旧金山（San Francisco）、马萨诸塞州（Massachusetts）的萨默维尔市（Somerville）、加州奥克兰市（Oakland）。

取代传统笨重的GPS装置，可以捕捉到每辆经过的汽车车牌、时间和地理位置，经过数据汇集和过滤形成一辆汽车在整个城市的行驶踪迹。[14] 在许多以国家能力自豪的国家，不夸张地说，空气中每一寸都流动着监控的视线。今天的广大在线社交平台则尤为显著地创造出了第三种介于私人和公共空间的虚拟空间，如MySpace，它们甚至不需要一个明确的、需要所有权确认的手机、计算机等载体，只要能上网就行了。这一空间兼具私人性与公共性两重特征：对话或行为的内容发生在主体可以选择的对象之间，但内容本身却储存于第三方平台，诸如在Facebook、Twitter上发布的私人照片、写给某个朋友的邮件、聊天记录、和某商家的交易等。人们可以选择在这个空间中上传关于自己的照片或活动轨迹，将之公开给不特定受众或特定受众，并在一段时间后选择继续保留或删除，在此意义上我们仍可认为公民享有一定程度的空间支配能力，但同时，我们可能很容易控制在自家客厅丢下的一张私密照片、一本日记，但如果把它们丢在了Myspace，考虑到数据的永久储存性、可搬运性，我们并不具备事实上的控制力。

技术进步是事实，法律的作用则是决定哪些空间具有法律上的不可侵入性。但流行观点和法院似乎仍坚持一种"保密范式"的隐私认知，即"只有私密的才是隐私"（"privacy-only-in-private"）[15]，如人们在卧室或者一台无法上网的电脑上的活动。一旦走出家门，或者将个人活动暴露给他人，隐私权就默认"死亡"。[16] 根据法院判决，警方获得的在公共空间中的跟踪数据如GPS对一辆行驶在高速道路上的汽车行车轨迹的记录无需获得特别授权，但是追踪一个抵达住宅的寻呼机记录的踪迹则受到宪法第四修正案"不受非法搜查与扣押"的保护。[17] FBI可以利用来自SNS、Facebook的证据来确定犯罪、提供位置信息、确定动机、证明和反驳不在场证

〔14〕 Pascal, Brian, "How Technology Broke Privacy", *Litigation*, 40 (2014), 20-26.

〔15〕 Daniel J. Solove, "A Taxonomy of Privacy", *The University of Pennsylvania Law Review*, 154 (2006), 477, 497.

〔16〕 Stephanie M. Stern, "The Inviolate Home: Housing Exceptionalism in the Fourth Amendment", *Cornell Law Review*, 95 (2010), 905, 913-18.

〔17〕 United States v. Karo, 468 U.S. 705 (1984)

明、揭露通讯内容等，这些数据内容通常不受联邦宪法第四修正案保护。[18]

其次是信息隐私，今天我们可以恰如其分地称为数据隐私。对公民信息的收集始自19世纪末的人口普查，但1936年罗斯福建立社会保险系统开始发放社会保险号，开启了公民信息识别的先河。[19] 数字时代使得我们活动的每一步均可被转换为数据，出生证明、社会保险号、驾驶证件号到手机信号、社交账号、消费记录等。这部分来自公民享受政府服务所支付的对价，部分来自站在政府与普通民众之间作为中介的强大科技公司[20]。科技革命创造出了第三方监控环境，即提供数字通讯和数据储存、处理的服务商记录或运行后台，这既不同于传统公共场所，如街道上对嫌疑人行踪的卫星监视，也不同于目标环境如对特定嫌疑人家庭和汽车的搜查，但在信息时代已经成为主导性的监控环境。尤其是在政府获取通信信息方面，谷歌、脸书、苹果等科技公司总是扮演着技术中间人的角色。[21] 事实上，政府在互联网自身的发展中发挥了重要作用，并深入参与了美国占主导地位的搜索引擎谷歌的创建。[22] 据悉，2015年谷歌收到超过2.4万个来自美国执法部门的用户数据请求[23]，脸书则收到将近3.7万份[24]。美国电话电报公司和威瑞森电信公司（AT&T and Verizon）在2013年每分钟就会收到

---

〔18〕 根据联邦宪法第四修正案及其判例确立的第三方原则，社交网站用户在网上从事的任何活动都被认为已经自愿向第三方（互联网服务提供商）开放，因此用户被认为缺乏对隐私的合理预期，截至目前，美国最高法院目前的宪法第四修正案判例并未禁止调查人员对网站的搜索。Junichi P. Semitsu, "From Facebook to Mug Shot: How the Dearth of Social Networking Privacy Rights Revolutionized Online Government Surveillance", *Pace Law Review*, 31 (2011), 291-381.

〔19〕 Frederick S. Lane, *American Privacy: The 400-Year History of Our Most Contested Right*, Beacon Press, 2009, pp. 108-113.

〔20〕 Alan Z. Rozenshtein, "Surveillance Intermediaries", *Stanford Law Review*, 70 (2018), 99-190.

〔21〕 Alan Z. Rozenshtein, "Surveillance Intermediaries", *Stanford Law Review*, 70 (2018), 112.

〔22〕 虽然互联网现在是许多国家政府机构、私营技术公司和学术界合作的结果，但互联网最初是由美国政府出于军事目的创建和发展的。Mary Anne Franks, "Democratic Surveillance", *Harvard Journal of Law & Technology*, 30 (2017), 455.

〔23〕 See Transparency Report Requests for User Information, GOOGLE, available at https: //perma. cc/64X6 -4D8Z.

〔24〕 See Government Requests Report United States; January 2015-June 2015, FACEBOOK, available at https: //perma. cc/V5TM-UJHR (archived Oct. 13, 2017); Government Requests Report United States; July 2015-December 2015, FACEBOOK, available at https: //perma. cc/6HYC-LCUS.

美国当局的一个信息提供请求。[25] 2015 年 8 月披露的美国国家安全局（National Security Agency）文件显示，AT&T 对警方的帮助要比之前想象的大得多。[26] 德国《明镜周刊》（*Der Spiegel*）报道，美国国家安全局定制访问操作办公室的专家们出于监控目的，会对个人电脑、路由器和服务器进行黑客攻击，包括物理拦截硬件、安装后门等，然后将其发送给接收方。[27] 因此，在公民毫不知情的情况下，自己的数据已经经监控中介进入政府的数据库中。虽然并不是所有的私人公司都愿意提交用户数据，但不少公司乐意以此牟利。根据 2013 年参议员埃德·马基（Ed Markey）公布的文件，2012 年美国主要手机运营商从执法机构获得了 2000 多万美元，作为提供 110 万用户信息数据的对价。[28]

如果说前互联网时代，对公民数据的收集仍限于人种、性别、家庭关系等调查问卷列表的话，当下可以调用第三方数据的政府所拥有的数据得以涵盖政治、宗教、爱好、消费乃至性关系等更为私人性的内容。[29] 在拥有强大的跟踪能力、储存能力、收集能力、加工处理能力以及预测能力的数据开发及利用系统面前，绘制出某人在某个周末下午的行动轨迹从而探

---

〔25〕 *See* Brian Fung, "AT&T and Verizon Got Government Data Requests Once Every 60 Seconds Last Year. And That's Probably Lowballing It", *WASHINGTON POST: THE SWITCH* (May 5, 2014), available at http://www.washingtonpost.com/blogs/the-switch/wp/2014/05/05/att-and-verizon-got-govemment-data-requests-once-every-60-seconds-last-year-and-thats-probably-lowballing-it/ [https://perma.cc/GQ6G-E9VZ].

〔26〕 See Julia Angwin et al., "AT&T Helped U.S. Spy on Internet on a Vast Scale", *N.Y. TIMES* (Aug. 15, 2015), available at http://www.nytimes.com/2015/08/16/us/politics/att-helped-nsa-spy-on-an-array-of-intemet-traffic.html?_r-0 [https://perma.cc/TU7N-WSJF].

〔27〕 Jacob Appelbaum et al., "Inside TAO (Part3: The NSA's Shadow Network)", *DER SPIEGEL: SPIEGEL ONLINE* (Dec. 29, 2013), available at http://www.spiegel.de/international/world/the-nsa-uses-powerful-toolbox-in-effort-to-spy-on-global-networks-a-940969-3.html [https://perma.cc/7984-9PG6].

〔28〕 Steven Nelson, Cell Providers Collect Millions From Police for Handing Over User Information, *U.S. NEWS & WORLD REP.* (Dec. 9, 2013), available at http://www.usnews.com/news/aricles/2013/12/09/cell-providers-collect-millions-from-police-for-handing-over-user-information [https://perma.cc/E3NC-7RPC].

〔29〕 如上言及，由于第三方原则的适用，事实上政府获取公民信息来源的方式是多样的，这其中不仅包括由政府合法设立的监控、监听设备获得的数据、公民主动向国家政府部门提供的诸如失业保险、薪水津贴等个人信息，还包括政府向各大运营商如手机运营商、互联网运营商索取的公民定位、邮件内容、购买记录等公民单方传达给另一用户或私营部门的私人信息。

知其到访目的乃至预测接下来的行为，或通过某人的宗教信仰、教育状况、消费和阅读记录勾画出某个人的具体特征，并非难事。一如最高法院在卡朋特案中的担忧：数字技术的巨大变化已经将电话公司变成了一个警惕、记忆力无懈可击的“好管闲事的邻居”，不同于以往的账簿或者电话拨号记录，（仅仅是）CSLI 历史记录对地理位置的跟踪使得或许这份信息的任何人可以“详细地、百科全书式地轻松编纂”个人多年来的每一个动作记录，揭示生活中的私密细节，包括“家庭、政治、职业、宗教和性交往”，这如同在用户身上安装脚踝监视器，这提供了“近乎完美的监控”。同时政府获得的数据记录通常具有回溯性，政府可以通过这些数据“回到过去”，甚至回到政府获得授权之前跟踪一个人，实现对公民“不知疲倦的绝对监视”（tireless and absolute surveillance）。〔30〕正如维权组织隐私国际（Privacy International）的执行董事格斯·侯赛因所言，“如果在19世纪，一个警察想搞清楚你脑子在想什么，那么他会严刑拷打。而现在，他们只需找到你的电子设备即可。”

而在现有大数据和创建数据库的知识增长模式（Knowledge Database Development，简称 KDD）之下，政府在很大程度上可以实现对人们行为的预测。〔31〕因此，如果说现代公共场所的监控技术更像是传统执法手段的加强版的话，政府利用监控设备、来自 Google、电话公司等第三方网站获得的数据来监控和搜寻公民行动踪迹和可能的犯罪活动的行为，更像是奥威尔所描述的“思想警察”：我们无从知晓，自己在某一特定时刻是否被监视，但是只要他们想，就可以这么做。并且，我们甚至不能找到一个确定的、具体的老大哥，在面目不清的官僚机器和海量数据库面前，我们接受着“无人”的统治。

尽管看起来技术进步是形成这一转变的重要动力，但显然技术不应承担起全部责任。相反，在技术进步这重维度外，官僚理性化的现代趋势和大型社会的治理需求才是背后真正的动因。在社会学家马克思·韦伯的著

---

〔30〕 Carpenter v. United States, 585 US_(2018).

〔31〕 这指的是，数据拥有者可以利用公民信息建立数据库，并通过数据交叉，绘制出被监控对象的完整细节，并在一定程度上预测其将来行为。

名诊断中，官僚理性化是现代化的几条主线之一。[32] 从传统时代的文书到近现代的数据，被治理的对象随着现代化的加速和互联网带来的电子化、数字化，成为“数据”“轨迹”。相较于通过警察巡逻和使用GPS对特定用户进行跟踪，今天一个摄像镜头、一个数据库的搭建就可以轻易实现大面积、高精度的监控覆盖，且省时省力、成本低得多；相较于进行大面积排查，事先通过公民个人既往消费记录、聊天信息、种族、教育情况进行重点防御，更简单也更为有效。早在20世纪一位国家预算局（Bureau of Budget）的官员就表示，“如果没有这些数据，我们如何精准判定教育和经济增长率、价格、生产率和工资之间的相互作用、失业的原因、疾病的追踪呢?”[33] 或许治理效率是主观动机，但客观效果却是公民隐私的大规模侵犯，技术让从动机到效果的背离容易得多。

20世纪后半叶以来席卷全球的福利国家建设和权力的集中则是更为具体的助力。伴随着福利国家的开启，提供庞大的教育、医疗、养老、就业乃至其他各种公共服务的压力涌向政治系统。二战后政治权力由地方向中央的集中，传统的三权分立格局被打破，权力日益涌向行政部门，行政权的触角不得不越来越精细、越来越庞大，渗透公民生活的方方面面。[34] 在每个现代城市的建设中，各种基础设施、交通、公共事业、旅游、教育、儿童福利、住房和医疗保健等相关的数据，均首先汇集于市政部门，更为高效地监视和维护秩序，交通管理、旅游动向、社会服务和社区情绪，成为现代城市的重要工作内容，而这推动了一系列“智慧城市”项目的启动。市政机构对数据收集、流通以促进公共利益和公民数据隐私之间的平衡问题，被提上紧迫日程。同时，互联网技术的发展为政府提供了治理的利器，但技术的双向赋权也使之可为普通公民包括犯罪分子所用，社会风险加大，治理难度也增加，形成了自由高出一尺、规制增长一丈的相互竞争。21世纪初“9·11事件”和欧洲近年来持续遭受的暴恐袭击，使得安全和隐私之

---

〔32〕［德］马克思·韦伯:《支配社会学》，康乐、简惠美译，广西师范大学出版社2004年版。

〔33〕 Sarah E. Igo, *The Known Citizen: A History of Privacy in Modern America*, Harvard University Press, 2018, p. 222.

〔34〕［美］劳伦斯·弗里德曼:《二十世纪美国法律史》，周大伟等译，北京大学出版社2016年版，第225~252页。

间的关系呈现前所未有的紧张局面。越来越多的公共场所和第三方监控与公民日常隐私成了对立选项。在焦虑的政府、指数级进化的技术和保守的法律之间，公民的隐私权成为了高效、秩序、政治责任的牺牲品。

（二）市场：迈向“监控资本主义”

如果我们把目光从联邦政府移开，就会触及信息时代尤其是近几年涌现的最为普遍也最为显著的隐私侵犯者：由广大通讯运营商代表的市场。传统隐私权保护中，即使并未赋予过多权重，市场通常也和政府一并被视为公民隐私的敌人。只是，今天市场侵权的动力成了伴随追踪技术产生的监控资本主义。

前互联网时代，商业利益驱使隐私侵权多发生在政治家和大众明星身上，如美国前总统克林顿的绯闻、马丁·路德·金的私生活、各类体育或者足球明星或社交名媛如卡戴珊一家，〔35〕但是伴随着互联网的兴起，历史上来自大众媒体和广告商对名人的肖像盗用、非法公开，在今天转向了对普通用户最寻常不过的私人消费记录、浏览页面等个人信息等一视同仁地攫取。相较于手机无线运营商，我们更熟知的是 Facebook、Google 等社交平台对普通用户信息隐私的侵犯。2018 年相关的最大风波来自 Facebook 总裁扎克伯格接受美国国会的质询。Facebook 代表了伴随着互联网商用化兴起的一系列崭新盈利模式的互联网公司：这些公司通过花费数千亿美元开发平台、软件，用户获得（大部分是）免费的服务，如社交、浏览新闻、进行交易、在线学习等日常活动，而用户每次点击产生的数据资料或点击入口由社交平台向广告商们竞价出售，由广告商利用这些用户消费、喜好等信息，推出定向广告。事实上不仅是广告商，各大运营商自身也通过对用户数据的收集，以便改进自己的产品，向用户提供投其所好的“私人订制”服务。因此用户隐私接替名人隐私，成为市场的重要关照对象。

有学者将运营商的数据攫取—定向广告的盈利模式称为监控资本主义。〔36〕不同于 18、19 世纪的投资、生产驱动型资本主义、20 世纪的大众

---

〔35〕出于各种原因，这些隐私侵权当事人大多并未将之诉至法院，这也一定程度上体现了较之于欧洲，美国大众文化对于市场的宽容。

〔36〕Shoshana Zuboff, *The Age of Surveillance Capitalism*, Public Affairs, 2019.

消费驱动资本主义，其特点是，借助技术发展和 Facebook 等社交网站，商业巨头们将用户们的生活数字化、智能化，单方面主张从用户的生活经验中获悉知识，绘制用户图像，将原本属于用户隐私的私人信息用作改进自己产品、占领市场的免费原料，实现从认知到资本的变现。通过数据收集、汇总、分析，不再是广告商们利用大众心理学、消费心理学进行用户调研和各种黑魔法来向用户推销商品，而是用户自己告诉广告商他们想要什么，并由广告商提供私人订制的菜单。毕竟，互联网时代人们无处不留下自己的行动踪迹，通常他们也不会关心自己昨天或上个月的搜索历史与浏览习惯，而由于数据抓取的隐秘性和知识区隔，普通用户也通常无法想象，这些数据将流向何处、为何人所用、如何利用。这样，用户们的鼠标每次点击产生的数据染上了暖黄色的光泽，转身流入了商业公司的钱袋。

资本的趋利本性和信息、算法力量的并存，使得隐私消亡的担忧前所未有地加重。在过去的 15 年间，以 Google 和 DoubleClick[37]、Facebook 和 WhatsApp[38] 的合并将数据保护的目光吸引至竞争法领域，这两场合并象征着信息通信技术和其他行业空前的集中度，而且目前来看这种集中度只可能加速。[39] 美国一项调查显示，2011 年到 2015 年间，人工智能领域初创企业的收购增加了 7 倍，[40] 业内人士指出，AI 背后的人才和知识产权已经被少数几家公司牢牢控制。[41] 正如《经济学人》在 2016 年 12 月的一篇评论中所言，“当今最引人注目的商业趋势不是竞争，而是整合。”[42] 而自 2015 年开始，大数据作为一种趋势正在为人工智能所取代，数字时代的科技使得社会互动带来了丰厚回报。训练有素的机器可能对消费者拥有无可置疑的优势。在算法驱动的经济中，基于向交易一方披露支付意愿的数据，

---

〔37〕 Case COMP/M. 4731, *Google/Double/Click* (2008).

〔38〕 Case COMP/M. 7217, *Facebook/WhatsApp* (2014).

〔39〕 Giovanni Buttarelli, “Strange Bedfellows: Data Protection, Privacy and Competition”, *Competition Law International*, 13 (2017), 21-30.

〔40〕 See www. cbinsights. com/blog/top-acquirers-ai-startups-ma-timeline.

〔41〕 See https: //techcrunch. com/2016/08/24/why-ai-consolidation-will-create-the-worst-monopoly-in-us-.

〔42〕 “Management theory is becoming a compendium of dead ideas”, *The Economist* (17 December 2016).

消费者就有可能受到歧视。[43] 人们不经意间透露的数据，很有可能后来成为言论自由或消费选择的限制、下载自由的限制、上传内容的限制。市场自身对数据驱动技术的速度和复杂性远远比庞大的官僚系统和滞后的法律系统要强得多，而人类对数字新现实的驾驭能力，则从未令人安心过。

不过，正如政府对公民信息的获取不能简化为纯粹的权力问题，面向市场的信息隐私的诞生也并不能被简化为资本的问题，个性化消费的兴起和社会结构的进一步个人化是其中的深层动因。个性化消费的大规模商业化诞生自2003年，苹果公司推出iTunes和iPod，使得用户可以单独购买某一单曲和音乐专辑，定制私人歌单，打破了音乐销售记录，[44] 并由此终结了20世纪初福特T汽车开启的大众化、标准化大众销售时代，[45] 进入推动个性化消费的商业模式，并揭开了监控资本主义的序幕。20世纪的福特T汽车借助批量化生产和价格杠杆，撬开了一系列现代化的由农民、工薪阶层组成的大众人的口袋，使汽车由最初为部分有钱人所有的奢侈品变成大众的标准日用品，[46] 数字时代的iPod则通过消费终端由大众转向个人，通过给予人们私人订制的能力，让人们意识到了在这个运转着巨大的官僚机

---

〔43〕 Giovanni Buttarelli, "Strange Bedfellows: Data Protection, Privacy and Competition", *Competition Law International*, 13 (2017), 28.

〔44〕 据数字统计，Windows系统兼容的iTunes发布三天后，百万用户下载了iTunes软件，并下载了一百万首歌，在接下来的一周陆续打破音乐销售记录，并顺利成为最大的在线音乐公司，一个月后拥有了500万次的下载。到2008年苹果超过沃尔玛成为最大的音乐零售商，而iPod销售量则在上市4年内达到了一亿部。"iTunes Music Store Sells Over One Million Songs in First Week", Apple Newsroom, March 9, 2018, available at https://www.apple.com/newsroom/2003/05/05iTunes-Music-Store-Sells-Over-One-Million-Songs-in-First-Week，最后访问时间：2019年9月15日。2007年的一项市场调查显示，苹果公司在自其诞生之日起为其投资者创造了超过美国任何一家公司在过去一个世纪的利润。Jeff Sommer, "The Best Investment Since 1926? Apple", *New York Times*, September 22, 2017, available at https://www.nytimes. -com/2017/09/22/business/apple-investment.html.

〔45〕 1908年福特T汽车的生产开启了大规模、业务标准化、产品标准化、工作标准化的现代商业基本模式，改变了整个世界范围内的生产结构，成为20世纪财富创造的主导资本主义形式。在此之前，美国的汽车的消费者主要是少数有钱人，而当底特律的汽车制造商仍专注于豪华汽车的制造时，福特通过革命性的高产量和低单位成本，使得汽车的价格降低了60%，成为一项大众消费品。参见Shoshana Zuboff, *The Age of Surveillance Capitalism*, Public Affairs.

〔46〕 因此可以说，福特的成功之处在于，他看到了20世纪即将是一个属于大众的世纪，福特的消费者们是现代化的个人：农民、工薪阶层、杂货店老板等，这些人拥有的不多，想要的却很多，而价格就是撬动他们口袋的杠杆。因此标准化、大批量和低成本成为福特的制胜法宝。显然iPod和iTunes在20世纪后半叶更精准地把握到了进一步的个人化潮流。

器和商业货币的巨型社会，在无数苍白的标准化商品中，仍可拥有一定的掌控力。苹果公司之后，谷歌、亚马逊等纷纷追上，[47] 以至于今天我们很难找到哪个销售商没有采用这一模式。

从标准化到个性化的消费是社会结构进一步个人化的后果。19 世纪之前的社会发展培育出了 20 世纪初涌现的新的个人，而 20 世纪经济财富的增长和民主政治、福利国家的发展则培育出了与之相应的个人主义“心态”[48]。经历一个多世纪的工业化、现代性和大规模生产，从 20 世纪后半叶开始，人们开始拥有比以往任何时代都要更多的财富，政治上民主政治、分配政策、教育和医疗、社会福利等发展补充了财富的增长，并孕育出了一个新的生存无忧、普遍拥有较高教育的新的社会成员。社会文化领域，一面伴随着福利国家而来的官僚政治对日常生活的入侵与压制，人们对异化的恐惧加深，一面伴随着风起云涌的民权运动和新文化运动而产生的权利意识、个人主义，人们越来越倾向于做出个人独特的选择，拥有不同的生活方式。[49] 这不仅表现在经历了权利革命后的文化、艺术、性偏好等生活方式的解放、大学等新兴组织方式的发展，在经济和消费层面，福特标准化的大众消费时代落幕，iTunes 和 iPod 引领的个性化消费时代来临。就此而言，iPod 的成功正是在于其精准把握到了伴随着 20 世纪下半叶个人解放和现代化进一步推进以来，社会结构越发依赖于那些拥有自由意志、自主偏好的个人。

---

〔47〕 2004 年，谷歌推出 Gmail，通过扫描私人邮件来推送广告，2007 年脸书推出了 Beacon，脸书的广告商们可以在互联网上对用户行为进行追踪；2012 年，脸书正式推出自定义用户，允许广告商们将他们自己的客户数据库与脸书用户连接，以便在其平台上针对用户投放精准广告；2013 年则进一步通过与主要数据经济伙伴联系，丰富其广告目标平台的功能，而这些公司拥有人们线下购买的信息，一直到 2018 年欧盟《通用数据保护条例》出台，才宣布终止这一访问功能。Steven Levy，“In the Plex：How Google Thinks，Works，and Shapes Our Lives”，*New York*：*Simon & Schuster*，2011，pp. 172-173.

〔48〕［美］弗里德曼：《选择的共和国：法律、权威与文化》，高鸿钧等译，清华大学出版社 2005 年版，第 21～59 页；Shoshana Zuboff，*The Age of Surveillance Capitalism*，Public Affairs，pp. 61-72.

〔49〕［美］弗里德曼：《选择的共和国：法律、权威与文化》，高鸿钧等译，清华大学出版社 2005 年版，第 70～108 页。

二、信息时代隐私权观念的挑战

权利的产生和发展绝非无源之水、无本之木，隐私权也并不是某项具体的权利内容，而是一束随着社会境况的发展和人们观念的变化逐渐生长的权利束。大体来看，学界对隐私权的理解和界定通常包含了隐私权作为财产权、作为自由权和作为人格权的三种进路，分别折射出其民事权利、政治权利和人权的特征。但治理越发精密的官僚体系和越发敏感的市场触角对以上三种理解均提出严峻挑战。

（一）隐私权的财产逻辑

无论是作为侵权法还是宪法上的隐私权，隐私权从诞生伊始就被视为与财产密切相关。尽管就起源而言，沃伦和布兰戴斯意义上的隐私权是一种欧洲旧贵族式的不被打扰的权利，但学界也普遍承认这种权利从未在美国扎下根来。[50] 相反，最先在20世纪得到保护的是侵权法上保护名声、肖像等财产性隐私。这始自1900年罗伯森诉罗切斯特折叠箱公司案（Roberson v. Rochester Folding Box Co.）[51]、1905年帕维斯奇诉新英格兰人寿保险公司案（Pavesich v. New England Life Insurance Company）[52]，早期案件还

---

〔50〕这几乎已成为美国学界的共识，参见［美］詹姆士·Q. 惠特曼：《西方文明中的两种隐私文化：尊严VS自由》，杨帆译，载《私法》2006年第1期，第101~170页。

〔51〕本案中罗伯逊的一个朋友向她索取几张照片以便为她画像，罗伯森同意了，不过她并未被告知这位朋友受被告罗切斯特折叠盒公司的委托将年轻美丽女孩的画像用作磨坊面粉的广告。于是这位女性的形象就伴随着“家庭的面粉”的广告语被复制在两万五千张海报和广告上。尽管初审法院和上诉法院均认为原告享有普通法上的隐私权，纽约州最高法院却以4∶3的优势推翻下级法院判决。首席法官奥尔顿·布鲁克斯·帕克（Alton Brooks Parker）撰写了多数意见，他认为1890年以前的任何法律著作中都没有提到“隐私权”，他建议通过立法方式来解决这一问题。纽约州最高法院的判决在全国引起巨大争议。甚至《科罗纳多泉报》以其独有的西部气质声称，在缺少司法救济的情况下，“报纸们因此以后可以随意不经许可地刊登人们的照片。而如果那些人觉得他们因此受到伤害的话——那他们就去揍编辑一顿好了，这是他们可以获得的唯一安慰”。这起案件虽然没有在纽约州胜诉，但却推动了1903年一项法案通过，尽管并未直接引入隐私权，但却规定了禁止将在世或已经死去之人的“名字，肖像或照片”用于商业目的。See Frederick S. Lane, *American Privacy: The 400-Year History of Our Most Contested Right*, Beacon Press, 2009, pp. 58-76.

〔52〕这起案件中原告的照片同样未经授权被用于一家保险公司的广告，杰克逊·科布（Jackson Cobb）法官撰写了多数意见，他追溯至罗马法上的权利，并引述了同期诸如免受噪声干扰、免受非法入侵、非法监听、非法搜查和扣押的隐私保护，最后得出结论，“法律在适当的范围内承认隐私作为一项法律上的权利，未经他人同意，仅仅出于牟利的目的在广告中使用他人的照片是对于隐私权的侵犯”。See Frederick S. Lane, *American Privacy: The 400-Year History of Our Most Contested Right*, Beacon Press, 2009, pp. 58-76.

包括一家医药公司对爱迪生肖像的盗用，地方各州法院开始承认隐私权的存在，[53] 这些案件的共同点是，侵权方均涉及对公民肖像、姓名的盗用以换取商业利益。而法院无一例外地承认了其隐私的财产价值。[54] 正如在罗伯特案初审法院的意见："每个女性都有权避免自己的面容被公众看到""她的脸是她自己的私有财产"。

肖像、姓名等个人信息权利的承认并不是因为其是传统意义上的秘闻、不雅事迹，很大程度上是因为伴随着19、20世纪经济社会的发展，原先不具有财产价值的个人（尤其是名人）肖像、姓名等具有了商业价值。19世纪上半叶开始的"市场革命"接替18世纪末开启美国转型步伐的工业革命促进全国经济转型，自由资本主义发展势头迅猛，强烈的市场取向和财富导向使得人们清楚地意识到，在流动体制下通过自由市场中的奋斗激励财富、跻身社会上层的前所未有的可能。[55] 市场上的竞争进取伴随着进化论的盛行，成为主导逻辑。因此，用金钱衡量一切价值成了社会观念，财产权和契约观念在20世纪早期发展到了顶点，甚至与自由等同："假如对我让渡财产的权利加以限制，那么这与我的个人自由受到侵犯是完全一样的。"[56] 个人价值通过财产加以衡量和实现，身体的和精神的都被视为是自然获得物的形式。彼时伴随着现代报刊为代表的大众文化的兴起，社会性新闻开始获得公众关注，名人乃至普通人的信息如肖像、姓名、名声等的商业价值被迅速开发。来自经济社会的财产观念顺延到这些原属私人的信息上，将之作为财产隐私固定下来，隐私成为肖像和姓名专有权的代名词。[57] 在彼时，一个经典的询问是：为何一个陌生人会被允许占用当事人

---

〔53〕 早期案件还包括，1907年新泽西州的一起判决禁止一家医药公司在其产品标识上使用爱迪生的肖像，因为一个人的面容是他的财产，"他的货币价值属于其所有者"。[美] 斯图尔特·班纳：《财产故事》，陈贤凯、许可译，中国政法大学出版社2017年版，第226页。

〔54〕 Jennifer Rothman, *The Right of Publicity: Privacy Reimagined for a Public World*, Harvard University Press, 2018, pp. 21-27.

〔55〕 [美] 埃里克·方纳：《美国自由的故事》，王希译，商务印书馆2002年版，第85~96页。

〔56〕 [美] 伯纳德·施瓦茨：《美国法律史》，王军等译，法律出版社2007年版，第111页。

〔57〕 Jennifer Rothman, *The Right of Publicity: Privacy Reimagined for a Public World*, Harvard University Press, 2018, pp. 28-29.

通过努力和勤奋而使其姓名获得的价值？

宪法上的财产价值主要通过联邦宪法第四修正案“个人住宅、文件等物品免收非法抽查与扣押”来保护。尽管有许多学者将学界隐私权的诞生追溯至1890年《论隐私权》一文的发表，也有越来越多的学者倾向于将隐私观念的形成追溯到美国建国前的1761年詹姆斯·奥提斯（James Otis）对殖民政府搜查个人文件的英国政府的反抗。对住宅和个人物品的隐私保护贯穿始终，从建国初期以财产尊重为名，对家父在家庭“城堡”内的行为（包括殴打、家暴、虐待儿童）行为的缄默，〔58〕到随着20世纪60年代风起云涌的权利运动，将保护公民财产、个人物品“免收非法搜查与扣押”的权利经卡茨诉美国案（Katz v. United States）的确认，〔59〕拓展为保护避孕、性偏好等自决隐私权的发展，〔60〕再到前述2012年赖奇诉美国（Riley v. United States）案中，主笔的斯卡利亚大法官（J. Scalia）对警方非法侵入赖奇的汽车安装GPS追踪装置构成“trespass”而因此侵犯了公民隐私的意见，〔61〕可以看出，在从传统的住宅隐私到自决隐私再到信息时代的数据隐私，肇始于普通法传统的“风能进，雨能进，国王不能进”的古老财产观念仍是其重要内容。上文言及，在卡彭特诉美国案（Carpenter v. United States）中，异议意见的核心也将手机位置信号数据认定为运营商的财产。〔62〕

只是，在财产权的名目下，从传统的住宅到20世纪诞生的肖像、名声，再到21世纪的信息数据，隐私权的财产载体经历了由有形到无形、由具体到抽象、由有产者和具有新闻价值的名人到普罗大众/运营商的转变，权利的失去也由主动出售转变为作为对价被动支付。但是相较于前信息时代的财产性隐私，今天的数据隐私财产性质更加复杂。首先，如果说前信息时

〔58〕 North Carolina v. Mann 13 N. C. 263 (N. C. 1830); Burgess v. Wilson13 N. C. 306 (N. C. 1830).

〔59〕 Katz v. United States, 389 U. S. 347 (1967)

〔60〕 Griswold v. Connecticut, 381 U. S. 479 (1965), Eisenstadt v. Bared, 405 U. S. 438 (1972), Roe v. Wade, 410 U. S. 113 (1973), Planned Parenthood v. Casey, 505 U. S. 833 (1992), Lawrence v. Texas, 539 U. S. 558 (2003).

〔61〕 Riley v. California, 573 U. S. (2014).

〔62〕 Dissenting opinion by Thomas, J. Carpenter v. United States, 585 US_(2018).

代隐私权保护的姓名、肖像等隐私的财产价值仍需被侵权者主观努力的话，数据隐私的财产价值则几乎完全取决于运营商的技术水平。其次，前信息时代的肖像、姓名隐私，由于内容简单，仍具有确定性和可控性，而今天数据信息在产生上的不可避免、数量巨大、信息敏感、用途不可预知而不可控。最后，可能也是最重要的一点，前信息时代，肖像、姓名的财产价值被认为属于其所有者，即所有权为本人，而今天通过提供服务而迫使用户勾选“同意”选项，数据隐私的所有权被赋予了运营商。

前述几点或可认为属于技术进步导致的隐私问题事实风险，最后一点则反映出信息时代知识和技术将信息财产化、用户数据化作为使用各大运营商免费服务对价的商业逻辑对法律思维的塑造。纵览今天美国隐私权的规制，在统一立法缺失的情况下，联邦贸易委员会（Federal Trade Commission，简称 FTC）成为用户隐私保护的重要中坚力量。[63] 但其对互联网公司的规制模式，仍是在承认其“通知—选择”（notice and choice）的隐私政策前提下，通过不公平条款和欺诈对服务提供商进行限制。[64] 交易逻辑中的同意原则和消费者保护中的公平原则成为规制企业的主要杀手锏，而至于哪些信息可以被符合商业规则地收集、哪些信息不可被收集，换言之哪些信息可被商业化、哪些不可，法律并未在当代运营商无所不包的攫取范围内划出恰如其分的禁区。

即使承认历史上隐私权的财产价值，在信息时代我们仍要怀疑，数据隐私的所有权是否如同零售商品一般实现全由全无的转让。而且，考虑到今天数据产生的必然性、多样性和敏感性，在一个早已千疮百孔的隐私权名目下加以保护是否合适。回答后一个问题，我们需要转向隐私权的自由与人格内涵。

（二）隐私权的自由逻辑

观念的叙事往往是多重的。隐私权或多或少均与个人自由具有千丝万缕的联系。我们可以认为，隐私权包含了两种意义上的自由概念，一是经

---

〔63〕 Daniel J. Solove & Woodrow Hartzog, “The FTC and the New Common Law of Privacy”, *Columbia Law Review*, 114 (2014), 583-676.

〔64〕 Daniel J. Solove & Woodrow Hartzog, “The FTC and the New Common Law of Privacy”, *Columbia Law Review*, 114 (2014), 594.

典自由主义意义上的私人领域自我决定的权利，我们可以称之为消极自由，这包括住宅安宁、自由选择节育、堕胎、性偏好等生活方式选择的自由等。这是一种洛克意义上的先于政府成立的自然权利。二是公共领域自我实现的权利，我们可以称之为一种公共参与的自由，这包括在公共场所不被监控的权利、匿名言论和结社的自由权等。隐私权具有双重属性，既是私人自由的堡垒，也是培育公共精神的沃土。〔65〕学者们普遍承认，在培育成员的自我表达、社会互动和自我认同的公共精神中，隐私权往往是最基本的底色。〔66〕如果没有一定程度的公共隐私或匿名的承认，言论自由和结社自由就会遭受严重威胁。〔67〕在美国诉琼斯案（United States v. Jones）的异议意见中，索托马约尔（Sotomayor）大法官就此不无焦虑地指出，考虑到寒蝉效应，“（我们）有必要重新考虑这样一个前提，即个人对自愿向第三方披露的信息没有合理的隐私预期。”〔68〕

让我们从私人领域的消极自由谈起。长久以来这一直通过宪法第四修正案的“自决隐私权”来实现，通过20世纪五六十年代以来，沃伦法院发展出的反抗政府规制公民个人性偏好、节育、堕胎等生活方式的自由选择来实现。〔69〕自决隐私权陆续包括了法院通过格里斯沃尔德诉康涅狄格州案

---

〔65〕 Scott Skinner-Thompson, “Performative Privacy”, *U. C. Davis Law Review*, 50（2017）, 1673-1740.

〔66〕 Christopher Slobogin, “Public Privacy: Camera Surveillance of Public Places and the Right to Anonymity”, *Mississippi Law Journal*, 72（2002）, 312-314; Daniel J. Solove, “The First Amendment as Criminal Procedure”, *N. Y. U. Law Review*, 82（2007）, 153-155; Deven R. Desai, “Constitutional Limits on Surveillance: Associational Freedom in the Age of Data Hoarding”, *Notre Dame Law Review*, 90（2014）, 579, 590.

〔67〕 Andrew Jay McClurg, “Bringing Privacy Law Out of the Closet: A Tort Theory of Liability for Intrusions in Public Places”, *N. C. Law Review*, 73（1995）, 1044.

〔68〕 United States v. Jones, 132 S. Ct. 945, 956-57（2012）.

〔69〕 不过仍需指出，这一时期的隐私呈现出全面发展的迹象：财产性隐私保护继续发展并学说化，涉及个人选择的自决隐私出现，刑事诉讼的非法证据排除规则扩大到对非法监听的排除，数据隐私开始出现。不过，虽然财产性侵权在这一时期依然通过侵权的方式被加以保护，并出现威廉·普罗瑟（William L. Prosser）等著名的学者对之进行概念化，但是隐私真正进入宪法殿堂、被承认为宪法性权利，却并非是通过“盗用肖像”，而率先是以“自决隐私权”的名目，通过宪法修正案的方式来实现的。另外，沃伦法院所形成的宪法修正案所保护的隐私权大体可分为两种：第一种是宪法第一、第四修正案形成的结社自由和禁止非法搜查和扣押的权利，后者又将反对非法窃听纳进权利序列；第二种则是涉及公民自由选择自己诸如性偏好、节育、堕胎等生活方式的自决隐私权的诞生。

(Griswold v. Connecticut) 确认的已婚人士之间的避孕权〔70〕、艾森施塔特诉巴里德案 (Eisenstadt v. Bared) 扩展的未婚人士的生育选择自由〔71〕、罗伊诉韦德案 (Roe v. Wade)〔72〕确认的女性堕胎的选择自由、劳伦斯诉德克萨斯州案 (Lawrence v. Texas)〔73〕一案中的性偏好的自由。这些包含了节育、堕胎和性偏好的自决隐私通常并不涉及秘密，也不像个人肖像、姓名一样具有财产价值，通常它只涉及个人对自己生活方式的选择。

这一自由的产生是 20 世纪伴随着黑人民权运动、女性主义和青年反叛的共振形成的"权利运动"的后果。〔74〕20 世纪下半叶，以越战为代表的政治事件摧毁了传统权威和年轻人对整个传统自由主义权威规范的信心。〔75〕伴随着人们对政治和经济领域异化的恐惧。大型卡塔尔经济组织、日益强大的联邦政府促成了"组织人"的出现，服从和纪律成为工作秩序的基本面貌，官僚主义、文牍主义和规章制度形成了铁笼规训。〔76〕无论是商业、生产和消费带来的商业异化，还是虚伪政治、官僚主义、文牍主义带来的个人组织异化，人们失去对经济自主和政治自主铁一般的信赖，只能退回私人领域。但是私人领域的一切定在也变得不稳固了。婴儿潮出生的年轻人成为最早接触电视机等新型大众媒体的一批人，高等教育的发展也使得他们成为有史以来教育程度最高的一代人。〔77〕传统政治、家父、社群等权

---

〔70〕 Griswold v. Connecticut, 381 U. S. 479 (1965).

〔71〕 Eisenstadt v. Bared, 405 U. S. 438 (1972).

〔72〕 Roe v. Wade, 410 U. S. 113 (1973).

〔73〕 Lawrence v. Texas, 539 U. S. 558 (2003).

〔74〕 事实上，来自私人领域青年的反叛与黑人民权运动、女性主义和青年的反叛形成共振，一并激发了其他美国人对自己遭受的不公的表达，到 20 世纪 60 年代末，同性恋权利运动、土著美洲人争取权利的运动、消费者权利运动风起云涌，公法性的新型基本权利被引进，诸如经济、社会和文化等权利得到了确认并被提升到了宪法地位的高度。这些权利尽管实体性内容不同，但是都保持了一个底色：人身的平等与自由。[美] 弗里德曼:《选择的共和国：法律、权威与文化》，高鸿钧等译，清华大学出版社 2005 年版，第 212~220 页。

〔75〕 [美] 马兰·科兰斯基:《1968：撞击世界之年》，洪兵译，民主与建设出版社 2016 年版，第 117 页。

〔76〕 [美] 罗伯特·贝拉等:《美国透视——个人主义的困境》，张来举译，社会科学文献出版社 1992 年版，第 42~46 页。

〔77〕 [美] 埃里克·方纳:《美国自由的故事》，王希译，商务印书馆 2003 年版，第 407、408 页。

威落幕，年轻人开始转而支持自己的同龄人。[78] 面对“虚伪的父亲、教师和英雄”，他们可信赖的唯有他本身。[79] 年轻人不得不自己设立新的文化基调，确立新的价值标准。但是如果个体自我成为选择的向导，那在很大程度上就转向了自我的欲望或直观感受，只有当他的一切行为以最大限度满足自己的愿望、表达自己的冲动的时候，他才是忠于自己的。这样，有用取代了责任，自我表现动摇了权威，“行为更好”变成了“感觉更好”，自我就成为一个重要的领域。弗里德曼所说的“表现型个人主义”文化人格形成，个人自主受到空前提倡，个人被认为有能力做出个人选择并扮演好自己的角色。私人生活中的自由抛开公共领域的限制，并以此作为对公共领域的反抗。自由的含义变得主观化、个性化、具体化和外在化，这不再仅仅意味着虚假的经济领域的市场自由与政治生活中的选举自由，还包括个人生活方式选择上的自由，“选择”成了20世纪后半叶自由主义和个人主义内涵的核心意象，并为最高法院承认。[80]

因为在经历私人领域与公共领域的造反、表现型个人主义兴起，自由由选举民主、自由竞争转向生活方式的自由选择之后，吊诡地选择了消费自由作为出口，并经资本的包装，安逸地变成了资本的俘虏。在数据时代个性化消费的假象之下，我们每次点开的页面，每次购买的商品，可能早在前几次点击就被注定了，同时也决定着，在接下来的几天我们将点开哪一页面、选择哪件产品。信息跟踪让我们反哺自身，让我们为自己编织了一件无限拓展而又无尽精密的无形的软甲，大部分情况下，我们看不到它们，甚至感受不到它们，可我们切切实实穿着它们。

沿用国家与社会的二分，如果私人领域的消极自由是国家逐渐退出社会，承认前政治领域公民自由选择、自我实现的权利的话，今天公共参与

---

〔78〕［美］戴维·斯泰格沃德：《六十年代与现代美国的终结》，周郎、新港译，商务印书馆2002年版。

〔79〕［美］马兰·科兰斯基：《1968：撞击世界之年》，洪兵译，民主与建设出版社2016年版，第145~148页。

〔80〕［美］罗伯特·贝拉等：《美国透视——个人主义的困境》，张来举译，社会科学文献出版社1992年版，第51、56页；［美］弗里德曼：《选择的共和国：法律、权威与文化》，高鸿钧等译，清华大学出版社2005年版，第70~108页。

的自由则是一段旧话重提。"旧话"是因为，对公共自由的威胁纯粹是新近技术发展的产物，在摄像机……产生之前，公共场所存在着一定的安全预期。但是在现代社会，监控已经成了一个重要组成部分,〔81〕影响和改变空间和个人身份的形成。〔82〕无论古代还是现代，免受监控的自由始终是知情和反思性公民身份形成的基础。〔83〕但在法学界和司法学界的流行话语中，对隐私权的承认通常遵循一种"只有私密的才是隐私"（"privacy-only-in-private"）的保密范式，即只有那些在家庭、卧室或无法上网的一台私人电脑上的活动才被视为隐私，这意味着人们在公共场所不存在对隐私的合理期待，一旦走出家门或将活动透露给他人，隐私权就自动"死亡"。在 2016 年的一起判决中，第六巡回法院确认，警方在没有搜查令的情况下，在某人住宅外的公共电线杆上安装摄像头，进行长达 10 周的监控不违反宪法第四修正案。〔84〕隐私成了秘密的同义词。不过人们也开始质疑，这一封闭认知"忽视了现代人的沟通方式和生活方式，缺乏任何经验或逻辑基础"〔85〕。如果继续将公共隐私寄生于私人领域的隐私，如封闭的卧室、一台不能上网的电脑，那么伴随后者死去，前者也会随之消失。在如今这个遍布监控的网络化、数字化世界里，这个宿主无疑是摇摇欲坠的。〔86〕有学者用"壁橱认知"来形容今天四面透风以至于不得不固守逼仄、幽暗空间（并常伴有污名化）的隐私。〔87〕但众所周知，思想、言论、宗教、亲密关系等这些原本属于私人生活的安排，一旦可为第三方窥探，接受本不属于其的强光照射，便会迅速变形并产生极具破坏性的后果，我们很难想象出这么一个

〔81〕 Aaron K. Martin et al. , "Understanding Resistance to Digital Surveillance: Towards a Multi-Disciplinary, Multi-Actor Framework", *Surveillance & Society*, 6 (2009), 216.

〔82〕 Julie E. Cohen, *Configuring the Networked Self*, Yale University Press, 2012, pp. 129-130.

〔83〕 Julie E. Cohen, "What Privacy Is For", *Harvard Law Review*, 126 (2013), 1905.

〔84〕 United States v. Houston, 813 F. 3d 282, 289-90 (6th Cir. 2016).

〔85〕 Daniel J. Solove, *Nothing to Hide: The False Tradeoff between Privacy and Security*, Yale University Press, 2011, pp. 100-101, 108; Neil M. Richards & Daniel J. Solove, "Prosser's Privacy Law: A Mixed Legacy", *California Law Review*, 98 (2010), 1920; Lior Jacob Strahilevitz, "A Social Networks Theory of Privacy", *University of Chicago Law Review*, 72 (2005), 919. See also Diane L. Zimmerman, "Requiem for a Heavyweight: A Farewell to Warren and Brandeis's Privacy Tort", *Cornell Law Review*, 68 (1983), 347.

〔86〕 Jed Rubenfeld, "The End of Privacy", *Stanford Law Review*, 61 (2008), 118.

〔87〕 Andrew Jay McClurg, "Bringing Privacy Law out of the Closet: A Tort Theory of Liability for Intrusions in Public Places", *N. C. Law Review*, 73 (1995), 1044.

人，他/她能够在明知政府正在监听或者监控的时候，坦然自若地步入公共空间，甚至并不必然是政治论坛。

在一个公共空间合法的监控可以将公民的一举一动都纳入视线、探员可以无需搜查令地检索公民在第三方网站上的信息的国度、在走出私人住宅隐私便荡然无存的国度，可以说空气中流动着每一寸监控的眼睛，这确实提高了对犯罪分子的震慑力，但也减损了公民自由的心理空间。〔88〕2013年斯诺登泄密事件后，政府遭受重大质疑，人们激烈指责大规模的监控改变监控者和被监控者的权力关系，背离了这个国家对民主的承诺。〔89〕正如隐私法学者杰弗里·H. 雷曼（Jeffrey H. Reiman）警告，现代社会隐私权的丧失并不是让人们从此生活在各自为政的透明鱼缸，而是一种边沁式的“圆形监狱”（panopticon）。无视对公共领域隐私的剥夺，继续将隐私的保护重点置诸对住宅门窗的加固，美国将错过现代信息收集手段通过对我们公共生活片段的收集而产生的对隐私的威胁。〔90〕

总体上，面对监控资本主义带来的用户追踪和攫取，如果承认隐私权包含的私人选择自由面相，那么个性化消费外壳包裹的监控消费，显然不是一条通往自由之路；而伴随监控增加和数据库建设而日益减少的公共生活隐私，借助自由—安全零和挑战的误读，则一步步窒息着公共生活的活力。

---

〔88〕此类争论很多，不再列举，值得指出的是，这也是美国诉琼斯案的重要意见，本案中政府获得搜查令允许在哥伦比亚特区10天内对琼斯妻子的车辆安装GPS进行追踪，但是特工在第11天安装了这一设备并在马里兰州进行此一行为，接着对车辆进行了长达28天的追踪。州法院拒绝承认车辆停留在琼斯住所对数据信息为证据，但是认为在公共场所行驶时对数据库作为证据出示，因为在公共场所琼斯没有合理隐私期待，华盛顿特区法院认为无授权的GPS跟踪数据均违反了宪法第四修正案，不应被承认，最高法院确认了华盛顿特区法院的判决。United States v. Jones, 132 S. Ct. 945, 949-54 (2012).

〔89〕Neil M. Richards, “The Dangers of Surveillance”, *Harvard Law Review*, 26 (2013), 1934-1965.

〔90〕Jeffrey H. Reiman, “Driving to the Panopticon: A Philosophical Exploration of the Risks to Privacy Posed by the Highway Technology of the Future”, *Santa Clara Computer and High-Technology Law Journal*, 11 (1995), 27-44.

（三）隐私权的人格逻辑

严格来讲，对隐私权的人格理解是一个欧洲的舶来品。[91] 但如果我们不是就词源意义上，就旧欧洲以决斗和名誉保护为特征的等级社会贵族“荣誉”传统而言，而是就其规范概念，即今天体现于各大人权公约和国际条约中的人“自我认同、自我发展”的尊严意义上来讲，那么这种人格逻辑其实内涵于隐私权之中。只是，隐私的人格维度就像空气，只有当权利失去我们才意识到人格底蕴的存在。

信息时代对人的主体性发起挑战。反映了人们犯罪记录、违章记录、医疗保险、教育水平和消费信贷的数据并不仅仅是对个人真实历史苍白无力的反应，相反，它们构成了一个平行时空，又与现实世界缠绕，支配着人们的生活经历。互联网数据的增加以及将各种通信方式结合起来的移动设备的广泛使用，形成了人们的第二重身份。在过去，人们很少有庆祝活动的照片或者包含他们记忆的个人日记。如今，计算机系统可能会记录大量储存在社交网络和其他来源上的事件。在数字数据的基础上塑造一个人的形象，这创造了一个新的术语——电子声誉，形成了一个人的数字形象。计算机磁盘上的数据存储相当于全部内存，不过他并未对消极和积极事件进行区分。考虑到人们无法影响他人发布的数据记忆，这种存储实际上具有永久记忆的效果。那么，在一个人成为自己的身份证号、驾驶证件号、信用记录、医疗档案、消费记录以后，他/她应该如何证明自己是那份档案之外的人，这尤其值得怀疑。考虑到数据的不可消除性，一张早年上传的聚会照片可能会导致若干年后丢掉一份工作，一份未及时更新的扣押记录可能会毁掉一个人试图建立的新生活。[92] 在前信息时代，时间的流逝或许有助于淡化某件丑闻、恢复某种良好的心智，可在信息时代，时间并不会对数据库产生任何不利影响，人们被操之于计算机之手的自我的历史所禁锢，面对一个比自我还要了解自己、一个完全可能基于过往而控制其未来

---

〔91〕 詹姆士·Q. 惠特曼：《西方文明中的两种隐私文化：尊严 VS 自由》，杨帆译，载《私法》2006 年第 1 期。

〔92〕 Sarah E. Igo, *The Known Citizen: A History of Privacy in Modern America*, Harvard University Press, 2018, pp. 221-263.

的计算机数据库和匿名机构，人们不得不去询问，除去储存在数据库中不可磨灭的数字，个人以何种有意义的身份存在？看起来，人不是变得更个性化，而是失去了人性，失去了对自己的深层次认知。

尤其是，当前的隐私保护具有一种普遍的歧视色彩。即使是公共空间隐私权的丧失，也因为财产、性别、阶级和种族呈现出差异格局。[93] 学者研究显示，当前警方对贫穷的少数族裔个体及其社区的监控要比白人、富人及其社区的监控高得多，[94] 执法部门主要针对黑人和拉美裔社区进行毒品监控，尽管大多数毒贩都是白人。[95] 在对个人信息隐私的保护上，当前的数据隐私将重点放在了防止信息滥用的定义上，而非针对穷人有损人格的信息收集上，这对于接受福利保障的穷人、低收入工作人群和“福利母亲”更为显著。[96]

因此，面对事无巨细而叠层累加的数字，如何保持个人的完整性、组织数据对个人主体性的殖民成为信息时代隐私权人格理解的重要问题。

结　语

早在三十多年前，美国法学家罗宾即对隐私权法的发展进行总结——就美国而言，三次巨大的技术与社会变革浪潮迫使法律进行修改以继续对于隐私权的保护：美国革命，世纪之交的黄色新闻业的发展，电子窃听技术的使用。在他对于第四次浪潮的预测中，罗宾无疑十分准确：计算机时代的到来。[97] 我们看到，历史层积形成的对隐私权的理解赋予了隐私权以捍卫人的主体性、文化的传递、经济运行、民主政治维持与社会整合的重要作用。但是，现代社会的规模大型化、个人化趋势无可避免，权力与资本的扩张也不会出现逆流，技术的指数级更新造成的信息抽象性、普遍性和更

---

〔93〕 William J. Stuntz, “Distribution of Fourth Amendment Privacy”, *George Washington Law Review*, 67 (1999), 1265-1295.

〔94〕 See generally Michael Javen Fortner, *Black Silent Majority: The Rockefeller Drug Laws and the Politics of Punishment*, Harvard University Press, 2015.

〔95〕 See Jamie Fellner, “Race, Drugs, and Law Enforcement in the United States”, *Stanford Law & Policy Review*, 20 (2009), 261.

〔96〕 Michele Estrin Gilman, “The Class Differential in Privacy Law”, *Brooklyn Law Review*, 77 (2012), 1389-1446.

〔97〕 转引自 John W. Dowdell, “An American Right to Be Forgotten”, *Tulsa Law Review*, 52 (2017).

高的侵入性使得困境尤为难解。不过一定程度上，诞生于前信息时代的法律制度仍须为自己的滞后负责。总体来看，对信息时代的隐私权保护是一项技术工作，也是一项法律工作，更是一项艰难地涉及全社会综合理解的工作。只有在对隐私的三种内涵及其规制框架的疏漏进行充分了解的基础上，我们才能为问题解决划定一个正确的起点。

最后，描绘一幅信息时代的悲观图景如同对信息时代乌托邦的幻想一样，不切实际。四面楚歌的隐私权也并非毫无光亮。2019 年 5 月，旧金山出台《反监控条例》（Anti-Surveillance Ordinance），成为全球首个禁止政府部门使用人脸识别系统的城市，[98] 尽管旧金山一直被视为美国技术创新的中心，其犯罪率也长期高于美国平均水平，但条例特别指出：人脸识别技术危害公民权利和公民自由的倾向大大超出了其声称的好处，这项技术将加剧种族不平衡，并威胁到我们不受政府长期监控的生活能力。8∶1 的投票结果也宣告了即使是在技术起源的故乡，旧金山这座小共同体仍对自己的理想生活愿景，在安全与自由之间，做出了坚定的权衡。[99] 事实上，在普遍化治理越发艰难的场合，来自小共同体或者虚拟实体针对特定议题形成的共识和对规制的抗争更可能实现。至少我们不会轻易走向那番暗夜，让隐私权及其伴随的自由与人格价值如同旧程序一样，丢进历史的废纸篓。

---

〔98〕 https：//www. ithome. com/0/420/147. htm，最后访问时间：2019 年 9 月 3 日。

〔99〕 https：//baijiahao. baidu. com/s? id=1633584140982753981&wfr=spider&for=pc，最后访问时间：2019 年 9 月 15 日。

个人信息保护的立法比较

周　菊*

个人信息，是指源于个人生理或社会活动生成的可供识别来源主体的任何符号，也往往称之为个人资料、个人数据、个体资讯等。在数据资料成为具有价值资源的时代，个人信息在经过大数据算法分析后，可以帮助政府、企业做出更好的决策，优化管理和运营，提升科技水平，加快信息流通，使人们生活更加便利。但也往往伴随着因信息的泄露、滥用而致个人隐私暴露等问题，在一定程度上影响了人们正常的生活秩序。如何确保个人信息安全，防止个人信息被滥用，建立安全可靠的信息流通模式，同时促进信息数据的开发利用，已成为各国关注的立法焦点。目前，全球已有多达数十个国家制定了专门的个人信息保护法。欧盟、美国作为全球信息网络普及率最高、信息资源开发利用最为发达的两大中心区域，在个人信息保护方面代表着当今世界较高的管理水平。因此，欧盟模式和美国模式成为全球个人信息保护立法最有影响力的两种模式。

---

* 周菊，中共广东省委党校（广东行政学院）法学教研部副教授。

一、欧盟、美国个人信息保护立法

（一）立法概况

1. 欧盟个人信息保护立法

随着社会与科技的发展，20 世纪 70 年代在欧美国家兴起了大规模制定个人信息保护法的热潮。全球第一部以“资料（信息）保护法”命名的法律是 1970 年的德国《黑森州资料保护法》，它是州层面的立法。1977 年，德国联邦政府颁布了《联邦资料保护法》，将联邦层面的个人信息保护问题进行了统一规范。此后，德国于 1990 年、2001 年又对该法进行了修订。此外，瑞典于 1973 年通过了《资料法》，奥地利于 1978 年通过了《联邦资料保护法》。

由于欧盟各成员国对个人信息保护的标准并不统一，为此，欧洲议会和欧盟理事会于 1995 年 10 月 24 日出台了《关于涉及个人数据处理的个人保护以及此类数据自由流动的指令》（以下简称《1995 数据保护指令》），于 1998 年生效并对各成员国具有强制效力，要求成员国修改本国的数据保护法以执行其有关个人数据保护的规定，为个人信息保护提供了全方位、综合性的保护。欧盟个人信息保护立法以人格保护为重点。《1995 数据保护指令》第 1 条第 1 款规定，成员国应保护个体的基本权利和自由，尤其是应当保护与个人信息相关的隐私权。该指令的颁布为欧盟各国个人信息保护提供了具体的思路和最低的标准，但立法模式及具体规则交由各国国内法决定，各成员国可以根据该指令规定的下限制定更高的标准。同时，该指令提出第三国隐私权保护只有达至欧盟委员会认可的标准，方得从欧盟向其国内进行跨境个人信息的传递，从而促使非欧盟国家提升本国个人信息保护立法。

随着云计算、大数据的飞速发展，个人信息保护又遭遇了新的严峻挑战。欧盟在承诺为云计算产业进行大额投资时，首先就必须解决云计算对个人信息保护所带来的挑战。为此，欧盟委员会于 2012 年发布了《关于个人信息处理保护及个人信息自由传输的条例》（以下简称《一般数据保护条例》），2016 年 4 月 8 日欧洲理事会和欧洲议会表决通过该条例，2018 年 5 月 25 日正式生效实施。该条例无须欧盟成员国转化为国内法，可以直接适用于欧盟范围内的公民和企业。它建立了欧盟范围内统一的个人信息保护和利用规则，提高了欧盟范围信息利用和流通的效率。[1]《一般数据保护条例》明确规定知情权、查询权、修改权、删除权、许可同意权、可携权等，尤其强调许可同意权、查询权、可转移权和被遗忘权。进一步扩大并完善了信息控制者的义务。它还规定了严格的执行监督机制和完善的权利救济措施。

此外，欧盟还针对电信业、数据保存做了特别规定。2002年的《隐私与电子通讯指令》规定，电信企业应当采取适当措施保障用户信息安全，尊重用户对话费清单、主叫号码、姓名等个人信息享有的权利，只有征得用户同意才能对其个人信息进行商业利用。

2. 美国个人信息保护立法

美国并无个人信息保护方面的专门法律，而是通过个人隐私保护的模式来统一保护个人信息。具体的保护方式主要是通过由各个行业自行制定有关个人信息保护的法律规则、准则的方式来予以规范，同时特别注重行业自律的作用。美国对于个人信息保护采取的是分散立法的模式，相关规定散见于众多法案之中。主要有：1966年制定并经1996年修正的《信息自由法》、1970年《公平信用报告法》、1974年《隐私权法》（1988年修订）、1978年《金融隐私权法》、1980年《家庭教育权和隐私法案》、1984年《有线通讯政策法》、1986年《电子通信隐私法》、1986年《电子消费者保护法》、1988年《录像带隐私保护法案》、1988年《财务记录隐私法》、1991年《电话消费者保护法》、1994年《驾驶员隐私保护法》、1996年《健康保险可携性与责任法案》、1996年《公平信用报告法革新案》、1998年《儿童网上隐私保护法》、1999年《金融服务现代化法》、2015年《消费者隐私权利法案（草案）》等。

在保护个人信息方面比较重要的两部法律是《信息自由法》和《隐私权法》。《信息自由法》确立了政府信息以公开为原则，在其九项免除公开的文件类型中，有两项是关于个人资料的规定：一是公开后可能明显地侵

[1] 刘云：《欧洲个人信息保护法的发展历程及其改革创新》，载《暨南学报（哲学社会科学版）》2017年第2期，第76页。

犯个人隐私权的人事的、医疗的以及类似的档案；二是不正当地侵犯个人隐私权的执行法律的记录和信息。《隐私权法》主要规制联邦公共行政部门使用个人信息的行为，防止政府机关滥用行政权力侵犯个人隐私。该法适用于联邦公共行政部门，保护的客体是被公共行政部门掌控的“记录系统”中的“个人记录”，信息主体享有公开、保留、修改个人信息等各项基本权利，公共行政部门负有直接收集、告知、遵守必要范围、保密、资料品质、安全义务等。2015 年 2 月，由奥巴马政府发布的《消费者隐私权利法案（草案）》中提出的场景评估理念和风险评估机制，成为各国参考和借鉴的模本。虽然该法案最终并未生效，但大数据时代下美国提出的个人信息保护政策更加具有普适性，符合大数据的应用与发展，因而被许多国家作为制度设立的参考及借鉴标准。[2]

除了联邦立法外，美国各州都有制定与联邦层面大同小异、名称不一的保护和促进个人信息流通的法律和制度。大约 46 个州制定了促进个人信息自由流动和防止个人信息泄露的州隐私保护法。可见，美国个人信息保护制度在法律适用上较为复杂，是由联邦法、各州法律等交织而成的网状保护。[3]

美国将个人信息保护领域分为公共领域和私人领域。公共领域的立法主要是防止政府侵犯个人隐私权的行为；私人领域的立法则是政府行为之外对信息隐私权的保护。在公共领域，鉴于政府权力过大，侵害公民信息隐私更为隐蔽，因而以立法的方式规制政府收集、利用和处理个人信息，确认政府收集个人信息的基本原则。如上述的《隐私权法》和《金融隐私权法》等。在私人领域，美国立法者认为信息利用者能够自我约束，实现保护个人信息的目的，故并不通过立法一刀切地规范信息利用行为，行业或企业内部可以制定行为规范对个人信息进行保护。[4]

---

〔2〕 张林鸿、周小扬：《大数据时代个人信息保护的法律路径》，载《贵州大学学报（社会科学版）》2019 年第 2 期，第 68 页。

〔3〕 张薇、池建新：《美欧个人信息保护制度的比较与分析》，载《情报科学》2017 年第 12 期，第 116 页。

〔4〕 翟帅：《域外个人信息保护立法模式与规制范围之反思》，载《信息安全研究》2018 年第 7 期，第 613 页。

（二）欧盟、美国个人信息保护立法的比较分析

欧盟模式的特点是将个人数据作为公民的一项基本人权加以保护，在立法上主张统一和严格立法，强化政府部门对于个人数据保护的监管权力。从《1995 数据保护指令》到《一般数据保护条例》都体现了严保护、严监管的思想。美国模式的特点是将个人信息保护建立在隐私权的基础上，采用分散立法+行业自律的方式，通过对公民隐私的保护，实现隐私保护与产业发展、政府监管与公民表达自由等之间的平衡。

1. 两者采取不同立法模式的原因

首先，欧美对个人信息保护模式的不同是基于社会历史原因。德国纳粹政权在二战时期收集个人种族等信息以屠杀犹太人的历史事实，使欧洲人对政府无限制地收集个人信息的行为具有天然的恐惧和不信任感，总担心历史会重演。因此，欧洲国家强调将个人信息作为一般人格权予以保护，其隐私权概念的核心是人格尊严必须得到充分尊重。美国则不同，美国人自始就要摆脱作为英国附属地的地位，追求自由，信奉自由市场经济，因此美国的个人信息保护始终是建立在对自由的追求和信奉的基础之上。[5]

其次，欧美关于个人信息保护立法的分歧本质上是一种产业利益之争，涉及跨境数据传输时甚至牵涉国家安全问题。美国是信息技术最为发达的国家，其电子商务的发展居世界首位，在资料收集、信息处理上具有强大的优势，其在数据跨国流通中获益最大，是全球最大的数据进口国与数据出口国，故而从产业利益出发采取较为宽松的立法保护。相比美国，欧洲的互联网服务产业相对欠发达，故而设立严格的隐私权或者个人信息保护，以此限制美国的互联网企业。近年来，欧盟官方认为美国谷歌公司、苹果公司等搜索引擎与移动设备服务供应商通过提供服务非法获取、侵犯公民个人数据，将谷歌起诉至欧洲法院，结果谷歌败诉，被要求在提供搜索引擎服务时承担更严格的审查义务。[6] 欧盟《一般数据保护条例》的出台更多显现的是产业之争，体现出欧盟对其他国家特别是美国数据产业对本地

---

〔5〕 张静：《个人信息保护立法模式选择》，载《法治社会》2019 年第 3 期，第 76 页。

〔6〕 张平：《大数据时代个人信息保护的立法选择》，载《北京大学学报（哲学社会科学版）》2017 年第 3 期，第 148、149 页。

区影响的抗争。

最后，欧美秉承不同的个人信息保护的立法理念。欧洲采用的是全面的、消极防御型的个人信息保护的立法模式，在新兴技术产业发展与个人信息保护之间更倾斜于对个人信息的保护。其立法规制的范围涵盖了所有数据采集、整理、使用主体，既包括国家和州各级公务机关也包括非公务机关；从主体行为角度看，其立法规制包含了从数据的收集、存储、使用、删除、转让等各个环节。欧盟甚至设立欧盟数据保护委员会作为专门的信息保护机构对企业或者组织的数据处理行为进行监督，对侵犯个人信息的违法行为进行调查、处罚。而美国在个人信息保护与产业发展之间，利益天平更倾向于产业发展，无论是学术界还是实务界均表现出积极主动利用信息的态度。美国更关注个人信息的经济价值，其行业自律的做法也更为高效、便捷，更加市场化。

2. 两者的异同点

考察欧盟和美国关于个人信息保护的立法，其共同之处表现在：其一，立法追求趋同。欧盟《一般数据保护条例》和美国法都是以实现个人信息保护与信息自由利用的平衡为价值目标，并不片面地强调个人信息保护或信息利用。其二，基本原则趋同。欧盟《一般数据保护条例》规定个人信息商业利用的基本原则包括收集限制原则、直接原则、数据质量原则、目的特定原则、数据安全原则、个人参与原则、责任原则等。尽管美国采取分散立法模式，但其1973年的《信息正当运用原则》规定的个人信息商业利用的原则包括公开原则、个人参与原则、收集限制原则、数据质量原则、安全原则、责任原则。[7] 其三，尤其要强调的是，美国《消费者隐私权利法案（草案）》及欧盟《一般数据保护条例》，均引入了“场景”和“风险导向”理念，为国际社会个人信息保护的立法改革做出了路径探索。“风险导向”理念与传统的“知情同意”的不同之处在于它承认风险的不可避免性，并要求通过一系列的风险评估与应对措施将风险降低至信息主体可接受的范围内，有利于实现个人信息保护和大数据发展的平衡共赢。

---

〔7〕 项定宜：《比较与启示：欧盟和美国个人信息商业利用规范模式研究》，载《重庆邮电大学学报（社会科学版）》2019年第4期，第47页。

当然，两者之间在规范模式、价值取向和监管机制等方面尚有明显区别。其一，在规范模式方面，欧盟采取的是一种全方位的国家立法模式，《一般数据保护条例》直接适用于欧盟内各成员国，保证个人信息利用规范在欧盟内的统一，并促进欧盟内成员国之间的信息利用与自由流通。美国则针对不同领域制定单行法，并且结合行业自律来规范个人信息利用行为，其核心特点是分散立法与自律并重的模式。其二，在价值取向方面，欧盟采取“个人权利本位”，以个人信息保护作为第一位价值目标，规定了较完善的个人信息权利，尤其注重个人数据隐私的人权特性与社会价值，兼顾信息利用与流通。而美国仅仅在对抗国家机关随意收集、利用个人信息时，才承认信息主体的基本人权；在商业利用情形中，则更加强调信息的流通与利用。因此，美国法没有确认个人信息权的绝对权地位，而是在鼓励数据交易的基础上规制个人信息滥用的行为。〔8〕其第一位价值目标是促进信息自由利用，兼顾信息主体的权利。其三，在监管机制方面，欧盟采取了以国家公权力监督为主导的自上而下的模式，设立国家数据保护机构——欧盟数据保护委员会，负责对企业或组织的数据处理进行监督，对违法数据收集行为进行审计、调查、处罚和制裁；要求处理数据的企业或组织配备专门的数据保护专员，专员需接受欧盟数据保护委员会的管理，在企业或组织发生个人数据操作违规时其需承担相应的责任。美国模式主张采取行业自律的监管模式，不设置统一的专门监督机构，奉行数据使用者自律与个人自力救济相结合原则，以市场为主导、以行业自治为中心的数据隐私政策，尽量减少政府的干预。但是近年来，美国联邦贸易委员会以及联邦通信委员会也进行了大量涉及个人信息保护的行政查处，由此可见在鼓励自律自治前提下，政府也进行了适当的介入。〔9〕

二、我国个人信息保护立法

（一）立法概况

由于诸多原因，我国个人信息保护立法工作明显滞后于时代和社会的

〔8〕参见项定宜：《比较与启示：欧盟和美国个人信息商业利用规范模式研究》，载《重庆邮电大学学报（社会科学版）》2019年第4期，第48~49页。

〔9〕张平：《大数据时代个人信息保护的立法选择》，载《北京大学学报（哲学社会科学版）》2017年第3期，第145、146页。

发展。目前，我国没有专门的个人信息保护法，涉及隐私的个人信息主要以人格权、隐私权等形式来加以保护。我国对个人信息的保护散见于不同法律中，多以间接保护方式加以规定。相关规定散见于宪法、民事法律及司法解释、刑事法律、诉讼法律、行政法律法规或规章之中。具体包括：

在宪法领域，我国《宪法》对个人信息权的保护主要体现为对人格权和公民通信自由的保护。《宪法》第38条规定，公民的人格尊严不受侵犯，禁止以任何形式对公民进行侮辱、诽谤和诬告陷害；第40条规定，公民的通信自由和通信秘密受保护，禁止任何组织和个人侵犯，因国家安全或者追查刑事犯罪除外。这为个人信息权利的法律保障奠定了宪法基础。

在刑法领域，2009年《刑法修正案（七）》中，增加了新罪“非法获取公民个人信息罪”（现已变为“侵犯公民个人信息罪”）。在此基础上，自2015年11月1日起施行的《刑法修正案（九）》进一步扩大了犯罪主体的范围和侵犯个人信息行为的范围，从而进一步加强了对公民个人信息的保护。自2017年6月1日起施行的《关于办理侵犯公民个人信息刑事案件适用法律若干问题的解释》则是最高人民法院、最高人民检察院首次就打击侵犯公民个人信息犯罪出台司法解释。[10]

在民法经济法领域，《侵权责任法》第36条对网络用户、网络服务提供者的网络侵权行为及其责任进行了规定。《民法总则》第111条规定自然人的个人信息受法律保护，体现了立法上关于个人信息保护的最新成果。修改后的《消费者权益保护法》第14条规定，消费者在购买、使用商品和接受服务时，享有个人信息依法得到保护的权利；第29条第1款规定，经营者收集、使用消费者个人信息应当遵循合法、正当、必要的原则，明示收集、使用信息的目的、方式和范围，并经消费者同意；该条第2款规定，经营者及其工作人员对收集的消费者的个人信息必须严格保密，在发生或者可能发生信息泄露、丢失的情况时，应积极采取补救措施。2014年10月最高人民法院发布了《关于审理利用信息网络侵害人身权益民事纠纷案件适用法律若干问题的规定》，首次在司法解释中明确了个人信息权益保护属

〔10〕刘岩、宋吉鑫：《大数据伦理问题中的权利冲突及法律规制——以个人信息权为中心》，载《辽宁大学学报（哲学社会科学版）》2018年第6期，第127页。

于侵权法的保护范围。

在行政法领域，2012年全国人大常委会通过的《关于加强网络信息保护的决定》规定，涉及公民个人隐私的电子信息以及可识别的公民个人身份信息受国家保护，任何组织和个人不得非法获取、出售公民的个人信息。2013年，国家工业和信息化部审议通过的《电信和互联网用户个人信息保护规定》规定，电信业务经营者、互联网信息服务提供者应当对收集和使用的用户个人信息的安全负责。2017年6月1日起实施的《网络安全法》在第四章“网络信息安全”中着重对网络运营者、依法负有网络安全监督管理职责的部门及其工作人员等特定主体对于个人信息的安全保障义务做出规定，同时规定“任何个人和组织不得窃取或者以其他非法方式获取个人信息，不得非法出售或者非法向他人提供个人信息”。此外，《身份证法》《护照法》等都作出了相关的保护规定。

总之，近些年，我国个人信息保护立法工作取得了一定的进展，初步构建了个人信息保护体系。然而个人信息滥用问题依然严峻，个人信息安全事件频发，严重影响公民的正常生活和社会秩序，制定统一的《个人信息保护法》呼声强烈。为此，2003年国务院信息管理办公室委托中国社会科学院法学研究所个人数据保护法研究课题组起草《个人信息保护法（专家建议稿）》，2005年该专家建议稿提交，标志着正式启动了我国《个人信息保护法》的立法程序，但由于种种原因这部法律至今未能出台。

（二）我国个人信息法律保护的困境

纵观我国现行个人信息保护的相关立法，存在着诸多问题，主要表现在如下几个方面：

第一，缺少专门性立法。我国涉及个人信息保护的法律法规数量庞杂，相互之间缺乏系统性和协调性，给人以“杂乱无章”“群龙无首”之感，其制定主体各不相同，立法目的亦有差异，在个人信息保护方面不能形成内在的有机统一体系。在大数据背景下，个人信息权利保障遭遇诸多新的挑战，公民的个人信息保护意识和要求也日益高涨，零散式立法显然难以满足公民对于个人信息保护的需要。如目前我国对个人信息规定最为详尽的《网络安全法》，其保护的对象主要是涉及国家、集体利益安全和计算机系统安全的信息，导致对国家网络安全的保护替代了对个人信息的保护。

第二，法律保护手段单一。重“刑事处罚”和“行政管理”，轻“民事确权”与“民事归责”，导致个人信息遭受侵害后，即使侵权行为人最终会受到刑事处罚或行政处罚，但信息主体的财产及非财产损失却难以得到实质性补偿。[11] 而且，由于个人信息保护的前置法律贫乏，刑法的个人信息犯罪规定必须解决许多不属于刑法规定的内容，由此导致刑法救济的被动性，以刑法完成个人信息法律保护可谓独木难支。同时，我国个人信息民法保护相当贫乏，民事侵权的司法救济几乎无所作为。民事领域的侵犯公民个人信息的纠纷解决主要还是依靠2014年8月21日最高人民法院发布的《关于审理利用信息网络侵害人身权益民事纠纷案件适用法律若干问题的规定》。2017年发布的《民法总则》虽然在第111条规定了“自然人的个人信息受法律保护”，但由于规定得比较原则、概括，还无法直接适用于个人信息保护。

第三，法律可操作性不强。一是宪法中虽然规定了公民的人格权，民法总则中也规定了自然人的个人信息受法律保护，但对于个人信息的权利属性、权利范围并未明晰，导致在权利认定和权利保护的实践中缺乏明确的依据。二是现有法律缺乏相应的救济措施。许多法律条款仅规定了对个人信息的保密义务，而没有规定信息控制人如果违背该义务需要承担的法律责任和后果。刑法及其司法解释中虽对公民个人信息进行了界定，并且对个人信息犯罪具体的定罪量刑情节做了规定，但是由于个人信息相关罪名入罪门槛高，在没有达到具体“情节严重的”要件时便无法定罪。在此情况下，缺乏其他相应的救济途径。三是司法实践中的举证难题。由于法律缺乏明确的规定，在诉讼过程中，受害人要证明行为人有过错、自身遭受损害的事实十分困难。[12]

第四，行政监管缺位。首先，缺乏统一的监管机构。个人信息权利保护涉及很多方面，目前相关的监管工作由多个不同的部门分别进行，因缺

---

〔11〕 杨震、徐雷：《大数据时代我国个人信息保护立法研究》，载《南京邮电大学学报（自然科学版）》2016年第2期，第6页。

〔12〕 刘岩、宋吉鑫：《大数据伦理问题中的权利冲突及法律规制——以个人信息权为中心》，载《辽宁大学学报（哲学社会科学版）》2018年第6期，第127页。

乏统一协调而导致监管混乱，急需一个权责明晰的专门监管机构统一负责监管。其次，缺乏严格有效的监管措施。由于缺乏严格而有效的监管措施，用户个人面对大量的垃圾广告和无用信息时常常束手无策，不堪其扰。最后，行政处罚力度弱。相关行政法规和规章对于侵犯个人信息的行为虽设定了处罚措施，但相较于侵犯个人信息的违法获利，处罚力度明显偏弱，导致相关主体违法成本过低，起不到遏制侵权行为的目的。[13]

另外，在个人信息的行业自律保护方面，自律规范大多由互联网巨头商定，无法有效保护广大中小互联网企业的利益，而且大多数自律规范都以宣誓性、倡导性条款为主，缺乏具体实施细则和救济途径。而其他的非公共部门行业更是鲜有保护个人信息的行业自律公约。

三、欧盟、美国个人信息保护立法的启示

如前所述，欧盟、美国作为个人信息保护原则制定的两大源头，早在20世纪60年代起就相继出台了一系列保护个人信息的政策和法规。美国注重信息安全和自由流动，欧盟注重保障个人信息权利。欧盟模式和美国模式各有特色与利弊，对我国完善个人信息法律均有重要启示价值。

（一）关于立法模式

比较欧盟和美国个人信息法的立法模式可以发现，欧盟采用统一立法模式，建立明确的个人信息保护标准；而美国采用分散立法模式，依靠市场和行业自律，通过扩大隐私的范围来对个人信息进行保护。借鉴比较法的经验，我们可以发现，统一立法模式对公共部门和非公共部门采取同一标准，保证了法律适用的统一性，但缺点是比较僵化，而且仅从一个部门法角度规范个人信息保护也难免会顾此失彼，难以兼顾权利保护的不同环节。而分散立法模式区分不同部门和不同领域分别立法，具有较好的灵活性和较强的针对性，但缺点是缺乏统一的规则，很难对个人信息权利进行全面保护，且易导致法治不统一、司法不协调的现象。相比之下，统分结合的立法模式融合了统一立法模式和分散立法模式的长处，是较为理想的立法保护模式。当然，采用何种立法模式并无统一定制，往往跟一国的国

---

〔13〕刘岩、宋吉鑫：《大数据伦理问题中的权利冲突及法律规制——以个人信息权为中心》，载《辽宁大学学报（哲学社会科学版）》2018年第6期，第127、128页。

情、立法理念、法律传统和社会基础有关，不能盲目照搬。因此，我国应当立足自己的国情与法律传统，充分吸收、借鉴发达国家和地区的立法经验，兼采欧盟模式和美国模式之长，采取统一立法、分散立法和自律相结合的规范模式。

（二）关于立法理念

首先，每一部法律背后都体现着不同价值之间的冲突与权衡。大数据时代下的个人信息保护立法，其背后亦存在着人格尊严与自由、信息的商业利用与公共管理使用等价值的冲突、博弈与权衡。信息的真实安全、政府管理的便利，尤其是信息的经济价值，使得在信息立法中个人信息权利内涵中的人格尊严与自由往往被忽略，未能按其应有价值来对待。而个人信息保护的首要核心应该是对其负载的人格意义的保障。因此，大数据时代的个人信息立法必须重新思考人格尊严与自由、商业价值与公共管理价值的冲突与平衡，以应对大数据带来的种种崭新挑战。其次，应明确树立公权力要受到限制的立法理念。国家公权力机关出于公共管理等公共利益需要而收集、使用公民个人信息时，立法应对其收集、加工、使用等行为的范围、方式和限度等进行明确规定，以确保行为的合法性和正当性。最后，应引入场景与风险导向理念，改变传统的“知情同意”的立法思路，以适应大数据时代下信息技术的发展，同时兼顾个人信息保护。

（三）关于监管机制

自律模式下的美国没有独立的监管机构，难免出现信息利用者不严格按照行业行为规则履行义务、侵害信息主体权益的行为。欧盟则建立了专门的监督机构，来监管信息利用行为。欧盟模式值得我国借鉴，我国应当仿效其设置专职机关，对个人信息的商业利用行为和行业自律实施全面监控，促使个人信息得到有效保护。

（四）关于行业自律

个人信息保护的行业自律是一种低成本的、有效的管理模式。行业自律是需要外部环境协作和配合的系统工程，既需要公民维权意识和自我管理意识的增强，也需要完善的法律制度和政府的监管，还需要行业自律组织和第三方认证机构齐抓共管。虽然我国的行业自律组织还有待完善，但是对于新技术革命带来的社会变革，统一立法和分散立法可能都有其力所不逮之处，行业自律规范作为立法不足的补充规范意义重大。

四、完善我国个人信息保护立法的构想

当前，我国互联网产业蓬勃发展，全球市值前二十的互联网企业中我国占据了七席。与此同时，我国面临的个人信息保护问题也比较突出，因此，我国个人信息保护立法亟待完善。在科学分析不同立法模式的基础上，结合我国具体国情和法律传统，合理吸收欧盟模式和美国模式的立法经验，做出适合我国实际情况的立法方案，在个体权益保护与群体发展之间寻求最佳利益平衡点。

（一）制定《个人信息保护法》

制定统一的个人信息保护法是我国个人信息保护和社会经济发展的现实需求。首先，能够回应社会各界呼声。近年来不断发生的个人信息泄露事件引发社会高度关注，制定个人信息保护法已成为社会各界的一致呼声。其次，有利于从国家层面明确重大问题和基本制度，通过制定统一的《个人信息保护法》，明确公民个人对其信息享有的基本权利，规范企业收集和使用个人信息的行为，并对数据跨境流动规则等基本问题作出回应。最后，有利于促进我国互联网产业做大做强。制定《个人信息保护法》不仅是保护公民个人权利的需要，更是提高信息资源利用率、保证本国信息自由流动、促进信息化发展和参与全球化竞争的战略需要。

在具体制度构建上，其一，对个人信息的立法保护的重点应优先放在对个人基本人格权的保护上。个人信息对于主体的尊严和自由价值应当首先被考虑，要将个人信息权利所负载的人格意义提升到其应有的高度来构建整个法律制度，在此基础上思考个人信息权在面临私人和公共事务、信息的静态保护和信息的动态流通、常态与紧急状态等不同情形时，如何配置个人信息的相关权限。[14] 其二，明确数据财产性权利。应当顺应技术与产业发展趋势，在个人信息去识别化后允许数据的再加工和利用，对于去识别化后的数据库给予财产权保护。个人信息保护的立法制度安排既要构

---

〔14〕 刘岩、宋吉鑫：《大数据伦理问题中的权利冲突及法律规制——以个人信息权为中心》，载《辽宁大学学报（哲学社会科学版）》2018年第6期，第128页。

建个人权益保护的屏障，也要使数据“物尽其用”，给产业创新发展留有空间，从而培育造就一批国际领军互联网企业，筑牢数字中国之基。其三，要保持公权力与私权利之间的平衡。在现阶段，我国正在全力实施国家大数据战略，运用大数据提升国家治理现代化水平，建立健全大数据辅助科学决策和社会治理的机制，推进政府管理和社会治理模式创新。个人信息对于线索收集、信息溯源与情报分析意义巨大，政府决策科学化、社会治理精准化、公共服务高效化也需要依赖信息的收集和利用。因此，在个人信息保护的具体制度构建中需要有大局意识，处理好公权力与私权利的关系，既保持产业的持续创新发展，也兼顾社会公共利益和国家安全的充分保障。

（二）《个人信息保护法》与其他相关法律应有机协调

完整的个人信息保护离不开民法、刑法、行政法等多部门法的协作支持。我国将来出台《个人信息保护法》，须注意与已有的关于个人信息保护的法律规范保持协调，完善和构建个人信息的事前预防、事中规范、事后救济的保护体系。在《个人信息保护法》对滥用个人信息行为规定民事责任、行政责任和刑事责任的基础上，适时修订已有的民事、行政和刑事法律中关于个人信息保护的规定，实现法律之间的有机衔接。在多种途径的共同作用下，形成以民法保护为核心，刑法与行政法保护为重点，以市场监管与行业自律、个人自我保护意识提高为辅助的综合保护体系，对寻求信息流通与信息保护的平衡点、促进信息发展与权利保护齐头并进具有重大意义。[15]

（三）强化个人信息保护的行政监管

设立个人信息专门监管机构有诸多益处，可以保证监管的专业化高水准，一定程度上减少来自其他公权力部门的干预，更容易获得民众的信任，也方便民众反映问题、了解相关法律与政策。在保护个人信息权利的同时，实现对政务的监督，促进政府对个人信息的规范利用，使政府更好地履行个人信息保护职责。

---

〔15〕 石晓慧：《大数据时代个人信息保护的困境与路径重构》，载《青岛农业大学学报（社会科学版）》2019年第3期，第66页。

个人信息侵权通常存在大量性和隐蔽性的特点，如当腾讯、雅虎等网络平台出现泄露个人信息问题时，被侵权的主体众多，无法一一寻求司法救济和行业救济。而且，司法救济周期较长，行业救济缺乏相应的处罚权，行政监管则可以兼具高效及威慑力两大优势，对侵犯个人信息权利的行为加以管制。行政监管机构在对大量信息主体权利被侵害事件的处理中，可以对信息控制者进行统一调查，行使行政处罚权，以解决对公共领域的监管及救济问题。不仅如此，行政监管模式可以发生在事前、事中、事后，从预防个人信息侵权到及时介入调查并作出行政处罚，行政监管机构能有效快速地做出反应。〔16〕

（四）完善行业自律

在法律尚不完善之时，倡导行业自律有助于创造基本有序的产业环境；即使法律已经健全，倡导自律自治也非常便捷和高效。我国目前尚没有专门的行业自律规范，即使在《中国互联网行业自律公约》中也没有明确约定。2015年，北京大学法学院互联网法律中心根据测评标准对50家国内外互联网企业的个人信息保护状况进行了产品体验和测评。从测评结果看，我国互联网企业对个人信息的整体保护处于中下水平，个别企业有政策无保护，有些企业甚至完全空白，连形式上的隐私政策也没有。〔17〕

大数据技术下个人信息利用的无序呼唤行业自律，行业自律是多元互动治理的一个必要组成部分，虽然企业自发的隐私声明并没有发挥保护个人信息的实效，但通过行业自律可以引导隐私声明与隐私风险评估衔接，促成个人信息隐私保护的实现。而且，建立健全信息行业的自律机制，有利于优化信息行业发展环境，促进信息技术与企业的良性互动与共同发展。对于企业来说，没有信息，就没有市场。应加强重点行业的自律意识，加强对个人信息的行业性保护力度。首先，通过关于个人信息保护的统一性规章条约，在行业内部达成共识，共同遵守。其次，加强行业内主要责任人的个人信息权利意识，强化自律示范作用。最后，配套完善相关信用机

〔16〕张林鸿、周小扬：《大数据时代个人信息保护的法律路径》，载《贵州大学学报（社会科学版）》2019年第2期，第70页。

〔17〕张平：《大数据时代个人信息保护的立法选择》，载《北京大学学报（哲学社会科学版）》2017年第3期，第150、151页。

制，对自律机制不能履行的重点企业，给予信用减等处罚，将个人信息的保护落实到企业经营的各个环节。[18]

（五）建立健全信息追溯体系及跨境审查制度

在大数据时代，个人信息尤其是特殊隐私信息，在国家安全和经济发展中起着至关重要的作用。为适应国际趋势和我国国家安全及社会发展需求，我们需要认识到跨境信息保护的重要性。我国未来《个人信息保护法》应当设立个人数据跨境监管制度。[19] 如规定：对涉及国家安全等重大国家利益的个人数据禁止转移到国外；将用户个人数据转移至境外，应当取得用户的明确同意；国家制定数据跨境转移的合同范本，指导企业跨境转移活动；对于将个人数据转移至他国，提供给他国政府的，应当取得数据保护机构的同意，等等。

---

〔18〕 参见张林鸿、周小扬：《大数据时代个人信息保护的法律路径》，载《贵州大学学报（社会科学版）》2019 年第 2 期，第 70 页。

〔19〕 杨震、徐雷：《大数据时代我国个人信息保护立法研究》，载《南京邮电大学学报（自然科学版）》2016 年第 2 期，第 7 页。

互联网应用场景中我国未成年人个人信息保护
——新挑战及应对*

王勇旗**

一、背景及其问题的提出

近年来，随着互联网科技迅猛发展及我国互联网普及率较高面向，互联网应用已然成为人们日常生产生活的重要组成部分，鉴于互联网入门门槛较低，大量未成年人加入互联网应用场景中，互联网应用在未成年人学习、生活中占据重要位置。根据2019年2月中国互联网络信息中心发布的第43次《中国互联网络发展状况统计报告》（The 43rd China Statistical Report on Internet Development），截至2018年12月，我国网民总数8.29亿，学生群体最大，占比25.4%,〔1〕其中19岁以下约1.8亿，占总网民数

* 基金项目：2019年共青团中央“青少年发展研究”重点课题“未成年人网络空间权益保护机制研究——以最高院发布的利用互联网侵犯未成年人权益的10起典型案例为基础展开”（19ZD048）和2019年度重庆市教育科学规划课题“人工智能时代新型法律人才培养模式研究”（2019-GX-017）。

** 王勇旗，男，讲师，西南政法大学博士研究生。研究方向：中国民法学、信息法学。

〔1〕 中国互联网络信息中心发布的第43次《中国互联网络发展状况统计报告》，载http://www.cnnic.net.cn/hlwfzyj/hlwxzbg/hlwtjbg/201902/t20190228_70645.htm，最后访问时间：2019年4月17日。

21.6%，其中未成年人中10岁之前接触互联网比例高达72%，我国首次触网年龄持续走低，[2] 由此可知，未成年人已然成为体量庞大的互联网应用群体。立基未成年人生理和心理发育尚未成熟、存在辨识能力与自控能力较弱等特点，未成年人对其行为性质及后果缺乏足够认知，在互联网企业名目繁多的网络商品（如各种网络游戏、“抖音”APP等）或服务面前几乎毫无招架之力，经不住诱惑并向其披露个人信息，[3] 使未成年人个人信息在互联网应用场景中存在泄漏风险，加之个人信息可被数字化可促进互联网经济发展的面向，未成年人个人信息安全问题甚嚣尘上，严重危害未成年人个人网络空间安全，不利于未成年人持续健康发展，并有可能带来严重的社会问题。

立基上文所述，我国积极推进未成年人个人信息保护类立法及学术研究。立法层面，着力推进未成年人个人信息保护立法化，如《刑法修正案（七）》《关于加强网络信息保护的决定》《未成年人保护法》《预防未成年人犯罪法》《刑法修正案（九）》《网络安全法》《民法总则》《民法典·人格权编（草案）》《未成年人网络保护条例（征求意见稿）》《儿童个人信息网络保护规定》等为代表的部门法及行政规章条例以加强未成年人个人信息保护，并在《民法典·人格权编（草案）》中着重提出加强未成年人个人信息保护的任务。理论层面，法学界对个人信息保护的理论研究已有较多最新研究成果，并且建树颇丰，[4] 而关涉未成年人互联网应用场景中个人信息保护的文章及著作相对较少，[5] 由此可反映出国内法学界对该问

---

〔2〕 何欣禹：《未成年人网络保护将有法可依》，载 http：//www.cac.gov.cn/2019-07/24/c_1124790636.htm，最后访问时间：2019年7月24日。

〔3〕 周学峰：《未成年人网络保护制度的域外经验与启示》，载《北京航空航天大学学报（社会科学版）》2018年第4期。

〔4〕 高富平：《个人信息保护：从个人控制到社会控制》，载《法学研究》2018年第3期；叶名怡：《个人信息的侵权法保护》，载《法学研究》2018年第4期；王利明：《数据共享与个人信息保护》，载《现代法学》2019年第1期；张新宝：《〈民法总则〉个人信息保护条文研究》，载《中外法学》2019年第1期，等等。

〔5〕 黄旭东、杨飞：《未成年人网络隐私权的法律保护》，载《当代青年研究》2009年第4期；傅宏宇：《我国未成年人个人信息保护制度构建问题与解决对策》，载《苏州大学学报（哲学社会科学版）》2018年第3期；周学峰：《未成年人网络保护制度的域外经验与启示》，载《北京航空航天大学学报（社会科学版）》2018年第4期，等等。

题还未引起足够关切。

文章立足上述问题，[6] 在寻求互联网经济持续健康发展同未成年人个人信息保护衡平基础上，以保护未成年人网络空间权益为宗旨，从互联网应用场景中未成年人个人信息保护所面临的新挑战入手，反思我国相关既有规范关涉未成年人个人信息保护所存在的不足，进而提出我国互联网应用场景中未成年人个人信息保护所应遵循的一些基本准则，在互联网应用场景中给未成年人个人信息提供周延保护。

二、互联网应用场景中未成年人个人信息保护所面临的新挑战

随着移动互联网通讯科技迭代升级发展，互联网用户体量不断增大，互联网数据在被搜集、存储、传输和共享利用过程将更加便捷，甚或对互联网应用平台储存海量碎片化个人数据信息被重塑能力将不断提高。因之，互联网用户作为网络数据主动的提供者和生产者，通过持续不断的输入个人信息（包括人们日常生活中网络浏览痕迹等此类被碎片化、匿名化个人信息）以获得更加优质的网络商品和服务，而互联网企业依托大数据技术深挖个人信息潜在经济价值抑或将碎片化、匿名化数据信息重组以具备可识别性并进行再利用，引致个人信息被侵害的可能性也相应提高。立基上述，结合互联网应用场景中存在互联网空间虚拟性、互联网用户广泛性、互联网数据信息开放性、互联网数据存储大体量性、互联网数据信息传播快速性及互联网修复滞后性等特征，[7] 关涉未成年人网络用户，并结合未成年人特征在不受时间、地域、性别、年龄、国界等限制的网络虚拟世界，已是该群体共享信息、发表言论、参与活动、展示个性自我等不可或缺的平台。并且在互联网应用场景中，个人信息范围界定一直处于变动之中，随着施害主体范围扩大、技术手段不断更新等因素，在开放的互联网应用平台获取未成年人个人信息成本更低，经济效益更高，引致施害主体侵权行为动力更加充足。在此场景中未成年人个人信息更容易受到侵害，未成年人个人信息保护形势愈发严峻，面临诸多新挑战。

---

〔6〕 文章建构重点并非就既有法律规范进行重新梳理和提出立法建议，而是从具体规则设计角度阐释在互联网应用场景中未成年人个人信息保护方面的完善举措。

〔7〕 张新宝、任彦：《网络反腐中的隐私权保护》，载《法学研究》2013年第6期。

（一）施害主体扩大化（多样性）

1. 提供网络商品或服务的网络运营企业

一如上述，随着互联网科技快速发展和未成年人互联网应用群体不断扩大，诸多互联网运营企业为追求高额商业利益进而加大对未成年人网络商品和服务开发力度，并以形式多样的营销手段吸引未成年人。如互联网服务中设置足够引起未成年人关注的图片、音频、视频、游戏软件等网络服务，在面向未成年人群体尤其是婴幼儿群体开发的智能玩具商品，不仅可连接互联网，并且内置摄像头、语音视频功能、GPS 定位系统等一应俱全，虽便于未成年人学习、娱乐等活动的开展，但惟须注意的是，此类智能化网络商品和服务会存在较为严重的未成年人乃至其监护人（一般为父母）个人信息泄露，互联网运营企业根据未成年人在使用互联网商品和服务中所留下的访问足迹，可进行定向网络商品和服务推送，甚或部分不法互联网运营企业依托大数据技术并根据其所掌握的数据资源可勾勒出其家庭图景，根据其所分享的地理位置信息实施犯罪活动。

2. 利用个人数据信息非法牟利的中间商

根据《网络安全法》中"网络信息安全"章节规定，为保护个人数据信息安全，对互联网企业在个人数据信息收集方面做出了明确限制性规定。但一如我们所知，大多互联网运营企业在提供网络商品和服务过程中，要求使用者需要输入详尽的个人信息，如个人真实姓名、身份证号、性别、家庭住址、职业、个人爱好等，可能存在过度收集个人数据信息情形，而如此大体量个人数据信息被互联网运营商服务系统所收集、储存、传输和共享利用，甚或出现网络商品和服务运营者在利益驱使下将其所掌控的个人数据信息提供给网络数据信息中间商，在此场景中，个人数据信息将处于不断被倒卖的黑色产业链中，[8] 关涉未成年人群体更难逃其窠臼，被侵害可能性更加凸显。

---

〔8〕 根据 2019 年 2 月中国互联网络信息中心发布的第 43 次《中国互联网络发展状况统计报告》（The 43rd China Statistical Report on Internet Development），截至 2018 年 12 月，在"网民上网过程中遇到的安全问题"中统计显示，个人信息泄露占比 27.3%。

3. 对数据信息加工处理的网络运营企业

关涉数据信息范围，无论从理论还是实践层面都很难确定，可从数据信息来源角度将其分为网络用户自生数据信息、互联网企业所收集的数据信息和互联网企业利用相关科技手段对原始数据信息加工处理后所生成的数据信息，而后者在互联网应用场景中，对海量数据信息处理后的数据信息逐步成为互联网运营企业生产利润所依赖的主要路径。因之，数据最为关键的是“潜在价值”的开发和利用，一般主要通过再利用（re-use）、重新组合等方式释放其中巨大的经济价值。[9] 在大数据时代，互联网应用场景中存在大体量原始数据信息，并非所有数据信息对互联网企业都有助益，立基于此，相关互联网应用企业需依托大数据分析技术对原始数据信息进行加工处理，筛选可用数据信息，并进行再利用。在此背景下，未成年人互联网应用场景中所输入的个人数据信息，会存在被网络运营企业加工处理的情形。加之相对成年人而言，未成年人生活、学习环境较为单一，其个人数据信息碎片化程度相对较小，分布较为集中，具有较强可识别性，在大数据时代背景下，运用大数据处理技术并对其个人数据信息进行系统整合、归纳，以此识别出信息主体未成年人身份，亦谓可能。[10] 并在此基础上运用相关技术化手段深挖未成年人个人数据信息内在不愿为人所知的个人隐私信息。所谓个人隐私信息指与公共领域无关的私人信息，“公共领域和私人领域之间界分是构建隐私权法的核心”[11]。换言之，一旦未成年人个人隐私信息进入互联网流通公共领域，对未成年人未来健康发展将产生重大负面影响，甚或使其将来在教育、求职、择偶、信用评级等领域遭受不公正待遇。

（二）施害手段隐蔽性（间接性）

随着互联网科技日新月异的发展，以互联网用户信息为载体的互联网平台历经 Web2.0、Web3.0 并处于不断演进中，互联网科技在提供优化互

---

〔9〕 张涛：《欧盟个人数据匿名化治理：法律、技术与风险》，载《图书馆论坛》2019年第12期。

〔10〕 傅宏宇：《我国未成年人个人信息保护制度构建问题与解决对策》，载《苏州大学学报（哲学社会科学版）》2018年第3期。

〔11〕 Richard C. Turkington & Anita L. Allen, *Privacy*, 2nd ed., West Group, 2002, p. 1.

联网表达平台、整合数据信息的同时，亦存在构成侵害个人信息的潜在威胁与实际侵权。〔12〕关涉未成年人在互联网应用场景中，互联网运营企业在网络商品或服务中为使未成年人享用更为优质网络商品或服务，通过层级程序步步诱导其输入不同等级个人数据信息以获取所谓更加优质的商品或服务，如网络游戏软件中，通过弹跳网页窗口界面、游戏装备升级对话窗口设计、有针对性的语音对话输入窗口等方式收集未成年人个人数据信息。立基未成年人辨识能力不足等缺陷，其并不能有效识别此类窗口背后收集其个人信息所隐藏的个人信息泄露风险，面向互联网应用场景中施害主体隐蔽侵权行为，亦不能做到有效防范。

（三）施害范围扩大化

1. 被侵害主体跨度

随着数字经济价值不断彰显面向，大数据时代背景下的互联网应用场景中互联网企业收集个人数据信息主体范围不断扩大，不仅关注并收集未成年人本人在互联网应用中所输入的个人数据信息，其长臂正逐步延伸至刚出生的婴儿（甚至胎儿）个人数据信息。如此可知，自然人未成年人阶段（可包括胎儿）个人数据信息将完全暴露于互联网公共空间面前。如孕妇在正常合法孕检过程中被收集到的胎儿数据信息，及可能存在的准父母进行非法鉴定胎儿性别过程中，胎儿性别的信息泄露等，此类数据信息在被收集、存储、传输、共享利用过程一旦发生泄露，相关企业可对其父母有针对性地开展网络商品或服务营销活动，甚或存在对未成年人本人和父母有针对地定向建构网络商品或服务。

2. 被侵害者时间跨度

大数据互联网科技时代背景下，随着互联网技术的进步，互联网企业在收集、存储、传播和共享利用数据信息将更加便捷，并依托大数据技术深挖数据信息背后可开发的具有经济效益的数据资源。立基未成年人在互联网应用场景中可能会不自觉地输入个人及家族信息以此换取更为优质的网络商品或服务。此类个人信息一旦被不法利用，会存在相关企业对其家族信息进行历史性回溯甚或对信息主体家族未来发展进行预测，被侵害范

〔12〕 谢尧雯：《论美国互联网平台责任规制模式》，载《行政法学研究》2018 年第 3 期。

围不限于未成年人个人阶段，乃至整个家庭宗族。

3. 被侵害者空间跨度

大数据时代，数据信息已然呈现较高经济价值。伴随着经济全球化发展趋势并结合互联网应用无国界性特质，使得数据信息在全球高度互联互通已成必然需求，个人数据信息在传输利用过程中必然打破国家与地域限制，实现跨境流通。〔13〕关涉未成年人身心特点，其个人信息在跨境流通中，被侵害的可能性大大提高，加之我国此类立法及监管机构的不完善，对其保护面临新挑战。

（四）施害目的商业性

大数据时代，数据信息意味着商业财富和行业利润，而个人数据信息蕴含巨大经济价值，并能为相关企业带来可观效益。〔14〕立基此原因，相关企业收集、存储、传播和利用网络用户个人数据信息俨然成为诸多网络企业经营战略所需，如何高效利用个人数据信息，深挖其内在经济效用，是大数据时代互联网企业可持续发展之必需，〔15〕互联网应用平台立基商业利益驱动会收集互利网用户大体量数据信息用于商业开发利用。关涉未成年群体，施害主体利用未成年人个人信息过程中可能对其造成的侵害并非以该个人信息是否归属个人隐私范畴而定，而是应结合个人信息被如何利用的具体场景及是否符合未成年人披露个人信息时的初衷而定。根据英国经济政治学院 Livingstone 教授研究表明，在互联网场景中未成年人个人信息主要体现在：娱乐活动、学习教育和利用教学游戏程序（edutainment）软件，并且逐步成为互联网积极消费者，并且存在可能参与电子商务或者电子广告活动中。〔16〕在此过程中，囿于未成年人群体认知能力较弱等特点，极易被施害主体通过特定隐蔽手段对其个人信息进行收集以供商业性使用。如未成年人在互联网程序应用中，为便于获取某种便捷化服务，需输入个人

〔13〕范为：《大数据时代个人信息保护的路径重构》，载《环球法律评论》2016年第5期。

〔14〕M. Schwartz, "Property, Privacy, and Personal Data", *Harvard Law Review*, 2004 (117): 2056-2128.

〔15〕王叶刚：《个人信息收集、利用行为合法性的判断——以〈民法总则〉第111条为中心》，载《甘肃社会科学》2018年第1期。

〔16〕M. Valcke, B. D. Wever, H. Van Keer, et al., "Long-Term Study of Safe Internet Use of Young Children", *Computers & Education*, 2011 (57): 1292-1305.

姓名、年龄、个人喜好、家庭住址等一系列信息，并且很多软件在使用中以保护未成年人为借口，需输入其监护人（一般为父母）个人信息等，并基于未成年人所输入的信息进行有针对的回应，以满足施害主体商业性使用。

综合言之，大数据时代背景下未成年人在互联网应用场景中，立基自身心智尚未成熟、辩知能力和自我控制能力欠缺、自我保护能力较弱等现实，在施害主体不断扩大化、施害手段隐蔽性等现实面向，其个人信息被侵害可能性在不断加剧。立基上述所表，应从法律层面对其进行周延保护，以满足大数据时代未成年人互联网应用的个人信息保护。

三、互联网应用场景中未成年人个人信息保护的既有法律规范及其不足

20世纪90年代伊始，互联网应用科技开始步入高速发展期，并随着互联网应用场景中未成年人群体的扩大，侵害未成年人互联网应用场景中合法权益案例日益增多的现实，未成年人个人信息安全问题成为人们所重点关注的议题。美国率先制定未成年人互联网应用场景中的保护，并于1996年通过了《通信庄重法》（CDA 1996），其中第223条第1款和第4款，明确规定禁止向未满18周岁的未成年人传送淫秽和猥亵信息及其标准，开创互联网应用场景中未成年人个人信息保护先河。[17] 近年来，随着互联网科技迭代升级发展，我国面向互联网应用场景中未成年人个人信息保护的新挑战，积极推进相关立法工作，并在一些法律规范有所体现，但由于我国互联网科技起步较晚，相关制度规范还存在不足。

（一）既有法律规范体系

1. 民事立法

通过查阅我国既有民事法律规范可知，存在对未成年人个人信息保护民事立法仍不健全，且在民事侵权救济领域效果不彰等情形。具而言之，关涉个人信息保护，《民法通则》无明晰条文规定，[18] 在《民法总则》第110条对自然人隐私保护做了单独规定，且在第111条规定“自然人的个人

〔17〕 杜瑾：《网络安全立法博弈的价值取向》，载《社会科学家》2014年第9期。

〔18〕《民法通则》第五章第四节“人身权”规定，公民享有姓名权、肖像权，从自然人个人信息内涵理解，本规定是为自然人个人信息保护的条款。

信息受法律保护”，从立法历程来看，我国个人信息保护经过“从无到有，从粗放表达到精准表达”[19]，这在大数据互联网应用场景中对于加强个人信息保护来讲可谓恰逢其时，并在《民法典·人格权编（二审稿）》提出加强未成年人个人信息保护的任务。而关涉民事领域个人信息保护纠纷，主要根据2014年8月21日最高人民法院发布的《关于审理利用信息网络侵害人身权益民事纠纷案件适用法律若干问题的规定》中的第12条，该条专门针对互联网用户、互联网商品或服务提供者利用互联网侵犯自然人个人信息行为作出规定。[20]

2. 刑事立法

2009年《刑法修正案（七）》系统全面地规定了保护公民个人信息的刑法条款。2015年《刑法修正案（九）》在原有规范基础上对于侵害公民个人信息犯罪的打击范围与程度进一步扩大，将侵害个人信息犯罪主体扩大至所有主体。[21] 在未成年人个人信息专门性立法不完善地前提下，互联网应用场景中第三方主体针对未成年人个人信息滥用会导致严重甚或深层次社会危害，立基于此，依托刑法规范事后救济实乃无奈之举，为维护社会发展秩序，对第三方侵犯未成年人个人信息提供刑法救济，这在打击不法主体利用未成年人个人信息进行犯罪方面效果显著，以上即是我国未成年人个人信息立法保护不完善，而由刑法保护先行的原因所在。[22]

3. 其他制度规范

为弥补个人信息保护立法空白，国家有关部门颁布实施了技术性标准以替代立法缺位，如国家标准化管理委员会于2012年11月5日批准发布并于2013年2月1日起实施《信息安全技术公共及商用服务信息系统个人信

〔19〕 张新宝：《〈民法总则〉个人信息保护条文研究》，载《中外法学》2019年第1期。

〔20〕 通过“北大法宝”输入标题“个人信息”+案由“民事”，检索到21个案例，根据判决内容，大多并非以直接侵犯个人信息为直接案由的案件，判决结果基本都以个人隐私方式，可反映出我国个人信息保护民事立法的不足。

〔21〕 张新宝：《〈民法总则〉个人信息保护条文研究》，载《中外法学》2019年第1期。

〔22〕 王秀哲：《大数据时代个人信息法律保护制度之重构》，载《法学论坛》2018年第6期。

息保护指南》，成为我国第一个关涉个人信息保护的国家标准。[23] 中华人民共和国工业和信息化部2013年7月16日发布的并已于2013年9月1日起开始施行的《电信和互联网用户个人信息保护规定》,[24] 中国科学技术法学会、北京大学互联网法律中心于2014年3月15日联合发布了《互联网企业个人信息保护测评标准》，成为我国第三方学术机构首次倡议发布关涉个人信息保护测评的行业标准。[25] 为进一步完善互联网应用场景中未成年人的个人信息保护，《儿童个人信息网络保护规定》已于2019年8月22日发布、2019年10月1日实施；《未成年人网络保护条例》正在制定中。一如我们所知，技术性规范并无直接法律效力，单纯依靠行业自律遵守，在司法实践仅可在裁判说理部分援用，法效果存疑，但此类规范一旦在法律、法规、规章制度中进行专门性规定，便可产生法律效力，自然赋予相应规范同法律规范同等效力。[26]

（二）既有法律规范存在不足

通观我国未成年人个人信息保护立法及相关规范可知，在互联网应用场景中我国法治建设进程同我国当前互联网科技发展现实情况并不相适应，既有法律规范对未成年人个人信息保护的具体法律规则设计和责任机制存在创新不足，专门立法缺位，刑法事后被动惩处，民事司法裁判救济不能有效消除侵害影响等现象,[27] 关涉互联网应用场景中未成年人个人信息保护的网络安全法治体系亟待加强，未成年人个人信息一旦受到侵害并不能

---

〔23〕《信息安全技术公共及商用服务信息系统个人信息保护指南》（GB/Z 28828-2012），载 http：//fggi1b08a005623041f5ac264390be16b5d1skkqk60qbbuxp666k. fgif. oca. swupl. edu. cn/chl/0ff5bc705d989a1abdfb. html？keyword＝信息安全技术公共及商用服务信息系统个人信息保护指南，最后访问时间：2019年8月1日。国家新标准《信息安全技术 个人信息安全规范（征求意见稿）》已于2019年8月8日截止。

〔24〕《电信和互联网用户个人信息保护规定》（中华人民共和国工业和信息化部令第24号），载 http：//fggi1b08a005623041f5ac264390be16b5d1skkqk60qbbuxp666k. fgif. oca. swupl. edu. cn/chl/f0f7c6124531c3bebdfb. html，最后访问时间：2019年8月1日。

〔25〕《互联网企业个人信息保护测评标准》（中国科学技术法学会、北京大学互联网法律中心），载 http：//fggi1b08a005623041f5ac264390be16b5d1skkqk60qbbuxp666k. fgif. oca. swupl. edu. cn/chl/3ee654b33d170a3dbdfb. html？keyword＝互联网企业个人信息保护测评标准，最后访问时间：2019年8月1日。

〔26〕许可：《〈个人信息安全规范〉的效力与功能》，载《中国信息安全》2019年第3期。

〔27〕王秀哲：《大数据时代个人信息法律保护制度之重构》，载《法学论坛》2018年第6期。

从既有法律规范中找到具体而又明确的法律参照，尤其互联网应用场景中未成年人个人信息保护更是缺乏有效法律指引。虽《未成年人网络保护条例（征求意见稿）》《儿童个人信息网络保护规定》对未成年人在互联网应用场景中的个人信息保护予以专门规定，但其法律位阶过低，针对性不强，并不能给未成年人个人信息在互联网应用场景中提供周延保护，未成年人个人信息保护面临法律保护困境，应引起国家立法部门足够重视。换言之，我国尚未建构体系完善的未成年人个人信息保护法律制度，在互联网应用场景中未成年人个人信息保护存在多头治理、多层级法律体系的现状，缺乏一部系统规范未成年人网络安全和未成年人网络运用能力提升的权威性法律，即无专门性普通立法，相关规范散见于各部门法中，且仅停留在原则性和框架性条文规定层次，在互联网应用场景中并不能给未成年人个人信息提供周延保护。

我国很多学者们坚持倡导通过制定专门性立法以此解决未成年人个人信息保护问题，〔28〕但关涉个人信息保护尤其是未成年人个人信息保护存在专门类立法及其他规范缺位现象，在一定程度上反映出在面向互联网科技快速发展趋势下通过专门性立法解决互联网应用场景中未成年人个人信息法律保护所存在的现实困境。立基制度规范尤其是法律规范应逻辑严谨、内容明确且稳定，在大数据互联网应用场景中未成年人个人信息在收集、存储、传输和共享利用中一直处于变动不居状态面前，可能存在立法永远滞后于大数据互联网技术发展情形。鉴于此，欧美国家在大数据互联网技术发展趋势下开始不断修改本国（地区）个人信息保护法。〔29〕但文章认为通过专门立法保护未成年人个人信息是必由之路，可通过具体规则设计贯穿于互联网应用场景中未成年人个人信息保护的立法，一则可为互联网应用场景中给未成年人个人信息保护提供有效指引，二则可实现互联网应用场景中未成年人个人信息保护类不同部门法及规范间的有效衔接。

---

〔28〕 周汉华：《中华人民共和国个人信息保护法（专家建议稿）及立法研究报告》，法律出版社2006年版；齐爱民：《中华人民共和国个人信息保护法示范法草案学者建议稿》，载《河北法学》2005年第6期。

〔29〕 范为：《大数据时代个人信息保护的路径重构》，载《环球法律评论》2016年第5期。

四、互联网应用场景中未成年人个人信息保护的具体应对举措

任何法律规范制度设计均应同现有科技发展水平相适应，因之，未成年人身体和心理发育正处于人生中特殊时期，对未成年人个人信息加以特殊保护，不仅可有效保障该群体身心健康发展，而且关涉国家可持续发展旨要，加之该群体在法律规范中的权利能力和行为能力被予以适度限制的背景，与此相应，国家对此类群体应以特别关注和保护。〔30〕具而言之，关涉互联网应用场景中未成年人个人信息保护，应体现在不同场景中对其保护万变不离其宗的特质。换言之，无论在何种场景下都应既要做到同未成年人发展的阶段性特质相符合，又要做到不同部门法规范间的有效衔接，更应做到不同部门法有效融入中国特色社会主义法治体系中去，并同中国具体国情相适应。且未成年人互联网应用场景中个人信息保护制度涉面较广、内容较为丰富，可涵射网络法各领域，一如上文所述，可通过具体规则设计贯穿于相关立法中。立基于此，文章从以下几点提出在互联网应用场景中（甚或其他场景中）未成年人个人信息保护细则，为立法和司法实践提供参照。

（一）应将公开的未成年人个人信息纳入个人隐私范畴进行保护

立基未成年人自身特质，其个人信息应具高度敏感性，文章认为应将其在任何场景中所公开的未成年人个人信息纳入个人隐私范畴加以特殊保护。根据《民法总则》第 110 条和第 111 条规定：“自然人享有隐私权”“自然人的个人信息受法律保护”，质言之，自然人享有当然隐私权，在任何场景中其个人学习、生活不得被非法干扰，并且其个人信息不应受他人非法收集、刺探、存储和共享使用。〔31〕一般而言，根据个人信息隐私性程度，可将个人信息分为一般性个人信息和隐私性个人信息（也可称具有高度敏感性个人信息），〔32〕前者指在任何应用场景中根据信息内容可识别出

---

〔30〕 金璐：《言论自由的实践道德与价值追求的正当性——现代美国对未成年人保护何以可能》，载《暨南学报（哲学社会科学版）》2015 年第 10 期。

〔31〕 沈德咏主编：《〈中华人民共和国民法总则〉条文理解与适用》，人民法院出版社 2017 年版，第 754 页。

〔32〕 王利明：《论个人信息权的法律保护——以个人信息权与隐私权的界分为中心》，载《现代法学》2013 年第 4 期。

个人信息主体，但由于其隐私性程度较低，在被第三方收集、存储、传播和共享利用过程中并不会侵害信息主体隐私权，可顺应互联网应用行业发展需求下对其合理、合法使用，进而促进互联网应用场景中信息经济效益的彰显，质言之，一般性个人信息更为侧重积极性利用，同公共利益关系更为紧密。[33] 而后者一般与公共利益无关，此类属于信息主体不愿为任何其他人所知晓、所干涉的个人生活领域部分的信息，[34] 如个人病例、家族病史、个人档案材料、家庭财产等具有高度敏感性的个人信息，此类信息一旦被不法公开或泄露，可侵害其隐私权，可根据我国既定法律规范追究其相应责任，尤其是在互联网大数据技术快速发展的今天，个人信息中隐私部分更具较高经济价值。质言之，加强个人信息保护的最好路径是对个人隐私的保护。

上文是对一般民事主体而言就个人信息所进行的区分，并在此基础上加以不同程度保护。而关涉未成年人个人信息保护问题，从某种程度是“为了保护社会公共利益的有序和道德”[35]，是为符合社会主流道德和观念意识，[36] 并立基未成年人易受侵害、权利观念和对危害行为发生时防范意识淡薄等特征，在互联网应用场景中应给予特殊保护的社会需求，为最大程度尊重未成年人人格尊严及其个人信息权等基本民事权利，确保未成年人特殊群体利益实现，在寻求互联网企业经济发展同未成年人个人信息保护衡平之间，国家法律规范应当有所倾斜。毋庸置疑的是，未成年人权益更应进行优位保护。质言之，文章认为在未来我国相关法律制度设计中应将未成年人个人信息以个人隐私（敏感）信息加以严格保护，并纵贯个人信息被收集、存储、传输和共享利用各个环节，保障未成年人在互联网应用场景中享有无条件删除权及撤销权。但应有除外规定，即在涉及国家安全等类似事项可不将未成年人个人信息给予优位保护，并承担予以优先保

---

〔33〕 王利明：《论个人信息权的法律保护——以个人信息权与隐私权的界分为中心》，载《现代法学》2013年第4期。

〔34〕 张新宝：《隐私权的法律保护》（第2版），群众出版社2004年版，第7页。

〔35〕 Miller v. California, 413 U. S. 15 (1973).

〔36〕 金璐：《言论自由的实践道德与价值追求的正当性——现代美国对未成年人保护何以可能》，载《暨南学报（哲学社会科学版）》2015年第10期。

护事宜比未成年人个人信息保护处于优位的证明责任。[37] 以此规定，一则可防止对未成年人后续发展造成持续侵权，二则可通过此规则立法设计引导全社会树立、培育和践行未成年人在互联网应用场景中的个人信息保护的价值导向，亦同互联网企业可持续健康发展相适应。

（二）贯彻未成年人利益最大化原则同未成年人个人信息利用必要性原则相结合

1996年，发生在美国艾奥瓦州的裴因特诉班尼斯特案（Painter v. Bannister）中，当地法院在本案审判中将国际人权公约的《儿童权利宣言》原则之二"儿童最大利益"作为保护未成年人首要性原则,[38] 开启了未成年人利益最大化原则在司法适用中的先河，如欧盟《一般数据保护条例》对16周岁以下儿童个人数据加以特别保护，美国《儿童网络隐私保护法》保护13周岁以下儿童的网络个人信息等规范，以上规范是从年龄角度最大化保护未成年人个人信息。在互联网应用场景中应贯彻未成年人利益最大化原则，具而言之，指法律规范的制定应保证任何互联网商品或服务提供主体在收集、存储、传输和共享利用涉及未成年人个人信息时，应保护未成年人群体自由与尊严的前提下，可在互联网场景中其身心得以健康成长而不受非法侵害。所谓未成年人个人信息利用必要性原则，指在未成年人个人信息收集及使用过程中应坚守以实现收集时所要实现的特定目的最小必要为边界，如需对未成年人个人信息收集、存储、传输和共享利用，期限不得超过初始目的所需必要期限，并应在目的达成后及时将其删除。[39]

由上可知，在互联网应用场景中，未成年人利益最大化原则同未成年

---

〔37〕 文章认为应排除公共利益作为除外规定，一是因为公共利益范围无论在法律层面抑或理论层面，范围界定模糊，二是因为可能会存在假借公共利益之名，侵犯未成年人个人信息。

〔38〕 朱松岭:《我国未成年人网络言论的法律保护之维》，载《中国青年社会科学》2017年第6期。《儿童权利宣言》第二个原则：儿童应受到特别保护，并应通过法律和其他方法而获得各种机会与便利，使其能在健康而正常的状态和自由与尊严的条件下，得到身体、心智、道德、精神和社会等方面的发展。在为此目的而制订法律时，应以儿童的最大利益为首要考虑。

〔39〕 Organization for Economic Co-operation and Development, OECD Guidelines on the Protection of Privacy and Transborder Flows of Personal Data (1980), pp. 7-8; European Commission, Directive 95/46/EC of the European Parliament and of the Council of 24 October 1995 on the protection of individuals with regard to the processing of personal data and on the free movement of such data, Directive 95/46/EC (1995), art. 6-7.

人信息利用必要性原则可谓目的与手段间关系，后者意在强调对未成年人个人信息使用所采取的限制性规则，最终目的在于保证互联网应用场景中未成年人利益最大化目的实现。

（三）将社会主义核心价值观融入其中

根据党中央所发布的《社会主义核心价值观融入法治建设立法修法规划》要求，国家社会主义法律体系建设立、改、废、释全过程应将社会主义核心价值观全面融入其中，并力争5~10年时间将社会主义核心价值观全面融入中国特色社会主义法律体系。因之，我国互联网应用场景中未成年人个人信息保护尚无明确法律规定，加之当前互利网技术的运用使人类社会进入一个全新时代，尤其是“5G”技术的推广运用，进一步推动国家、社会行业组织和个人的数字化转型，给人们生产生活带来智能化、便捷化的同时，未成年人个人信息在互联网应用场景中可能会陷入更加危险的处境，[40] 未成年人个人信息在互联网应用场景中被不法分子收集、存储、传播和共享利用将更加便捷，网络黑客群体实施侵权行为将更加恣意妄为。[41] 立基上文所表，文章认为应在建构专门性未成年人个人信息保护立法基础上，按照上述《规划》要求，将社会主义核心价值观统合融入所涉互联网应用场景中未成年人个人信息保护各个相关环节，包括但不限于立法部门、政府机关、互联网企业、学校和家庭等。

具而言之，立法部门在推进未成年人个人信息保护立法过程中，在立法理念上应始终以社会主义核心价值观为引领，并将此理念贯穿于此类立法的立、改、废、释整个过程，并进一步明确互联网应用场景中未成年人个人信息保护应是国家和政府职责所在；[42] 互利网企业积极推进行业自律过程中应加强社会主义核心价值观素养锻造，建设更为完善的行业自律公约，具而言之，可通过以社会主义核心价值观理念加强互联网企业技术人

〔40〕 郑倩：《社会主义核心价值观入法入规的民法路径——以公益性私权时代价值研究而展开》，载《求是学刊》2019年第2期。

〔41〕 张新宝：《我国个人信息保护法立法主要矛盾研讨》，载《吉林大学社会科学学报》2018年第5期。

〔42〕 张建文：《中国网络管理法制化建设研究的基本问题》，载《重庆邮电大学学报（社会科学版）》2011年第1期。

员职业操守培训，在具体操作过程中明确侵害未成年人个人信息判定标准，鼓励互联网企业成员在提供或发布相关信息时尤其涉及未成年人个人信息时自我审查制度的完善，加强行业自律组织对行业自律规范指导、解释与督查机制，鼓励和指导行业组织成员自觉推行互联网应用场景中未成年人个人信息保护举措等，[43] 主要立基于行业组织成员之间不仅因为不遵守行业自律规范而无处藏身，而且也会对该行业产生耻辱感和羞愧感；[44] 学校和其他教育机构在我国未成年人成长过程中扮演重要角色，在教育教学过程中应以社会主义核心价值观理念加强教育者自身未成年人个人信息的保护理念，并应积极引导未成年人群体树立个人信息保护意识。因之，学校及相关教育机构在履行教育教学活动中，不可避免地存在为了制定更加适合未成年人身心特点教学内容和教学方法而获取未成年人个人信息情况，[45] 立基我国现行法律规范对教育机构收集未成年人个人信息范围和方式未有明确规定，可能造成学校等教育机构利用互联网平台侵犯未成年人个人信息行为；[46] 家庭作为未成年人主要生活和学习环境，在互联网应用日益普及的当下，未成年人监护人（一般为父母）应以社会主义核心价值观理念积极培育和谐、健康家庭文化和良好的互联网应用环境，并以未成年人监护人（一般为父母）为重点开展未成年人互联网空间安全使用教育，并掌握互联网安全使用基本技能，帮助未成年人识别和抵制非法有害信息，杜绝互联网平台非法收集未成年人个人信息行为发生。

（四）以过错推定为归责原则

互联网应用场景中，作为未成年人个人信息施害方一般是在掌握一定互联网技术基础上，并通过一定技术手段收集到了未成年人个人信息。反

---

〔43〕张建文：《中国网络管理法制化建设研究的基本问题》，载《重庆邮电大学学报（社会科学版）》2011 年第 1 期。

〔44〕Elinor O. Strom, *Governing the Commons, the Evolution of Institutions for Collective Action*, Cambridge University Press, 1990, p. 59.

〔45〕傅宏宇：《我国未成年人个人信息保护制度构建问题与解决对策》，载《苏州大学学报（哲学社会科学版）》2018 年第 3 期。

〔46〕如现实存在很多教育培训机构为了增加社会关注度，鼓励家长或受教育者本人每天通过语音、图片或视频模式打卡读书，而受教育者通过打卡方式可获得相应积分或免费学校奖励等模式，在此过程中可能存在未成年人甚或家庭信息泄露风险。

观之，作为被侵害主体的未成年人在互联网应用中一般缺乏较为专业或一般化互联网技术基础知识和互联网信息理解能力，一旦出现个人数据信息被侵害，并不能做到有效认知或即使认识到个人数据信息被侵害，亦不能做到有效抑制侵权后果发生。加之未成年人对互联网应用场景中个人信息被侵害中举证难度较大，进而言之，如对被侵犯的个人数据信息进行举证可能会对未成年人个人信息造成二次侵害。立基上文所表，文章认为在责任承担方面可通过设定过错推定规则原则制度设计，填补互联网应用场景中未成年人个人数据信息被侵害案件中未成年人和施害方地位不平等问题。正如上述所言，未成年人个人数据信息一旦被暴露于互联网应用空间的公共领域，其受到非法侵害的可能性将更加凸显，侵害后果势必无法逆转，进而对未成年人身心健康造成长期负面影响。质言之，由施害方举证证明其所收集、存储、传播、利用过程中未对未成年人个人信息造成侵害，是立基未成年人个人信息侵权实务中双方举证能力实际差异的客观现实彰显，亦符合民法中尊重未成年人主体地位和人格尊严要旨和保护未成年人合法权益立法精神。

五、结语

大数据互联网时代背景下，我们正处于社会生态体系不断被型构的时代，大数据和互联网科技发展对人类社会生产生活影响巨大，在为人们生产生活提供便捷并促进经济发展的同时，也存在侵害个人信息情形。但一如我们所知，科学技术从价值层面并无好坏之别，关键在于人们如何有效利用。换言之，关涉互联网应用场景中未成年人个人信息保护，事关未成年人身心健康成长及社会可持续发展等重大关切，如何更好发挥其中的法律规制作用尤为关键。可通过着力推动未成年人个人信息保护专门立法基础上，推行立法部门和法学理论界共同努力，特别是国家顶层制度设计高度参与，以实现大数据时代互联网应用场景中未成年人个人信息的周延保护。

面对互联网应用场景中未成年人个人信息保护的新挑战，我国既有法律及相关制度规范存在诸多不足。但我们深知在互联网应用场景中未成年人个人信息保护可谓是一项复杂而艰巨的系统工程，具而言之，需结合法律、技术、教育等多重手段配合实施。[47] 正如上文所言，制定未成年人个人信息保护专门立法已成普遍共识，但就具体规则设计可谓见仁见智。文章认为可通过一系列具体规则制度设计为未成年人身心健康发展提供洁净网络空间：将公开的未成年人个人信息纳入个人隐私范畴进行保护、贯彻未成年人利益最大化原则同未成年人个人信息利用必要性原则相结合、将社会主义核心价值观融入其中，在侵权发生后以过错推定为归责原则等方面加以细化。综合言之，在移动互联网科技快速发展的当下，我们认为通过社会各界协同努力，力促净化互联网应用环境，可使未成年人互联网应用场景中个人信息保护发挥实效，并逐渐减少甚或杜绝此类侵权案件的发生。希冀本文对未成年人个人信息保护的立法、理论研究和司法实践工作有所助益。

---

〔47〕 黄旭东、杨飞:《未成年人网络隐私权的法律保护》，载《当代青年研究》2009 年第 4 期。

图书在版编目（CIP）数据

中国比较法学. 比较法与新科技革命：2019年卷/高鸿钧主编. —北京：中国政法大学出版社，2020.8
ISBN 978-7-5620-8127-2

Ⅰ. ①中… Ⅱ. ①高… Ⅲ. ①比较法－中国－文集 Ⅳ. ①D920.0-53

中国版本图书馆CIP数据核字(2020)第123465号

出版者	中国政法大学出版社
地　址	北京市海淀区西土城路 25 号
邮寄地址	北京 100088 信箱 8034 分箱　邮编 100088
网　址	http://www.cuplpress.com (网络实名：中国政法大学出版社)
电　话	010-58908289(编辑部) 58908334(邮购部)
承　印	北京九州迅驰传媒文化有限公司
开　本	720mm×960mm　1/16
印　张	20.5
字　数	305 千字
版　次	2020 年 8 月第 1 版
印　次	2020 年 8 月第 1 次印刷
定　价	69.00 元